AS DOUTRINAS ECONÔMICAS

Tomo II

Karl Marx: a luta pela emancipação humana e a crítica da economia política (1818–1883)

CONTRA
CORRENTE
10 ANOS

Fabrício Augusto de Oliveira

AS DOUTRINAS ECONÔMICAS

Tomo II

Karl Marx: a luta pela emancipação humana e a crítica da economia política (1818–1883)

AVARÉ
2025

CONTRA
CORRENTE
10 ANOS

Travessa Vergílio de Araújo Valim, 167
Avaré - SP - Brasil | CEP 18707 815
www.editoracontracorrente.com.br
contato@editoracontracorrente.com.br

EDITORES
Camila Almeida Janela Valim
Gustavo Marinho de Carvalho
Rafael Valim
Walfrido Warde
Silvio Almeida

EQUIPE EDITORIAL
COORDENAÇÃO DE PROJETO: Erick Facioli
REVISÃO: Beatriz Duarte Lopes
PREPARAÇÃO DE TEXTO E REVISÃO TÉCNICA: Amanda Dorth
DIAGRAMAÇÃO: Pablo Madeira
CAPA: Maikon Nery

EQUIPE DE APOIO
Carla Vasconcelos
Regina Gomes
Nathalia Oliveira
Geovanna Sales

Dados Internacionais de Catalogação na Publicação (CIP)
(Câmara Brasileira do Livro, SP, Brasil)

Oliveira, Fabrício Augusto de
As doutrinas econômicas : tomo II : Karl Marx : a luta pela emancipação humana e a crítica da economia política (1818-1883) / Fabrício Augusto de Oliveira. -- Avaré, SP : Editora Contracorrente, 2025. -- (As doutrinas econômicas ; 2)

ISBN 978-65-5396-228-6

1. Ciências políticas 2. Economia 3. Marx, Karl, 1818-1883 - Filosofia I. Título. II. Série.

24-231698 CDD-320

Índices para catálogo sistemático:

1. Ciências políticas 320

Eliete Marques da Silva - Bibliotecária - CRB-8/9380

@editoracontracorrente
Editora Contracorrente
@ContraEditora
Editora Contracorrente

Para o professor e amigo Reinaldo Carcanholo, que, como poucos, soube fazer uma leitura primorosa e acurada da obra de Marx.

(*in memoriam*)

SUMÁRIO

PREFÁCIO

Estudar a obra de Marx não é uma tarefa fácil e escrever sobre ela é bem mais difícil. Isso, considerando a quantidade de livros, artigos, teses, dissertações e textos já publicados que, há mais de um século, procuram entender e explicar o que Marx escreveu ou facilitar sua leitura e compreensão. Há muitas obras que se dedicaram exclusivamente à leitura de *O Capital*. Outras, tratam de outros textos ou dos vários temas estudados por Marx, além de muitas biografias.

Este livro traz uma contribuição de Fabrício Augusto de Oliveira para uma melhor compreensão de Marx. Ele apresenta de forma sintética as principais obras considerando o contexto biográfico e político-social desde a juventude de Marx em Tréveris até a publicação de *O Capital*. Apesar de tratar do contexto biográfico de Marx, não é uma biografia, mas a apresentação de aspectos particulares da vida de Marx que vão condicionando suas decisões e escolhas pessoais, políticas e intelectuais. Nesse sentido, este livro constitui mais uma importante contribuição para o estudo de Marx, imprescindível para a compreensão do capitalismo contemporâneo.

O livro começa com uma longa Apresentação, na qual resume os principais pontos que serão desenvolvidos na Introdução, em mais quatro capítulos e na conclusão. A introdução trata da juventude de Marx em Tréveris, o contexto de suas relações familiares na Alemanha, no início do século XIX, e faz uma apresentação dos primeiros trabalhos escritos ainda no ginásio, antes do seu ingresso na Universidade de Bonn. O período seguinte, detalhado no capítulo I, trata do desenvolvimento de Marx na Universidade de Berlim, para onde se transferiu em 1837.

Nessa Universidade, Marx continuou seus estudos jurídicos e entrou em contato com as ideias e o método de Georg Wilhelm Friedrich Hegel, falecido em 1831, que o influenciaram praticamente pelo resto de sua vida, mas de uma forma distinta: "Meu método dialético, por seu fundamento, difere do método hegeliano, sendo a ele inteiramente oposto".[1] Marx escreveu isso em 1873, no posfácio à segunda edição d'*O Capital* onde ele apresenta a distinção entre o seu método materialista e o idealismo de Hegel. Assim, o primeiro capítulo deste livro, apresenta a trajetória de Marx no processo de superação do método hegeliano e do desenvolvimento do materialismo histórico e dialético. Mas, antes de tratar das principais obras do período como A *Sagrada Família* e *A Ideologia Alemã*, ambos escritos em coautoria com Friedrich Engels, Fabrício faz uma síntese muito importante sobre o método. Desde as questões da dedução e indução até a dialética de Hegel para discutir os textos e a evolução de Marx que atinge um outro estágio, após a crítica à filosofia alemã e a ruptura com os neo-hegelianos, com a construção do materialismo histórico e dialético no período de 1845-1846.

O capítulo II começa outra fase de estudos e elaboração de textos que avança cada vez mais para uma crítica da Economia Política. Assim, os trabalhos iniciais para desvendar a anatomia da sociedade civil e de proceder à crítica da Economia Política são: *A Miséria da Filosofia*, o *Trabalho Assalariado e Capital* e

---

1 MARX, Karl. O *capital*: crítica da economia política – o processo capitalista de produção. vol. I. 2ª ed. Rio de Janeiro: Civilização Brasileira, [1867] 1971, p. 16 (Livro I).

O *Manifesto Comunista*, este em parceria com Engels. Ao mesmo tempo, Marx apresenta, em termos de método, o seu desenvolvimento do materialismo histórico. Nestes trabalhos Marx ainda não havia nem desenvolvido uma teoria do valor, distinta dos clássicos da economia, nem a teoria da exploração do trabalho. Assim, ainda não diferenciava o trabalho do valor da força de trabalho nem a questão do trabalho produtivo e improdutivo. Entretanto, em 1848, Marx já visualizava o processo histórico de superação do modo de produção capitalista, com a supressão da propriedade privada dos meios de produção e a construção de um novo modo de produção.

O capítulo seguinte começa com uma trajetória diferente de Marx que, tendo sido expulso da França em 1845, se transferiu para a Bélgica onde viveu por três anos até uma nova expulsão. Retornou para Paris em março de 1848, logo após a revolução que instalou a Segunda República na França, onde não ficou por muito tempo indo para Colônia, de onde foi novamente expulso, em maio de 1849. Finalmente, foi para Londres em agosto de 1849, onde passou o resto de sua vida. Essa fase atribulada da vida de Marx, com mudanças contínuas, não foi gratuita. Ela foi consequência da participação ativa de Marx em várias frentes, como a Liga Comunista, em um período em que vários países da Europa passavam por revoltas e revoluções, que infelizmente foram derrotadas, como relata Fabrício. No final desse período, Marx publicou dois trabalhos muito importantes: *As Lutas de Classes na França*, em 1850, e *O 18 de Brumário de Luís Bonaparte*, em 1852. Nesses textos, encontramos a aplicação do método do materialismo histórico no estudo do processo histórico da luta de classes que se desenrolou na França. Após esses anos atribulados, em que viveu em grande penúria passando por muitas dificuldades, Marx se afastou parcialmente da militância direta e

> no período de 1853-1862, ele empregou de maneira eficaz sua experiência jornalística, escrevendo para seis jornais

> em diferentes países: Inglaterra, Estados Unidos, Prússia, Áustria e, até mesmo, África do Sul.[2]

Assim, ele obteve algumas fontes de renda que amenizaram suas dificuldades, pelo menos por algum tempo.

O terceiro capítulo continua com um detalhamento das obras preparatórias nos estudos de Marx para a elaboração de *O Capital*. Os principais trabalhos no período são: *Para a Crítica da Economia Política* (1859),[3] os *Grundrisse* (1857-1858) e as *Teorias da Mais-Valia* (1861-1863). O primeiro ponto tratado por Fabrício é o prefácio de *Para a Crítica da Economia Política*, também publicado como Introdução na edição brasileira dos *Grundrisse* no qual se destaca o item 3, *O Método da Economia Política*. Esse é um dos poucos escritos em que Marx faz uma síntese sobre o método e talvez um dos mais citados sobre a questão. Mas, esse é também o período que Marx avança em seus estudos e pesquisas sobre o modo de produção capitalista desvendando uma das questões mais importantes da ciência econômica, em que a forma na qual aparece a exploração do trabalho é sob o disfarce da troca equivalente da mercadoria força de trabalho pelo salário.

Após uma apresentação dos *Grundrisse*, obra preparatória ao *Capital*, destacando a leitura de Rosdolsky com os diferentes planos de estruturação de *O Capital*, temos uma síntese do livro que, a rigor, têm dois capítulos, o capítulo sobre o dinheiro e o capítulo sobre o capital. Mas, é nos *Grundrisse* que Marx desenvolve os principais conceitos e categorias que serão retomados ou desenvolvidos em *O Capital*. Neste capítulo, Fabrício detalha os estudos preparatórios sobre a mercadoria e o dinheiro, desdobrando desde a forma simples do

---

2 SPERBER, Jonathan. *Karl Marx*: uma vida do século XIX. Barueri: Amarilys, 2014, p. 291.

3 Este livro também foi publicado com o título de "Contribuição à Crítica da Economia Política" e é citado com um ou outro dos títulos, podendo causar alguma confusão na leitura.

valor até a forma dinheiro para chegar ao capital e uma longa síntese da teoria do dinheiro, que Marx apresentará no terceiro capítulo de *O Capital*. Nesses textos, encontramos os fundamentos da teoria do valor, do dinheiro, da mais-valia e do capital, a partir de uma crítica à economia política. Esta será longamente detalhada nas *Teorias da Mais-Valia*, publicada como livro 4 de *O Capital* por Karl Kautsky. Este é um dos pontos importantes que se destaca neste livro, que esta obra de Marx é pouco explorada pelos leitores e comentaristas de *O Capital*. É nesse trabalho que Marx investiga toda a economia política até a sua época, em sua busca para a explicação do lucro e da mais-valia. Assim, Fabrício mostra a evolução dos estudos de Marx na busca da explicação do lucro capitalista, desde as proposições dos mercantilistas, passando pelos fisiocratas e chegando a Smith e Ricardo. É nesse processo de crítica às concepções sobre a origem dos lucros que Marx chega à concepção da origem da mais-valia, sendo a primeira uma categoria da apropriação, mas na aparência do sistema, enquanto a segunda ocorre na esfera da produção que só se desvenda na essência do modo de produção. Um dos fatores fundamentais para a compreensão dessas categorias é a discussão sobre o trabalho produtivo e improdutivo. Os fisiocratas consideravam como produtivo todo o trabalho aplicado na produção agrícola que Smith estende para toda a produção. Entretanto, Marx explicita de forma mais clara, que o trabalho produtivo é todo aquele que é realizado sob o capital. É esse trabalho que produz a mais-valia, que aparece na apropriação como lucro. Os trabalhos realizados fora da relação de produção capitalista, aqueles prestados em troca dos rendimentos como salários, lucros e rendas, não são produtivos e constituem somente o consumo dos rendimentos.

O capítulo IV começa com um resgate histórico das profundas mudanças ocorridas no contexto da organização e reorganização dos Estados nacionais da época. Em particular, ocorreram as unificações da Itália e da Alemanha e Marx não podia ficar alheio às discussões e não participar dessas mudanças. Nesse período, Marx avança em mais alguns estudos e se dedica à redação e publicação do Livro I de *O Capital*. Antes da apresentação de *O Capital*, Fabrício faz um detalhado estudo de *Salário, Preço e Lucro*, publicado a partir do discurso de Marx na *Associação Internacional dos Trabalhadores* depois conhecida como a *Primeira Internacional*. Esse trabalho, que foi apresentado em junho de 1865 e publicado em 1898, é a primeira exposição sistemática das bases da teoria do valor, da mais-valia e da determinação dos salários.

Assim, após todos esses anos de pesquisa e ativismo político, novamente em condições de penúria e dificuldades financeiras e materiais, Marx publicou o Livro I em 1867 e uma segunda edição em 1872, revista e modificada, que é a base de todas as publicações posteriores. Os Livros II e III foram publicados por Engels a partir dos manuscritos preparatórios deixados por Marx, em boa parte redigidos antes da publicação do Livro I. Fabrício volta ainda a destacar a questão do método, antes de entrar no desenvolvimento do texto, e a distinção que Marx fazia entre o método de pesquisa e o de exposição.

O Livro I começa, como é amplamente conhecido, com uma seção sobre a mercadoria e o dinheiro. Essas categorias, que tinham sido desenvolvidas nos textos preparatórios de elaboração d'*O Capital*, encontram-se expostas de uma forma mais clara e mais organizada do que nos textos anteriores. A mercadoria, que Marx define como a forma elementar da riqueza nas sociedades capitalistas, é o ponto de partida. A forma mercadoria, como unidade de valor de uso e valor em sua essência e de valor de uso e valor de troca na aparência, vai sendo desdobrada desde a forma mais simples até a forma dinheiro e a forma preço. Esse desdobramento ocorre no desenvolvimento dos processos de troca e da forma dinheiro. Além disso, Fabrício desenvolve com mais profundidade a discussão sobre o fetichismo da mercadoria, com o apoio de Isaac Illich Rubin em seu livro *A Teoria Marxista do Valor*. O dinheiro, que já tinha sido estudado no capítulo anterior, nos textos *Para a Crítica da Economia Política* e nos *Grundrisse*, é retomado na forma como Marx apresenta no capítulo III. Assim, discute sucessivamente a função de medida do valor e padrão de preços, meio de circulação, dinheiro e entesouramento. Nessa discussão, além das críticas à teoria quantitativa da moeda, Marx analisa o desenvolvimento e as determinações do dinheiro ouro e sua substituição pelo papel moeda estatal de curso forçado. No desdobramento da metamorfose das mercadorias, mostra que são os preços que determinam a quantidade de dinheiro e não o contrário. Enfim, como decorrência do próprio processo de metamorfose das mercadorias, surge o crédito e consequentemente o dinheiro de crédito, que Marx só retoma e detalha no Livro III, no capítulo XXXIII, *O meio de circulação sob o sistema de crédito*. Seguindo o desenvolvimento do Livro I, estuda na sequência a transformação do dinheiro em capital, a distinção entre trabalho e força de trabalho, a produção da mais-valia e a taxa de exploração da força de trabalho. O capítulo IV também explica como a força de trabalho deve ser livre para ser vendida e comprada pelo capitalista. Sobre esse ponto, queríamos chamar a atenção para o processo histórico de formação das classes sociais sob o novo modo de produção, que Marx apresenta no capítulo XXIV, *A assim chamada acumulação primitiva*. Nesse capítulo, pode-se observar que o fim da servidão feudal e a formação de uma classe de trabalhadores livres é realizada por um Estado ainda monárquico e absolutista. Essas relações entre o teórico e o histórico, o abstrato e o concreto não costumam ser tratadas pelos estudiosos, principalmente aqueles que se dedicam à teoria do Estado.

Neste livro, Fabrício continua a sua síntese sobre o Livro I desenvolvendo as explicações sobre a produção e acumulação de mais-valia ou acumulação de capital. Desse processo, deduz a lei geral da acumulação que se constitui na continua reprodução de um exército industrial de reserva, uma massa de trabalhadores desempregados que, em parte, podem retornar ao ciclo produtivo, mas uma parcela acaba sendo excluída permanentemente. Antes da lei geral da acumulação, Marx analisa a reprodução simples, na qual toda a mais valia é consumida pelo capitalista, e a reprodução ampliada, na qual somente uma parte é consumida e outra é acumulada. Essa análise, retomada posteriormente, permite mostrar que todo capital é mais-valia acumulada, portanto fruto do trabalho produtivo dos trabalhadores que é apropriado pelos capitalistas. Assim, se todo o capital é mais-valia acumulada, ele deveria ser de propriedade dos trabalhadores e não dos capitalistas. Uma outra abordagem para a explicação da origem do capital está no capítulo seguinte: *A Assim Chamada Acumulação Primitiva*. Neste capítulo, Marx demonstra que, historicamente e concretamente, a resposta sobre a origem do capital não é somente fruto de uma dedução lógica, mas de séculos do processo histórico em que as classes dominantes realizaram um longo processo de expropriação, pilhagem e roubos de todo o resto da população mundial que foi colonizada. Assim, "o capital, ao surgir, escorrem-lhe sangue e sujeira por todos os poros, da cabeça aos pés".[4]

O Livro II d'*O Capital* inicia com quatro capítulos que tratam da circulação do capital. Este só existe e só pode existir em movimento, que Marx chama de metamorfose do capital. Ou seja, o capital só se movimenta mudando de forma, da forma dinheiro para a forma mercadoria, para a forma produtiva e novamente para a forma dinheiro. Para tanto, o capital em geral se apresenta em formas que se autonomizam, a forma dinheiro, a forma mercadoria e a forma produtiva. Esse capital em movimento, mudando continuamente da forma produtiva, para a forma mercadoria e para a forma dinheiro realiza a produção de valor novo e de mais-valia. Essa produção se acelera à medida em que diminui o tempo de produção e o tempo de circulação ou aumenta a rotação do capital e gera efeitos sobre os custos de produção e dos lucros. Para tanto, detalha o movimento do capital fixo e do circulante e seus efeitos, superando as concepções de Smith e Ricardo.

---

4 MARX, Karl. O *capital*: crítica da economia política – o processo capitalista de produção. vol. II. 2ª ed. Rio de Janeiro: Civilização Brasileira, [1867] 1971, p. 879 (Livro I).

Após um detalhamento da economia, com a divisão em dois departamentos, um produzindo bens de produção e o outro meios de consumo, que pode ser dividido em produção de bens necessários aos trabalhadores e de bens de luxo para os capitalistas, Marx retoma a análise da reprodução simples e ampliada do capital, ao nível da circulação. A reprodução ampliada ou acumulação do capital desvenda enfim a sua origem que nada mais é do que a mais-valia acumulada. Assim, todo o capital acumulado nada mais é do que o resultado da exploração da força de trabalho, da expropriação do excedente entre o valor da força de trabalho e o valor criado pela força de trabalho.

O Livro III trata do processo global de produção capitalista e Marx inicia analisando a mais-valia, o lucro e as determinações da composição orgânica do capital que conduz a diferenças entre taxas de mais-valia de capitais individuais de uma indústria ou ramos de produção. A partir daí, desenvolve a questão da tendência à formação de uma taxa média de lucro e a transformação dos valores em preços de produção. A lei da tendência à equalização da taxa de lucro é criticada por Böhm-Bawerk e gera uma longa polêmica que é discutida por Fabrício com as alternativas apresentadas por Maurice Dobb, Paul Sweezy, Bortkiewicz, Winternitz, Piero Sraffa e até Belluzzo. Sraffa, em seu livro *A Produção de Mercadorias por Meio de Mercadorias*, no qual desenvolve uma proposição sobre a constituição de uma mercadoria composta, como solução para o problema ricardiano da medida do valor, parece ter encontrado uma solução para o debate sobre o problema da transformação. Mas, segundo Fabrício, seria uma *démarche* fora do método marxista e que dispensa a teoria do valor. Esse debate acaba obscurecendo o tratamento de Marx na questão da transformação dos valores em preço de produção, dos valores de mercado e a determinação dos preços de mercado, consequentemente a parte apropriada como lucro pelos capitalistas. Além disso, após apresentar a transformação dos valores em preço de produção, Marx realiza uma crítica contundente contra a lei da oferta e demanda, amplamente utilizada pela economia burguesa para explicar quase todas as determinações econômicas. Marx desenvolve não só a lei da tendência à equalização da taxa de lucro, mas também a lei da tendência à queda na taxa de lucro. Este é outro ponto de profundas polêmicas e divergências não só com os críticos de Marx como entre os marxistas. Um dos pontos centrais da polêmica é a explicação das crises e até a defesa do colapso do capitalismo em decorrência dessa lei. Fabrício explora esse debate no texto, mas não entra em outra polêmica que são as críticas sobre a inconsistência interna da lei.

Marx continua o Livro III com a introdução do capital comercial e do capital financeiro,[5] para analisar o lucro comercial e a taxa de juros, formas de participação das formas autonomizadas do capital na apropriação da mais-valia. Após uma síntese da determinação do lucro comercial como parte da mais-valia global, Fabrício continua com o desenvolvimento do capital a juros e a explicação da divisão da mais-valia entre juros e lucros. Avança um pouco mais com a questão do crédito e a formação do capital fictício. Continua também com o desenvolvimento do dinheiro de crédito, como meio de circulação no sistema de crédito mais desenvolvido, que Marx apenas havia anunciado no capítulo III do Livro I. Toda a seção IV do Livro III, além de analisar a apropriação da mais-valia sob a forma de lucro comercial e juros, fornece um denso material para o estudo da financeirização no capitalismo contemporâneo e Fabrício apresenta algumas dessas formulações mais recentes. Antes de concluir a síntese do Livro III, ele ainda sintetiza as críticas que Marx efetua à questão da renda fundiária de Ricardo, que considera somente a renda diferencial, e avança com a tese da renda absoluta

5 A tradução de Reginaldo Sant'Anna utiliza *O Capital Financeiro* como título do capítulo XIX seguindo a tradução francesa, as outras traduções usam *O Capital de Comércio de Dinheiro* assim evita a confusão com o conceito de Rudolf Hilferding no livro *O capital financeiro*. (HILFERDING, Rudolf. *O capital financeiro*. São Paulo: Nova Cultural, [1910] 1985).

As considerações finais de Fabrício discutem inicialmente as tendências gerais do desenvolvimento capitalista avançadas por Marx a as possibilidades da revolução socialista. Apresenta algumas reflexões sobre as razões pelas quais essas tendências não se verificaram e considera que Marx tratou dessas tendências a partir do capitalismo no século XIX, em sua fase chamada de concorrencial e sem a intervenção do Estado. A partir do início do século XX, após a grande depressão da década de 1930, o Estado passou a intervir maciçamente, constituiu o *Welfare State* após a Segunda Guerra Mundial e passou para um período de intensa financeirização. Com essas considerações sobre as mudanças históricas do capitalismo no século passado, Fabrício defende que Marx continua bem atual. Entretanto, além das poucas inserções no final do capítulo IV e nas considerações finais, não avança muito na questão de como a análise de Marx permite compreender, muito mais do que a teoria burguesa, o capitalismo contemporâneo. O que, naturalmente, não faz parte dos objetivos deste livro.

Assim, gostaríamos de aproveitar estas páginas de apresentação para reafirmar alguns elementos apresentados por Fabrício e adicionar algumas observações sobre a contribuição de Marx para a análise e a compreensão do mundo atual.

O ponto de partida do Fabrício é a questão do método, que é fundamental não só para compreendermos a realidade do capitalismo como para realizarmos uma crítica profunda às ideias e concepções econômicas, políticas, sociais, morais, etc. Que predominam em nossas sociedades. Para tanto, o método em Marx compreende não só uma visão de mundo, mas também um sistema lógico, que são distintos da visão idealista do mundo e da lógica formal que dão os fundamentos das principais interpretações sobre o mundo contemporâneo. A questão do método é destacada por Fabrício em várias partes até o final de seu livro.

A visão de mundo em Marx nos remete à uma concepção materialista da sociedade e se opõe às concepções idealistas, inclusive as religiosas. Assim, a sociedade não é o que queremos ou que gostaríamos que fosse, fruto de nosso desejo, mas é o resultado de um desenvolvimento histórico em sentido geral e em suas diversas e diferentes formas de existência localizadas no tempo e no espaço. Em termos gerais, podemos observar as sociedades em um nível de abstração mais elevado, cujas determinações são menos complexas ou mais simples, que Marx denominou de modos de produção. Essas sociedades se desenvolveram historicamente em diferentes processos civilizatórios nos vários continentes do planeta onde cada formação econômico-social apresentou sua própria trajetória. Dentre esses diferentes processos, Marx aplicou todo seu esforço no estudo da sociedade em que ele viveu, o modo de produção capitalista. Mas, em diferentes momentos, buscou compreender outros processos como o estudo sobre as *Formas que Precederam a Produção Capitalista* (também conhecido como *modos de produção pré-capitalistas*), nos *Grundrisse*,[6] ou os manuscritos sobre algumas comunidades nos *Cadernos Kovalevsky*.[7]

A sociedade capitalista deve ser entendida, então, como uma totalidade em movimento que surgiu em um determinado momento histórico e deverá ser superada por uma nova forma de sociedade, a comunista. Esse movimento é o resultado das contradições entre o desenvolvimento de suas forças produtivas e das relações sociais de produção. As forças produtivas se desenvolvem com a ciência e a tecnologia, elevando a produtividade do trabalho e gerando mais produtos novos e diferentes que deveriam melhorar as condições de vida de toda população. No entanto, as relações sociais de produção capitalistas, baseadas na propriedade privada dos meios de produção, produziram uma enorme concentração

---

6 Procuramos utilizar as mesmas obras citadas, por isso as referências são as mesmas do livro, salvo as que não estão referenciadas.

7 MARX, Karl. *Comunidad, nacionalismos y capital*: textos inéditos. Contribuciones de Álvaro Garcia Linera *et al.* 1ª e 2ª ed. La Paz: Vicepresidencia del Estado Plurinacional de Bolívia. 3ª ed. Ampliada. Buenos Aires: Amauta Insurgente, 2018.

de renda e de propriedade nos últimos séculos, ampliando ainda mais as desigualdades sociais e agravando a pobreza e a miséria. A esse nível mais geral, a contradição no interior das relações de produção pode ser expressa pela luta entre as classes fundamentais do modo de produção capitalista: a burguesia e o proletariado.

A um nível mais concreto, em seus diferentes processos históricos, as sociedades constituíram-se em Estados Nacionais que se estruturaram em um sistema mundial hierarquizado com nações mais desenvolvidas e outras menos, estas tinham sido colonizadas por aquelas e continuam dependentes ou subordinadas em diferentes graus. O capitalismo em suas diferentes formações sociais, com diferentes graus de desenvolvimento, apresentou igualmente diferentes processos de transição. A formação do proletariado como classe social livre e independente, como Marx explica no capítulo IV e XXIV do Livro I de *O Capital*, "Como o dinheiro se transforma em capital" e "A chamada acumulação primitiva", teve como um dos principais protagonistas o Estado inglês, monárquico e absolutista. Enquanto isso, nas colônias, o proletariado foi formado a partir das relações de trabalho escravistas, que foram exploradas pelo capital por mais de três séculos.

Essa concepção materialista da história se opõe àquela dos economistas ortodoxos contemporâneos que imaginam a formação das sociedades capitalistas através de fábulas, como a da cigarra e da formiga, ou de *robinsonadas*, como a crítica de Marx a Ricardo. As cigarras eram perdulárias, não trabalhavam e nem poupavam e as formigas eram laboriosas e poupadoras. As primeiras se tornaram os trabalhadores pobres desprovidos de propriedade e os segundos os capitalistas ricos, proprietários dos meios de produção.

Também se opõe àqueles cientistas políticos que explicam o surgimento da sociedade e do Estado através de um *contrato social*. Antes desse contrato não existia sociedade. Os indivíduos viviam em um *estado de natureza*, sob leis naturais, em plena liberdade e com todos os direitos de forma absoluta e as relações entre os indivíduos era de um estado de guerra ou harmoniosa, segundo diferentes autores, que necessitavam alguma forma de garantir sua existência ou os direitos de certos indivíduos. O principal era o da apropriação privada da terra. Marx não trata dessa discussão e muitos estudiosos lamentam a falta do volume que ele pretendia escrever sobre o Estado, como citado por Rosdolsky.

Neste livro, podemos acompanhar o desenvolvimento da pesquisa que Marx realizou para chegar à explicação da exploração da força de trabalho. Para tanto, a distinção entre o valor da força de trabalho e o valor criado pela força de trabalho é fundamental. O primeiro, aparece ao nível das trocas, ou da circulação, no qual os trabalhadores recebem um salário em troca do uso de sua capacidade de trabalho. Mas, esse uso só pode ser entendido ao nível do processo de produção no qual o valor produzido pela força de trabalho é maior do que o seu valor, essa diferença é a mais-valia. Ou seja, a aparência da troca de equivalentes mascara a essência da troca de não equivalentes. A trajetória e as determinações dessas categorias, desde os primeiros estudos de economia que aparecem nos *Manuscritos Econômico-filosóficos* ou *Manuscritos de Paris*, de 1844, até uma maior precisão nas *Teorias da Mais-Valia*, são detalhadas por Fabrício Augusto de Oliveira. Assim, para compreendermos o capitalismo contemporâneo precisamos, metodologicamente, considerar os níveis abstrato e concreto, geral e particular, essência e aparência na dinâmica de desenvolvimento desse modo de produção e como uma totalidade em movimento.

Como dissemos, a leitura das obras de Marx, em particular de *O Capital*, é imprescindível para a compreensão do capitalismo contemporâneo. Este livro constitui uma contribuição muito importante para o estudo de Marx. Mas, como utilizar esses conhecimentos para interpretar o mundo de hoje? Tentaremos contribuir para uma resposta à essa indagação analisando duas questões: 1) como se configura o capitalismo contemporâneo a partir das categorias descobertas por Marx e 2) como as contradições mais essenciais do modo de produção capitalista se manifesta atualmente e a busca infrutífera de soluções pelos teóricos da burguesia. Para tanto consideramos, como Marx, que o ponto de partida é a realidade concreta e como ela aparece e é interpretada. Mas, essa aparência e suas interpretações não são mais do que as formas em que as contradições mais fundamentais do sistema estão se manifestando. Então temos que buscar as determinações essenciais dessas manifestações.

1 O capitalismo contemporâneo

Como é amplamente aceito entre os marxistas, vivemos em um período sob o domínio da forma autonomizada do capital dinheiro, também chamado de financeirização. Marx inicia o Livro II de *O Capital* com o estudo do movimento do capital que ele intitula "As metamorfoses do capital e o ciclo delas". Assim, o capital se movimenta mudando de forma, da forma dinheiro para a forma mercadoria, da forma mercadoria para a forma produtiva e da forma produtiva para forma de uma nova mercadoria e, enfim, da forma mercadoria para a forma dinheiro. A essas formas, capital monetário, capital mercadoria e capital produtivo, Marx chamou de formas autonomizadas do capital industrial. Este, representa o conjunto do capital em geral que se manifesta ou têm suas formas de existência em capitais individuais que se movimentam da mesma forma que o capital em geral, através das mudanças de forma, e também está constituído ao mesmo tempo sob as mesmas formas: produção, mercadorias e dinheiro. Sob esse ponto de vista, os diferentes capitais particulares, que podemos considerar as empresas ou os grupos empresariais, atuam de forma mais ou menos coordenada ou entrelaçada, segundo Marx. As contradições intercapitalistas, como a feroz concorrência entre as diferentes unidades de capital, não são consideradas neste nível.

O movimento do capital tem como objetivo sempre a realização da mais-valia gerada na forma produtiva do capital. Além disso, um dos sentidos do movimento do capital é a sua acumulação em escala sempre ampliada e esse processo ocorre sob qualquer uma das formas autonomizadas. A forma mais generalizada de acumulação, que ocorre continuamente, é a forma dinheiro. Em termos históricos, essa acumulação se expandiu a partir dos anos 1960 e assinalou, ao mesmo tempo, um amplo processo de endividamento dos países, principalmente os dependentes. As décadas seguintes, com as crises e, em particular, as graves crises decorrentes do endividamento da década de 1980, associada à política de juros elevados do Federal Reserve, disseminou o colapso financeiro para os numerosos países dependentes endividados que tiveram que transferir uma enorme massa de mais-valia para os principais países desenvolvidos através do pagamento de juros. Esse período caracterizou-se, também, pela *superacumulação de capital*, em especial na forma do capital monetário.

A saída dessas crises foi acompanhada de um processo de desregulamentação dos fluxos de capitais, de descompartimentalização dos mercados financeiros e de desintermediação dos negócios, impulsionadas pela ideologia e políticas neoliberais. Observa-se ao mesmo tempo, o surgimento de novas instituições como os fundos de investimento ou a ampliação das seguradoras e fundos de pensão: os *Investidores Institucionais*.[8] A gestão do capital passou, então, a ser determinada não mais pela forma produtiva do capital, mas pela sua forma dinheiro, convertida em capital portador de juros e suas formas mais específicas de capitais fictícios. Como Marx explica no capítulo XXIX do Livro III, "Componentes do capital bancário", a dívida pública, o capital acionário e o capital bancário são as formas fictícias que o capital portador de juros assume.

Marx explica que a dívida pública surgiu para financiar os déficits do Estado e os títulos de dívida se convertiam em representações

---

8 Esse processo foi estudado por François Chesnais. (CHESNAIS, François. "O capital portador de juros: acumulação, internacionalização, efeitos econômicos e políticos". *In*: ______ (Coord.). *A Finança mundializada*: raízes sociais e políticas, configuração, consequências. São Paulo: Boitempo, 2005).

de uma riqueza que já não existia mais, mas continuava rendendo juros. Atualmente não é mais assim, com o fim do padrão ouro, o dinheiro já não é mais constituído por moedas de ouro, mas por representantes como papel-moeda ou registros contábeis nos bancos e sua função de meio de circulação está sendo exercida principalmente através de transferências nos registros bancários. Como medida do valor e padrão dos preços, só restou o nome das moedas sem o seu conteúdo físico, material, e o dinheiro tornou-se somente unidade de conta. O dinheiro converteu-se também em dívida pública, sem vencimento e sem nenhuma remuneração. Mas, tornou-se igualmente em um importante mecanismo de gestão da política monetária, que converte diariamente todos os saldos monetários disponíveis em capital a juros e são remunerados nas operações diárias, no mercado aberto do Banco Central, chamadas de *overnight*. Como escreveu Marx, "Desde que emprestado, (...) cresce para ele o juro, esteja dormindo ou acordado, em casa ou em viagem, de dia ou de noite".[9] Esse juro é constituído, atualmente, em parte pela mais-valia apropriada pelo Estado e em parte por novas dívidas, quando os governos não conseguem obter um superávit fiscal em suas contas. Para resolver esse problema, criou-se o *mito da austeridade* necessária na política fiscal, na qual os Estados são como as famílias, que não podem gastar mais do que recebem, mas escondem que, ao contrário das famílias, o Estado dispõe de um Banco Central para a criação de moeda livre de qualquer restrição. Mais ainda, os governos devem gastar menos do que recebem para pagar os juros da dívida pública, sempre travestido em intenções futuras de redução da dívida, o que nunca acontece em termos de valores absolutos.

Os supostos empréstimos nas conversões de dinheiro em títulos públicos na realidade é uma parte do cancelamento ou destruição

9 MARX, Karl. *O capital*: crítica da economia política – o processo global de produção capitalista. vol. V. Rio de Janeiro: Civilização Brasileira, [1894] 1974, p. 453 (Livro III).

do dinheiro excedente, que é realizado diariamente na gestão monetária. Do ponto de vista dos capitalistas a riqueza particular na forma dinheiro é convertida em riqueza na forma de títulos da dívida pública, e do ponto de vista do Estado, os títulos emitidos e colocados em circulação substituem o dinheiro criado e que é cancelado no Banco Central. Assim, o capital fictício na forma da dívida pública é, a rigor, uma forma de transferência e uma parte da mais-valia gerada na produção e de parte da renda dos trabalhadores para os capitalistas proprietários de capital dinheiro.

No processo de financeirização, o capital acionário passou a ser o centro da gestão das unidades de capital, ou das grandes empresas constituídas na forma de sociedades anônimas. As ações, que originalmente representam títulos de propriedade, convertem-se em títulos de renda e seus preços nas bolsas de valores se tornam o parâmetro para a avaliação do *valor das empresas* e da riqueza dos acionistas. Antes de detalhar um pouco mais, é necessário destacar que dentre os milhares ou milhões de empresas existentes, somente uma pequena parte têm uma parcela, igualmente pequena, de suas ações negociadas nas bolsas de valores. Além disso, ao contrário do que se imagina, a bolsa de valores não é um mercado de capitais para financiar os capitais particulares. Mais de 90% do volume de negócios são de ações anteriormente emitidas e sua compra e venda corresponde somente a transferência de dinheiro em troca dos títulos. Para melhor compreensão deste ponto é recomendável o estudo da segunda parte do livro de Hilferding, que trata das sociedades anônimas, da bolsa de valores e do capital fictício.

O capital acionário é medido pelo produto do número de ações emitidas e de seus respectivos preços nas bolsas de valores. Estes preços, além da determinação pela capitalização dos dividendos, têm um viés especulativo extremamente poderoso e tornaram se praticamente independentes do valor das unidades particulares de capital e do seu valor patrimonial. Assim, a gestão empresarial passou a ser determinada por remunerações de seus administradores através dos contratos de *stock options*, ou seja, opções de compra futura das ações da própria empresa aos preços da data do contrato, permitindo ao gestor maiores ganhos quanto maiores forem os preços das ações. Por isso, uma forma de aumentar o valor acionário é a gestão empresarial com o objetivo de aumentar o pagamento de dividendos, inclusive com a venda de parte do próprio capital produtivo. Junto com isso, criou-se a gestão pela *governança corporativa* e os direitos do *pequeno investidor*. No atual período neoliberal, o pequeno investidor são os Investidores Institucionais. Eles têm exigências mínimas no pagamento de dividendos e, apesar de se constituírem em gigantescas unidades de capital, são investidores minoritários em uma ampla gama de capitais particulares. Aqui também, esse tipo de gestão exige que cada unidade particular de capital se aproprie do máximo possível de mais-valia para distribuir como dividendo. Como vimos, a primeira determinação na distribuição de renda está na relação entre o valor da força de trabalho ou salários e a mais-valia produzida. Mas isso não é suficiente e a competição entre os capitalistas na apropriação de maiores porções da mais-valia ocorre também através da fixação dos preços das mercadorias, além da busca contínua de lucros extraordinários. Como se vê, a gestão financeira neste período de financeirização afeta diretamente o proletariado, seja através da redução dos salários e do aumento da intensidade e da jornada de trabalho. Chegamos a um ponto em que as novas tecnologias das plataformas digitais já fizeram com que os trabalhadores colocassem sua riqueza pessoal a serviço do capital, como os casos do Uber, dos *deliverys* e do *home office* (versão contemporânea do trabalho a domicílio). Com isso, alguns capitais particulares não necessitam mais de comprarem uma parte do capital fixo ou do circulante, obtendo uma taxa de lucro ainda maior.

O sistema de crédito constituído pelos bancos, instituições financeiras e investidores institucionais passaram a criar, expandir, gerenciar e comandar o movimento do capital em geral e a gigantesca massa de capitais fictícios. Além disso desenvolveram *novos produtos* que inicialmente abasteciam os fundos de *hedge* ou de proteção sobre os contratos futuros. A expansão desses produtos e a variedade desenvolvida estimulou e ampliou ainda mais a especulação financeira e, com isso, aprofundou a instabilidade e volatilidade crônicas do sistema. As bolsas de valores, que no passado negociavam essencialmente ações, atualmente negociam qualquer tipo de novos produtos, em apostas que são realizadas no mesmo dia nas operações chamadas de *day trade*. Nelas, os apostadores compram ou vendem títulos de manhã e os revendem ou recompram no mesmo dia, terão ganhos *se tiverem sorte*. Deve-se destacar que, com a exceção da pressão por mais dividendos, os ganhos e perdas nas apostas nas bolsas de valores são transferências de riqueza entre os próprios capitalistas.

2 Manifestação imediata das contradições

A questão dos preços ou dos processos inflacionários, que têm fustigado periodicamente vários países, só pode ser plenamente compreendida com o estudo da produção, circulação e apropriação do valor. Compreender esses processos não significa encontrar, necessariamente, a solução. A interpretação burguesa corrente, convertida em políticas de gestão monetária ou política monetária, é uma mistificação simplista que não explica os preços e nem porque, periodicamente, pode ocorrer uma aceleração e até, às vezes, uma explosão nos preços. Chamada de política de metas de inflação, ela supõe que todos os aumentos no conjunto dos preços relativos são devidos à uma demanda decorrente do excesso de criação monetária, pois toda emissão de moeda se converte em renda e toda a renda é automaticamente convertida em demanda. Por isso, os consumidores são os *culpados* pela inflação. Para tanto, também pressupõe que é a taxa de juros que determina a demanda, pois consideram que os indivíduos são naturalmente gananciosos e um aumento na taxa de juros converteria a demanda por bens e serviços finais em aplicações financeiras e com isso o nível geral de preços seria estabilizado.

Isso é muito diferente do que Marx explicou no capítulo III do Livro I de *O Capital*, "O dinheiro ou a circulação das mercadorias", em que a quantidade necessária de dinheiro como meio de circulação na metamorfose das mercadorias é determinada pelos preços das mercadorias e pelo número de cursos das moedas de mesmo nome, pois as mercadorias chegam ao mercado com seus preços previamente determinados e cada moeda pode realizar várias transações. Com o desenvolvimento do sistema de crédito, essa quantidade é modificada pelos pagamentos e pelas novas dívidas e pelas compensações realizadas. Além disso, o desenvolvimento da mercadoria, do capital e do sistema de crédito, conduz a substituição do dinheiro pelo crédito, nessas novas condições, a determinação da quantidade necessária de dinheiro é totalmente modificada. Na forma de dinheiro de crédito, o dinheiro só entra como medida do valor, dinheiro imaginário, e nos pagamentos finais após as inúmeras compensações realizadas. No Livro III, capítulo XXXIII, "O meio de circulação no sistema de crédito", Marx mostra como o volume necessário da quantidade de dinheiro flutua continuamente, como ocorre no capitalismo atual, agora sob gestão de Bancos Centrais. O resultado da gestão monetária sob a visão burguesa acaba aguçando outras contradições e se manifestando em diferentes formas.

Em Marx, os preços de mercado das mercadorias são determinados em vários níveis que ele desenvolve desde o capítulo I de *O Capital* até o final do Livro III. O ponto de partida é a forma como aparece a riqueza sob o modo de produção capitalista, "uma imensa acumulação de mercadorias". Estas aparecem como valores de uso e valores de troca. O desenvolvimento dessa contradição e das formas do valor se conclui na forma preço, em que o valor da mercadoria aparece ou se expressa como preço, ou uma quantidade de moeda. Mas, o que determina o valor da mercadoria? Marx vai explicar que esse valor é determinado pelo tempo de trabalho socialmente necessário para a produção da mercadoria. Como vimos, para a realização da produção entram em ação as duas classes fundamentais, e a força de trabalho que se converte em mercadoria e o seu uso produz um valor novo. Antes de iniciado o processo, já encontramos uma primeira determinação da apropriação da nova riqueza criada, os salários ou valor da força de trabalho e o valor criado pela força de trabalho. Esta é a primeira e mais geral determinação da apropriação ou distribuição da riqueza nova entre trabalhadores e capitalistas. Conhecida hoje como um dos fatores da distribuição de renda.

A determinação do tempo de trabalho socialmente necessário ou a determinação do valor das mercadorias não ocorre somente na produção individual, mas somente após essa produção se tornar social. Para chegar ao preço de mercado, Marx desenvolve todo um estudo sobre o processo de produção do capital e sua acumulação, no Livro I, a circulação do capital, no Livro II e o processo global da produção capitalista, no terceiro. A discussão e a análise dos preços de mercado só aparecem no capítulo X do Livro III "Nivelamento, pela concorrência, da taxa geral de lucro. Preços e valores de mercado. Superlucro". Antes disso, mostra que, através da concorrência, se formam os preços de produção considerando a concorrência entre os diferentes capitais particulares em sua busca pelo lucro máximo. Essa busca gera uma tendência à formação de uma taxa média de lucro com a transferência de parte da mais valia dos setores com a composição orgânica do capital menos avançada para os setores mais avançados. Isso porque, a produção de valor em condições menos desenvolvidas das forças produtivas exige mais tempo de trabalho e vice-versa.

Para Marx, a estrutura de produção e de mercado estão constituídos, teoricamente e em termos abstratos, por um sistema concorrencial, mas que não tem nada a ver com os modelos neoclássicos de concorrência. Mas, ainda precisamos considerar que o modo de produção capitalista engendrou historicamente e desde sua origem os monopólios e que o capitalismo contemporâneo é constituído por uma estrutura extremamente concentrada de unidades de capital, ou seja, um sistema de mercado chamado de monopolista ou oligopolista. É neste contexto que a competição entre as unidades de capital pela apropriação da maior parcela possível de mais-valia, pressiona para a formação de estruturas diferenciadas de taxas de lucro, ao invés de uma única taxa média, com o decisivo suporte do Estado capitalista. Dessa maneira, a determinação dos preços a partir dos valores e de sua conversão em preços de produção adquire uma nova determinação ainda mais poderosa que é a parte que cada capital individual consegue se apropriar da mais-valia.

A determinação dos preços ou valores de mercado ainda sofrem outras determinações mais concretas. São as condições mais ou menos favoráveis de produção e as necessidades sociais para cada uma das diferentes mercadorias. Estas condições podem se manifestar pelo que chamamos de oferta e de demanda. Se uma determinada mercadoria pode atender as necessidades sociais produzidas em condições mais favoráveis, o seu valor de mercado será determinado por estas condições, caso contrário, pelas condições menos favoráveis e, assim, serão mais baratas ou mais caras.

Marx ainda discute o papel da oferta e da demanda na determinação dos preços. Estas devem ser consideradas em termos de massa de valor e de quantidade de produtos. Assim, é possível ter uma demanda em termos de valor, mas que não são consistentes com a quantidade material de mercadorias produzidas. Ou seja, o que chamamos hoje de demanda solvável não corresponde à quantidade disponível de mercadorias. Para Marx, oferta e demanda podem ser vistas como duas forças iguais e contrárias que em equilíbrio se anulam. Assim, a igualdade da oferta e da demanda não explica nada pois a determinação dos preços obedece às várias determinações desde o mais abstrato tempo de trabalho socialmente necessário, passando pela tendência à formação da taxa média de lucro até às forças mais aparentes da oferta e demanda, além de outras determinações muito mais concretas.

A partir dessas análises, como tratar os processos inflacionários contemporâneos? Em primeiro lugar, precisamos esclarecer a aparência desses processos. Nelas, são os padrões de medida que estão se alterando e não somente os valores. A tendência destes, em termos de tempo de trabalho socialmente necessário é de redução. Os aumentos contínuos e acelerados dos preços aparecem como se fossem um aumento dos valores, o que é um equívoco. O desenvolvimento das forças produtivas com o respectivo aumento na produtividade do trabalho deve se expressar exatamente em seu oposto, uma queda dos valores. Mas, essas quedas aparecem de forma contrária, da expressão desses valores em queda, em aumentos de preços. Um dos principais determinantes dessas contradições é a contínua disputa entre os múltiplos capitais em sua busca por lucros máximos. A literatura e o debate sobre as teorias da inflação denominaram isso de conflito distributivo.

De maneira geral, podemos afirmar que não encontramos uma explicação ou teoria da inflação em Marx. Um dos principais determinantes dos valores do dinheiro é o desgaste, na época em que as moedas eram de ouro, ou a redução da quantidade do ouro sem a mudança dos nomes (normalmente medidas de peso). Outro fator importante eram as falsificações em que a quantidade de ouro era subtraída das moedas. Esses problemas propiciaram a substituição das moedas por papel que deveriam, segundo Marx, atender a lei que determina a quantidade necessária de dinheiro para a metamorfose das mercadorias. Com o fim do padrão ouro e a plena disseminação do papel moeda de curso forçado, não há mais nenhum regulador da quantidade de papel moeda ou de dinheiro que deveria ser colocado em circulação. Aliás, não há mais nenhuma forma de avaliar precisamente essas determinações.

Enfim, o desenvolvimento das contradições fundamentais do modo de produção capitalista e suas manifestações nos diversos problemas que a reprodução ampliada do capital se defronta só podem se manifestar em crises cada vez mais recorrentes. Essas crises têm se manifestado com um estado atual de estagnação bastante generalizado decorrente da superacumulação de capital, tanto produtivo quanto do capital dinheiro. As formas concretas de enfrentamento das crises que os Estados têm realizado resolvem parcialmente certas manifestações, mas constituem elementos de novas contradições. Assim, a rigor, as sociedades capitalistas deverão continuar com crises recorrentes, sejam de solvência financeira sejam inflacionárias, por essas serem intrínsecas a este modo de produção. O caminho que Marx aponta para a solução dessas contradições, o que não significa o fim delas, mas de novas contradições, é a tomada de consciência e a luta pela superação do modo de produção capitalista e pela construção de uma nova sociedade sob o modo de produção comunista.

PAULO NAKATANI

Professor do departamento de Economia e do Programa de Pós-Graduação em Política Social da Universidade Federal do Espírito Santo.

NOTA DO AUTOR

Este é o segundo de cinco livros que escrevi entre 2010 e 2018 sobre a evolução do pensamento econômico. Os demais são: Livro I) *A Economia Política clássica*: a construção da economia como ciência (1776-1870); Livro III) *A revolução marginalista*: o agente racional na história do pensamento econômico (1870-1930); Livro IV) *Keynes, Kalecki e o princípio da demanda efetiva: o duelo com a teoria neoclássica no século XX* (1930-1970); e Livro V) *O pensamento neoliberal*: fantasias teóricas com poder de destruição do sistema econômico (1970-...).

Meu objetivo foi o de organizar melhor as ideias e as questões em debate desde que Adam Smith publicou a sua *Riqueza das Nações*, em 1776, procurando situá-las em seus devidos contextos históricos, à luz do *método* utilizado pelas várias escolas do pensamento que surgiram para explicar os fenômenos econômicos com resultados distintos, o que só confirma o fato de não ser a ciência econômica uma ciência exata, como pretende o pensamento ortodoxo.

Na medida do possível, procurei, em todos estes trabalhos, retratar a vida pessoal dos principais autores neste campo do conhecimento, apoiado na concepção do filósofo *José Ortega y Gasset* de que "o homem é o homem e a sua circunstância", sendo necessário, para melhor entender sua obra, percorrer a estrada que trilhou para captar suas idiossincrasias, anseios, angústias e motivações. Geralmente, esses economistas têm suas obras analisadas como se desconectados da vida social, entrincheirados em muros acadêmicos que os protegem de seus efeitos, quando é exatamente essa que ajuda a explicar e entender seus pensamentos e visão de mundo. No caso da economia, por se tratar de uma ciência social, tal procedimento justifica-se ainda mais.

De igual modo, pouco lancei mão da linguagem matemática na explicação das questões em debate, a não ser em alguns poucos casos em que se tornou imprescindível, para facilitar a leitura dos que estão iniciando o estudo nessa área ou dos que, apesar de nela não atuarem, se interessam pelos problemas econômicos. A linguagem excessiva da matemática utilizada pelos economistas, apesar de tornar mais claros os argumentos desenvolvidos para os que detêm o conhecimento dessa área e de ser necessária tanto na demonstração de algumas teses como na construção de modelos econômicos, termina dificultando a compreensão das questões em debate dos que não são iniciados neste campo do conhecimento.

Mais do que, portanto, pretender fazer a reinterpretação de suas obras, meu objetivo é bem mais modesto: apenas apresentar didaticamente o pensamento das várias escolas de economia, procurando entender a razão de seu distanciamento na explicação dos fenômenos econômicos e nos distintos remédios por elas recomendados, à luz dos diferentes métodos que utilizam na sua compreensão e na dos papéis desempenhados pelos agentes econômicos, entre os quais se incluem o Estado, para a superação das dificuldades que impedem a construção de uma sociedade mais justa e equilibrada do ponto de vista social.

Neste livro, que trata da vida e obra de Marx, apesar da advertência feita por Duayer[10] de que a tradução do alemão para o português

---

10 DUAYER, Mário. "Apresentação". *In*: MARX, Karl. *Grundrisse manuscritos econômicos de 1857-1858*: esboços da crítica da economia política. São Paulo: Boitempo; Rio de Janeiro: Ed. UFRJ, 2011, p. 23.

da categoria *Mehrwert* como "*mais-valia*" não se justifica nem em termos literais nem teóricos, sendo mais apropriada a de "mais-valor" em ambos os casos, fiz a opção por manter a tradução brasileira de "mais-valia" consagrada na literatura e nos estudos marxistas no país.[11]

11 Existem controvérsias sobre essa questão. Para Teixeira, a expressão mais--valia tem significado bem mais amplo do que a de mais-valor, sendo mais adequada e funcional para as diversas interpretações da obra de Marx. Para um apanhado crítico de diversos autores favoráveis e contrários a essa mudança, consultar seu estimulante artigo "Mais-valia ou mais-valor", de 2020. (TEIXEIRA, Adriano Lopes Almeida. "Mais-valia ou mais valor?" *Revista Economia Ensaios*, Uberlândia, vol. 34, nº 2, 2020. Disponível em: https://SEER.ufu.br/index.php/revistaeconomiaensaios/article/45288. Acessado em: 24.09.2024).

APRESENTAÇÃO

Este trabalho não tem a pretensão nem de reinterpretar a obra de Marx, nem a de apresentar alguma novidade com a sua leitura feita pelo autor. Um número incontável de filósofos, economistas, historiadores, antropólogos, dos mais qualificados já fizeram isso com a maior competência, esmiuçando sua obra e pensamento, com o propósito de apreender a contribuição por ele dada às várias áreas das ciências e do conhecimento, mesmo assim sem esgotá-la em sua plenitude.

Marx, pelo seu gigantismo intelectual, continua um autor que, tendo-se completado mais de 200 anos de seu nascimento e um pouco mais de 150 desde que publicou a primeira edição de sua obra-prima, *O Capital, Livro I*, continua influente em vários campos das ciências, despertando interesses que se renovam continuamente sobre o método por ele utilizado – o materialismo histórico – para a compreensão dos problemas do mundo contemporâneo, especialmente pelos que entendem a história como *processo* e que, por essa razão, a veem como passível de ter seus rumos modificados pela ação política, ou seja, pela práxis.

Entendido dessa maneira, como considera Paula,[12] o marxismo é ao mesmo tempo: i) uma *filosofia*, uma concepção de mundo; ii) uma *teoria* que, em vários campos – economia, história, sociologia etc. – procura entender os complexos mecanismos e relações pelos quais se estabelecem os vínculos, não sem conflitos, entre os indivíduos que compõem a sociedade; e iii) uma *proposta de transformação* deste mundo pela ação política, visando à construção de uma nova ordem social para se alcançar a plena emancipação do ser humano.

O centro de investigação de Marx foi o capitalismo do século XIX, historicamente determinado, e, para isso, ele realiza a crítica da Economia Política clássica, uma ciência que, à sua época, interpretava os fenômenos econômicos como sendo naturais – a-históricos e eternos –, porque acreditava, como Hegel, ser essa ciência necessária para se fazer a anatomia da sociedade civil e entendê-la em sua complexidade. Um mundo capitalista, que dava os primeiros passos rumo à sua consolidação como modo de produção, marcado pela centralidade das relações de produção e do trabalho, essenciais para a própria existência social, mas que apresentava contradições em sua dinâmica, as quais deveriam conduzi-lo ao colapso e à sua substituição por outra ordem econômica e social, ou por outro modo de produção.

Para Marx, o capitalismo que analisava era uma fonte da alienação humana, ao romper os elos que ligavam o homem à natureza para atender às suas necessidades de sobrevivência, por meio do trabalho, e o homem ao próprio homem, ao dividi-los entre o trabalhador (proprietário da força de trabalho) e o não trabalhador (proprietário da riqueza e dos meios de produção), com o segundo subjugando o primeiro e retirando-lhe tanto o controle sobre o produto de seu trabalho, com a sua parcialização crescente provocada pela divisão do trabalho, como lhe subtraindo parte

---

12 PAULA, João Antônio de. *Crítica e emancipação humana*: ensaios marxistas. Belo Horizonte: Autêntica, p. 26. (Coleção Economia Política e Sociedade).

expressiva de seus próprios frutos, por meio da exploração, dada pela sua condição de proprietário da riqueza. Tudo isso, camuflado por uma densa nuvem de símbolos e ideologias que recobriam essas relações e que pareciam dotá-las de um caráter natural, como se sempre tivessem existido, como se eternas, apesar dos antagonismos existentes entre estes dois polos, como se o conflito fosse uma condição natural entre os seres humanos.

Neste mundo de alienação, em que o trabalhador representava a força motriz da geração do valor e da riqueza, mas que era dela praticamente excluído, porque superexplorado pelo capital, na etapa mais selvagem da acumulação, e que, ao contrário, era lançado na miséria e pobreza crescentes, juntamente com suas mulheres e filhos, Marx percebeu, na sua construção teórica, que a existência da *propriedade privada*, que negava ao trabalhador as condições de reproduzir-se e de se realizar em sua plenitude, conduziria inevitavelmente à sua própria negação pelos antagonismos crescentes entre as duas classes sociais.

A luta de classes aparece, assim, em seu edifício teórico, como o motor da história que culminaria com a extinção deste modo de produção, abolindo-se a propriedade privada, e o substituiria por outro em que o homem se reencontrasse consigo mesmo e com seus semelhantes, construindo uma sociedade de iguais, esta entendida como comunismo, sistema que representa a negação da propriedade privada, no qual seria possível sua plena emancipação.

O fato é que, à época de Marx, todas as instituições e promessas do Iluminismo e do mundo moderno, que deixara para trás as trevas do mundo feudal, estavam se esboroando no novo modo de produção que se instaurara, o capitalismo, como analisa Paula.[13] O *Estado moderno*, por meio do qual deveria o interesse público se sobrepor tanto aos interesses do soberano como de

13 PAULA, João Antônio de. *Crítica e emancipação humana*: ensaios marxistas. Belo Horizonte: Autêntica, p. 41. (Coleção Economia Política e Sociedade).

particulares, capturado pelos novos donos do poder e transformado em instrumento de defesa de seus privilégios. O *indivíduo*, retirado do mundo feudal, para quem se prometia direitos iguais na modernidade, jogado em condições desiguais no mercado de trabalho praticamente escravizado pelo capital. A *cidade*, que seria o palco de uma "sociabilidade alargada e democrática", arruinada e invadida por fábricas e chaminés poluidoras, interditando o convívio social. O *mercado*, que deveria propiciar a expansão da produção material e da riqueza, pela intensificação das trocas entre os produtores, tornado reino absoluto onde se realizam os lucros capitalistas a expensas do crescimento acelerado da miséria e da pobreza dos trabalhadores que, despojados dos meios de produção, tiveram de a ele se submeterem.

É sobre este pano de fundo histórico, marcado por conflitos e antagonismos, que Marx constrói a sua obra, procurando demonstrar que, devido às contradições do sistema que, em busca da valorização do capital, busca desvalorizar as próprias bases de criação do valor (as do trabalho), sua situação seria insustentável e que ele tenderia inevitavelmente a naufragar, mergulhando em crises recorrentes, uma trajetória que poderia ser apressada por meio da luta política dos trabalhadores. A ciência, neste caso, antecipando as crises, seria um instrumento importante para o operário preparar-se para a ação política e fazer este processo avançar mais rapidamente e para organizar-se, colocando-se em condições de substituir este modo de produção em desagregação pelo que garantiria sua emancipação plena, ou seja, pelo comunismo.

Marx – e também Engels – haviam se convencido, desde a experiência das revoluções de 1848-1849, que as crises do sistema capitalista representavam momentos favoráveis para o processo revolucionário, à medida que aumentavam as dificuldades das classes trabalhadoras, dado o aumento do desemprego e a queda dos salários, o que não se verificava nos períodos de maior crescimento e de prosperidade. Por isso, especialmente a partir da década de 1850, passou a se dedicar com maior intensidade ao estudo da economia política e à análise da estrutura, da dinâmica e das contradições do sistema capitalista, com o objetivo de identificar seus pontos vulneráveis, suas tendências e os determinantes de suas crises. Do esforço que realizou neste sentido, nasceram as suas obras econômicas, passando pelos *Grundrisse* (1857-1858), pela *Contribuição à crítica da Economia Política* (1859), *Teorias da mais-valia* (1861-1863), *Salário, preço e lucro* (1865), para culminar n'*O Capita*l, em que, de forma magistral, completa o desvendamento da natureza e das contradições do sistema. Enfim, de sua essência.

O percurso intelectual feito por Marx até chegar em *O Capital* não foi simples e seu pensamento, porque dialético, foi se modificando progressivamente no tempo, à medida que ia realizando a crítica de várias questões com que se defrontava, procurando retirá-las do mundo das aparências, que iludia os que procuravam explicá-las, e entendê-las em sua essência. Começou com a crítica da religião, ainda nos primeiros anos da década de 1840, quando deu ênfase à *reforma da consciência*, evoluiu para a crítica da filosofia em vários trabalhos que escreveu entre 1843 e 1846, para a crítica das posições políticas de Proudhon e dos grupos socialistas, entre 1847 e 1850, enfatizando a necessidade da *reforma da sociedade*, finalmente, à crítica da Economia Política, quando já se considerava preparado e em condições de superá-la mais no final da década de 1850 e ao longo da década de 1860.

Enfim, como nota Paula "(...) a obra de Marx, é uma síntese que em seus próprios termos não pode se acomodar, que só pode se realizar como crítica totalizadora do existente".[14] Ou seja, a crítica constitui um elemento essencial em seu pensamento e em seu método. Isso porque, só pela crítica se torna possível ir demolindo crenças estabelecidas e caminhar no sentido de revisar e refazer continuamente melhor a aproximação com o real, pelo movimento

---

14 PAULA, João Antônio de. *Crítica e emancipação humana*: ensaios marxistas. Belo Horizonte: Autêntica, p. 46. (Coleção Economia Política e Sociedade).

de perplexidade e de questionamentos e, com isso, ir descortinando a essência das coisas que conduz à verdade e à liberdade.

Seu método de análise, o método do materialismo histórico e dialético levou também algum tempo para ser concluído, embora em alguns aspectos já presentes nas análises que realizou antes de *A Ideologia Alemã*, de 1846, e de *A Miséria da Filosofia*, de 1847, onde ele se apresenta de modo mais acabado. O próprio Engels reconheceria, em trabalho de 1888, em relação à questão do método, que

> (...) a parte que foi concluída [n'*A Ideologia*] consiste numa apresentação da concepção materialista da história que só prova o quão incompletos ainda eram, à época, nossos conhecimentos sobre a histórica econômica. A própria crítica da doutrina *feurbachiana* padece dessa incompletude.

Apesar disso, foi com base nessa visão e nesse método, exposto com seus principais elementos em *A Ideologia*, que Marx avançaria, a partir de 1847, nas primeiras críticas mais consistentes formuladas à Economia Política e às contradições do sistema econômico capitalista.

Por tudo isso, o objetivo deste trabalho é modesto. Tem apenas o propósito de acompanhar a trajetória e a evolução do pensamento de Marx desde que ele saiu de sua cidade natal de Tréveris (Trier em alemão), em 1835, para estudar na Universidade de Bonn, e os rumos que tomou, a partir daí, não poucas vezes na condição de exilado, passando por Berlim, Colônia, França, Bélgica, novamente França, até se instalar mais definitivamente em Londres, a partir de 1849, onde desenvolveria sua obra econômica e viria a falecer em 1883.

Em seus deslocamentos quase sempre forçados pela Europa, Marx e sua família viveram, a não ser por alguns breves períodos de alguma bonança, permanentemente em dificuldades financeiras. Dedicado integralmente à causa revolucionária, desde que se convenceu, a partir de sua primeira passagem pela França em 1843-1944, que o comunismo era a alternativa para a sociedade se emancipar, não conseguiu ter emprego e renda regulares, apesar de trabalhar em vários jornais tanto nas cidades em que se instalava, assim como correspondente de outros veículos da imprensa de outros países. Isso o colocou, em vários momentos, em situação de penúria financeira, só resolvidos com a ajuda de correligionários, do recebimento nem sempre fácil de parte da herança a que tinha direito, e dos socorros que seu amigo Engels passou a prestar-lhe desde que se estabeleceu entre eles uma parceria a partir de 1844. Somente em 1869, quando Engels, tendo vendido sua participação na fábrica de Manchester, garantiu-lhe uma renda anual permanente, pode-se dizer que passou a ter uma vida financeira mais estável.

Geralmente, os trabalhos sobre Marx, em especial os de história do pensamento econômico, apresentam sua contribuição às vezes de forma fragmentária, ora explorando um tema entre vários de sua obra, ora outro, ou dedicando-se a destacar sua contribuição em um ou outro campo – economia, política, método, por exemplo –, o que dificulta a compreensão da grandeza e imensidão que atingiu seu pensamento, bem como as razões que o levaram a se enveredar por essa trajetória, em que a preocupação com a emancipação plena do homem conduziu-o a uma crítica feroz da propriedade privada e do capitalismo e a defender o socialismo/comunismo como o sistema capaz de reconciliar o homem consigo mesmo e de abrir os caminhos para sua libertação. Por essa razão, este trabalho visa exatamente fazer este percurso, com o objetivo mais de organizar a compreensão do autor sobre o seu pensamento, acompanhando sua trajetória de vida e, ao mesmo tempo, de sua obra. Para tanto, além dessa apresentação, ele se encontra organizado em uma introdução e em mais cinco capítulos.

Na Introdução, procura-se descrever, brevemente, a situação e a posição dos pais de Marx, na cidade de Tréveris, onde nasceria em 1818, então dominada pelo Estado prussiano, após a derrota definitiva de Napoleão Bonaparte, em 1815, bem como as influências que sobre ele exerceriam estes acontecimentos. A falta de maiores registros sobre a infância de Marx dificulta essa empreitada, restringindo a avaliação de seus primeiros passos na vida mais intelectual ao seu ingresso no ginásio da cidade, quando, ao formar-se, elabora duas monografias, que já indicam o caminho a que se propunha trilhar na vida.

O primeiro capítulo – *Da crítica da religião e da filosofia à construção do método do materialismo histórico* – cobre o período em que se transfere de Tréveris para Bonn, com o propósito de realizar os estudos na área do Direito, até o ano de 1846, quando, em parceria com Engels, conclui o trabalho *A ideologia Alemã*, que contém os principais elementos do método, mesmo que incompleto, que adotaria para interpretar o mundo econômico e social. Trata-se de um período que tem início praticamente em 1837, especialmente quando ele se transfere para a Universidade de Berlim e passa a ter contato com a obra de Hegel e com os Jovens Hegelianos de esquerda, os quais terão muita influência na evolução de seu pensamento.

Nessa época, os neo-hegelianos, em especial Bruno Bauer e Ludwig Feuerbach, estavam realizando, apoiados na filosofia e no método dialético de Hegel, a crítica da religião, identificando nela a origem da alienação humana e a necessidade de superá-la para o homem, por meio do resgate da *autoconsciência*, se libertar e conquistar sua emancipação política. Tratava-se, enfim, de uma *reforma da consciência*, à qual Marx aderiu e passou a defender nos primeiros anos de sua vida intelectual, acreditando que este seria o caminho que conduziria à redenção do homem dentro do Estado moderno, então tido como pilar central da construção social.

Marx, no entanto, perceberia muito rapidamente, ao tomar contato com os temas econômicos e sociais, em suas atividades jornalísticas, que somente a crítica do céu (da teologia) era insuficiente para propiciar a emancipação do homem. Era necessário ir além e realizar a crítica não profana, a crítica do homem na terra, do direito e da política. Isso porque, o Estado, outra forma de alienação humana (outra inversão), que passa a desfilar aos seus olhos críticos, não é mais o Estado moderno da concepção anterior que deveria estar voltado para a promoção do bem-estar coletivo, mas o Estado capturado e protetor dos donos das propriedades contra os não proprietários.

Empreende, assim, essa crítica em dois trabalhos lapidares: *Crítica da Filosofia do Direito de Hegel* (1843), especialmente na *Introdução* desse trabalho, que publicaria em 1844; e *Sobre a questão judaica*, também publicado neste mesmo ano, dando início ao seu processo de rompimento com os neo-hegelianos de esquerda e com a filosofia especulativa alemã, ao trazer do céu para a terra a compreensão histórica do ser humano e iniciar o combate dos fetiches e ídolos que substituíram a religião, o dinheiro e o Estado. Ainda é um Marx que continua atribuindo um papel decisivo à filosofia na transformação social (a sua "cabeça"), mas, nestes trabalhos, ele já introduz o proletariado como o "coração da emancipação", substituindo o *Espírito Absoluto* de Hegel, a *espécie humana* de Feuerbach e a *autoconsciência* de Bruno Bauer.

Já em Paris, para onde mudaria no final de 1843, Marx elabora o trabalho *Manuscritos econômico-filosóficos*, em que trata, pela primeira vez, de temas econômicos. Começa, aí, a desenvolver a crítica da Economia Política clássica, contra a defesa que essa faz da propriedade privada, tomando-a como fazendo parte de uma ordem natural, universal, quando para Marx, assim como para Engels, a ela só se chegava por meio da expropriação, considerando-a fonte de alienação do trabalho e das desigualdades existentes entre trabalhadores e não trabalhadores, cuja superação só poderia ser alcançada com o resgate de uma sociedade de iguais, ou seja, com o comunismo.

Marx ainda não chegara, neste trabalho, ao conceito de exploração e, por isso, ainda sem condições de uma crítica mais consistente da Economia Política, nem completara seu método de análise, indicando o comunismo apenas como "ideal" de negação da propriedade privada e como meio de redenção do homem de uma realidade alienada e desigual, mas, de certa forma, os elementos para prosseguir na investigação que se propunha a fazer sobre a anatomia da sociedade civil já estão nele presentes: a história, as contradições do sistema, produzindo conflitos e desigualdades, e até mesmo a classe trabalhadora como agente, ainda que "ideal", da mudança para transformar o mundo e garantir a emancipação plena da sociedade. Mas, já nos dois anos seguintes, daria os passos necessários para completar seu método de análise.

Isso aconteceria em Bruxelas, para onde seguiu na condição de exilado após ser expulso da França no final de 1844, em dois trabalhos escritos em parceria com Engels: *A sagrada família*, de fevereiro de 1845, e *A ideologia Alemã*, de 1846.

O primeiro, representa uma paródia bíblica realizada para ironizar as posições dos Jovens Hegelianos, notadamente dos irmãos Bauer, Bruno e Edgar, que atribuíam à *consciência* (ou a *autoconsciência infinita*, no seu conceito) o papel de força motriz da história, o que nada mais era que uma versão da *autoalienação religiosa*, deixando de fora deste movimento as condições humanas materiais expressas nas lutas políticas e nas estruturas sociais e econômicas, que Marx já colocara em relevo em seus trabalhos anteriores.

Representa, assim, um acerto de contas que fará com a filosofia alemã e com o seu método "idealista" de interpretação do mundo, ao mesmo tempo em que coloca mais algumas boas escoras na construção do método do materialismo histórico. À versão idealista e religiosa de Bauer, Marx procura contrapor, neste trabalho, a versão politizada de Feuerbach, com inclinação materialista, sobre o "humanismo real", de forma a ridicularizar as interpretações do primeiro sobre as condições sociais e políticas como resultantes da *autoconsciência* e não de fenômenos concretos e historicamente reais.

O segundo, *A ideologia alemã*, dá continuidade à crítica da filosofia "idealista" alemã especulativa, em que o real só existe pelo poder do pensamento, e, considerando-a concluída, Marx e Engels procuram avançar na construção do método do materialismo histórico. Nessa construção, deparam-se com as limitações do conceito do próprio Feuerbach, que haviam utilizado em *A sagrada família*, na interpretação materialista da história, e introduzem o conceito de *modo de produção* para se compreender a história da humanidade. A chave, para isso, está, como colocam, na consideração de três elementos da produção, de sua base material: i) das forças produtivas determinadas pela tecnologia e pela organização da economia; ii) da divisão do trabalho; e iii) das formas da propriedade. Todos determinados historicamente.

O fato de se acreditar que as ideias é que são determinantes, como o faz a filosofia especulativa alemã, que são elas a força motriz da história, deve-se a uma leitura invertida e ideológica da realidade, porque é essa base material que determina as ideias, as leis, a política, a cultura, enfim todas as formas de expressão do pensamento reunidas em torno do conceito de ideologia, e não o contrário.[15] Resumindo este método na frase célebre: "não é a consciência que determina a vida, mas a vida que determina a consciência". Este método, ainda incompleto em *A ideologia*, que parte da base material, de produção e intercâmbio, que Marx adotará, a partir daí, para fazer a anatomia da sociedade civil, tomando-a como "o foco, o cenário da história", para compreendê-la e explicá-la, e não pelas ideias dominantes, que representam apenas um embaçamento ideológico da realidade.

O segundo capítulo – *As primeiras análises econômicas, à luz do método do materialismo histórico* – examina os primeiros trabalhos realizados por Marx (e Engels, no Manifesto Comunista), entre 1847 e 1848, empregando o método do materialismo histórico para desvendar a anatomia da sociedade civil e proceder

15 SPERBER, Jonathan. *Karl Marx*: uma vida do século XIX. Barueri: Amarilys, 2014, p. 173.

à crítica da Economia Política. São eles: i) *A miséria da filosofia*, de 1847; ii) *Trabalho assalariado e capital*, do mesmo ano, mas só publicado em 1849; e iii) *O manifesto comunista*, em coautoria com Engels, de 1848.

Apesar de avançar na compreensão da essência dos fundamentos da sociedade capitalista com estes trabalhos, Marx ainda não tinha elucidado, nessa época, o segredo do valor de troca das mercadorias, significando que não fizera a distinção entre "trabalho" e "força de trabalho", e que, portanto, a sua teoria do valor, base central para a análise do modo de produção burguês, não estava concluída.

A miséria da filosofia nasce de uma crítica feita por Marx ao trabalho de Pierre Joseph Proudhon, intitulado *A filosofia da miséria*, em que este defendia o caminho das reformas para a libertação do trabalhador do jugo do capital, tidas por ele como necessárias para a construção de uma sociedade de iguais, e não o caminho revolucionário proposto por Marx e Engels.

Aliás, desde que os dois amigos e parceiros se convenceram de que somente através da ação revolucionária seria possível a derrubada do modo de produção capitalista, tanto Marx como Engels empreenderam uma batalha crítica contra os socialistas, que eles designavam como "utópicos" ou "filantropos" indignados, os quais, ao proporem fórmulas de concertação entre as classes sociais, com reformas do sistema, barravam, na verdade, o curso da história, impedindo as inevitáveis transformações que dela decorreriam.

Marx, a essa altura, já aceitara e incorporara ao seu sistema a teoria do valor-trabalho dos clássicos, que criticara nos *Manuscritos de 1844*, e avançara consideravelmente nos estudos de Economia Política, convencendo-se por suas análises sobre a natureza do sistema capitalista, bem como de suas contradições, que posições "filantrópicas", "revisionistas" e "românticas" dos economistas para sua "humanização", eram, ao contrário do que pretendiam, prejudiciais para a classe trabalhadora, por desviar o curso da história. Pelo seu método de análise, seriam exatamente essas contradições e antagonismos que conduziriam, inevitavelmente, a sociedade para uma nova etapa de desenvolvimento, combinando igualdade com justiça social.

O trabalho de Proudhon, como os dos economistas clássicos, via as categorias econômicas específicas deste sistema – como a teoria do valor-trabalho, por exemplo – como leis eternas, imutáveis, válidas para todas as etapas de desenvolvimento da humanidade, e sua proposta para libertar a classe trabalhadora se resumia a reproduzir os mesmos fundamentos da sociedade capitalista, preservando o seu *lado bom*, ou seja, sua capacidade indiscutível de criação e expansão da riqueza, e eliminando o seu *lado mau*, as contradições, os antagonismos e a exploração do trabalho pelo capital. Como se isso fosse possível, dada a historicidade das categorias econômicas deste modo de produção.

Por não entender que as categorias econômicas não são mais que expressões teóricas, abstrações das relações sociais de produção, sendo, assim, produtos históricos e temporários, e concebê-las como existindo em todas as etapas do desenvolvimento humano, por meio da "razão pura", do pensamento, como ocorre com a filosofia "idealista" e o pensamento econômico clássico, Proudhon quer, a *fórceps*, como analisa criticamente Marx, preservar, na ordem social e econômica que idealiza, o *lado bom* do capitalismo e eliminar o *lado mau* das categorias econômicas – a exploração, a miséria do trabalhador etc. Enfim, eliminar as contradições e os antagonismos que, para Marx, representam o motor da história e do progresso e que permitem, à sociedade, evoluir para estágios superiores como resultado dessas tensões. A proposta de Proudhon, apesar de suas "boas" intenções, nada mais seria do que estancar o curso da história.

Trabalho assalariado e capital, publicado em 1849, foi fruto de conferências realizadas por Marx, a partir de agosto de 1847, na Associação dos Trabalhadores Alemães, em Bruxelas, com objetivos políticos didáticos. Tal como no trabalho *A miséria da filosofia*,

Marx ainda não havia desvendado o segredo da mais-valia e nem diferenciado as categorias "trabalho" de "força de trabalho" e, por isso, continuava sem condições de completar a crítica da Economia Política, crítica entendida como sua superação.

Seu objetivo foi o de demonstrar para os trabalhadores a existência de uma contradição na teoria do valor dos economistas clássicos, pois se o trabalho era considerado a fonte de todo o valor, como explicar que sua remuneração, na forma de salário, fosse inferior ao preço, ao valor da mercadoria? Para esclarecer essa questão, Marx realiza uma discussão sobre preços de mercado, sujeito às conjunturas da oferta e da demanda; sobre o preço "natural" ou médio (o valor), ou de equilíbrio, a que se chega pelo processo de concorrência; e sobre os custos de produção e de seus componentes: as matérias-primas e o desgaste dos instrumentos de produção e o *trabalho direto*, *vivo*, que, como as demais mercadorias também tem um custo correspondente aos bens e serviços necessários à sua reprodução, o qual representa o seu preço, o *preço do trabalho*, pago na forma de *salário*.

Excluindo, portanto, do preço de venda da mercadoria, a parte que repõe os gastos com as matérias-primas e os instrumentos de trabalho, deveria caber ao trabalhador a parte restante do valor, mas não é o que acontece: surge um terceiro elemento neste processo, o *capitalista*, que se apropria de parte do valor adicional gerado, sob a forma de lucro, considerado necessário para remunerar o capital (que é *trabalho acumulado*) por ele empregado. Isso só se torna possível quando nada mais resta a uma parte da sociedade senão o seu trabalho como propriedade, que ela terá de vender (assalariar-se) para alguém que queira ou se disponha a adquirir o seu uso.

Somente neste caso, é que o *trabalho acumulado se transforma em capital* e contrata o trabalho vivo para aumentar o seu valor de troca, ou seja, para valorizar-se e expandir-se pela obtenção do lucro. Neste caso, realiza-se uma troca: o operário recebe os meios para subsistir e fornece ao capitalista o seu trabalho, que ele usará para aumentar o valor do trabalho acumulado de que dispõe. Por isso, para Marx, “o capital pressupõe (...) o trabalho assalariado; o trabalho assalariado pressupõe o capital. Eles determinam-se reciprocamente. Eles engendram-se reciprocamente”.[16]

É o trabalho assalariado que permite a ele multiplicar-se, assim como é o crescimento deste capital que propicia melhorias na vida do trabalho assalariado pelo aumento do salário, sendo estes dois aspectos da mesma relação.

Ainda sem ter chegado com clareza à noção de mais-valia, Marx a pressentiu pela primeira vez, como observa Mandel,[17] apoiando-se na seguinte passagem de Marx neste trabalho:

> o capital (...) se conserva e aumenta por sua troca com o trabalho imediato, vivo (...). O operário recebe meios de subsistência em troca de seu trabalho, mas o capitalista, em troca de seus meios de subsistência, recebe trabalho; a atividade produtiva do operário não somente destitui o que ele consome, mas dá ao trabalho acumulado um valor maior do que aquele que ele possuía antes.

Nessa discussão, em que salários e lucros dividem – e disputam – o novo valor criado, Marx faz a diferenciação entre *salário nominal* (o valor recebido em dinheiro pelo trabalho), *salário real* (a cesta de bens que se pode comprar com o salário nominal) e o *salário relativo* (a cota-parte do trabalho no total do valor criado), visando avaliar em que medida o movimento destes afeta os lucros e como o capital reage para defendê-los, o que ocorre, geralmente, com a introdução de máquinas poupadoras de mão de obra e

---

16 MARX, Karl. *Trabalho assalariado e capital* [1849] e *Salário, preço e lucro* [1865]. 2ª ed. São Paulo: Expressão Popular, 2010, p. 49.

17 MANDEL, Ernest. *A formação do pensamento econômico de Karl Marx*: de 1843 até a redação de O Capital. Rio de Janeiro: Zahar, 1968, p. 56.

ampliação da divisão do trabalho, com o objetivo de reduzir o tempo de trabalho necessário para a reprodução do trabalhador, e, consequentemente, o seu salário.

Com essa análise, chega às crises do sistema, à medida que, na contínua expansão da acumulação para sustentar-se, com a criação de novas necessidades, o capital precisa contar também com os mercados em crescimento, o que ele mesmo impede pela sua reação aos aumentos dos salários, dada a sua natureza voltada para a obtenção do lucro, colocando limites para sua própria expansão com a desvalorização dos salários dos trabalhadores, que são também consumidores.

Em *Trabalho assalariado e capital*, Marx avança na compreensão do modo de produção capitalista e na identificação de algumas de suas contradições, inclusive na possibilidade das crises econômicas. Mas, sem ter desvendado a diferença entre as categorias "trabalho" e "força de trabalho" e não ter chegado à noção de mais-valia, à origem do lucro, embora sua análise já esteja bem à frente da efetuada pelos economistas clássicos, é ainda insuficiente para dar conta da complexidade e da natureza do modo de produção capitalista.

O trabalho *O Manifesto comunista*, de 1848, elaborado em parceria com Engels, representa, ao mesmo tempo, um documento político para orientar a luta dos trabalhadores na transformação do sistema, e um documento econômico, em que se emprega o método do materialismo histórico para interpretar a natureza do sistema, suas virtudes e potencialidades na criação da riqueza, bem como as contradições que decretarão seu colapso. Ele representa, assim, como observa Schumpeter, "(...) o prelúdio de todo [o seu] trabalho ulterior".[18]

---

18 SCHUMPETER, Joseph A. "A significação do Manifesto Comunista na sociologia e na economia". *In*: LASKI, Harold J. *O Manifesto comunista de Marx & Engels*. 2ª ed. Rio de Janeiro: Zahar, [1947] 1978, p. 147.

Dividido em quatro seções, a primeira fornece uma visão global da economia capitalista, bem como de suas potencialidades e contradições, à luz da luta de classes, e defende que reside, nessa, a chave da mudança histórica. Marx e Engels não economizam palavras para enaltecer o modo de produção burguês como revolucionário, como criador do novo contra o antigo, como transformador das estruturas produtivas, da abertura e ampliação dos mercados, e como alavanca inigualável de expansão da riqueza.

Em contrapartida, procuram também demonstrar que se trata de um sistema que, para obter tamanho sucesso, marginaliza de seus frutos, em virtude da existência da propriedade privada, boa parte da população, a qual, despojada dos meios de produção, tem de se submeter ao capital, vendendo-lhe seu trabalho para garantir sua sobrevivência, em condições de miséria e pobreza crescentes. Por essa razão, o próprio sistema termina criando, ao gerar estes conflitos, seu próprio algoz, o *proletariado*, que terminará decretando sua morte, à medida que suas fileiras tenderão a ser crescentemente engrossadas pelas camadas inferiores da classe média, também empobrecidas neste processo, aumentando sua oposição ao sistema, especialmente quando estes passam a se organizar em sindicatos e associações.

O proletariado, que sustenta o sistema, nasce, portanto, de seu ventre, mas é tratado, no entanto, como um filho bastardo desprezado, que terminará se voltando contra ele, e, pela ação revolucionária, decretará seu fim, por ser a burguesia, o modo de produção burguês, incompatível com uma sociedade mais justa e solidária, substituindo-o pelo comunismo, por uma sociedade de iguais.

Nas seções restantes, Marx e Engels fazem, na segunda, uma defesa do ideário comunista, procurando desmistificar as visões ideologicamente transmitidas pelas classes dominantes sobre os perigos e riscos que aquele representa, e elencam uma série de reformas e medidas que deveriam ser adotadas e realizadas por ocasião da tomada do poder pelo proletariado para barrar quaisquer tentativas de contrarrevolução e assegurar a vitória dos trabalhadores. Na terceira, dedicam-se a dar continuidade à crítica dos grupos de esquerda, de diversos matizes, que continuavam insistindo nas reformas para "humanizar" o capitalismo, quando, para eles, isso só seria possível pela revolução, por meio da violência. A quarta seção, é praticamente um desdobramento da segunda e, nela, Marx e Engels se dedicam a orientar as ações dos comunistas na formação das alianças táticas com outros partidos políticos de oposição e também com outras forças políticas engajadas na luta contra o inimigo a ser batido: a burguesia. Um período em que ainda acreditavam na viabilidade de alianças com outras forças não revolucionárias, como a burguesia liberal, os democratas, os pequenos comerciantes e camponeses etc.

O terceiro capítulo – *As lutas políticas e as obras preparatórias de O Capital* – é dedicado à análise da trajetória de Marx em dois períodos distintos: o primeiro, que tem início com a Revolução Francesa, de fevereiro de 1848, à qual se segue a revolução na Alemanha, para onde Marx rumou com correligionários para Colônia com o objetivo de apoiá-la. Neste período, Marx acreditava na viabilidade de alianças políticas com forças não revolucionárias, como a burguesia mais progressista, liberais, democratas e grupos que se opunham ao governo prussiano, para destituir a monarquia, fundar a república, e elaborar uma nova Constituição para o país, visando sua unificação e a realização de reformas democráticas.

Essa convicção, no entanto, logo começou a se desfazer, à medida que a revolução na França passou a sofrer seguidos golpes iniciados com as jornadas de junho, quando foi decretado o estado de sítio e suspensas as liberdades individuais, juntamente com o recuo observado em relação às bandeiras democráticas empunhadas em fevereiro; golpes, inclusive, apoiados por forças que haviam aderido ao movimento no seu nascimento, o que também viria a ocorrer, na Alemanha, com a reação conservadora à revolução, a partir de setembro do mesmo ano, quando o governo chegou a decretar a Lei Marcial, suspender publicações de jornais da oposição e ordenar a prisão de radicais da cidade de Colônia.

O golpe final nas revoluções deste período ocorreria mais no final do ano de 1848, com a eleição, na França, de Luís Bonaparte, pelo sufrágio universal, mas sem direito à reeleição, norma que, contudo, ele não respeitaria, ao articular-se, durante o seu governo com as forças reacionárias, incluindo alguns setores que haviam participado da revolução de fevereiro, e dar um golpe de Estado, em 1851, soterrando a República e inaugurando o Segundo Império Francês. Na Alemanha, com a abolição das reformas liberais criadas com a revolução e a dissolução, por Frederico Guilherme IV, do parlamento de Frankfurt, em abril de 1849, responsável pela elaboração e promulgação de uma Constituição, no final de março de 1849, que deveria servir para o novo Estado alemão unificado, contra o que se insurgiram as forças reacionárias, a nobreza feudal e os governos absolutistas alemães contrários à unificação.

Marx, que andara apostando em alianças com forças não revolucionárias para realizar reformas democráticas que considerava necessárias para fazer avançar mais rapidamente o projeto socialista, tendo, inclusive, recebido inúmeras críticas de seus próprios companheiros por essa posição, convence-se, diante dessas experiências, que este não constituía, de fato, um caminho profícuo para libertar a classe operária, dadas as posições ambíguas e as não poucas traições das classes não revolucionárias – burguesia progressista, pequena burguesia, camponeses etc. –, que rapidamente voltavam a se jogar nos braços dos poderes dominantes tão logo estes lhes acenassem com alguns afagos, benefícios ou ganhos. Por isso, depois de empreender uma luta democrática antiprussiana, retorna, já a partir de maio de 1849, a defender a luta anticapitalista, com o proletariado à frente da revolução.

Das experiências políticas por ele vividas neste período, nascem dois trabalhos em que avalia os resultados dessas revoluções: *As lutas de classes na França*, publicado em 1850, e *O 18 de Brumário de Luís Bonaparte*, em 1852.

No primeiro, Marx faz um balanço da revolução na França, onde várias forças sociais se uniram – proletariado, pequena burguesia, camponeses, a burguesia excluída dos favores do Estado – contra um governo que representava e defendia apenas os direitos da aristocracia financeira. O governo provisório que se formou era composto por essas diversas forças, mas majoritariamente dominado pela burguesia, e, se no início atendeu às reivindicações dos trabalhadores e da pequena burguesia, logo reaglutinou as forças contrarrevolucionárias, nelas incluindo a própria aristocracia e, a partir daí, passou a impor derrotas, primeiro aos trabalhadores, nas jornadas de junho, e, pouco tempo depois, à pequena burguesia e aos camponeses.

Com essa análise, Marx (como Engels) passaria a considerar impossível a tarefa histórica da classe trabalhadora de abrir o caminho para a revolução no quadro da república burguesa, embora continuasse sendo otimista sobre sua emergência naquele contexto, mas não mais na esteira da revolução burguesa, e sim na revolução do proletariado, que passou a ser entendida como uma *revolução em caráter permanente*, que só se concluiria quando terminasse de impor sua ditadura de classe sobre as demais.

Neste trabalho, portanto, Marx se afasta das ilusões que criara e defendera de contar com a burguesia liberal democrática no movimento revolucionário, considerando que a tendência desta era a de se apropriar da vitória dos trabalhadores e dela se utilizar para seus próprios interesses, chamando a atenção para o fato de que essa aliança tática deveria ser vista apenas como um momento transitório em um *processo revolucionário permanente* até a *supressão* da propriedade burguesa e o estabelecimento de uma nova sociedade, uma sociedade sem classes sociais.

Mas, nesse processo crítico de análise da teoria da revolução, Marx introduz uma novidade sobre suas possibilidades, que irá influenciar consideravelmente sua obra posterior: nele, conclui que a revolução depende de algo além do ardor dos trabalhadores; depende de um cataclisma, de uma crise econômica de grandes proporções, pois na prosperidade, na qual as forças produtivas se desenvolvem de forma exuberante, e a vida do trabalhador melhora, suas condições objetivas não são favoráveis. Uma conclusão a que chegou pela análise que realizou da revolução de 1848, cuja eclosão foi antecedida da crise econômica de 1845. Essa conclusão vai orientar, a partir daí, seus estudos no campo da Economia Política, visando entender melhor as muitas contradições do sistema capitalista e os determinantes das crises. Pois, como coloca neste trabalho: "uma revolução só será possível na esteira de uma nova crise. Contudo, aquela é tão certa quanto esta".[19]

Em *O 18 de Brumário de Luís Bonaparte*, Marx retoma a análise da *Segunda República Francesa* e mostra como os trabalhadores foram alijados do poder em junho de 1848, com o apoio parlamentar da pequena e da grande burguesia e como, após a eleição de Bonaparte, em 10 de dezembro do mesmo ano, este se articulou com a segunda, para destronar a pequena burguesia do poder e avançar na extinção das conquistas democráticas, como o sufrágio universal e os direitos sociais e políticos criados com a revolução de 1848, e desfechar um golpe de Estado, em 2 de dezembro de 1851, extinguindo a República e inaugurando o *Segundo Império Francês*.

Em *O 18 de Brumário*, as esperanças de Marx de uma nova revolução na França já estavam enfraquecidas e também sua percepção de que a revolução burguesa serviria como "viveiro da revolução". Mas mantinha a posição de ser ela inevitável, mesmo que de forma diferente à que antes previa, e que uma "*toupeira incansável*" trabalhava para isso. Nessa mensagem de esperança, Marx já dispunha de uma nova teoria da revolução, que associava a

---

19 MARX, Karl. *As lutas de classes na França de 1848 a 1850*. 1ª ed. São Paulo: Boitempo, [1850] 2012, pp. 148/149. (Coleção Marx-Engels).

crise econômica à sua viabilidade, e cuja teorização buscará realizar, a partir daí, em seus estudos. Suas principais obras econômicas nascem, assim, da necessidade de melhor conhecer os fundamentos da economia capitalista, suas contradições e vulnerabilidades e de entender os determinantes de suas crises, que passam a ser essenciais, em seu pensamento, para orientar as ações revolucionárias e, com isso, permitir à revolução prosperar.

Após este período de frustrações, Marx praticamente se afastou da cena política por motivos ligados, também, à saúde, à perda de familiares, entre outros, e seu trabalho se dividiu em atividades jornalísticas mais intensas e no aprofundamento dos estudos de Economia Política, à espera de uma crise econômica que confirmasse seus novos prognósticos sobre as possibilidades da revolução. Terminou errando em algumas predições que fez para as crises de 1852, 1853 e 1855, que se revelaram passageiras e parciais, mas, quando a crise de 1857 se instalou nos Estados Unidos, percebeu tratar-se de uma crise de dimensão mais ampla, que merecia estudo mais aprofundado. Foi quando desenvolveu, entre 1857 e 1858, os *Grundrisse*, um longo rascunho em que delineou os principais pontos que considerava necessários para concluir a análise dos fundamentos do sistema capitalista e também a crítica da Economia Política.

Os *Grundrisse* foram um trabalho escrito com uma pressa febril, com redação pouco trabalhada, muitas lacunas e imprecisões terminológicas, com Marx pressentindo a aproximação de uma nova crise do sistema que poderia desencadear o "dilúvio" – a forma como se referia à esperada revolução europeia –, na qual os resultados de seus estudos poderiam ser úteis para a luta revolucionária. Apesar disso, para alguns autores, representa "o único trabalho em que a teoria do capitalismo, da gênese ao colapso, foi delineada por Marx em sua totalidade".[20]

---

20 DUAYER, Mário. "Apresentação". *In*: MARX, Karl. *Grundrisse – manuscritos econômicos de 1857-1858*: esboços da crítica da economia política. São Paulo: Boitempo; Rio de Janeiro: Ed. UFRJ, 2011, p. 17.

Os *Grundrisse* compõem-se de três textos: Bastiat e Carey; o segundo de uma *Introdução* à sua obra crítica da Economia Política; e o terceiro, como ficou efetivamente conhecido como *Esboços da Crítica da Economia Política*, consiste em dois capítulos: 1) o do dinheiro; 2) o do capital, este distribuído em três seções.

No texto da *Introdução*, Marx faz a crítica da Economia Política em vários planos: i) na consideração que essa faz de tomar o indivíduo do século XVIII destituído de suas condições históricas e, por isso, atribuir-lhe o papel fundante da sociedade humana, por meio das trocas; ii) na separação que faz da produção em particular, colocando-a como independente das outras fases a ela interligadas, ignorando sua totalidade – a distribuição, as trocas, o consumo –, o que leva os economistas a tratá-la como determinada por leis naturais, imutáveis, eternas, e a desconsiderá-la como resultado de um processo histórico de desenvolvimento das forças produtivas; iii) no método que adota, tomando as categorias econômicas do sistema burguês tal como elas aparecem na esfera da circulação, no mundo das aparências, desconsiderando o processo de seu desenvolvimento histórico, capaz de revelar suas especificidades, características e contradições no estágio de desenvolvimento das forças produtivas e das relações de produção capitalistas.

Na terceira parte dos *Grundrisse*, Marx apresenta, no primeiro capítulo, a sua *teoria do dinheiro* e de sua gênese como resultado necessário do desenvolvimento da mercadoria, a qual sintetiza o valor produzido pelos indivíduos, conecta-os socialmente pelas trocas que realizam dos produtos, e como ele se transforma em *Capital* e em fonte de riqueza universal. No segundo capítulo, o do *Capital*, Marx introduz, pela primeira vez, as categorias que empregará para analisar os fundamentos do sistema, como as da mais-valia, mais-valia absoluta e relativa, capacidade de trabalho (que posteriormente mudará para "força de trabalho"), trabalho necessário, capital constante e capital variável etc., daí derivando a tendência do sistema à queda da taxa de lucro e às crises e ao seu colapso como modo de produção histórico.

A *Contribuição à Crítica da Economia Política* foi publicada em 1859 e seria, de acordo com o plano original da obra de Marx exposto nos *Grundrisse*, o primeiro livro de uma série de seis previstos para sua conclusão, projeto que depois foi abandonado no curso das investigações preparatórias para a elaboração de *O Capital*.

No *Prefácio*, Marx faz uma síntese do método que empregará para a análise da economia burguesa, o método do materialismo histórico e dialético. Expõe, em poucas páginas, mas de forma brilhante, como, por este método, que parte das relações da produção material da vida humana, correspondentes a uma etapa de desenvolvimento das forças produtivas, e que constituem a base sobre a qual se ergue uma superestrutura jurídica e política, se torna possível fazer a anatomia da sociedade civil.

Historicamente determinada, essa ordem econômica, em certa etapa de seu desenvolvimento, termina gerando contradições entre as forças produtivas materiais da sociedade e as relações de produção (as relações de propriedade), sobrevindo uma época de revolução, que modificará toda superestrutura, dando origem a uma nova formação econômica, ou a uma nova sociedade.

Nos dois capítulos do livro, a mercadoria e o dinheiro, Marx toma como ponto de partida para a análise da economia capitalista, assim com ocorrerá em *O Capital*, a mercadoria, a forma mais elementar, básica, da riqueza neste sistema. Para Paula,[21] este procedimento metodológico, só definido a partir deste trabalho, corresponde "(...) ao momento-chave da escolha da mercadoria, (...) como ponto de partida da exposição crítica da Economia Política", que ele denomina o "outubro de Marx", uma metáfora de ruptura que significa a grande revelação de que "a superação do capitalismo e suas mazelas passa pela superação da 'mercadoria'

---

21 PAULA, João Antônio de. *Crítica e emancipação humana*: ensaios marxistas. Belo Horizonte: Autêntica, 2014, pp. 62-89. (Coleção Economia Política e Sociedade).

e das suas condições de produção e reprodução, isto é, pela superação do capital (...)".[22]

A partir da mercadoria, Marx analisa como o valor, medido pelo tempo de trabalho necessário à sua produção, reduzido ao trabalho abstrato geral, que se torna a sua medida de valor, a sua *substância*, e como, no desenvolvimento de suas metamorfoses, em que vai assumindo várias formas – forma-valor, forma-preço etc. –, que conduz necessariamente ao dinheiro, este passa a ser o representante de seu valor de troca, funcionando como *equivalente geral*, o qual contém, também, na formação de seu valor a mesma substância, ou seja, o tempo socialmente necessário de trabalho para a sua produção.

Como *medida de valor*, o dinheiro desempenha também outras funções, como as de *meio de circulação* (de troca), da *moeda e dos signos monetários*, que representam seu valor, e também *de meio de pagamentos*, funcionando, assim, como *moeda creditícia*, uma função que surge numa etapa superior do processo de produção. No desempenho dessas funções, o dinheiro metálico, na forma de ouro, termina sendo substituído por símbolos ou signos de si mesmo, tais como o papel-moeda e a moeda creditícia, que estarão representando o valor das mercadorias, sempre tendo como referência a porção de ouro neles contido para funcionar como padrão de preços.

Com essa teoria do dinheiro, Marx faz um acerto de contas com a teoria de Ricardo, que antes aceitara, e também com a Economia Política que a endossava, por terem considerado o dinheiro somente na forma de *meio circulante, de moeda, como mero instrumento de troca* e, por isso, terem se equivocado com interpretações esdrúxulas sobre a quantidade de dinheiro necessário para movimentar as trocas da economia. Para ele, ao se abstrair do dinheiro como medida de valor, uma de suas funções, e se considerar apenas a sua função como

---

22 PAULA, João Antônio de. *Crítica e emancipação humana*: ensaios marxistas. Belo Horizonte: Autêntica, 2014, p. 72. (Coleção Economia Política e Sociedade).

meio de troca, como faz Ricardo e a Economia Política, torna-se, para ele, inevitável, enveredar nessa confusão, como acontece com as teorias quantitativistas, de que os preços são determinados pela quantidade de dinheiro em circulação, quando, ao se considerá-lo também como unidade de medida, a conclusão seria oposta: a necessidade de circulação de uma maior ou menor quantidade de dinheiro deve-se ao fato de que os preços são altos ou baixos.

Quando as trocas se efetuam, o dinheiro apenas *ideal*, enquanto medida de valor, transforma-se em dinheiro *real* para o vendedor, a "crisálida de ouro", mas isso não significa que ele retornará imediatamente para a esfera da circulação, como pressupõem os teóricos da Economia Política, podendo manter-se como *"moeda em suspenso", como meio de pagamento, como valor de uso portador do valor de troca*, que poderá ser despendido aos poucos, retido em parte, entesourado, transformado em riqueza universal, dinheiro mundial. Nessa função de meio de pagamento, em que continua como representante do valor, como o dono celestial das mercadorias, o dinheiro, que desperta o fascínio e a ganância de seus proprietários pelo poder que lhes confere, se transforma em *Capital*, quando, objetivando multiplicar-se para aumentar este poder, deve retornar à circulação, já que ele, por si, não é criador de valor, riqueza, e ali encontrar trabalhadores livres, despojados dos meios de produção, dispostos a vender sua força de trabalho, por um salário, para sobreviver. O fato de Ricardo e a Economia Política não terem também percebido essa função do dinheiro, como meio de pagamento, deixando-se aprisionar pelas teorias quantitativistas da moeda, impediu-lhes de enxergar a trajetória do valor, que em suas várias metamorfoses, conduzia-o, seguindo o caminho do dinheiro, ao *Capital*.

Teorias da mais-valia, um longo manuscrito de 1861-1863, continua o trabalho de 1859, *Contribuição à crítica da Economia Política*, no qual Marx esboça de maneira sistemática, ainda que preliminar e incompleta, as matérias que deveriam constituir todos os livros de O *Capital*. Revisto entre 1863-1865, Marx terminou destinando-o, depois a ser o livro IV dessa obra (*O Capital*), o último, portanto, na ordem da publicação.

Teorias da mais-valia é uma história crítica do pensamento econômico, na qual Marx analisa e critica, com maior domínio, conhecimento e precisão, os erros teóricos cometidos pelos economistas da Escola clássica, pela confusão feita entre valor e custo de produção, mais-valia e lucro, e, ao mesmo tempo, formula suas próprias concepções teóricas sobre essas categorias, bem como analisa seus desdobramentos e implicações para o sistema capitalista, também por eles mal abordados em virtude destes erros, como as que se referem, entre outros, às formas especiais assumidas pela mais-valia, aos conceitos de trabalho produtivo e improdutivo, às crises do sistema, à renda fundiária absoluta.

Neste livro, as categorias que Marx empregará em *O Capital* ganharam maior precisão e refinamento – as da mais-valia e força de trabalho, por exemplo –, e a análise de suas inter-relações e evolução histórica é realizada com a aplicação do método dialético para desvendar sua interação e natureza e, com isso, desnudar a essência do sistema burguês. Se, nos primeiros passos que Marx dera para dar início à crítica da Economia Política, em 1843-1844, ao começar a sair da soleira em que se abrigava, ele agora estava pronto, de posse de todos os elementos, para concluí-la definitivamente em uma obra magistral, *O Capital*, que publicaria em 1867.

O quarto capítulo – a obra seminal: *O Capital* – analisa o contexto histórico da década de 1860 em que Marx lapida e publica, em 1867, o Livro I de sua obra-prima, o conteúdo de um novo trabalho, de 1865, que a antecede, intitulado *Salário, preço e lucro*, e expõe toda a arquitetura dos três livros que compõem *O Capital*.

Nas lutas nacionalistas e por unificação territorial, notadamente as da Itália e Alemanha, que marcaram essa década, o posicionamento tanto de Marx como de Engels, oscilou, no calor dessas paixões, ora contra, ora a favor das causas mais progressistas, despertando críticas e polêmicas entre seus companheiros. Na guerra do norte da Itália, de 1859, com a qual se daria início ao processo de unificação italiana, ambos se posicionaram a favor de uma Áustria reacionária, que dominava a região desde o Congresso de Viena, de 1815, por não confiarem em Luís Bonaparte, imperador francês, que fez aliança com as forças de libertação do país, apoiando este movimento. No da unificação alemã, iniciada por Bismarck, eleito Primeiro-Ministro da Prússia, a partir de 1862, Marx também se posicionou contrário aos vários movimentos por ele feitos nessa direção, por considerá-lo reacionário e acreditar que defendia os interesses da Rússia e da França. Só passou a apoiá-lo quando a França, na hábil manobra feita por Bismarck, que pretendia despertar os sentimentos nacionalistas dos países do Sul que ainda não haviam se integrado à Confederação Alemã do Norte, fez com que a França declarasse guerra à Prússia, o que lhe propiciou completar o processo de unificação, em 1871, com a vitória obtida que culminou com a deposição de Bonaparte do poder.

Em meio a todas essas polêmicas, Marx participou, em 1864, da criação da Associação Internacional dos Trabalhadores (AIT), que ficou, posteriormente, conhecida como *Primeira Internacional*, cujo Conselho Geral estava sediado em Londres. A Associação, formada por sindicatos e operários ingleses, contava com 25 mil filiados, nem todos com posições socialistas ou comunistas e, por isso, dividida entre propostas reformistas e revolucionárias. Foi membro do Conselho Geral e responsável pela correspondência da Associação com a Alemanha e considerava importante o papel da mesma para desbravar caminhos, visando facilitar o processo revolucionário. Mas enfrentou dificuldades para levar sua tarefa à frente, já que a Associação dos Trabalhadores Alemães, fundada por Ferdinand Lassalle, que apoiava Bismarck no processo de unificação, se recusou a ela se filiar, considerando suas posições antiprussianas. Apesar dessas dificuldades, foi ali que Marx apresentou, em junho de 1865, o trabalho *Salário, preço e lucro*, também preparatório para a publicação de *O Capital*.

Em *Salário, preço e lucro*, Marx expõe publicamente, pela primeira vez, as bases de sua teoria do valor e da mais-valia e, de forma completa, a sua teoria dos salários. O trabalho teve, como principal objetivo, criticar as concepções de um membro da Internacional, John West, e também as de Proudhon e Lassalle, que não via vantagem na luta econômica dos trabalhadores por melhores salários.

Para Marx, a posição de Weston se baseava em duas premissas errôneas: a de que o montante da produção é uma grandeza constante, assim como o salário real. Ora, nessa condição, a luta por uma alta de salário, sendo o produto constante, permitiria ao capitalista reagir aumentando os preços e neutralizando o aumento dos salários, posição que não o distanciava de Smith e Stuart Mill em seus piores momentos teóricos, quando consideravam que se os salários sobem os preços das mercadorias têm de subir, porque aqueles determinam estes, caindo-se num círculo vicioso.

Contrariamente, para Marx, nem a produção é uma grandeza fixa, nem o salário real é constante, sendo os equívocos cometidos por Weston resultantes de seu desconhecimento dos determinantes da formação do valor das mercadorias e da confusão que fez ao tomar como idênticos os preços de mercado com o valor, que só são coincidentes em condições de equilíbrio. Para refutá-lo, Marx expõe, com clareza, sua teoria dos fundamentos do valor e esclarece melhor sua posição em relação ao salário, considerando sua tendência de queda no capitalismo em sentido *absoluto* ou *relativo*, pois isso terá implicações para a interpretação de sua tese sobre a *pauperização crescente da classe trabalhadora* como uma das leis fundamentais do capitalismo que apresentará em O *Capital*.

Sintetizando sua posição sobre o tema, Marx considera que Weston, por desconhecer como o valor é gerado pela força de trabalho, bem como a capacidade do capital dela extrair mais-valia absoluta e relativa, não consegue, como os economistas clássicos, identificar a origem do lucro e, por isso, associa aumentos de salários com redução de lucros e, consequentemente, aumentos de preços, como se os lucros fossem gerados na esfera da circulação. Pela exposição que faz, com base na sua teoria do valor, aumentos de salários podem ocorrer sem que provoquem queda da participação dos lucros no total do valor gerado, bastando, para isso, que a produtividade do trabalhador esteja aumentando e reduzindo o valor da força de trabalho (ou a jornada de trabalho sendo ampliada), com o que os lucros podem até aumentar sua *participação relativa* no produto. Neste caso, a luta do trabalhador por maiores salários seria plenamente justa e estaria apenas impedindo que a sua *posição relativa na distribuição do produto piorasse*, sem, por isso, desencadear movimentos altistas e inócuos de preços por parte dos capitalistas. Apesar da posição de Weston, portanto, uma alta dos salários reais seria perfeitamente possível, diante do aumento da produtividade, para o trabalhador recuperar a sua *posição relativa* e absorver parte do valor acrescido do produto, estando mais do que justificada sua luta por esse objetivo. Fica evidente, neste trabalho, que Marx está se referindo não mais à *pauperização absoluta da classe trabalhadora*, como se podia deduzir de seus trabalhos da década de 1840, mas à *pauperização relativa*, considerando, neste caso, em sua leitura da maturidade sobre o capitalismo que, mesmo quando os salários aumentam, este aumento é menor do que o das *riquezas do capital*.

O *Capital*, cujo conteúdo e arquitetura são apresentados em seguida, neste capítulo, representa, assim, o coroamento de um processo de evolução de seu pensamento sobre a Economia Política, cujas principais questões, do método aos conceitos e categorias econômicas empregadas na análise do sistema capitalista, foram sendo trabalhadas ao longo do tempo e submetidas a processos de rejeição/superação, a várias revisões, aprimoramento e adequação ao seu objeto de estudo.

O *Capital* compõe-se de três livros. No Livro I, intitulado *O Processo de Produção Capitalista*, o único revisto por Marx e que teve sua primeira edição publicada em 1867, Marx parte da análise da mercadoria, forma elementar que assume os produtos do trabalho humano nas sociedades mercantis e que representa a riqueza das sociedades em geral, para apreender como o valor, que define a relação própria da sociedade burguesa, nela se manifesta em suas várias formas, por meio das trocas, e como dele nasce o capital. Realiza essa análise, tomando como ponto de partida as relações estabelecidas numa sociedade de produtores independentes, onde não existe a propriedade privada dos meios de produção, e a produção e as trocas se realizam com o objetivo de satisfazer as necessidades humanas, para avançar na compreensão da sociedade capitalista, onde essas relações se encontram modificadas.

Nessa, com o surgimento do capital e de uma classe trabalhadora a ele subordinada, destituída da propriedade dos meios de produção, procura demonstrar como dessa relação estabelecida entre trabalhadores e não trabalhadores (os capitalistas) ocorre a exploração de uma pela outra, com a geração de um excedente (a mais-valia) no processo de produção, que dá origem e alimenta o capital e o processo de acumulação, um processo que se renova continuamente e que se amplia no tempo. Para escapar da circularidade que essa situação coloca, considerando que, nessa análise, a mais-valia nasce do capital e, ao mesmo tempo, dá vida a este, Marx dedica um longo capítulo, neste livro, analisando como ocorre a acumulação primitiva, prévia a este modo de produção capitalista, que não decorre dele, mas que constitui seu ponto de partida.

Os Livros II e III infelizmente não foram revistos por Marx e, por isso, essa obra pode ser considerada inacabada, por terem subsistido lacunas em alguns dos temas tratados e mesmo argumentos pouco desenvolvidos sobre algumas questões-chave para entendê-las, mesmo com o esforço para suprimi-los que foi realizado por Engels na sua organização, não raro dando origem a distintas interpretações.

No Livro II, Marx se dedica a examinar o circuito que percorre o capital no seu processo de valorização e as distintas etapas de sua reprodução. Investiga as várias metamorfoses do capital e de seus ciclos, desde o momento em que este aparece na esfera da circulação, na forma de capital-dinheiro, para contratar as mercadorias necessárias (a força de trabalho transformada em mercadoria e em elemento do capital, que ele denomina capital variável, e os meios de produção, de capital constante) para dar início ao processo de produção e de mais-valia; passa pelo processo produtivo, onde assume a forma de capital-mercadoria e a mais-valia é produzida; e retorna à circulação onde o valor produzido deverá ser realizado, com o capital reassumindo a forma de capital-dinheiro, mas enriquecido, com o lucro (a mais-valia) obtido em relação ao que iniciou o processo.

Neste Livro, analisa ainda as implicações para os lucros das distintas rotações do capital, bem como as condições que são necessárias para que a reprodução global do capital possa ocorrer em equilíbrio, dando continuidade, portanto, ao seu processo de valorização com a extração de mais-valia, ao se levar em conta serem distintos os setores (ou ramos) de produção, que se distribuem entre os que produzem bens de consumo e os que produzem meios de produção. Seu principal objetivo é demonstrar que, como os capitalistas tomam decisões de investimentos de forma isolada, a possibilidade de uma crise de *desproporção estrutural* entre estes setores – de bens de consumo e de meios de produção – é inerente a este processo de reprodução do capital, até mesmo pela tendência de maior expansão do capital constante *vis-à-vis* o capital variável, visando aumentar a extração de mais-valia, por meio do aumento da produtividade do trabalhador.

No Livro III, Marx retorna à esfera da produção para apreender a dinâmica e tendências do sistema capitalista. Realiza essa análise com base nos elementos e conceitos apresentados no Livro I – valor, valor de uso e valor de troca, as formas que assumem o dinheiro (meio de troca e capital), os elementos do capital (constante e variável), a mais-valia e o lucro etc. – e também com os que foram apresentados e discutidos no Livro II, como o das metamorfoses do capital, bem como a influência de seus períodos de rotação sobre sua magnitude e sobre os lucros e também das condições colocadas para sua reprodução em escala ampliada (ou seja, quando há acumulação).

Dessa análise deduz as leis de movimento e tendências do sistema: a da queda da taxa de lucro; a da pauperização relativa crescente da classe trabalhadora; a concentração e centralização do capital; e a da ameaça permanente da crise de superprodução. Da combinação dessas tendências, que indicam, em algum momento ser inevitável o seu colapso, conclui tratar-se, como pretendia demonstrar, de um modo de produção histórico, transitório, que seria substituído, inevitavelmente, por uma nova forma de organização econômica da sociedade, ou pelo socialismo.

Marx não realizou a análise do capitalismo para identificar seus problemas e propor mudanças para corrigir seu rumo como alguns economistas, que parecem não tê-lo entendido, à semelhança de Keynes, por exemplo, apontaram a insuficiência de seu trabalho para este objetivo.[23] Seu propósito foi o de apreender as contradições do sistema e revelar como elas o conduziriam ao colapso e também como a classe trabalhadora deveria atuar para transformá-lo e para orientar sua ação na fase de seu desmoronamento. Isso porque, como fica claro na análise de sua obra, que Marx estava mais do que convencido de que o sistema capitalista, antes de constituir um modo de produção de emancipação e libertação do homem representava, na verdade, a negação deste ideal, ao separá-las em classes antagônicas e hostis, entre proprietários e não proprietários dos meios de produção, garantindo a exploração de uma pela outra.

23 Cf. Dobb a respeito de Keynes: "Keynes quando se digna reparar em Marx, considera-o como uma luminária no mundo sombrio dos heréticos, mas que tem menos para nos ensinar do que um reformador monetário relativamente desconhecido como Sílvio Gesell". (DOBB, Maurice. *Teoria do valor e distribuição desde Adam Smith*. Portugal: Presença; Brasil: Martins Fontes, 1973, p. 181).

Mas se não indicou medidas que poderiam "melhorar" o sistema, atenuando suas contradições, não foram poucas as contribuições que sua obra trouxe para o conhecimento da economia, embora isso tenha sido negado por vários autores, como as que dizem respeito, entre outras, aos esquemas de reprodução, às crises econômicas, em especial a de realização, que apareceria de forma central na obra de Keynes no século XX,[24] e ao papel negativo que o capital financeiro exerceria sobre a sua estabilidade, especialmente quando este passou a ser dominante na etapa mais atual do capitalismo.

No quinto capítulo – *O final da jornada* – procura-se apresentar as principais atividades e acontecimentos históricos que Marx desenvolveu e participou após a conclusão de sua principal obra econômica, da qual apenas o Livro I de *O Capital* seria publicado durante a sua vida, e o estreito relacionamento que continuou mantendo com os movimentos revolucionários até o seu falecimento em março de 1883, apesar da precariedade de sua saúde.

Com este objetivo, efetua-se a análise de sua participação na Comuna de Paris, de 1871, e do texto em que avalia essa experiência política revolucionária – *A guerra civil na França*, de 1871 –, as idas e vindas da Primeira Internacional (AIT), nesse período, que terminou sendo extinta formalmente em 1876, e os debates de que participou sobre o programa do partido socialdemocrata alemão, cujo Congresso foi realizado na cidade de Gotha, em 1875.

Em 1883, com a saúde bastante debilitada, a jornada de Marx terminaria em Londres, mas a força de suas ideias e de seu pensamento para iluminar o caminho trilhado pelos que lutam por um mundo

---

24 Denis, examinando as condições de equilíbrio dos esquemas de reprodução de Marx, conclui que se assemelham às condições de equilíbrio econômico da teoria keynesiana, a igualdade entre poupança e investimento: "a lei que Keynes julgará descobrir em 1930 no seu *Tratado da Moeda*, e que é fundamental, foi (...) descoberta por Marx uns sessenta anos antes e exposta (sob uma forma diferente) no Livro II de O Capital, publicado em 1885". (DENIS, Henri. *História do pensamento econômico*. Lisboa: Livros Horizonte, 1974, p. 463).

mais justo e fraterno estava apenas começando. Para sensaboria das classes possuidoras.

Para a elaboração deste trabalho realizamos a leitura (ou releitura) dos principais estudos realizados por Marx, a partir da *Crítica da Filosofia do Direito de Hegel*, de 1843, até a *Crítica do Programa de Gotha*, de 1875. Como era nosso objetivo situar a evolução de seu pensamento e de sua obra tanto no contexto de sua vida como da influência que sobre ele exerceram os acontecimentos históricos que Marx vivenciou e nos quais teve participação destacada, deles extraindo elementos importantes e preciosos para sua construção, valemo-nos bastante, para tanto, embora não somente, dos dados biográficos de Marx contidos no livro de Jonathan Sperber, *Karl Marx: uma vida do século XIX*, publicado no Brasil pela Editora Amarilys, em 2014, que fornece um rico relato cronológico de sua caminhada iniciada em Tréveris, cidade na qual nasceu, em 1818, até o final de sua jornada em Londres, no ano de 1883. Contamos também, na sua elaboração, com a leitura, ainda que parcial, e as sugestões feitas, para sua melhoria, pelos professores da Universidade Federal do Espírito Santo, Maurício Sabadini e Paulo Nakatani, eximindo-os, no entanto, de erros que tenham subsistido.

INTRODUÇÃO

A JORNADA QUE NASCE EM TRÉVERIS[25]

1 A Tréveris dos Marx

Karl Marx nasceu no dia 5 de maio de 1818, em Tréveris (Trier em alemão), cidade situada na região Sudoeste da Alemanha, no vale do Mosela, que contava, no final do século XVIII, com cerca de 10 mil habitantes, predominantemente católicos, e limitadas atividades produtivas, com os camponeses, em sua maioria, vivendo em grande situação de miséria.

Seu pai, Heinrich Marx, judeu e irmão do rabino de Tréveris, Samuel Marx, que apoiou as mudanças introduzidas por Napoleão Bonaparte na ordem institucional, política e social da cidade, desde que esta foi invadida pelos exércitos franceses, em 1794, percorreu uma trajetória árdua e difícil até conseguir, ali, conquistar uma melhor posição econômica e social.

---

25 Boa parte dos dados biográficos de Marx dessa seção foi extraída do trabalho de Sperber (SPERBER, Jonathan. *Karl Marx*: uma vida do século XIX. Barueri: Amarilys, 2014).

Até a tomada da cidade por Napoleão, Tréveris estava inserida no *Antigo Regime*, no qual, além de não existir o conceito de nação tal como o conhecemos modernamente, já que os territórios pertenciam aos monarcas, não existiam nem direitos, nem liberdades individuais. O homem inseria-se em grupos formados com base em linhagem, nascimento, profissões ou em vínculos com credos religiosos – católicos, protestantes, judeus etc., para os quais eram estabelecidos, por meio de regulamentos para cada um, direitos, privilégios, bem como deveres e restrições muito diferentes de um grupo para outro de acordo com sua posição na escala social. Em suma, inexistia, neste regime, chamado de "sociedade de ordens", assim, o conceito de cidadania. Paula[26] resume bem este quadro vigente à época, em que não existia espaço para o indivíduo existir tal como vamos conhecê-lo na modernidade:

> Se a modernidade é marcada pela ampla presença das relações individuais, na pré-modernidade prevaleceu uma sociedade grupal: eram ordens, corporações, congregações, grêmios, comunidades religiosas os sujeitos das interações sociais. A sociedade movia-se a partir de grupos formados por relações de parentesco, crença religiosa, ofício, casta social. Pouco espaço havia ali para o indivíduo e as manifestações individuais. Hordas, bandos guildas, ordens religiosas eram os titulares, por excelência, da vida social. Sociedade de grupos, era também a sociedade das paixões, dos sentimentos exacerbados, das manifestações públicas de júbilo e sofrimento.

O grupo de judeus, ou a "nação judaica", como se considerava, formada por suas particularidades religiosas, em pequeno número de 100 habitantes no território de Tréveris, era obrigado pelo regulamento dos judeus a pagar tributos e obrigações especiais

26 PAULA, João Antônio de. *Crítica e emancipação humana*: ensaios marxistas. Belo Horizonte: Autêntica, 2014, p. 95. (Coleção Economia Política e Sociedade).

ao monarca para residir em suas terras, e tinha suas ocupações profissionais limitadas a atividades comerciais e financeiras, além de sofrer restrições sobre o local de suas residências e nas suas relações com a população católica. Além disso, o seu "regulamento" limitava também a taxa de juros que seus membros podiam cobrar sobre os empréstimos que efetuavam e definia o montante de impostos que a sua comunidade deveria pagar, tornando-a responsável pela sua cobrança, bem como pelo seu recolhimento a seus senhores.

Essa ordem começou a desmoronar com a Revolução Francesa de 1789 e a guerra que a ela se seguiu, em 1792, entre a França e vários países europeus do Sacro Império Romano, o qual terminou sendo dissolvido em 1806, após a Batalha de Austerlitz, em 1805, vencida por Napoleão. Em 1795, em seguida ao acordo de Paz da Basileia, com a Prússia, a França recebeu a margem esquerda do Reno. Tréveris havia sido invadida pelos exércitos franceses em 1794 e, em 1801, a França anexou a cidade ao seu território. Desde sua invasão, as instituições feudais do *Antigo Regime* começaram a ser desmontadas, descortinando uma nova realidade institucional e política para Tréveris e para os judeus que ali residiam.

Sob as bandeiras de uma França revolucionária, os privilégios da "sociedade de ordens" foram substituídos por um programa de governo que contemplava direitos iguais para todos os cidadãos, enquanto as bases da soberania passaram a expressar os desejos de uma nação e não mais as propriedades hereditárias do monarca. A liberdade de trabalho foi instituída, as dívidas feudais extintas e confiscadas as propriedades dos monastérios e da nobreza.

O novo mundo que se abriu para Tréveris com essas mudanças radicais não recebeu apoio integral de seus moradores, porque alguns viram nas novas medidas apenas o deslocamento dos pagamentos que antes faziam ao monarca para os franceses, cobrados à título de "esforço de guerra", enquanto a população católica, que constituía a maioria, rejeitava a imposição francesa de uma religião "deísta" mais consentânea com uma república de cidadãos com direitos iguais.

As resistências surgidas foram sendo abrandadas por Napoleão, com a adoção de medidas voltadas para garantir o apoio de seus cidadãos, como foi o caso da atribuição, à cidade, do exercício de funções administrativas no império, na condição de sede da prefeitura, gerando renda e trabalho para sua população; da reconciliação com a igreja católica, permitindo à cidade ter o seu bispo, embora sem restaurar seus antigos privilégios, tal como existiam no *Antigo Regime*.

Para os judeus, essa revolução abriria, pelo menos teoricamente, bons caminhos para sua libertação: passariam à condição de cidadãos livres e iguais, podendo exercer também outras profissões. Mas havia um preço a pagar: seguir as normas culturais da sociedade em que viviam; abrir mão de suas leis de pureza ritual ao servirem às forças armadas; adotar nomes de família em vez da referência que a si faziam usando o nome paterno (daí que surge a família com o sobrenome Marx); organizar suas práticas religiosas em um sistema de consistórios.[27] Na prática, as restrições aos judeus continuaram, especialmente por Napoleão ter editado um decreto que exigia dos seus negociantes um "certificado de moralidade", em que autoridades atestavam a legitimidade e honestidade de suas práticas empresariais.

---

27 A Constituição que brotou da Revolução Francesa de 1789 emancipou a população de judeus do país que passaram, a partir de 1791, a ser considerados cidadãos franceses israelitas. Napoleão, após tomar o poder buscou impulsionar o processo de emancipação e integrar, ainda mais, as comunidades judaicas na vida francesa. Tendo reorganizado a igreja católica e protestante na França, mantendo-as sob controle do Estado, procurou fazer o mesmo com os assuntos judaicos, estabelecendo um conjunto de instituições responsáveis por sua administração. Deste processo, nasceu o sistema de consistórios, no caso dos judeus, uma junta de rabinos e leigos para administrar seus assuntos. Ao Consistório Central de Paris, nomeado pelo Ministério Francês, cabia supervisionar os consistórios distritais, caso do consistório de Tréveris. Além de manter e gerir as sinagogas e outras instituições religiosas, aos consistórios cabia também fiscalizar a aplicação dos decretos do governo e administrar a distribuição dos impostos cobrados.

Devido a essas exigências que interferiam em sua religião e estilo de vida, os judeus se dividiram, em Tréveris, no apoio às novas normas estabelecidas: enquanto os habitantes da área rurais, mais tradicionais, mostraram-se refratários às novas ideias, rejeitando-as, os da cidade as receberam de forma mais favorável, apoiando-as, entre os quais Samuel Marx (já com o sobrenome da família), rabino de Tréveris, que contou, como aliado, com seu irmão Heinrich Marx, futuro pai de Karl Marx.

Heinrich Marx foi, durante um período, secretário do consistório, responsável por diversas funções, mas, por volta de 1811, rumou para a cidade de Osnabrück, província da Vestfália, para trabalhar como tradutor da corte e candidatar-se ao cargo de notário. Mas, por ser judeu, não conseguiu obter, do poder municipal, permissão de domicílio permanente, que era uma condição para o cargo. Por isso, no início de 1813, retornou à Renânia para estudar Direito em Koblenz, onde concluiu o currículo padrão no prazo de dez meses, recebendo um "Certificado de Habilitação" – o nível mais baixo de conclusão do curso, geralmente oferecido para alunos mais velhos, de origem humilde, sem condições para arcar com um curso completo de três a quatro anos.

Mesmo com uma formação limitada no campo do Direito, Heinrich Marx aproveitou as oportunidades da abertura realizada pelos franceses na região e colocou-se em condições de exercer uma profissão antes proibida aos judeus, embora, para isso, tenha se transformado em um cidadão francês, seguindo as novas normas, mas sem abandonar a religião judaica. Uma situação que não contou com o apoio nem de seus companheiros judeus mais radicais, nem com os habitantes católicos de Tréveris, que não se dispunham a aceitá-lo como membro da classe de cidadãos livres e iguais.

De qualquer forma, pronto para iniciar suas novas atividades profissionais no final de 1813, Heinrich Marx foi surpreendido, depois de concluir o curso em Koblenz, com o desmoronamento do império de Napoleão, na batalha de Leipzig, poucas semanas depois, quando as tropas prussianas cruzaram o rio Reno e colocaram um ponto final no reinado de Napoleão na Alemanha.

O domínio do império prussiano sobre Tréveris e a maior parte da Alemanha, a oeste do Reno, outorgado pelo Congresso de Viena de 1814-1815, mostrou-se extremamente conflituoso em vários campos. No campo religioso, enquanto os oficiais prussianos filiavam-se à igreja protestante, os habitantes de Tréveris eram majoritariamente católicos, tornando as hostilidades religiosas permanentes. No campo econômico, os impostos por eles exigidos foram muito além dos cobrados pelos franceses, prejudicando regiões, como a do vale do rio Mosela, ao encarecer os preços dos vinhos que produzia; no campo político, primavam por um excessivo autoritarismo, tornando permanentemente tensas e hostis suas relações com os habitantes da cidade, numa escala ascendente.

Por outro lado, com o objetivo de angariar algum apoio entre os residentes da cidade, o governo prussiano abriu espaços para empregar antigos funcionários do império napoleônico, especialmente no sistema judiciário. Heinrich Marx havia se estabelecido como advogado em Tréveris, em 1814, e admitido para atuar na corte de apelação. Essa corte terminou sendo transferida para Colônia, mas os prussianos deixaram em seu lugar um tribunal de nível intermediário no qual ele continuou atuando.

O problema para continuar neste emprego surgiu porque, embora em 1812 a Prússia tivesse editado um decreto de emancipação dos judeus que viviam em seu reino, concedendo-lhes liberdade tanto de residência como de ocupação, postergara para uma decisão posterior a questão da permissão aos judeus para trabalharem como funcionários do governo, incluindo, nessa categoria, os advogados, caso de Heinrich.

Diante da possibilidade de perder o emprego, em virtude das resistências que passaram a ser colocadas por membros do governo em tratar seu caso como exceção, com o que ele contava, acabou decidindo por mudar de religião, provavelmente em 1819, *convertendo-se à religião protestante*. Mesmo sendo Tréveris predominantemente católica, a opção de Heinrich pelo protestantismo, apenas trocando uma minoria (judaica) por outra (protestante), parece explicar-se pelo fato de ser ele tido como um convicto defensor do *Iluminismo* e ser essa a religião que mais se coadunava com um adepto das ideias racionalistas.

No mesmo ano em que se estabeleceu como advogado em Tréveris, Heinrich Marx, já com trinta e sete anos, se casou com Henriette Pressburg, onze anos mais nova, descendente de uma família de judeus da Hungria que se estabeleceu na Holanda no século XVIII. O dote que Henriette trouxe para o casamento foi que deu condições a Heinrich de dar início e a exercer a profissão de advogado na cidade. Henriette, mãe de Marx, é descrita no trabalho de Sperber[28] como uma "mulher inculta, totalmente devotada aos afazeres domésticos e obcecada com a saúde dos familiares", ao que, se pode acrescentar, prudente com o futuro financeiro da família.

Ao contrário de seu relacionamento com o pai, por quem nutria uma grande admiração, Marx nunca se daria bem com a mãe, com quem se envolveria em constantes discussões para receber parte da herança que lhe cabia, após o falecimento de Heinrich, que ela se recusava a entregar devido à sua prudência sobre o futuro.

Heinrich e Henriette tiveram nove filhos num prazo inferior a onze anos. Marx foi o terceiro a nascer, em maio de 1818, e Eduard, o último, em abril de 1826, quando Henriette completara 38 anos. Heinrich Marx conseguiu sustentar a prole tão numerosa por ter alcançado sucesso como advogado ao "representar clientes em casos cíveis bem mais lucrativos do que os da alçada penal".[29] Sua renda anual colocou-o entre os 5% do *ranking* dos mais ricos de Tréveris e

---

28 SPERBER, Jonathan. *Karl Marx*: uma vida do século XIX. Barueri: Amarilys, 2014, pp. 38/39.

29 SPERBER, Jonathan. *Karl Marx*: uma vida do século XIX. Barueri: Amarilys, 2014, p. 40.

ele conseguiu acumular uma boa fortuna, distribuída entre propriedades, créditos de empréstimos e títulos do governo, o que lhe permitiu propiciar a seus filhos, incluindo Marx, uma boa formação escolar.

2 Marx em Tréveris

De acordo com Sperber,[30] não há muitos registros da vida de Marx na infância. Estes começaram a aparecer com maior precisão a partir de 1830, quando iniciou seus estudos no *Gymnasium* de Tréveris, uma escola secundária ao alcance apenas das famílias mais abastadas da cidade, preparatória para a universidade, que privilegiava o estudo dos clássicos, com a maior parte do tempo devotada ao latim e ao grego. Marx não foi, no *Gymnasium*, um bom aluno de matemática, mas se saía muito bem nos exames de alemão e latim, o que revela a influência sobre ele exercida pelos estudos nessa instituição em sua vida intelectual. Como terceira língua, escolheu o francês em vez do hebraico, considerada mais necessária para o conhecimento da linguagem do Código Napoleônico, influenciado por seu pai de seguir a carreira jurídica em vez da teológica.

Marx viveu, entre 1820 e 1835, numa Tréveris em que não faltavam, ainda que episodicamente, críticas e questionamentos ao autoritarismo prussiano, quase sempre contraposto à maior liberalidade dos franceses, seja entre alguns de seus professores mais progressistas e alguns de seus colegas do *Gymnasium*, seja entre os seus próprios habitantes mais instruídos, mesmo que vinculados ao governo, caso também de seu pai por suas posições iluministas. Tais manifestações não poderiam deixar de influenciar a visão que formaria sobre o governo prussiano do qual viria a se tornar, no futuro, um adversário radical.

Ao concluir o seu curso, em 1835, com dezessete anos, Marx redigiu duas dissertações nas disciplinas de religião e de alemão

30 SPERBER, Jonathan. *Karl Marx*: uma vida do século XIX. Barueri: Amarilys, 2014, p. 41.

para o exame de graduação. A primeira, embora associando o amor de Cristo à libertação da humanidade de sua condição pecadora, carregava uma interpretação iluminista do cristianismo, em que a "verdade e a luz" – códigos muito utilizados por essa corrente do pensamento – aparecem com destaque em contraposição às ideias de seu professor de religião, mais cético sobre essa filosofia.

Mas foi no trabalho da disciplina do alemão, intitulado "Observações de um jovem a respeito da escolha da profissão" que Marx já prenuncia o caminho que pretendia seguir; o que via como a grande motivação dessa escolha; e o que deveria com ela almejar para torná-la mais profícua. Para ele, as escolhas deveriam basear-se nas disposições, habilidades e vocações naturais mais profundas, mas sem deixar de proporcionar dignidade no sentido de se conciliar o interesse individual com o coletivo, ou seja, de serem benéficas também para a humanidade. Nas suas palavras, "a principal consideração que deve nos guiar na escolha de nossa ocupação é o bem da humanidade". Ou ainda: "a natureza do homem é de tal forma estruturada que ele só consegue atingir sua perfeição quando age em nome da realização pelo bem-estar do mundo que o cerca".[31]

Ainda não se poderia falar que um Marx revolucionário já se revelava nessas redações do colégio, mas, vivendo em um ambiente dominado pelo autoritarismo prussiano, não deixavam de ser um indício claro de que suas ideias e seu projeto de vida destoavam daquela realidade política e que o caminho por ele apontado para guiar a escolha de uma profissão exigiria o seu comprometimento com o bem-estar da humanidade. Um ideal que iluminaria sua trajetória, a partir daí, e que o conduziria gradualmente para os caminhos da revolução, quando, em outubro de 1835, deixou Tréveris para iniciar seus estudos de Direito na Universidade de Bonn.

---

31 SPERBER, Jonathan. *Karl Marx*: uma vida do século XIX. Barueri: Amarilys, 2014, pp. 47-49.

CAPÍTULO I

DA CRÍTICA DA RELIGIÃO E DA FILOSOFIA ALEMÃ À CONSTRUÇÃO DO MÉTODO DO MATERIALISMO HISTÓRICO (1837-1846)

1.1 Marx, Hegel e os Jovens Hegelianos (1837-1843)

Para compreender a evolução do pensamento de Marx, um pensamento que evolui à velocidade da luz, é essencial, a menos que se considere que neste tenha ocorrido uma ruptura como é feito por alguns analistas, distinguindo-o entre o jovem e o velho Marx, levar em conta a influência que sobre ele exerceu a obra do filósofo Georg Wilhelm Friedrich Hegel (1770-1831) e de seus discípulos conhecidos como *Jovens Hegelianos*.

Em 1837, Marx transferiu-se para a Universidade de Berlim para dar continuidade aos seus estudos na carreira jurídica, depois de passar um período vivendo de forma desregrada na Universidade de Bonn nos anos letivos de 1835-1836. Seu pai, Heirinch Marx, preocupado com o estilo de vida que o filho estava levando na cidade de Bonn, na qual, em companhia de outros estudantes, integrava uma Liga de Poetas, participava de constantes encontros noturnos regados a muita bebida e brigas, tendo inclusive participado de um duelo de sabre para defender a honra dos cidadãos da classe média da Renânia contra os aristocratas do lado oriental, e ali recebido o apelido "*O mouro*", que o acompanharia pelo resto da vida, decidiu por sua transferência com a esperança de que, levando uma vida mais regrada, em Berlim, se transformasse em um jurista bem-sucedido.[32]

Sua preocupação não parece ter sido tanto com a vida desorganizada de Marx e nem pelo interesse que este já começava a demonstrar por outras carreiras – como a literária, por exemplo –, mas pela necessidade que via de ele imprimir um ritmo mais rápido à sua formação para ter condições de levar adiante o compromisso de casamento que havia assumido, em 1836, ao começar a namorar Jenny von Westphalen, filha de seu amigo Johann Ludwig, um aristocrata e veterano burocrata prussiano, que se encontrava, entretanto, à época, em decadência financeira.[33]

A carreira jurídica de Marx começou mesmo a enfraquecer quando este, na Universidade de Berlim, passou a conhecer as ideias de Hegel. Marx não chegou a ser aluno do filósofo, pois este falecera em 1831, mas passou a frequentar as palestras de seu discípulo Eduard Gans, que interpretaria suas ideias.

> (...) sobre o desenvolvimento jurídico e político com uma inclinação ligeiramente à esquerda, sustentando abertamente as liberdades civis garantidas pela Constituição e o

32 SPERBER, Jonathan. *Karl Marx*: uma vida do século XIX. Barueri: Amarilys, 2014, pp. 52/53.

33 SPERBER, Jonathan. *Karl Marx*: uma vida do século XIX. Barueri: Amarilys, 2014, pp. 57-59.

governo parlamentar, pontos sobre os quais o mestre fora propositalmente vago.[34]

As palestras de Gans despertaram vívido interesse em Marx, e isso é tanto verdade, como observa Sperber que "(...) inúmeras passagens do *Manifesto Comunista* foram retiradas, quase literalmente, [de seus trabalhos]".[35] Gans morreu dois anos depois, em 1839, vítima de derrame, aos 42 anos de idade, o que tolheu a possibilidade de Marx estabelecer com ele uma parceria acadêmica e de pensamento. A essa altura, no entanto, ele já começara a participar dos encontros do grupo conhecido como *Jovens Hegelianos*, dos quais receberia a maior influência intelectual e com os quais estabeleceria e manteria contatos por um bom tempo, o que lhe permitiria viabilizar algumas de suas atividades depois de concluir seu curso de Direito na universidade em 1841.

Na descrição de Sperber, os "(...) Jovens Hegelianos associavam uma especulação intelectual profundamente zelosa a um estilo de vida ruidoso e boêmio, o que atraiu Marx e o levou a assumir uma postura radical".[36] Aliavam

> (...) desde nostálgicas reminiscências dos dias de glória da Revolução Francesa de 1789 até visionárias aspirações por mudanças (...). Seu radicalismo emergiu quando eles empregaram a um determinado *Wissenschaft* [conhecimento, ciência] fundamental para a vida acadêmica alemã – *a teologia protestante* – o programa de Hegel destinado a aplicar os métodos e as conclusões de sua filosofia a todo e qualquer *Wissenschaft*.

---

34 SPERBER, Jonathan. *Karl Marx*: uma vida do século XIX. Barueri: Amarilys, 2014, p. 74.

35 SPERBER, Jonathan. *Karl Marx*: uma vida do século XIX. Barueri: Amarilys, 2014, p. 74.

36 SPERBER, Jonathan. *Karl Marx*: uma vida do século XIX. Barueri: Amarilys, 2014, p. 75.

Nela, perceberam um potencial subversivo, considerando que:

> o estágio de desenvolvimento no qual o espírito percebe o objeto como seu outro podia ser relacionado ao Deus do Velho Testamento, *desvinculado e diferente da humanidade*, [enquanto] o espírito que percebe *seu objeto como uma forma de autoconsciência, e se percebe como parte do Espírito Absoluto*, correspondia à ideia cristã da Santíssima Trindade.[37]

Podia não parecer muito, mas representou o caminho aberto, pela filosofia de Hegel, para que os Jovens Hegelianos, avançando no estudo da *religião*, desmistificassem seu papel na explicação do mundo social, abrindo espaços para se introduzir o papel do homem na sua construção.

Para entender melhor essa questão, convém recuperar ainda que ligeiramente, como evoluiu o pensamento humano na compreensão do mundo, a guinada que foi dada ao mesmo por Hegel nessa trajetória e os avanços alcançados pelos Jovens Hegelianos nessa compreensão.

1.1.1 Um pouco da história da ciência: os métodos dedutivo e indutivo[38]

A ciência, entendida como o meio pelo qual se procura compreender e explicar o universo/mundo, bem como o comportamento dos fenômenos que nele ocorrem, tanto naturais como sociais, através da observação de sua regularidade e apreensão de seus elementos – átomos, partes, componentes, forças etc. –,

---

37 SPERBER, Jonathan. *Karl Marx*: uma vida do século XIX. Barueri: Amarilys, 2014, p. 75 (itálicos acrescentados).

38 Valemo-nos nessa exposição, em parte, do trabalho de Almeida (ALMEIDA, Aires. "Filosofia e ciências da natureza: alguns elementos históricos". *Ateus.net*. Disponível em: ateus.net>artigos>filosofia>pdf. Acessado em: 17.09.2024).

influenciando e determinando seus movimentos, que podem ser reduzidos teoricamente, nasceu com os filósofos gregos há mais de dois mil anos. Seus principais representantes, Aristóteles e Platão, foram os que lançaram as bases iniciais para sua construção, sendo que esta foi depois sufocada pelas trevas que cobriram a terra no longo milênio em que o mundo medieval imperou, período em que a ciência e o conhecimento passaram a ser vistos como heréticos para não comprometer a imagem de um Deus criador da terra.

Nasceram deste ensaio inicial os métodos de investigação conhecidos como *indutivo* e *dedutivo*, que norteariam as diversas correntes do conhecimento posteriores, inclusive no mundo moderno e contemporâneo.[39]

Sinteticamente, pode-se dizer que pelo *método indutivo* parte-se de um caso particular para dele inferir uma verdade geral ou universal. Ou seja, a partir da identificação de pontos (coisas) comuns nos casos particulares pesquisados infere-se que aqueles estejam presentes em todo o seu conjunto, estabelecendo-se, portanto, pela indução, uma verdade universal geral.

Ao contrário do método indutivo, o *método dedutivo* parte de uma generalização, que já foi validada cientificamente, para uma questão particular. Existe, portanto, uma relação lógica entre as premissas gerais e particulares, o que o torna mais confiável que o indutivo em relação aos resultados encontrados. Este método fundamenta-se no silogismo: parte-se de uma premissa maior (tipo: todos os gatos são pardos), passando por outra menor (Fred é um gato), para se chegar a uma conclusão (logo, Fred é pardo). Neste método, sendo verdadeira a premissa maior, a conclusão é necessariamente verdadeira.

---

39 SADER, Emir. "Apresentação". *In*: MARX, Karl; ENGELS, Friedrich. *A ideologia Alemã*. São Paulo: Boitempo, 2007.

Nenhum dos dois métodos está imune a críticas: enquanto o método dedutivo é limitado na produção do conhecimento, já que a conclusão não pode ultrapassar a premissa (a verdade já conhecida), o indutivo, apesar de poder trazer conclusões que vão além das premissas, não garante que essas sejam necessariamente verdadeiras, crítica que a ele será feita pelo filósofo David Hume.

Para o pensamento aristotélico, *o conhecimento viria apenas dos sentidos* e só através deles seria possível chegar a *verdades universais*, o escopo da ciência. Embora os sentidos refiram-se ao *particular*, considerava que o universal se inferia do particular, por um processo de abstração, que consiste no *método da indução.* A verdade se apresentaria, nessa perspectiva, plena, absoluta, livre de *contradições*, não podendo ser diferente de si mesma, pois, se isso se verificasse, ou seja, se igual à outra coisa, estaríamos diante de uma falsidade e não da verdade em si.

Apoiado neste método, em que a observação é fundamental, Aristóteles avançou na reflexão de todos os seres, que na sua explicação teleológica (finalista) tenderiam naturalmente para um fim ("tudo que existe tem uma causa primária e um fim último") e de que o universo é formado por esferas concêntricas, no meio do qual está a terra, imóvel. Na filosofia de Aristóteles não há lugar para o movimento e para as mudanças, com os seres mantendo-se em permanente "estado de repouso" ou a ele retornando, em sua forma natural, divina, nada podendo ser modificado, o que limitou a compreensão da ciência à investigação de suas causas finalistas. Essas ideias aristotélicas de que só as explicações finalistas são verdadeiras e de que o sol gira em torno da terra terminaram sendo apropriadas pela igreja que delas se valeu para justificar, neste campo da filosofia, *a ordem eterna*, *imutável*, *divina*, do universo e da natureza: se tudo está *dado*, nada há a fazer pelo homem, a não ser resignar-se com os desígnios de Deus.

Platão, por sua vez, tinha uma visão diferente: enxergou, pela observação, a natureza em *constante mudança*, mas sem dispor de instrumentos para medir a velocidade, não se viu em condições de explicar os fenômenos naturais. Como filósofo, *recusava a realidade do mundo percebida pelos sentidos*, pois considerava sua apreensão ilusória, aparente, enganosa, e só acreditava na *força das ideias* para se chegar à verdade, oculta de nossa percepção. A verdadeira ciência se faria, na sua visão, porque enganada pelos sentidos, por meio da contemplação dos universais. Platão costuma ser apontado como precursor do *método dialético*, que se apoia na *contradição*. Neste, o que se coloca como verdade (que é a *tese* que vai ser testada/avaliada) deve ser contraposta com outra realidade ou teorias (a *antítese*) para negar a tese apresentada e se chegar a uma conclusão, que vai ser a *síntese*, a qual, por sua vez, se transformará em nova tese, que continuará sendo checada por nova antítese e assim por diante.

Esses ensaios de construção da ciência na Grécia antiga eclipsaram-se no mundo medieval, no qual a mesma passou a ser dispensável, considerando que, de acordo com as ideias aristotélicas sobre a imutabilidade do ser, e de que a terra, o centro do universo, vivia em permanente "estado de repouso", nada se modificava. A ciência, neste caso, foi reduzida à teologia, à explicação da natureza pela sabedoria de Deus. Tal visão só começou a desmoronar no período que se convencionou chamar de *Renascimento* (a retomada das preocupações dos pensadores gregos com a ciência) e, tendo-se perdido a comodidade antes oferecida por uma realidade "dada", imutável, tornou-se necessário novamente avançar no conhecimento para o entendimento dos fenômenos do universo.

A Revolução Científica ocorrida neste período teve início com Nicolau Copérnico (1473-1543), que colocou a terra em seu devido lugar, girando em torno do sol, e avançou com Galileu Galilei (1564-1642), considerado o pai da ciência moderna por tê-la libertado das amarras da teologia e aplainado os caminhos para que a mesma prosperasse, por três importantes razões: i) por dar-lhe autonomia, ao livrá-la da tradição aristotélica; ii) por aplicar um novo método para se chegar ao conhecimento, o método experimental; e iii) por dar à ciência uma linguagem ou método, o da *matemática*. Coube, ainda neste período, a Francis Bacon (1561-1626), *acrescentar*, ao método experimental, a indução como método do conhecimento.

O maior progresso da ciência moderna só viria a ocorrer, contudo, no século XVII, quando as ideias de Copérnico, Johannes Kepler (1571-1630) e Galileu foram, em larga escala aceitas, e impulsionaram um forte movimento de busca das explicações verdadeiramente científicas da realidade, despidas de preconceitos medievais e religiosos. A grande questão que se colocou para este avanço foi a de definir como essa investigação seria realizada, para o que seria necessário ter, *a priori*, uma visão mais clara de como os fatos, os fenômenos se encontravam interligados e organizados, de forma que pudessem ser classificados e hierarquizados para os objetivos da explicação científica. Foi essa necessidade que deu origem à *doutrina filosófica do mecanicismo*, com as pesquisas realizadas por Roberto Boyle (1627-1691), no campo da química, por William Harvey (1578-1650) na medicina, pelos filósofos René Descartes (1596-1650), Thomas Hobbes (1588-1679) e por Isaac Newton (1642-1727) no campo da física e da matemática.

Em rápida síntese, o mecanicismo é uma doutrina filosófica determinista, que considera que os fatos ou o conjunto dos fenômenos naturais são suscetíveis de serem reduzidos a um sistema de determinações mecânicas, *que não são de origem divina*, ou seja, que têm uma estrutura compatível a uma máquina, onde as engrenagens e partes componentes determinam/explicam seu comportamento, os quais sofrem choques e impulsos externos que interferem em sua evolução. Por trás dessa visão de "corpos interligados e em movimento" e da metáfora radical da máquina sobre os fatos/fenômenos, *reside a concepção de que a todo efeito corresponde uma causa* – uma rejeição da ordem "finalista" e à da "qualidade oculta" (do mundo estático) imperante no mundo medieval – e de que o papel da ciência seria o de explicar o seu funcionamento, por meio da investigação da interação – e determinação – dos componentes que o acionam, mantêm ou paralisam seus movimentos.

Assim entendido, estes sistemas, cujos elementos que o compõem e respondem por seus movimentos, podem ser apreendidos para explicar seu funcionamento. Isso valeria, aparentemente, para todos os campos das ciências, tanto as Naturais como as Sociais, devendo-se, para tanto, formular hipóteses e conceitos sobre os seus componentes e engrenagens e, tendo-se identificado suas relações de causas e efeitos, derivar teorias para sua explicação. Desmonta-se, com isso, a tese aristotélica de que

> (...) os movimentos só podem ser explicados pela natureza ou qualidade dos seres [e de que estes sempre tendem a retornar ao seu 'estado de repouso']" e, contrariamente, de que os mesmos se devem a "certos choques ou impulsões comunicadas do exterior às coisas.[40]

Mas o fato é de que se isso era válido para o caso das ciências físicas e da Matemática, ou seja, para as ciências consideradas exatas pela regularidade temporal e espacial de seus fenômenos, o mesmo não se poderia dizer para algumas ciências naturais (a Biologia, por exemplo) e menos ainda para as chamadas ciências humanas. Descartes, no entanto, no entanto, tinha convicção de

40 Seria Newton quem terminaria fazendo, algum tempo depois, a grande síntese do pensamento mecanicista: na sua teoria, o universo configura-se como um conjunto de corpos ligados entre si e regidos por leis rígidas. Massa, posição e extensão aparecem como os únicos atributos da matéria. No funcionamento desta *grande máquina* do universo não mais haveria, com isso, lugar para qualquer outra força exterior ou divina para explicá-lo. E, como qualquer máquina, o movimento era o seu estado natural. Por isso, o mecanicismo apresentava uma concepção dinâmica do universo e não estática como pensavam os pensadores antigos. Como concepção filosófica de mundo e também como método de investigação, o mecanicismo, a partir dessa época, influenciou e foi adotado em todos os ramos das ciências, inclusive no das Ciências Sociais. (DENIS, Henri. *História do pensamento econômico*. Lisboa: Livros Horizonte, 1974, p. 140).

que o método poderia ser aplicado a todas as ciências, não as diferenciando neste processo:

> Eu não sei de nenhuma diferença entre as máquinas que os artesãos fazem e os diversos corpos que a natureza por si compõe, a não ser esta: que os efeitos das máquinas não dependem de mais nada a não ser da disposição de certos tubos, que devendo ter alguma relação com as mãos daqueles que os fazem, são sempre tão grandes que as suas figuras e movimento se podem ver, ao passo que os tubos ou molas que causam os efeitos dos corpos naturais são ordinariamente demasiado pequenos para poder ser percepcionados pelos nossos sentidos. Por exemplo, quando um relógio marca as horas por meio das rodas de que está feito, isso não lhe é menos natural do que uma árvore a produzir os seus frutos.[41]

A grande questão que se colocava diante disso: qual o método mais adequado para a formulação de hipóteses e conceitos e para o estabelecimento de relações de causa e efeito sobre os componentes deste sistema, visando dele derivar leis válidas sobre o seu funcionamento e dinâmica?

Para Descartes, a unificação das diferentes ciências em uma só, de modo a constituir um saber universal, no que ele não via nenhum problema como se depreende da citação acima, dependia de três condições: 1) da adoção, por todas elas, do mesmo método de investigação/análise, no caso o da matemática; 2) igualmente, do mesmo princípio que leva/gera o conhecimento, que representa, para ele, *o pensamento ou a razão*; 3) e, de igual forma, do mesmo fundamento, que ele considera Deus, o qual identifica como

---

41 ALMEIDA, Aires. "Filosofia e ciências da natureza: alguns elementos históricos". *Ateus.net*. Disponível em: ateus.net>artigos>filosofia>pdf. Acessado em: 17.09.2024 *apud* DESCARTES, René. *Princípios da Filosofia*. São Paulo: Rideel, 2005.

responsável pelas *ideias inatas* fundamentais *para o pensamento, ou a razão*, atribuídas ao homem.

Para ele, seria, portanto, pela razão ou pensamento, explicada pelas ideias inatas, uma dádiva de Deus ao homem, que se poderiam formular essas hipóteses, estabelecer os conceitos sobre a realidade pesquisada, bem como suas relações de causas e efeitos. É importante chamar a atenção para o fato de ser possível, para essa doutrina, a interpretação dos fenômenos, a identificação de suas causas e efeitos, mesmo que não seja possível modificá-los, podendo-se, no entanto, antevê-los e projetá-los para o futuro, o que representa, inegavelmente, um enorme avanço em relação ao período em que eram considerados imutáveis, em permanente "estado de repouso".

Mas se avançou neste ponto, a lógica da análise (ou o método) da Grécia Antiga – a força do pensamento, das ideias (dedutivo) e os sentidos e a experiência (indutivo) – continuou norteando a elaboração do conhecimento para se chegar à tão ambicionada verdade e causando polêmicas entre filósofos e cientistas sobre qual seria o mais adequado para essa finalidade. Como vimos, por essa lógica, a verdade só pode ser apreendida isenta de *contradições*, significando que ela existe de forma objetivada em todos os tempos e lugares, independente da vontade do homem. Isso, no entanto, não é válido para todas as ciências, a não ser para a Física, a Matemática e a Lógica. Como resolver essa questão?

Se, para Descartes, com a razão ou o pensamento se torna possível formular conceitos e hipóteses sobre a realidade pesquisada para explicá-la (o método dedutivo), este caminho passou a ser questionado pela *corrente filosófica do empiricismo* que remete a Aristóteles (método indutivo), *para quem os sentidos são a fonte de todo o conhecimento*, colidindo, portanto, com o pensamento cartesiano, *mas colocando em dúvida a própria ciência*. Isso porque, de acordo com David Hume (1711-1776), um filósofo empirista, o uso do método indutivo na Ciência da Natureza pode, no entanto, levar a conclusões falsas, mesmo que as premissas sejam verdadeiras, ao contrário do que ocorre com a inferência válida da Matemática e da Lógica, em que isso não ocorre (nestes casos, é logicamente impossível que a conclusão seja falsa, sendo as premissas verdadeiras). E por que isso ocorre?

O argumento utilizado por Hume é que o conhecimento só pode ser gerado pela experiência (daí, o termo empirismo) e não pelo pensamento ou a razão (como defendido por Descartes). A questão é que o conhecimento adquirido pela experiência (ou seja, pelos nossos *sentidos*) apenas nos revela como as coisas acontecem (como o fenômeno se comporta aos nossos *sentidos*), mas isto não nos autoriza a afirmar que eles só ocorrerão dessa maneira. *Ou seja, quando raciocinamos por indução, o conhecimento que nos chega pela experiência, a observação do fenômeno, que depende dos sentidos, não nos permite formular juízos universais, pois as conclusões podem ser falsas e aí a ciência não tem suas bases fundadas.* Logo, para ele, se há algo de errado com a indução, algo de errado também se passa com a ciência. Por isso, vê a lógica da indução mais como uma crença do que um raciocínio, mais como um domínio psicológico do que lógico, insuficiente, por isso, para fazer ciência.

Para Hume, para se corrigir o problema que apresenta o método indutivo seria necessário adotar uma hipótese adicional, a de que a natureza se comporta de maneira uniforme, ou seja, de que a partir de nossas observações repetidas vezes sobre o mesmo fenômeno, considerarmos que o comportamento que ele apresenta hoje se repetirá amanhã e por todo o sempre. Mas isso leva a um *raciocínio circular*, pois o *princípio da uniformidade*, que vai se transformar numa premissa adicional (verdadeira) foi derivado de um raciocínio indutivo, que pode ter conclusões falsas. É exatamente sobre essa questão, o ceticismo de Hume em relação à ciência, que Kant vai tratar no desenvolvimento de sua filosofia.

A atribuição do conhecimento à experiência e não à razão ou ao pensamento, como ocorre com o método cartesiano, colocaria a ciência em dificuldades. Isto porque a realidade, deixando de ser objetivada, só pode ser apreendida pelas sensações, o que significa que ela só existirá se a percebermos, nas mesmas condições em que argumentava Aristóteles. Como o empirismo rejeita as ideias inatas que poderiam formular hipóteses e conceitos sobre a realidade pesquisada e deposita apenas nos sentidos esta possibilidade, sendo o conhecimento, portanto, adquirido, não inato, o indivíduo aparece como a única fonte do conhecimento, por ser a experiência individual, pois só este pode senti-la. E como o indivíduo *per si*, como argumentava Platão, possui olhos que se deixam enganar pela aparência, pelas suas idiossincrasias e ideologias, os caminhos da verdadeira ciência, que poderiam ser trilhados com o pensamento abstrato capaz de classificar, categorizar, hierarquizar as partes integrantes do fenômeno, do todo analisado, e ir ao fundo da verdade, que não se apresenta à simples vista, ficam nublados.

O empirismo colide, neste aspecto, com o racionalismo cartesiano para quem a razão é a grande autoridade para gerar o conhecimento e de que é ela que nos fornece, *a priori*, os conceitos (as ideias inatas) que dão o seu conteúdo e não a experiência sensorial: os elementos que esta fornece, para serem validados, terão de ser avaliados, corrigidos e justificados pela razão, que é soberana neste processo.

Especialmente na área das Ciências Humanas, e também da economia, em que as relações sociais recobrem e determinam as ações dos indivíduos, a redução de sua explicação ao plano individual, às suas motivações, desconectadas daquelas relações, lança a ciência no mundo da aparência e, inevitavelmente, as conclusões podem tornar-se falsas. Um caminho percorrido pelos filósofos utilitaristas (Locke, Bentham e Stuart Mill, principalmente) e, no campo da Economia, por Smith com a sua teoria do autointeresse, Mill com o seu agente racional e pelos economistas neoclássicos com o princípio da utilidade marginal.

Uma grande dificuldade colocada por essa questão se refere à dicotomia do sujeito (que investiga) e do objeto (o fenômeno investigado) que, no pensamento clássico, é tomado como separados, deixando, por isso, interrogações sobre sua influência mútua e sobre quem/ou como determina o quê e sobre a melhor maneira de eliminar o subjetivismo do pesquisador para se chegar à verdade objetiva, ao conhecimento isento e universal, livre dessa influência. No campo das Ciências Sociais, de acordo com Sader,[42] Augusto Comte e Émile Durkheim, que "(...) buscaram trilhar o caminho aberto pelas ciências biológicas, [que] absolutiza a identificação da verdade com o máximo de distanciamento entre sujeito e objeto", [consideraram que]

> (...) a garantia da veracidade do conhecimento está na medida [deste] afastamento entre sujeito e objeto (...) – consideração dos fenômenos sociais como coisas – a ponto de identificação, incorporada à linguagem corrente, de objetividade com verdade (...).

Neste caso, "(...) as dimensões subjetivas, por sua vez, passam a ser assimiladas a um falseamento do conhecimento verdadeiro dos objetos".

Ainda de acordo com Sader,[43] Hegel questionará na sua filosofia essa concepção de *objetividade*. Para Hegel, na verdade, o maior desafio é explicar o que costuma ser aceito como dado: por que o mundo nos aparece como uma grande cisão entre sujeito e objeto? Para responder a essa questão, ele introduz no pensamento filosófico a noção do trabalho, que permite rearticular a relação entre sujeito e objeto e, com o conceito de trabalho, o de alienação, que será fundamental para este entendimento, como se verá adiante.

---

42 SADER, Emir. "Apresentação". *In*: MARX, Karl; ENGELS, Friedrich. *A ideologia Alemã*. São Paulo: Boitempo, 2007, p. 10.

43 SADER, Emir. "Apresentação". *In*: MARX, Karl; ENGELS, Friedrich. *A ideologia Alemã*. São Paulo: Boitempo, 2007, p. 10.

Immanuel Kant (1724-1804) foi o filósofo que procurou dar uma resposta para o ceticismo de Hume sobre o método indutivo e as possibilidades da ciência. Kant buscou, em sua obra *Crítica da Razão Pura*,[44] de 1781, conciliar os dois métodos: o do racionalismo de Descartes e Leibniz, que privilegia o *raciocínio dedutivo*, e o empírico de Hume e Locke, que atribui importância ao *indutivo*.

Para isso, Kant considerou que o entendimento humano sobre o mundo exterior deveria valer-se de dois tipos de conhecimento para explicar os fenômenos: os que tinham origem no conhecimento puro, anterior à experiência, *a priori*, portanto, que utilizamos para enquadrar, estruturar e entender, e os que nascem da experiência, sendo este último, portanto, *a posteriori*. O primeiro denominou de *juízos analíticos* (conceitos e noções de espaço, tempo, substância e causalidade), que são rigorosamente verdadeiros e necessários, independentes da experiência, em que o predicado está contido no sujeito e que, fornecidos pelo pensamento, são necessários para situar e explicar o fenômeno investigado pela experiência. O segundo, de *juízos sintéticos*, são os que enriquecem o sujeito, ou seja, a partir da experiência, da nossa percepção, acrescentam-se as particularidades e especificidades ao objeto pesquisado, que podem não ser necessários, nem universais. Os *juízos analíticos* estão contidos no pensamento do ser humano, e constituem as formas e conceitos *a priori*, que não vêm da experiência, e que são utilizados para explicar a experiência concreta do mundo, de seus fenômenos, os quais não poderiam ser determinados sem aqueles.

Quando se toma o *juízo analítico*, necessário, universal, e, pelo método da indução, ou seja, pela experiência, pela verificação, se chega a resultados na análise do fenômeno que não admitem exceções à regra, torna-se possível alcançar a verdade científica, que ele denomina de *juízos sintéticos a priori*. *Sintéticos*, na

---

44 KANT, Immanuel. *Crítica da razão pura*. São Paulo: Abril Cultural, [1781] 1980 (Os Pensadores).

medida em que não dependem apenas de análises e conceitos, mas de fatos observáveis; *a priori*, por não se fundamentar apenas na experiência empírica, mas nas formas de nosso entendimento e percepção prévia do mundo, nas quais os dados empíricos devem ser organizados e enquadrados, conferindo-lhe, assim, a condição de necessidade e universalidade.

Essa demonstração se apresenta, assim, na sua filosofia, na forma de *argumentos transcendentais*, que consistem numa forma de investigação de um determinado fenômeno que se vale, ao mesmo tempo, tanto do pensamento como da experiência para conhecer o mundo exterior. Representa, dessa forma, a *fusão da experiência com o pensamento*, que ele denomina de *Estética transcendental*. *Estética*, implicando a teoria da percepção, e *transcendental*, *a priori*, que é anterior e condição para a experiência. As noções de *espaço e tempo*, que existem de forma independente, aparecem, assim, como quadros que, *a priori*, o espírito registra, considera, para enquadrar, situar a experiência realizada.

Para Kant, o mundo estava dividido em objetos apreendidos pela mente humana (os "fenômenos") e por objetos dela independentes e para ela inacessíveis (as "coisas em si"). Por seu método, acreditava ser possível formar pensamentos razoáveis sobre o mundo exterior e, com ele, dar resposta ao ceticismo de Hume sobre o pensamento racionalista. Mas, a verdade, é que sua solução não pode ser considerada satisfatória. Isso porque, seu método, ao depender da visão de como o indivíduo vê o mundo, de suas percepções, para formar e estabelecer, com suas idiossincrasias e ideologias, seus quadros conceituais de análise, cai no mesmo campo "idealista" dos filósofos que procurou superar.

1.1.2 Hegel e o método dialético

Georg Wilhelm Friedrich Hegel (1770-1831) foi um filósofo alemão que construiu sua obra a partir da crítica que realizou das ideias de Kant, que colocara dúvidas sobre o conhecimento do mundo, das "coisas em si mesmas", com base em nossas percepções sensoriais, embora acreditando, no entanto, que haveria condições de investigá-lo e de obter dele certa forma de conhecimento, pela força do pensamento, por meio dos tais *julgamentos sintéticos a priori*, os quais fundiam a experiência com verdades universais.

De acordo com Sperber,

> (...) Hegel concordava com as observações de Kant a respeito dos limites do empirismo, porém sentia que eles não iam suficientemente longe. [Sua pergunta, diante disso]: por que assumir que havia apenas uma forma estática de configuração perceptiva e que tal configuração era independente do objeto de nossas percepções? [Hegel], ao contrário, identificava entre a configuração e o objeto das percepções uma interação ou "dialética" (...). Na forma de pensar de Hegel, o sujeito que percebe interage com o objeto da percepção e acaba abalando a forma e o arcabouço das percepções do sujeito, em geral devido ao fato de a interação conduzir a uma contradição interna no quadro de referências da percepção. Essa autocontradição gera um novo arcabouço e, então, esse processo interativo se repete novamente, engendrando outro arcabouço perceptivo.[45]

Com essa filosofia, Hegel introduziu a *contradição* na explicação dos fenômenos, a qual até então fora mantida fora dos sistemas para identificação da verdade científica, e o *método dialético*, em que as tendências contrárias se chocam para conduzir o objeto a uma forma mais avançada (a síntese), na explicação de todos os campos do conhecimento: da filosofia, da ciência, da arte, da política, da religião etc. Para isso, o conhecimento do *desenvolvimento histórico* de sua evolução seria indispensável para obter os elementos que explicam sua transformação e suas tendências: uma

---

45 SPERBER, Jonathan. *Karl Marx*: uma vida do século XIX. Barueri: Amarilys, 2014, p. 65.

progressão na qual cada movimento sucessivo surge como solução das contradições inerentes ao seu movimento anterior.

Com o método dialético, a contradição e a negação (excluídos da lógica tradicional) ganharam novo significado e passaram a ser tidos como elementos essenciais e necessários para a mudança, como passagem de um elemento para o seu oposto. Isso fica claro quando pensamos no exemplo utilizado por Hegel, que Marx empregaria em suas análises, que serve de referência para todas as relações extraídas deste processo: o ser, o não ser, e o *devir*: o ser (a tese) é ser que pode tornar-se qualquer ser por ser potência pura, e pensá-lo, nessa abstração, significa pensar na sua própria contradição, no não ser, na sua antítese. Já o que já é, sem ter se desenvolvido plenamente como ser, sem estar concluído, é o que *devém*, o que vai resultar de modos de ser contraditórios, tornando-os inteligíveis.

Hegel é, no entanto, também um filósofo idealista, no sentido de que atribui ao Espírito Absoluto – ou Mente –, lidando com um conjunto de contradições e oposições que, no final, se integram e se unem – um lado bom, outro mal, como será interpretado por Proudhon –, capacidade de tomar consciência cada vez maior de si mesmo e de ir avançando na direção da perfeição, acreditando existir uma norma divina, que consiste na condução do homem para o paraíso da liberdade e da felicidade. O mundo, assim, como Espírito, se encontraria em um processo histórico de progressiva racionalidade, saltando de degrau em degrau rumo à perfeição.

Nessa caminhada, em que as estruturas vão se renovando, as interações que ocorrem entre o sujeito pensante e o objeto das percepções,

> (...) o sujeito acaba por reconhecer o objeto de suas percepções antes visto como estranho – exteriorizado ou "alheio" em relação a si mesmo (conceitos hegelianos que viriam a exercer papel importante no pensamento de Marx) – como parte ou, na verdade, produto de si mesmo. A consciência de um

> sujeito em relação aos objetos exteriores a ele acabaria por se transformar em uma versão ampliada de autoconsciência.[46]

Como consequência deste processo,

> (...) o sujeito singular que percebe [isso] viria a compreender sua *autoconsciência* como parte de um sujeito cósmico coletivo, desenvolvido ao longo de toda a história da humanidade e que também alcançou a *autoconsciência*, o que Hegel chamou de *Espírito Absoluto*.[47]

Ou seja, adquirindo a autoconsciência, o homem se compreenderia como parte do Espírito Absoluto.[48]

A inclusão da história por Hegel na compreensão dos fenômenos encontrou terreno fértil para ser aplicada, com sucesso, nos diversos campos do conhecimento: na filosofia, história, teorias jurídicas, políticas, linguística etc. Por ela também se tornava possível a evolução do pensamento filosófico – e do homem – e como isso ocorrera, para formas mais avançadas de desenvolvimento da humanidade.

Os Jovens Hegelianos que começaram a aplicar a filosofia de Hegel nos estudos da teologia, logo descobriram seu potencial subversivo e se encantaram com os caminhos que com ela se abriam para a humanidade: de repente Deus, visto como uma imagem exteriorizada e criado pelo homem, à sua semelhança, passava a ser colocado como a ele idêntico. De acordo com Sperber,[49] um

46 SPERBER, Jonathan. *Karl Marx*: uma vida do século XIX. Barueri: Amarilys, 2014, p. 66.

47 SPERBER, Jonathan. *Karl Marx*: uma vida do século XIX. Barueri: Amarilys, 2014, p. 66.

48 SPERBER, Jonathan. *Karl Marx*: uma vida do século XIX. Barueri: Amarilys, 2014, p. 67.

49 SPERBER, Jonathan. *Karl Marx*: uma vida do século XIX. Barueri: Amarilys, 2014, p. 67.

aluno de Hegel, Wilhelm Valcke, se manifestaria em carta a seu irmão, em êxtase sobre o fato de passar a se compreender como parte do Espírito Absoluto:

> Você vai me considerar insano, quando eu lhe contar que vi Deus cara a cara, mas é verdade. O transcendente se tornou imanente, o próprio homem é um ponto de luz na luz do infinito, e o semelhante reconhece seu semelhante.

Marx, por sua vez, em novembro de 1837, em carta a seu pai, com uma linguagem fortemente hegeliana, desvelaria também seu encantamento com a filosofia de Hegel. Fazendo referência à importância da história nas mudanças e do papel do Espírito nessa realização, escreveria:

> (...) a própria história do mundo mostra a predileção por tais retrospectivas e se percebe nelas, o que costuma marcá-la com a imagem do retrocesso e da estagnação, quando, na verdade, está apenas sentando-se na poltrona para se analisar, compreender e abarcar espiritualmente sua própria obra, a obra do Espírito.[50]

E justifica para o pai, na mesma carta, o abandono de seu projeto de escrever uma Filosofia do Direito, baseada nas ideias de Kant, depois de estudar o método de Hegel, porque:

> quando o sujeito circunda o objeto (...), [criando] categorizações arbitrárias (...), a razão da "coisa em si mesma" deve fazer um movimento autocontraditório à frente e descobrir em si a própria unidade.

---

50 SPERBER, Jonathan. *Karl Marx*: uma vida do século XIX. Barueri: Amarilys, 2014, p. 67.

E, finalmente, como a leitura de Hegel mudara sua visão de mundo: "Uma cortina caíra, meu mais sagrado (sic) fora destruído, e novos deuses precisavam ser introduzidos (...)". Ao travar conhecimento com Hegel, "do princípio ao fim, (...) cada vez mais solidamente, eu me acorrentei aos grilhões da filosofia do mundo atual".[51]

É preciso deixar claro que essas concepções de mundo dos filósofos que buscaram interpretá-lo por meio de certas teorias e métodos distintos não levavam em consideração a influência que poderia ter sobre a consciência ou sobre o *pensamento* (o Espírito Absoluto de Hegel), as condições econômicas, sociais e políticas de uma determinada época.

Tudo se passava como se a matéria existisse sem vínculo ou sem exercer qualquer influência sobre a *consciência*, que pairava absoluta como meio que o homem dispunha para apreender e explicar a realidade, sem por ela ser afetada. Por isso, são consideradas concepções "idealistas", à medida que seria pela consciência, reinando de forma independente, que se poderia chegar à verdade, independentemente das condições materiais existentes em cada época que condicionam e determinam a existência e as relações humanas.

Vistas dessa maneira, as teorias explicativas dos fenômenos que emergem deste modo de pensar adquiriam o *status* de a-históricas, "naturais", como se vai encontrar também no método e nas análises dos principais autores da Economia Política clássica, os quais existiriam, por si sós, em todos os tempos e lugares, sem qualquer ligação ou influência dessas condições materiais e históricas, método que posteriormente sofrerá críticas demolidoras nas mãos de Marx.

Hegel, por sua vez, introduz a contradição e o método dialético na interpretação dos fenômenos, mas procura entendê-los a

---

51 SPERBER, Jonathan. *Karl Marx*: uma vida do século XIX. Barueri: Amarilys, 2014, p. 58.

partir do desenvolvimento histórico da consciência (ou do Espírito Absoluto), significando que, apesar do avanço que sua filosofia representa em relação às anteriores, permanece no campo "idealista", desconectando-a desses condicionamentos materialistas. Anos mais tarde, n'*A Ideologia Alemã*,[52] Marx e Engels não poupariam a filosofia idealista de Hegel de críticas:

> Hegel contemplou o idealismo positivo. Para ele, não somente o mundo material se transformou num mundo de pensamentos e toda a história numa história de pensamentos. Ele não se contenta em registrar as coisas do pensamento, mas procura também descrever o ato da produção. [Segundo seu sistema] as ideias, os pensamentos e os conceitos produzem, determinam e dominam o mundo real dos homens, seu mundo material, suas relações reais. Seus rebeldes discípulos tomam isso dele (...).

Os Jovens Hegelianos, de uma maneira geral, ao fazerem a reinterpretação da filosofia de Hegel no campo da religião e identificarem a autoalienação que existe com a exteriorização e estranhamento de Deus, não se afastarão dessa trilha "idealista", apenas considerando que a tomada de consciência, desfeita a cortina de fumaça nela colocada pela fé religiosa, seria suficiente para o homem se libertar e conquistar a sua emancipação política no Estado. Por isso, a questão do ateísmo ocupa papel central em seus trabalhos, principalmente nos de Bruno Bauer. Feuerbach, por sua vez, é quem mais avança na crítica da filosofia de Hegel ao colocar a *essência da espécie humana* no lugar da *consciência* e inaugurar um período em que as condições materiais da existência passarão a ser consideradas na explicação das relações humanas.

---

52 MARX, Karl; ENGELS, Friedrich. *A ideologia Alemã*. São Paulo: Boitempo, [1846] 2007, nota de rodapé de página, p. 524.

Marx, neste período de "encantamento" com a filosofia de Hegel, e ainda influenciado por Bauer, permanecerá neste campo "idealista", do Espírito, mas será ele que introduzirá, posteriormente, numa superação do materialismo de Feuerbach, este método na análise dos fenômenos econômicos, políticos e sociais, considerando a influência dos eventos históricos na formação da consciência e na explicação das condições e nas relações humanas.

1.1.3 Marx e os Jovens Hegelianos

Dos Jovens Hegelianos que tiveram maior influência sobre Marx podem ser citados, por ordem de importância, Ludwig Feuerbach (1804-1872) e Bruno Bauer (1809-1882), ambos tendo sido alunos de Hegel. Do primeiro, Marx conheceu os escritos e obra, tendo chegado inclusive a discutir algumas de suas ideias nas famosas *Teses sobre Feuerbach*, publicadas no livro *A Ideologia Alemã*, de 1846, mas com ele nunca se encontrou ou trabalhou em projetos políticos ou intelectuais.[53] Com Bauer, ao contrário, Marx manteve um relacionamento próximo, que se estendeu de 1837, quando ingressou no *Clube dos Doutores*, um grupo de hegelianos de Berlim que o tinha como líder, até 1842, quando o plano de trabalharem juntos na Universidade de Bonn desmoronou com a demissão de Bauer dessa instituição pelo governo prussiano.

Bauer, pelos relatos de Sperber,[54] não era propriamente uma figura confiável. Considerado por seus contemporâneos um oportunista e uma pessoa censurável, maldosa, arrogante e egocêntrica, começou sua trajetória intelectual como conservador, defendendo a ortodoxia hegeliana, posição que abandonou apenas dois anos depois, convertendo-se em um radical e "em ateu assumido e

53 SPERBER, Jonathan. *Karl Marx*: uma vida do século XIX. Barueri: Amarilys, 2014, p. 79.

54 SPERBER, Jonathan. *Karl Marx*: uma vida do século XIX. Barueri: Amarilys, 2014, pp. 79-89.

defensor das ideias republicanas". Nos anos de 1850 e 1860, com o fim da era hegeliana, retornou à posição de "conservador e de ardoroso antissemita, tendo sido um dos fundadores do antissemitismo racial da Europa Central".[55]

Apesar de toda essa biografia, foi uma presença constante na vida de Marx durante o período em que conviveram: além de seu professor, era seu interlocutor nas discussões sobre questões filosóficas e, quando foi para a Universidade de Bonn, em 1839, fez planos para Marx a ele se juntar, incentivando-o a concluir sua tese de doutorado para tornar isso possível. Orientou-o, inclusive, sobre os contatos que deveria fazer com os funcionários do governo prussiano para viabilizar este objetivo, e também sobre a melhor maneira de desenvolver a tese, sugerindo-lhe deixar de lado a agressividade de uma linguagem ateísta, para não despertar a oposição do governo prussiano à sua indicação para o cargo de professor. Bauer foi, enfim, segundo Sperber, "(...) mentor, aliado político e amigo íntimo de Marx (...)".[56]

De qualquer maneira, Bauer, que introduziu a ideia da *autoconsciência humana* na revisão que fez da filosofia de Hegel, em 1840, no campo da religião, em substituição ao seu *Espírito Absoluto*, e Feuerbach, que considerou Deus como a projeção pelo homem da *essência da espécie humana*, ou como Deus dele mesmo, nos livros *Sobre a filosofia e cristianismo*,[57] de 1839, e *A essência do cristianismo*,[58] de 1841, forneceriam os elementos para que Marx,

55 SPERBER, Jonathan. *Karl Marx*: uma vida do século XIX. Barueri: Amarilys, 2014, pp. 79/80.

56 SPERBER, Jonathan. *Karl Marx*: uma vida do século XIX. Barueri: Amarilys, 2014, p. 85.

57 FEUERBACH, Ludwig. *Para a crítica da filosofia de Hegel*. São Paulo: LiberArs, [1839] 2012.

58 FEUERBACH, Ludwig. *A essência do cristianismo*. Petrópolis: Vozes, [1841] 2007.

mais tarde, em suas obras, introduzisse o homem concreto como o agente histórico responsável pelas transformações da sociedade.

1.2 Da crítica do céu à crítica da terra: o Estado e a sociedade civil (1841-1843)

Com a morte do pai, em 1838, as dificuldades financeiras de Marx logo surgiram e, para concluir seus estudos, ele precisou contar com a ajuda da mãe, que lhe adiantou parte da herança paterna a que teria direito e, não raro, dando continuidade a um estilo de vida desorganizado e descuidado, contraiu dívidas junto a diversos fornecedores em Berlim (alfaiates, livreiros, armazéns) para atender suas necessidades de consumo, sem dispor de condições para pagá-las.[59]

Contrariando os temores de seu pai, Marx concluiu os estudos de Direito em Berlim e, precisando trabalhar, planejou seguir uma carreira acadêmica, para o que começou a elaborar uma tese de doutorado, na qual era seu propósito aplicar os métodos de Hegel ao estudo da filosofia da antiguidade. O fato de Bruno Bauer, então seu amigo e protetor, encontrar-se na Universidade de Bonn e pretender levá-lo para trabalharem juntos, acelerou os estudos de Marx e, em sua tese, intitulada *Diferença da filosofia da natureza em Demócrito e Epicuro*,[60] que terminou sendo defendida na Universidade de Jena, em 15 de abril de 1841, já que seu prazo na Universidade de Berlim havia vencido, fez uma comparação dos filósofos Demócrito e Epicuro, utilizando procedimentos hegelianos. Foi este seu primeiro trabalho acadêmico, com o qual esperava que, para ele, se abrissem as portas da universidade, como professor, o que terminou não acontecendo.

---

59 SPERBER, Jonathan. *Karl Marx*: uma vida do século XIX. Barueri: Amarilys, 2014, p. 72.

60 MARX, Karl. *Diferença da filosofia da natureza em Demócrito e a de Epicuro*. 1ª ed. São Paulo: Boitempo, [1841] 2018, p. 152. (Coleção Marx & Engels).

A tese defendida por Marx, aos vinte e três anos, teve o objetivo de demonstrar que, ao contrário das interpretações então correntes sobre os dois filósofos, o pensamento de Epicuro era não apenas original, mas também mais profundo do que o de Demócrito. Isso porque, apoiando-se nas ideias de Hegel, reinterpretada pelos Jovens Hegelianos e, mais precisamente por seu mestre, à época, Bruno Bauer, viu na obra de Epicuro um pensamento mais elevado do movimento dialético da *autoconsciência* em oposição às concepções não dialéticas de Demócrito. De acordo com Sperber, "Esse contraste entre os dois pensadores antigos não se diferenciava das críticas de Hegel a Kant (...)".[61]

Mas foi no Prefácio da tese que Marx deixaria mais claro sua completa adesão à interpretação, radicalização e ateísmo dos Jovens Hegelianos e à importância da *autoconsciência* baueriana que substituíra o Espírito Absoluto de Hegel no processo evolutivo, ao confessar que: "eu odeio todo e qualquer deus", o que, para ele, era a confissão da filosofia, "seu próprio adágio contra todos os deuses celestes e terrenos, os quais não reconhecem a *autoconsciência humana* como a mais alta divindade". E que "não deve existir nenhum deus além dela".[62]

Após ter defendido a tese, Marx retornou para Renânia, sua região, em junho de 1841, à espera do convite de Bauer para ingressar na Universidade de Bonn. Este plano, no entanto, rapidamente desmoronou porque, antes de ter conseguido viabilizar sua contratação, Bauer foi demitido de seu posto pelo governo prussiano, em março de 1842, ao se desfazer uma frágil e tácita aliança entre o Estado prussiano e a filosofia hegeliana, antes a ela simpático, com a substituição, em 1840, do monarca Frederico Guilherme III (que a tolerava) por Guilherme IV (bem mais

---

61 SPERBER, Jonathan. *Karl Marx*: uma vida do século XIX. Barueri: Amarilys, 2014, p. 82.

62 SPERBER, Jonathan. *Karl Marx*: uma vida do século XIX. Barueri: Amarilys, 2014, p. 83.

conservador).[63] A partir daí, as relações entre o Estado prussiano e a corrente hegeliana seriam marcadas por crescentes hostilidades, tensões e censura, levando Marx a considerá-lo e tratá-lo como inimigo da liberdade e das causas republicanas.

Sem Bauer, que retornou a Berlim, e sem ter conseguido parte da herança paterna, pelas antecipações de recursos que haviam sido feitas pela mãe para seus estudos, Marx não somente viu seu plano acadêmico desmoronar, como também desesperadamente necessitado de um emprego para se sustentar, especialmente considerando o fato de que o seu relacionamento com Jenny, iniciado em 1836, prolongava-se demasiadamente para a época, vendo aproximar-se o momento em que teria de se casar.

Após ensaiar alguns projetos para a criação de um periódico com o próprio Bauer, que resultaram infrutíferos, e dar início à elaboração de alguns artigos para o jornal de Arnold Ruge, também um Jovem Hegeliano, essa oportunidade finalmente surgiria em outubro de 1842, quando Marx foi convidado por Moses Hess e Robert Jung, outros dois partidários dos Jovens Hegelianos de esquerda, para ser editor informal do *Rhineland News* (Gazeta Renana), um jornal fundado na cidade de Colônia, com quem vinha colaborando, anteriormente, com a publicação de artigos.[64] Dessa experiência, Marx viu-se lançado definitivamente na carreira jornalística, deixando seu plano de uma carreira acadêmica para trás.

O *Rhineland News* foi como um raio de sol que se projetou na vida de Marx nessa época. Em primeiro lugar, por abrir uma janela por onde finalmente começou a entrar algum dinheiro, de forma mais regular, em seu bolso, embora ainda sem dar-lhe condições de materializar seu projeto de casamento com Jenny.

---

63 SPERBER, Jonathan. *Karl Marx*: uma vida do século XIX. Barueri: Amarilys, 2014, p. 88.

64 SPERBER, Jonathan. *Karl Marx*: uma vida do século XIX. Barueri: Amarilys, 2014, pp. 103/104.

Em segundo, porque as reportagens e artigos que elaborou e escreveu, enquanto editor, retirou-o do mundo teórico e *abstrato da academia e colocou-o em contato, pela primeira vez, com a questão* social, ao analisar, em outubro e novembro de 1842, uma nova lei que fora criada sobre o roubo de lenha na Alemanha, que prejudicava os pobres, proibidos, por essa lei, de recolher a lenha seca caída das árvores. Com isso introduziria, em suas reflexões, de um lado, a condição das classes menos favorecidas da sociedade, que muito influenciariam suas ideias comunistas no futuro, e de outro, a questão da subordinação do Estado aos interesses dos donos da propriedade privada, quando deveria, dado o seu caráter de universalidade, defender os interesses comuns, submetendo aqueles interesses privados ao interesse geral, ou seja, ao próprio Estado. Existiria, assim, no campo político, uma contradição entre o Estado e a sociedade civil, que exigiria uma solução igualmente política.[65] O fato é que, até essa época, Marx considera, seguindo Hegel, que o Estado deveria ser a "realização da liberdade". Mas, ao fazer este estudo percebe que

> (...) o Estado, que deveria ser a encarnação do interesse geral, parece agir no interesse apenas da propriedade privada e, para assim fazer, viola não somente a lógica do direito, mas ainda princípios humanos evidentes.[66]

Seu papel como editor do jornal, no entanto, não duraria muito tempo. Iniciado em outubro de 1842, o mesmo teve sua publicação proibida em 31 de janeiro de 1843 por autoridades do governo prussiano, descontentes com o fato de Marx ter atribuído, em um artigo, à política de unificação tarifária na Alemanha, a responsabilidade pela difícil situação econômica e financeira em

---

65 ENDERLE, Rubens. "Apresentação". *In*: MARX, Karl. *Crítica da Filosofia do Direito de Hegel*. 3ª ed. São Paulo: Boitempo, [1843] 2013, pp. 21/22.

66 MANDEL, Ernest. *A formação do pensamento econômico de Karl Marx*: de 1843 até a redação de O Capital. Rio de Janeiro: Zahar, 1968, p. 15.

que se encontravam os produtores de vinho da região do Vale do Mosela. Tal política tivera como consequência a abertura do mercado de vinho de toda a Prússia, derrubando os preços dos produtos daquela região e deflagrado uma crise que atingiria tanto os pequenos como os grandes vinicultores.[67]

Em seu artigo, Marx argumentava que os funcionários do Estado acreditavam na capacidade de sua administração e, mesmo não sendo corretos em suas análises, eram convictos de que suas ações resultavam em benefício para a sociedade, o que constituía um grande engano causado por uma visão falseada (ideológica) da realidade. A resistência dos investidores do jornal ao seu fechamento, e mesmo a proposta de substituir Marx em sua editoria, não foi suficiente para reverter essa decisão.[68] Em pouco tempo, portanto, o "mouro" se veria novamente desempregado.

Afora a hostilidade que seu artigo despertou nas autoridades prussianas, que desde a sua fundação haviam cerrado firme oposição à sua linha editorial, Marx não parece ter ido além, neste período, de um defensor de ideias tidas como liberais. Afinal, o jornal era financiado por uma "elite" de Colônia, que se opunha ao governo prussiano, e Marx, para viabilizá-lo, ou mesmo porque suas ideias ainda não haviam avançado suficientemente para entender a complexidade da sociedade civil, além da defesa que fez daqueles temas, como os da liberdade de imprensa e do livre comércio, chegou a criticar até mesmo as posições comunistas e, o que também considerava, as exageradas posições teístas de um grupo dos Jovens Hegelianos, chamado de "Sociedade de Homens Livres", com eles se indispondo, inclusive com seu antigo mestre Bruno Bauer. De acordo com Mandel, "Marx, [nessa época] rejeita ainda o comunismo, afirmando a necessidade de estudá-lo de maneira aprofundada a fim de poder

67 SPERBER, Jonathan. *Karl Marx*: uma vida do século XIX. Barueri: Amarilys, 2014, p. 113.

68 SPERBER, Jonathan. *Karl Marx*: uma vida do século XIX. Barueri: Amarilys, 2014, p. 116.

criticá-lo adequadamente".[69] Tais posições conciliadoras, aliadas ao seu talento e habilidades jornalísticas que se revelaram no *Rhineland News* contribuíram para que essa mesma elite que o financiara se organizasse para garantir-lhe suporte financeiro enquanto fazia a travessia para um novo emprego.[70] Mas o fato é que o contato que tivera com as "questões sociais e econômicas" teria impacto ainda mais profundo do que, acredita-se, ele mesmo poderia imaginar, em sua visão de mundo.

Dessa vez, no entanto, nova oportunidade não demoraria a chegar e, melhor, vindo ao encontro do desejo de Marx, que pretendia se transferir para outro país, onde, acreditava, desfrutaria de maior liberdade de expressão. Arnold Ruge, tendo visto seu periódico *Anais Germânicos* também ser proibido em Leipzig, cidade do Reino da Saxônia, em fevereiro de 1843, decidiu transferir sua publicação para o exterior e empregar Marx como editor adjunto. Das negociações realizadas nos primeiros meses de 1843, resultou um projeto diferente, com a fundação dos *Anais Franco-Germânicos*, um periódico que deveria contar com a colaboração de radicais da língua francesa e alemã, tendo sua sede em Paris. O salário oferecido por Ruge a Marx para este trabalho permitir-lhe-ia, finalmente, realizar seu sonho de casamento com Jenny, que terminou ocorrendo no dia 19 de junho de 1843, na cidade de Kreuznach.[71]

Até mudarem para Paris, aonde chegaram à primeira quinzena de outubro do mesmo ano, Marx encontrou tempo para estudar, pesquisar e adiantar alguns artigos para o novo periódico. Entre estes, figuravam dois trabalhos deste ano, essenciais para se

---

69 MANDEL, Ernest. *A formação do pensamento econômico de Karl Marx*: de 1843 até a redação de O Capital. Rio de Janeiro: Zahar, 1968, p. 13.

70 SPERBER, Jonathan. *Karl Marx*: uma vida do século XIX. Barueri: Amarilys, 2014, pp. 105-117.

71 SPERBER, Jonathan. *Karl Marx*: uma vida do século XIX. Barueri: Amarilys, 2014, pp. 119-121.

compreender a evolução de seu pensamento: *Crítica da Filosofia do Direito de Hegel* e *Sobre a questão judaica.*

1.2.1 A Crítica da Filosofia do Direito de Hegel

A *Crítica à Filosofia do Direito de Hegel* é uma obra inacabada, como muitos outros trabalhos de Marx, e teve, como principal objetivo, opondo-se a Hegel, mostrar que não era bem no Estado (a sociedade política), por ele apresentado, ancorado no poder da monarquia constitucional, que residiria o enigma para se compreender e explicar o processo de desenvolvimento histórico da humanidade, e sim na sociedade civil, como Engels ressaltaria anos mais tarde em comentário sobre o mesmo. Por se tratar de uma obra inacabada, foi prejudicada por que algumas partes do manuscrito original se perderam até a sua primeira publicação em 1927, e isso pode ter contribuído para aparecer de forma desorganizada, sem definição clara de seus objetivos e sem uma conclusão. Tratando-se mais de um diálogo crítico de Marx com Hegel sobre suas contradições na análise do *Direito Público* e do *Direito Privado*, é também de difícil leitura, para o que contribui a pesada linguagem filosófica e hegeliana que percorre todo o texto.

Foi elaborada logo após seu casamento com Jenny, enquanto aguardava sua mudança para Paris e teve, como motivação, responder às questões que o inquietavam desde que analisara a lei do roubo de lenha e se deparara com uma legislação e um Estado defendendo interesses particulares e privados da sociedade, em prejuízo dos interesses comuns, universais. Tal situação colidia com as ideias defendidas por Hegel sobre o Estado e o Direito em seu trabalho *Princípios da Filosofia do Direito*,[72] de 1820, em que privilegiava o poder do príncipe e considerava ser o Estado a base da sociedade civil, considerando-o o pilar central da construção social.

---

72 HEGEL, Georg W. Friedrich. *Princípios da Filosofia do Direito*. Trad. Orlando Vitorino. São Paulo: Martins Fontes, [1820] 1997.

A obra de Hegel fazia uma leitura de um período em que, transitando do Antigo Regime, marcado pelo absolutismo, para a nova ordem burguesa, na Alemanha, enxergava-se o Estado com poder transformador, como uma entidade racional "em si e para si", vendo-o como capaz de enterrar a ordem anterior e pavimentar os caminhos da modernização com valores burgueses e democráticos, tal como ocorrera na Revolução Francesa, em 1789.

Com essa leitura de Hegel, os Jovens Hegelianos, entre os quais se incluía Marx, acreditavam que "(...) a superação da monarquia prussiana em um Estado racional e livre, prefigurado na concepção de Hegel da monarquia constitucional", seria suficiente para resgatar "seu conteúdo humano, emancipador".[73] Tal visão começou a desmoronar entre os Jovens Hegelianos quando, a partir de 1841, uma reforma constitucional de caráter liberal foi se tornando ilusória no reinado de Frederico Guilherme IV, sucessor de Guilherme III, em 1840, minando a filosofia positivista de Hegel sobre o Estado,[74] e levando-os a engrossar a fileira da oposição ao Estado prussiano.

Marx, que desde sua tese de doutorado começara a perder o "encantamento" que lhe despertara a filosofia de Hegel, parte, neste trabalho, para desferir alguns golpes na sua teoria do Estado e do Direito. É influenciado, nessa crítica, pela visão dos Jovens Hegelianos, notadamente por Feuerbach e Bauer, cada um à sua maneira (*autoconsciência* para Bauer e *espécie humana* para Feuerbach) de que a compreensão humana da divindade, da existência de um ser supremo, ou o *Espírito Absoluto* de Hegel, não passava de uma exteriorização das características humanas coletivas, acompanhada de um processo de "estranhamento" dessa criação e de alienação. Essa ideia da teologia estendida às demais áreas da filosofia de Hegel – Estado, governo, artes, direito etc. – mostrava

---

73 ENDERLE, Rubens. "Apresentação". *In*: MARX, Karl. *Crítica da Filosofia do Direito de Hegel.* 3ª ed. São Paulo: Boitempo, 2013, p. 17.

74 ENDERLE, Rubens. "Apresentação". *In*: MARX, Karl. *Crítica da Filosofia do Direito de Hegel.* 3ª ed. São Paulo: Boitempo, 2013, p. 17.

que ele havia confundido (invertido) o sujeito com o predicado, quando o que ocorria era exatamente o contrário: se na religião, Deus, o predicado, fora criado à imagem do homem, o sujeito, e se exteriorizara, tornando-se sujeito, o mesmo teria ocorrido no caso do Estado, que, visto como a existência corporificada do "sujeito da Ideia Absoluta", seria o fundador da sociedade civil, quando o que ocorre é o inverso. Diz Marx, a este respeito, na *Crítica*: "Hegel autonomiza os predicados e logo os transforma, de forma mística, em seus sujeitos".[75]

Ao autonomizar o Estado político, separá-lo da sociedade civil, considerando essa a sua base, seu predicado, e não que aquele seja a sua forma política espelhada, Hegel exalta, com isso, os poderes do monarca, da nobreza fundiária e da burocracia estatal, convertendo o "poder governamental em uma encarnação do príncipe". Explicitamente, em Marx, sobre isso:

> Hegel, que tudo inverte, fez do poder governamental o representante, a encarnação do príncipe. Porque, na *Ideia*, cuja existência tem de ser o príncipe, Hegel não vê a ideia real do poder governamental na sua idealidade, mas sim o sujeito que é a ideia absoluta, que existe *corporeamente* no príncipe. (...) então o poder governamental se torna um *prolongamento místico da alma existente em seu corpo – o corpo do príncipe*.[76]

Disso decorre que, no Estado de Hegel, "o rei nasce rei",[77] "como a personalidade do Estado";[78] os nobres com direitos

75 MARX, Karl. *Crítica da Filosofia do Direito de Hegel*. 3ª ed. São Paulo: Boitempo, [1843] 2013, p. 50.

76 MARX, Karl. *Crítica da Filosofia do Direito de Hegel*. 3ª ed. São Paulo: Boitempo, [1843] 2013, p. 110.

77 MARX, Karl. *Crítica da Filosofia do Direito de Hegel*. 3ª ed. São Paulo: Boitempo, [1843] 2013, p. 117.

78 MARX, Karl. *Crítica da Filosofia do Direito de Hegel*. 3ª ed. São Paulo: Boitempo, [1843] 2013, p. 52.

previamente assegurados e inscritos na Constituição, pelo "princípio natural das famílias", como os da propriedade fundiária e da representação política; e os funcionários do Estado, como organizadores da vontade universal (o Poder Legislativo) ou como guardiões de sua consciência (os burocratas). A sociedade civil, o povo, rebaixada à condição de um poder particular do Estado, passa a receber passivamente a "luz" que se irradia desta "encarnação" do "Espírito Absoluto", ou seja, do Estado.

Não é a maneira como Marx mais enxerga e entende o Estado. Para ele, ao contrário da inversão feita por Hegel, família e sociedade civil é que são o "Estado real", a "força motriz", os "pressupostos do Estado" e, somente na *especulação*, é que são produzidas pela ideia real, são "convertidas pela ideia real", em sua "manifestação", em "fenômeno".[79] Isso acontece porque, ao se fazer as leis por vontade livre, racional, do povo, para este se organizar e conviver em sociedade, e se atribuir ao Estado o papel de guardião deste contrato social (expresso na Constituição), o povo, a sociedade civil, se submete à sua própria obra, priva-se de sua vontade "genérica", e, alienando-se, perde a noção de que ele constitui o "todo" e passa a ver-se apenas como parte (inscrita nesta Constituição) deste todo, de um poder constituído que guia e orienta suas vidas "particulares". Para ele, a Constituição, ao expressar essa "vontade geral", deve ser vista apenas como um "momento" da mesma, que pode ser modificada, e não tratada como sendo de caráter "universal", como Hegel o faz. Mas, por ser convertido em apenas "parte" deste todo, na Constituição, o povo se encontra impedido de modificar sua própria criação, e a ter de se submeter à vontade do Estado que, de criatura, se transforma em seu criador.

Por isso, para ele, todas as formas de Estado em que não predomina a soberania popular, ou seja, a *democracia*, não são

---

79 ENDERLE, Rubens. "Apresentação". *In*: MARX, Karl. *Crítica da Filosofia do Direito de Hegel*. 3ª ed. São Paulo: Boitempo, [1843] 2013, p. 24.

mais do que formas particulares do Estado, sejam essas monárquica ou republicana, que não é capaz de unir o particular com o universal, contrapondo-se à sua essência, à sua natureza, onde o primeiro predomina sobre o segundo, embora, na aparência, o particular se apresente como universal. Somente em um regime em que os interesses específicos e privados da sociedade civil se articulem simultaneamente com o bem comum universal do Estado, por serem ambos as manifestações do povo, o Estado não teria uma "determinidade em contraste com outros conteúdos".[80] Este seria o regime da verdadeira democracia. Com isso, Marx opõe a soberania popular ao poder da monarquia constitucional defendida por Hegel – uma forma particular de Estado – como o caminho para a emancipação da sociedade e dá outro significado ao Estado, restabelecendo a ponte entre a sociedade civil e política.

Interessa notar o fato de que Marx, neste trabalho, não faz nenhuma menção à economia política, à necessidade do uso da força para mudar essa situação, à classe trabalhadora ou ao socialismo, questões que, gradualmente, passarão a ocupar papel central em sua obra nos trabalhos que se seguirão. Na *Crítica à Filosofia do Direito de Hegel*, ainda é o Marx que acredita no caminho das reformas para as transformações pretendidas, na mesma linha seguida pelos Jovens Hegelianos e também pelos socialistas alemães da época.

Chama-se a atenção aqui para o fato de que Marx, apesar da crítica feita à teoria do Estado de Hegel, ainda recusa o comunismo como alternativa para a redenção da sociedade, como deixa claro em carta a Arnold Ruge, em setembro de 1843. Isso, de acordo com Mandel[81] só vai acontecer, explicitamente, em março de 1844, após sua chegada a Paris, com a influência exercida sobre ele pelos

---

80 MARX, Karl. *Crítica da Filosofia do Direito de Hegel*. 3ª ed. São Paulo: Boitempo, [1843] 2013, p. 57.

81 MANDEL, Ernest. *A formação do pensamento econômico de Karl Marx*: de 1843 até a redação de O Capital. Rio de Janeiro: Zahar, 1968, pp. 16/17.

estudos de Economia Política, pelos socialistas franceses e pela história da França, e também pelas posições mais progressistas a que o conduzem os artigos publicados nos *Anais Franco-Germânicos*, como o da *Introdução* (à crítica do Direito de Hegel) e Sobre a Questão Judaica.

1.2.2 A *Introdução* (à crítica da Filosofia do Direito de Hegel)

Poucos meses depois, Marx escreve um novo artigo, aprofundando este tema, intitulado *Crítica da Filosofia do Direito de Hegel – Introdução*, que será publicado na 1ª edição dupla dos *Anais Franco-Germânicos*, em fevereiro de 1844. Ao contrário da *Crítica*, trata-se de um ensaio de cerca de dez páginas, com indiscutível riqueza literária e de mais fácil leitura, que revela um novo Marx em termos de propostas para mudar a situação que analisa e, além disso, na identificação que faz de uma força social capaz de comandar as mudanças requeridas: a classe trabalhadora ou o proletariado.

O texto, a *Introdução*, inicia dando por concluída a tarefa de se realizar a *crítica* da religião na Alemanha. Considera que "a supressão da religião como a felicidade ilusória do mundo é a exigência de sua felicidade real", por que "(...) o homem é o mundo do homem, o Estado, a sociedade. Esse Estado e essa sociedade produzem a religião, uma *consciência invertida do mundo*, porque eles são um *mundo invertido*". Uma crítica necessária para que o homem se liberte de uma "(...) condição que necessita de ilusões" e que "sem este sol ilusório" possa "girar em torno de si mesmo", reconhecer-se e desvencilhar-se das "flores imaginárias" da religião e colher a flor viva de sua existência. Caberia, para ele agora, "(...) desmascarada a forma sagrada da autoalienação humana, desmascarar a autoalienação nas suas formas não sagradas", ou seja, profanas. E com isso, "a crítica do céu se transforma na crítica da terra, a crítica da religião, na crítica do Direito, a crítica da teologia, na crítica da política".[82]

O mundo secular, profano, da política, do Estado, da economia que Marx analisa é o mundo da Alemanha e, ali, as condições da época revelam um mundo anacrônico e apodrecido, comparado ao Antigo Regime: "(...) o *status quo* alemão é a perfeição *manifesta do ancien régime*, e o *ancien régime* é o defeito oculto do Estado moderno".[83] Uma Alemanha que ficou historicamente para trás em relação às nações modernas, como a França e a Inglaterra, exercitando-se em "assuntos históricos envelhecidos".[84] Um país em que, se a filosofia *especulativa* avançou na crítica do Direito e do Estado, continuou, em sua história, petrificado no *ancien régime*, abstraindo do "*homem efetivo*", do "*homem total*". Nessas condições, que Marx enxerga como similares às da França pré-revolucionária, só por meio de uma ruptura com a ordem vigente (com o *status quo*) haveria condições de transformá-lo e elevá-lo ao nível das nações modernas. E, pela primeira vez, o *uso da força, a revolução*, que não pode limitar-se à esfera política (burguesa), aparece em seu pensamento, como o único meio para transformar as estruturas vigentes na Alemanha, mas sem deixar, por isso, de reafirmar a importância da teoria e da crítica (do pensamento) neste processo:

> A arma da crítica não pode (...) substituir a crítica da arma, o poder material tem de ser derrubado pelo poder material, mas a teoria também se torna força material quando se apodera das massas. A teoria é capaz de se apoderar das massas tão logo demonstra *ad hominem* [a falácia], e demonstra *ad hominem* tão logo se torna radical. Ser radical

---

82 MARX, Karl. *Crítica da Filosofia do Direito de Hegel*. 3ª ed. São Paulo: Boitempo, [1843] 2013, pp. 151/152.

83 MARX, Karl. *Crítica da Filosofia do Direito de Hegel*. 3ª ed. São Paulo: Boitempo, [1843] 2013, p. 154.

84 MARX, Karl. *Crítica da Filosofia do Direito de Hegel*. 3ª ed. São Paulo: Boitempo, [1843] 2013, p. 155.

> é agarrar as coisas pela raiz. Mas a raiz para o homem é o próprio homem.[85]

Em seguida, Marx aponta uma dificuldade para que essa revolução radical, que considera possível na Alemanha, nas condições da Revolução Francesa, aconteça: a necessidade de se contar com um elemento *passivo*, uma base *materia*l, uma *classe social* que, negada nessa ordem social, como ocorrera com a burguesia na França, na luta contra a nobreza e o clero, *consiga transformar seus interesses particulares em interesses universais de toda a sociedade*. Considera, portanto, ser uma condição dessa classe estar excluída da ordem para, na luta revolucionária por sua inclusão, e até mesmo por sua condição, não pretender reivindicar nenhum *direito particular para ela*, mas garantir a emancipação de todas as classes sociais. Caso contrário, tudo não passaria de um arremedo de mudanças, em que o poder e a dominação apenas se deslocariam de uma para outra classe. Na Alemanha da época, Marx não consegue, no entanto, identificar, na sociedade civil, nenhuma classe em condições de realizar essa emancipação universal, a não ser na do nascente e crescente proletariado industrial, na qual passa a depositar suas esperanças, por ser uma classe

> (...) com grilhões radicais, uma classe da sociedade civil (...) que possua um caráter universal mediante seus sofrimentos universais e que não reivindique nenhum direito particular, porque contra ela não se comete uma injustiça particular, mas a injustiça por excelência, que já não pode exigir o título histórico, mas apenas o título humano (...) uma classe, enfim, que não pode se emancipar sem se emancipar de todas as outras esferas da sociedade e, com isso, sem emancipar todas essas esferas, e que representa, em uma palavra, a ruína

---

85 MARX, Karl. *Crítica da Filosofia do Direito de Hegel*. 3ª ed. São Paulo: Boitempo, [1843] 2013, p. 157.

> total da humanidade e que, portanto, só pode se resgatar com um resgate total do homem (...).[86]

É interessante notar que Marx continua atribuindo, ainda aqui, um papel decisivo à filosofia, ao pensamento na transformação social, acompanhando as posições neo-hegelianas. Isso porque, mesmo tendo eleito o proletariado como o "coração da emancipação", o que representa um grande avanço em relação ao mesmo, ainda continua atribuindo, à filosofia, o papel de ser a sua "cabeça", ou seja, de desvelar a realidade para viabilizar e instigar sua ação.

E, com isso, o *proletariado, como agente histórico das transformações sociais* fazia sua entrada na cena de seu pensamento, substituindo o *Espírito Absoluto* de Hegel, a *autoconsciência* de Bruno Bauer e a *espécie humana* de Feuerbach. Marx tinha, no entanto, clareza de que seria necessário contar com condições subjetivas e objetivas para que isso ocorresse e que, quando essas estivessem completas, então "(...) o dia da *ressureição alemã* será anunciado pelo canto do galo gaulês",[87] referindo-se ao símbolo da França, à Revolução Francesa.

---

86 MARX, Karl. *Crítica da Filosofia do Direito de Hegel*. São Paulo: Boitempo, [1843] 2010, p. 162. Em trabalhos posteriores, Marx corrigirá essa visão que tinha, à época, de que seria o proletariado a classe social que, acorrentada pelas cadeias mais pesadas da história mundial, a que teria melhores condições (objetivas e subjetivas) de liderar o processo de mudança, não tendo existido outras classes na sua situação nessas condições. O que terminou revelando-se um equívoco, como o próprio Engels reconheceria. Na revisão que foi feita sobre essa questão, Marx e Engels passarão a atribuir ao proletariado este "(...) papel-chave no advento do socialismo, menos por causa da miséria que ele sofre do que em função do lugar que ele ocupa no processo de produção e na capacidade que possui de adquirir por este fato um talento de organização e uma coesão na ação sem medida comum com todas as classes do passado" (MANDEL, Ernest. *A formação do pensamento econômico de Karl Marx*: de 1843 até a redação de O Capital. Rio de Janeiro: Zahar, 1968, p. 25).

87 MANDEL, Ernest. *A formação do pensamento econômico de Karl Marx*: de 1843 até a redação de O Capital. Rio de Janeiro: Zahar, 1968, p. 168.

1.2.3 Sobre a questão judaica

O segundo artigo de Marx publicado na mesma edição dupla dos *Anais Franco-Germânicos*, *Sobre a questão judaica*, foi escrito entre agosto e dezembro de 1843, ou seja, praticamente ao mesmo tempo em que o da *Introdução*, que havia sido elaborado entre dezembro do mesmo ano e janeiro de 1844. Mais que a *Introdução*, que revela um Marx que começa a desvendar os segredos do homem na terra, de suas relações na sociedade com o Estado, embora ainda atribuindo à filosofia poder de compreensão de questões profanas, *Sobre a questão judaica* foi um artigo controverso e polêmico que lhe rendeu não poucas acusações de antissemitismo e de precursor do autoritarismo, ao nele defender a abolição entre o social e a política, supostamente em prol de uma estatização geral da sociedade.

O filósofo francês Daniel Bensaid, na *Apresentação* deste artigo (2010) no livro publicado pela Boitempo, em 2010, e em ensaio, publicado na forma de *Posf*ácio no mesmo, faz uma análise reflexiva tanto das críticas feitas a Marx sobre essas questões como procura situar, historicamente, a problemática judaica existente naquele contexto. Para ele, muitas dessas críticas resultaram da consideração de argumentos tomados isoladamente do conjunto do pensamento de Marx e, não se pode ignorar, de alguns clichês por ele empregados, no texto, sobre o problema do judeu naquela época, um povo que não dispunha nem de um território, nem de nacionalidade e nem de um Estado, mas que almejava a emancipação política, cidadã,[88] sem se verem obrigados a cumprir seus deveres com o Estado. Ao que se pode ainda agregar, o fato de Marx tê-lo identificado com a nascente ordem capitalista na sua ganância por dinheiro, associando-o a atitudes individualistas e, exacerbadamente, egoístas.

---

88 MARX, Karl. *Sobre a questão judaica*. São Paulo: Boitempo, [1843] 2010, p. 33.

O objetivo de Marx, com o artigo foi, de um lado, o de dar resposta a um trabalho de Bruno Bauer, do final de 1842, intitulado *A capacidade dos atuais judeus e cristãos de se tornarem livres*,[89] no qual sustentava que, na atual sociedade, a emancipação dos judeus exigia que estes se emancipassem da teologia, ou seja, de que renunciassem à sua religião, ao judaísmo, para terem direito à cidadania no Estado constitucional, considerando que eles próprios haviam se autoexcluídos da sociedade ao optarem por cultivar sua singularidade religiosa, sendo responsáveis pela opressão sofrida.[90] De outro, provavelmente, por ter enxergado nessa questão, que estava na ordem do dia nos debates daquela época, uma boa oportunidade para fazer a crítica do *Estado político* e as consequências de sua cisão com a *sociedade civil* para a humanidade, dada pela separação que ocorre entre o cidadão, enquanto membro do primeiro, e o homem, enquanto membro do segundo, levando-os a levar uma vida dupla: por um lado, na "organização burocrática" do Estado; por outro, na "organização social".[91]

Bauer havia conduzido sua argumentação contra a emancipação dos judeus apoiado na interpretação teológica da religião de que o cristianismo entendia o homem como a essência de todas as coisas, por ser Jesus Cristo, um ser humano, a visão exteriorizada e alienada da *autoconsciência humana*. Já os judeus, um grupo voltado para si mesmo, com o seu próprio Deus, ávido por coisas materiais e dinheiro, individualista e desintegrado do restante da sociedade, não disporia de condições de pensar o que é o *homem*. Via, por essa

89 BAUER, Bruno. "A capacidade dos atuais judeus e cristão de se tornarem livres" [1842]. Trad. Douglas Rafael Dias Martins. *Kinesis*: *Revista de Estudos de Pós-Graduados em Filosofia*, São Paulo, vol. 11, nº 30. dez. 2019, pp. 183-199.

90 BENSAID, Daniel. "Apresentação". *In*: MARX, Karl. *Sobre a questão judaica*. São Paulo: Boitempo, [1843] 2010, p. 18.

91 BENSAID, Daniel. "Apresentação". *In*: MARX, Karl. *Sobre a questão judaica*. São Paulo: Boitempo, [1843] 2010, pp. 12/13.

razão, o cristianismo, a religião dominante do Estado alemão, com uma visão bem mais universal do que a do particularismo da religião judaica, argumentando ser ele (o cristianismo), ainda que constituísse a expressão da autoalienação humana, superior ao judaísmo, bem como apontando a necessidade dos judeus nele se converterem para se colocarem em condições de assumir o papel de cidadãos na ordem social, cumprindo seus deveres com o Estado, como um passo que seria necessário, portanto, para sua emancipação.[92]

Marx discordou dessa posição de Bauer, considerando-a meramente teológica, uma posição que reduzia a emancipação dos judeus a termos religiosos mais afinados com as ideias modernas, como seria o caso do cristianismo, do ateísmo, mas não do judaísmo, ainda mais porque considerava que na Alemanha ainda não existia um Estado político, ou o Estado como Estado. E discordava também de sua proposta de se negar, ao judeu, a crença na sua religião – um direito do homem. Para ele, a questão era mais profunda do que professava Bauer, e que residia, na secularização do Estado, o caminho para a desconexão da religião da política e da vida pública, que poderia ser alcançada mesmo preservando-se o direito da fé.

Ao contrário de Bauer, interessava-lhe, portanto, "não o judaísmo enquanto religião", mas "o judeu verdadeiro, em sua vida prática",[93] defendendo que sua emancipação política deveria, antes, passar pela própria emancipação do Estado da religião, tornando-o um Estado *livre*, liberto de sua influência, mesmo que o homem, em sua individualidade, dela continuasse prisioneiro, refém, mas enxergando no Estado a possibilidade de sua liberdade *abstrata*, o meio pelo qual se libertaria politicamente. O Estado se transformaria, portanto, no mediador entre o homem e a sua

---

92 SPERBER, Jonathan. *Karl Marx*: uma vida do século XIX. Barueri: Amarilys, 2014, pp. 137/138.

93 SPERBER, Jonathan. *Karl Marx*: uma vida do século XIX. Barueri: Amarilys, 2014, pp. 139/140.

liberdade; por ele é que se articulariam os interesses particulares e universais. Este seria o Estado político da ordem vigente, não o Estado cristão, ou judeu, ou outro Estado dominado por outras religiões. Para ele, Bauer confundia Estado com humanidade, direito dos homens com homem e emancipação política com emancipação humana, por não compreender a "essência" do próprio Estado. Isso porque, essa *emancipação política*, que não deixava de ter importância, não poderia ser entendida, por si mesma, como a *emancipação humana*.[94] E, principalmente nessa questão, residia a principal diferença entre as posições de Bauer e de Marx.[95]

Marx fora vago no artigo *Introdução* sobre o que entendia por *emancipação humana universal*, mas, em *Sobre a questão judaica*, ele enuncia claramente que essa envolve o fim do capitalismo, da sociedade burguesa, na qual se baseia o sistema estatal moderno. Neste artigo, ele introduz a diferença entre *emancipação política* e *emancipação humana*. Na *emancipação política*, independente da religião ou do fato de os indivíduos possuírem ou não propriedade, o que é característica da sociedade civil com suas particularidades e individualidades, por ser o Estado secular, ou seja, dela separado, isso permite que os cidadãos sejam tratados como iguais perante a lei, inclusive com o direito de votar, à medida que a política foi transferida para sua responsabilidade. Um direito que não se podia negar também aos judeus, independentemente de sua religião, sob a condição de que o Estado, democrático, representasse

---

94 MARX, Karl. *Sobre a questão judaica*. São Paulo: Boitempo, [1843] 2010, p. 46.

95 Marx, citando Gustave de Beaumont, aponta os estados livres norte-americanos como exemplos para comprovar sua tese sobre a emancipação política plena: "nos Estados Unidos, não há uma religião do Estado, nem uma religião oficial da maioria, nem a preeminência de um culto sobre outro. O Estado não se ocupa com nenhum culto [assim como] a Constituição não estabelece qualquer crença religiosa ou a prática de um determinado culto como condição para obter privilégios políticos". Nem por isso, o Estado deixou de atuar politicamente, em sua plenitude (MARX, Karl. *Sobre a questão judaica*. São Paulo: Boitempo, [1843] 2010, p. 47).

interesses públicos universais, para que sua emancipação política se tornasse um fato. O problema, para ele, é que essa *emancipação política* que apenas garantia direitos de cidadania, que fora uma característica da Revolução Francesa, *não era suficiente para a emancipação humana*, que era a limitação que ele se propunha a superar, significando que, para tanto, era necessário ir além das conquistas da Revolução Francesa.

De acordo com seus argumentos, o Estado democrático, real, que surge, brota da essência mesma da religião, porque nela se realiza, em termos seculares, o fundamento humano do cristianismo, *a forma ideal do estágio de desenvolvimento humano*, mas que ele (o Estado), dela (da religião) se abstrai por não necessitar mais de se contar com o seu poder de ilusão. Ele (o Estado) nada mais é, portanto, do que o *estágio do desenvolvimento do espírito humano na sua forma religiosa*, que representa "(...) o espírito da sociedade burguesa, a expressão da divisão e do distanciamento entre as pessoas".[96]

Entende, assim, a democracia política como cristã, por esta religião tornar o homem ente soberano, supremo, na sua maneira, na sua estreiteza particular, mesmo que este seja distinto do *homem real, do homem genérico*. O Estado, dessa maneira, apenas traz para dentro de si, do seu aparelho, o homem com essas características da vida burguesa, e pode, assim, se libertar da religião, por ser o seu substituto, e, agrupando ao seu lado distintas visões particulares existentes na forma do cristianismo, tornar universais os direitos destes mesmos homens, separados dos demais homens e da sociedade, transferindo para si a política. O Estado apenas se coloca, portanto, no lugar que antes a religião ocupava como *Espírito Absoluto*, e passa, ele próprio, à condição deste *Espírito*, a ser a luz que organiza e guia o homem na sua estreiteza particular, separado do homem e da sociedade. A questão é que, com isso, se

---

96 MARX, Karl. *Sobre a questão judaica*. São Paulo: Boitempo, [1843] 2010, p. 45.

realiza uma cisão no centro da sociedade, com o Estado político, de um lado, representando o cidadão, e, de outro, a sociedade civil, o homem privado.

O Estado moderno que se ergue, assim, dos escombros da sociedade antiga e que se separa politicamente da sociedade civil na nova ordem, reproduz os mesmos elementos da vida burguesa que estavam presentes no sistema feudal, nas formas da suserania, do estamento e da corporação, ou seja, da exclusão do indivíduo da totalidade do Estado, no qual a vontade se manifestava "(...) como assunto *particular* de um soberano e de seus serviçais separado do povo". Mas nele, a "sociedade política coincide com a sociedade civil, porque o princípio orgânico da sociedade civil era o princípio do Estado", [por meio do qual] se transformava a "relação particular da corporação do indivíduo com a totalidade do Estado em sua própria relação universal com a vida nacional".[97]

Ainda segundo ele, a revolução política que derruba esse poder e alça os assuntos do Estado à condição de assuntos de toda nação, constituindo o Estado político como *assunto universal* e, desmantelando as estruturas do mundo feudal – estamentos, corporações, guildas, privilégios –, que eram expressões da separação entre o povo e seu sistema comunitário,

> (...) decompõe a sociedade burguesa nos seus elementos mais simples, ou seja, nos *indivíduos*, por um lado, e, por outro, nos *elementos materiais e espirituais* que compõem o teor vital, a situação burguesa desses indivíduos.[98]

O homem que surge neste novo contexto, retirado do mundo feudal, transforma-se no *indivíduo*, que passa a ser a base do Estado

---

97 MARX, Karl. *Sobre a questão judaica*. São Paulo: Boitempo, [1843] 2010, p. 52.

98 MARX, Karl. *Sobre a questão judaica*. São Paulo: Boitempo, [1843] 2010, p. 52.

político, ao mesmo tempo em que liberta seu espírito egoísta. De um lado, as forças sociais dos indivíduos, com as particularidades da sociedade civil e, de outro, o cidadão politicamente representado no Estado, ou seja, com a separação entre o *homem real* e o *cidadão abstrato*. É este homem egoísta, separado da sociedade, que o Estado irá reconhecer como tal na concessão dos direitos humanos, que constitui o capítulo mais importante da *emancipação política*.

Liberto da religião, o Estado concede-lhe, assim, a liberdade da religião, mas sem dela libertá-lo, tornando-a uma questão, não mais pública (estatal), mas particular do homem privado. Concede-lhe a liberdade de expressão, do trabalho, do comércio, da igualdade e do direito à propriedade, bem como de sua proteção e defesa, mas com a condição de que não prejudique outros, o que significa, na realidade, uma separação entre o homem e seus semelhantes, pois estes passam a ser considerados como restrições, limitações a essa liberdade individual, e que não entrem em conflito, portanto, com a vida política, ou seja, com o Estado, que deve garanti-los. Tudo fica de cabeça para baixo: "a vida política, o Estado se torna o fim; a sociedade, o meio".[99]

Esses direitos são alçados à condição de *direitos naturais*, mas significam apenas que o homem, enquanto ser *comunitário*, perde sua identidade *natural*, como ser *genérico*, e se transforma no indivíduo egoísta, dela se separando. Nessa nova ordem, essência da sociedade burguesa, o Estado político torna esses direitos universais, ele próprio uma instituição universal, e, tratando a força social como força política, reduz o homem real ao *indivíduo egoísta*, o homem *verdadeiro* a um *cidadão abstrato* representado no Estado político. Como consequência,

---

99 MARX, Karl. *Sobre a questão judaica*. São Paulo: Boitempo, [1843] 2010, p. 51.

> (...) o homem não foi libertado da religião. Ele ganhou a liberdade da religião. Ele não foi libertado da propriedade. Ele ganhou a liberdade da propriedade. Ele não foi libertado do egoísmo do comércio. Ele ganhou a liberdade do comércio.[100]

O que coloca, inevitavelmente, conflitos entre esses direitos antagônicos (do homem e do cidadão) que terminam sendo resolvidos, pelo Estado, *pelo uso da força*.

Por isso, para Marx, a *emancipação política* era limitada, pois essa representa apenas "(...) a redução do homem, por um lado, a membro da sociedade burguesa, a indivíduo egoísta independente, e, por outro, o cidadão, a pessoa moral".[101] Enquanto via que a *emancipação humana* só seria plenamente realizada quando

> (...) o homem individual real tiver recuperado para si o cidadão abstrato e se tornado ente genérico na qualidade de homem individual na sua vida empírica, no seu trabalho individual, nas suas relações individuais [e] não mais separar de si mesmo a força social na forma da força política.[102]

O comunismo aparece, assim, em Marx, como ideal libertário dessa situação, como oposição à sociedade burguesa, como a condição para a verdadeira emancipação da sociedade, para o reencontro do homem consigo mesmo, e, tendo-se alcançado este estágio de desenvolvimento, o Estado se torna supérfluo, tendendo ao desaparecimento, e, só aí, a *emancipação* adquiriria o *status* de "verdadeira democracia", em que estariam fundidos o político e o social.

---

100 MARX, Karl. *Sobre a questão judaica*. São Paulo: Boitempo, [1843] 2010, p. 53.

101 MARX, Karl. *Sobre a questão judaica*. São Paulo: Boitempo, [1843] 2010, p. 54.

102 MARX, Karl. *Sobre a questão judaica*. São Paulo: Boitempo, [1843] 2010, p. 54.

A crítica ao suposto antissemitismo de Marx aparece justamente por ele identificar as características da sociedade burguesa, que conduz o homem a essa situação, ao judeu em sua vida prática, cotidiana, ao judeu secular, real, não ao judeu do *shabat* (sabático), o judeu religioso de Bauer. Isso porque ele quer encontrar a resposta, que considera diferente à apontada por Bauer, que a reduziu à teologia, *para o elemento social* específico que deve ser superado para abolir o judaísmo, ou, por analogia, o capitalismo.

Para ele, o fundamento secular do judaísmo é a "necessidade prática", o egoísmo; o seu culto, "o negócio"; e o seu Deus, "o dinheiro", os clichês que usa.[103] Marx ainda não chegara, aqui, como chama a atenção Bensaid,[104] ao desenvolvimento crítico, como ocorrera com o proletariado no artigo da *Introdução*, ao conceito de *dinheiro*, e, por isso, sua crítica "assemelha-se à crítica moral tradicional, dos dinheiros de Judas aos prodígios da Bolsa de Zola, das maldições contra o 'dinheiro sujo' (...)". Vê, portanto, o judeu, como o espelho do capitalismo, pois,

> a necessidade prática, o egoísmo, são o princípio da sociedade burguesa e se manifestam em sua forma pura no momento em que a sociedade tiver terminado de gerar o Estado político [e de ser] o deus da necessidade prática e do interesse próprio, o dinheiro.[105]

---

103 MARX, Karl. *Sobre a questão judaica*. São Paulo: Boitempo, [1843] 2010, p. 56.

104 BENSAID, Daniel. "Posfácio – 'na e pela história': reflexões acerca de *Sobre a Questão Judaica*". *In*: MARX, Karl. *Sobre a questão judaica*. São Paulo: Boitempo, 2010, p. 93.

105 MARX, Karl. *Sobre a questão judaica*. São Paulo: Boitempo, [1843] 2010, p. 58.

E, por tudo isso, "o judaísmo atinge o seu ponto alto com a realização plena da sociedade burguesa".[106] O que representa uma contradição, porque "a sociedade burguesa só se realiza plenamente no mundo cristão", no qual se consegue tornar

> (...) todas as relações nacionais, naturais, morais e teóricas *exteriores* ao homem [e com isso] separar-se completamente da vida do Estado, romper todos os laços que prendiam o homem ao seu gênero pelo egoísmo, pela necessidade egocêntrica e dissolver o mundo humano em um mundo de indivíduos atomizados, que se hostilizam mutuamente.

O cristianismo consegue isso porque com ele se elimina "a crueza da necessidade prática do judaísmo e a eleva às alturas do céu", sublimando-a, ao fazer do "homem alienado e da natureza alienada objetos alienáveis, vendáveis, sujeitos à servidão da necessidade egoísta e do negócio". Por isso, se o "cristianismo se origina do judaísmo (...) ele voltou a se dissolver no judaísmo", realizando, na práxis, sua essência, que é o da sociedade burguesa.[107]

Ora, essas características do judeu não podem ser explicadas a partir de sua religião (como Bauer pretende), mas antes pelo fundamento humano de sua religião, que consiste na necessidade prática, no egoísmo e no dinheiro. E é essa sua essência que se realizou, "secularizou-se de modo geral na sociedade burguesa" e é, justamente por essa razão, não ser possível "convencer o judeu da *irrealidade* de sua essência religiosa, que é justamente a visão idealizada da necessidade prática".[108]

---

106 MARX, Karl. *Sobre a questão judaica*. São Paulo: Boitempo, [1843] 2010, p. 59.

107 MARX, Karl. *Sobre a questão judaica*. São Paulo: Boitempo, [1843] 2010, p. 59.

108 MARX, Karl. *Sobre a questão judaica*. São Paulo: Boitempo, [1843] 2010, p. 60.

É, portanto, nessa sociedade burguesa que se pode encontrar "a essência do judeu moderno, não como essência *abstrata*, mas como essência *empírica* no mais alto grau, não só como a limitação do judeu, mas como a limitação judaica da sociedade".[109] Por isso, considera que a emancipação do judeu só será possível com a superação da "essência empírica do judaísmo, o negócio e seus pressupostos", que constitui a essência da sociedade burguesa, porque, com essa superação, "sua base subjetiva terá sido humanizada [e também] o conflito entre a existência sensível individual e a existência do gênero". Em uma síntese: "A emancipação do judeu equivale à emancipação da sociedade em relação ao judaísmo", este significando a sociedade burguesa.[110]

Não era propriamente, há de se reconhecer, uma visão e uma conclusão que soariam bem aos ouvidos dos judeus, ainda mais sendo, ele próprio, judeu. Mas, justamente com o texto da *Introdução*, o artigo deve ser visto como o

> (...) prelúdio da guinada decisiva da política concebida como revolução permanente que ultrapassa, sem a renegar, a problemática jacobina da cidadania (...), o sentido da ruptura que a *Crítica da filosofia do direito de Hegel – Introdução*, de 1844, traduz (...) e que sela a aliança com o proletariado para a construção de um mundo novo (...).[111]

O fato é que, em menos de um ano, o pensamento de Marx, que evolui à velocidade da luz, avançou de posições nitidamente liberais, que abraçou nos artigos da Gazeta Renana, para a defesa de um Estado democrático, na *Crítica da Filosofia do Direito de*

---

109 MARX, Karl. *Sobre a questão judaica*. São Paulo: Boitempo, [1843] 2010, p. 60.

110 MARX, Karl. *Sobre a questão judaica*. São Paulo: Boitempo, [1843] 2010, p. 60.

111 BENSAID, Daniel. "Apresentação". *In*: MARX, Karl. *Sobre a questão judaica*. São Paulo: Boitempo, [1843] 2010, pp. 14/15.

Hegel e, daí, para a luta revolucionária liderada pelo proletariado na *Introdução*, para o comunismo, indo além do que fora conquistado pela Revolução Francesa, à luz de sua análise sobre a "essência" do Estado e da necessidade de resgatar o homem em sua totalidade, do divórcio que tal situação impunha à sociedade civil. *Sobre a questão judaica* representa, neste sentido, o "(...) ponto de partida de uma crítica da Revolução Francesa e da retórica dos direitos do homem".[112] Mas o comunismo que defende e do qual fará explicitamente uma profissão de fé poucos meses depois, é ainda um comunismo filosófico, caminho que passa a enxergar para o homem livrar-se das cadeias que tolhem sua liberdade e para poder reencontrar-se consigo mesmo. Assim também como para Engels, apesar de este ter chegado, antes de Marx, ao comunismo.[113]

Marx, nessa época, ainda se encontrava prisioneiro de muitas ideias absorvidas da "ideologia alemã", para quem cabe à filosofia interpretar o mundo, mas dela começa a se distanciar, despedindo-se da filosofia alemã *especulativa*, ao trazer do céu para a terra a compreensão histórica do ser humano e a dar início ao combate dos fetiches e ídolos que substituíram a religião, o *dinheiro e o Estado*,[114] além de incluir, nessa empreitada, ainda que em termos conceituais, os agentes, movimentos e a direção das mudanças que deverão ser feitas. Mas, como diz Bensaid,[115] "se ele ainda não saiu dali, já está na soleira, ou na soleira da soleira". E, será em Paris, que ele dará passos decisivos para melhor fazer a anatomia da sociedade civil e, com isso, melhor entender e explicar as contradições do sistema capitalista.

---

112 BENSAID, Daniel. "Apresentação". *In*: MARX, Karl. *Sobre a questão judaica*. São Paulo: Boitempo, [1843] 2010, p. 25.

113 MANDEL, Ernest. *A formação do pensamento econômico de Karl Marx*: de 1843 até a redação de O Capital. Rio de Janeiro: Zahar, 1968, p. 19.

114 BENSAID, Daniel. "Apresentação". *In*: MARX, Karl. *Sobre a questão judaica*. São Paulo: Boitempo, [1843] 2010, p. 25.

115 BENSAID, Daniel. "Apresentação". *In*: MARX, Karl. *Sobre a questão judaica*. São Paulo: Boitempo, [1843] 2010, p. 14.

1.3 Incursões na análise da anatomia da sociedade civil: os *Manuscritos econômico-filosóficos*, de 1844

1.3.1 Introdução

Os ventos que sopravam favoráveis para Marx de 1843 até a publicação da edição única dos *Anais Franco-Germânicos*, no início de 1844, mudaram novamente de direção e, rapidamente, ele se viu envolto em grandes dificuldades financeiras. O então promissor projeto dos *Anais* claudicou quando o governo prussiano confiscou cópias do periódico, que chegaram à Alemanha, levando Julius Pröbel, o principal investidor, a dele desistir e, sem que Marx e Ruge conseguissem atrair novos investidores, o mesmo se inviabilizou. Para agravar a situação, Marx e Ruge, então tido como seu protetor, romperam relações devido a desavenças internas na publicação envolvendo um de seus colaboradores.[116]

Inaugurou-se, aí, um novo período de graves dificuldades para Marx, especialmente considerando que chegava ao mundo sua primeira filha, Jenny, em 1º de maio de 1844. Suas atividades alternaram-se, até a sua expulsão da França, no início de 1845, entre irregulares trabalhos jornalísticos elaborados para jornais radicais alemães, tendo contado também, para sustentar-se, com a ajuda providencial de seus antigos financiadores "burgueses" da Gazeta Renana, de Colônia, que continuaram a admirá-lo como jornalista.

Foi um período em que Marx intensificou, até mesmo pela maior disponibilidade de tempo que passou a ter, seus contatos e atividades políticas, participando de rodas noturnas com refugiados alemães em Paris, com artesãos e operários nas mesmas condições, com socialistas franceses e também com refugiados de outros países,

116 SPERBER, Jonathan. *Karl Marx*: uma vida do século XIX. Barueri: Amarilys, 2014, pp. 131/132.

como o russo Mikhail Bakunin.[117] Foi também, nessa época, que reencontrou Friedrich Engels, em 23 de agosto de 1844, dois anos depois de tê-lo conhecido rapidamente, em 1842, enquanto editor da Gazeta Renana, com ele estabelecendo uma parceria intelectual e política pelo resto da vida, especialmente ao se tornarem refugiados políticos na Inglaterra no início da década de 1850.[118]

Marx aproveitou o tempo mais disponível para avançar na compreensão da problemática da *sociedade civil*, visando fazer sua *anatomia*, tal como a explicitara nos trabalhos anteriores da *Crítica da Filosofia do Direito de Hegel* e *Sobre a questão judaica*. Para tanto, lançou-se ao estudo dos economistas mais importantes da época e, mais detidamente, ao que tudo indica, de Adam Smith, o que o levou, de um lado, a formular as primeiras críticas ao método de análise por eles empregado; e, de outro, a identificar um mundo real de grandes contradições e desigualdades, provocadas pela existência da propriedade privada, o qual revelava uma relação inversamente proporcional na produção da riqueza produzida pelos trabalhadores e de sua apropriação pelos detentores dessa propriedade. Dessas reflexões surgiram os *Manuscritos econômico-filosóficos*, também conhecidos como *Manuscritos de Paris*, que, no entanto, só foram publicados 50 anos mais tarde após a sua morte.[119]

1.3.2 Os *Manuscritos econômico-filosóficos*, de 1844

Neste trabalho, em que trata pela primeira vez de temas econômicos, Marx não abraçou a tese de constituir o valor-trabalho de

---

117 SPERBER, Jonathan. *Karl Marx*: uma vida do século XIX. Barueri: Amarilys, 2014, p. 144.

118 SPERBER, Jonathan. *Karl Marx*: uma vida do século XIX. Barueri: Amarilys, 2014, p. 146.

119 SPERBER, Jonathan. *Karl Marx*: uma vida do século XIX. Barueri: Amarilys, 2014, p. 150.

Smith e Ricardo o fundamento da Economia Política, considerando inadequada esta teoria como base para explicar a construção da riqueza tal como esses economistas a entendiam. Pelo contrário. Foi crítico desta concepção. Mas aqui, seguindo os passos de Engels em seu ensaio, *Esboço para uma crítica da Economia Política*, de 1844, como se verá mais à frente, ainda não distingue o valor das mercadorias dos preços, chegando a considerar que o lucro e a renda são a eles acrescidos, e que residiria na existência da propriedade privada as causas da alienação do trabalho.

Nos *Manuscritos Econômico-Filosóficos*, de 1844, após fazer a leitura da Economia Política no primeiro dos três *Manuscritos*, basicamente através da obra de Adam Smith, *A Riqueza das Nações*, Marx manifesta toda insatisfação com o método por ele adotado para explicar os fenômenos econômicos:[120]

> A economia [política] parte do fato dado e acabado da propriedade. Não nos explica o mesmo. Ela percebe o processo material da propriedade privada; que passa, na realidade (...), por fórmulas gerais, abstratas, que passam a valer como leis para ela. Não concebe (...) estas leis, isto é, não mostra como têm origem na essência da propriedade privada. A economia [política] não nos dá esclarecimento algum a respeito do fundamento (...) da divisão entre o trabalho e capital, entre capital e terra. Quando ela, por exemplo, determina a relação do salário com o lucro do capital, o que vale como razão única é o interesse do capitalista; ou seja, ela supõe o que deve desenvolver. Do mesmo modo, a concorrência entra em toda a parte. É explicada a partir de circunstâncias exteriores. Até que ponto essas circunstâncias exteriores, aparentemente casuais, são apenas a expressão de um desenvolvimento necessário, sobre isso a economia [política] nada nos ensina. Vimos como inclusive a troca

---

120 MARX, Karl. *Manuscritos econômico-filosóficos*. São Paulo: Boitempo, [1844] 2021, pp. 112/113.

> parece a ela um fato meramente acidental. As únicas rodas que a economia [política] põe em movimento são *a ganância e a guerra entre os gananciosos, a concorrência.*

Tal método, é bom clarificar, estava em dissonância com o método hegeliano, em que tanto a conceituação e a categorização do objeto como o seu desenvolvimento histórico, a partir de sua *essência*, eram determinantes para sua compreensão, o que a Economia Política não considerava, tomando a propriedade privada, que, na análise realizada por Marx, representa a fonte das *contradições*, como *dada, natural, de caráter universal,* existente em todos os tempos e lugares, o que restringia sua análise a um mundo de aparências.

Pelo fato de se guiar por um mundo de aparências, e por tomar como ponto de partida realidades que resultaram de um longo processo histórico, sem procurar entender como isso ocorreu, e mesmo sua essência, e transformar em leis naturais, universais os fatos econômicos, a Economia Política *transforma o trabalho na essência subjetiva da propriedade privada* (e não como algo a ela extrínseco), tornando-a sujeito com vida própria, voltada para si mesma, como pessoa, à qual vai se subordinar o homem para atender suas necessidades de expansão... dessa riqueza.

O que Marx está dizendo é que a propriedade fundiária (agrária) como primeira forma de propriedade privada com a qual o homem se relaciona para produzir aparece a seus olhos como um fenômeno extrínseco (relação homem-natureza), mantendo com ela uma tensão externa, como uma entidade objetivada, mas que, no modo de produção capitalista, com o surgimento da indústria, que nada mais é que uma forma particular da propriedade privada ("como o escravo libertado da propriedade agrária", nas suas palavras), o homem é incorporado à propriedade privada, levado para dentro dela, transformado desse modo na essência da criação de riqueza pela Economia Política, por meio do trabalho, e, colocado como tal, deixa de reconhecê-la como este elemento de tensão, alienando-se. Neste processo, a indústria, esta forma particular da propriedade, termina desbancando a propriedade agrária (com a penetração do capital no campo), nela imprimindo, também, sua "essência subjetiva" e consolidando o domínio completo do homem e o que antes aparecia apenas como trabalho agrícola transforma-se, em *trabalho geral, abstrato*, criador de valor e riqueza. Ao proceder dessa forma, continua Marx:[121]

> (...) economia [política] cujo princípio é o trabalho, é antes de tudo apenas a realização consequente da [negação] do homem, na medida em que ele próprio não está numa tensão externa com a essência externa da propriedade privada, mas ele próprio se tornou essa tensão externa da propriedade privada. O que antes era ser-externo-a-si (...), [alienação] real do homem, tornou-se agora apenas ato de [alienação] de [alienação de si].

E vê, como cínica, a defesa que a Economia Política faz de uma suposta liberdade do homem para escolher, por conta própria, a atividade de onde tirará o maior proveito, contribuindo, assim, para maior expansão da riqueza, ao mesmo tempo em que, por *naturalizar* e *universalizar* suas leis, torna-as infensas a qualquer condicionante histórico:

> Se essa economia [política] inicia sob a aparência do reconhecimento do homem, de sua independência, de sua autoatividade, e do jeito que ela desloca a propriedade privada para a própria essência do homem, que já não pode mais ser condicionada pelas determinações locais, nacionais etc. da propriedade privada como uma existência *fora dela*, (...) derruba toda barreira (...) para se colocar na posição de única política, [única] universalidade, [única] barreira e [único]

121 MARX, Karl. *Manuscritos econômico-filosóficos*. São Paulo: Boitempo, [1844] 2021, p. 144.

> vínculo, então ela tem de, junto [de seu] desenvolvimento mais avançado, deitar abaixo essa *hipocrisia* (...).[122]

Nessa condição, em que se torna o porta-voz e intérprete oficial da nova ordem econômica, sendo dela que partem as regras a serem seguidas para garantir a expansão dessa nova riqueza e também a nova forma como se deve encarar o mundo econômico, a Economia Política fica com o caminho livre não só para nele se manter como para avançar – e sofisticar – essa farsa, como ocorreria com os que vieram depois de Smith:

> E isto o faz (despreocupada de todas as contradições que enreda essa doutrina), revelando de forma mais unilateral e por isso mais consequente, que o trabalho é a essência única da riqueza. (...) Não só aumenta o cinismo da Economia Política relativamente a partir de Smith, passando por Say até Ricardo, Mill etc., na medida em que os últimos enxergam, de maneira mais desenvolvida e plena de contradições, as consequências da indústria; também são conscientemente mais longe que seus predecessores no que diz respeito ao estranhamento do homem, e isso unicamente porque sua ciência se desenvolveu de forma mais verdadeira e consciente. (Com eles), a realidade dilacerada da indústria confirma seu princípio dilacerado, longe de refutá-lo. Seu princípio é precisamente o princípio deste dilaceramento.[123]

Mas, afinal, por que essa nova riqueza decantada pela Economia Política é vista de forma tão negativa por Marx nos *Manuscritos*?

De um lado, porque essa economia transforma o homem numa máquina de produção de riqueza, não lhe interessando, além

---

122 MARX, Karl. *Manuscritos econômico-filosóficos*. São Paulo: Boitempo, [1844] 2021, pp. 144/145.

123 MARX, Karl. *Manuscritos econômico-filosóficos*. São Paulo: Boitempo, [1844] 2021, pp. 144/145.

disso, nenhuma outra aspiração, desejos, gostos, e só o reconhece como homem enquanto inserido nessa produção, acrescentando valor à riqueza:

> A economia [política] não conhece, por conseguinte, o trabalhador desocupado, o homem que trabalha (...) na medida em que se encontra fora da relação de trabalho. (...) o ladrão, o vigarista, o mendigo, o desemprego, o faminto, o miserável e o criminoso, são figuras (...) que não existem para ela, mas só para outros olhos, para os olhos do médico, do juiz, do coveiro, do administrador de miséria, fantasmas [situados] fora de seu domínio.[124]

De outro, porque a propriedade privada transmutada na forma de capital, submete o trabalhador, dela despojado e dele dependente para sobreviver, completamente à sua vontade:

> O trabalhador só existe como trabalhador na medida em que existe para si como capital (como criador de valor), e só existe como capital enquanto existe para ele um capital. A existência do capital é sua existência, sua vida; o capital determina o conteúdo de sua vida na forma para ele indiferente.[125]

Em terceiro, porque a Economia Política, mesmo considerando o trabalho como a fonte de criação de todo o valor e da riqueza nada lhe dá, a não ser a sobrevivência:

---

124 MARX, Karl. *Manuscritos econômico-filosóficos*. São Paulo: Boitempo, [1844] 2021, p. 132.

125 MARX, Karl. *Manuscritos econômico-filosóficos*. São Paulo: Boitempo, [1844] 2021, p. 132.

> A economia [política] parte do trabalho como [sendo] propriamente a alma da produção, e apesar disso, nada concede ao trabalho e tudo à propriedade privada.[126]

Pelo contrário, transforma-o numa mera mercadoria produtora de riqueza, um animal de trabalho, uma besta reduzida às mais estritas necessidades vitais, que não pode pleitear mais do que isso, como um salário mais digno que lhe permita olhar o mundo além de seu estômago, para não prejudicar os detentores da propriedade privada, os representantes do capital.[127] E tudo isso, a Economia Política justifica e defende com leis que considera naturais em nome de uma riqueza que não existe para quem a constrói.

O resultado de toda essa nova realidade, encoberta pela mística da Economia Política, é a completa alienação do trabalho, empobrecendo progressivamente o trabalhador, à medida que cresce a riqueza que cria. Vejamos como isso ocorre.

Transformado em mercadoria para produzir mercadorias para outro (o capital), este produto lhe parece um ser estranho, já que não lhe pertence, como se existisse fora dele, de forma independente e não como resultado de seu trabalho. O trabalhador realiza o trabalho não como motivo de satisfação, de prazer, mas apenas como um meio para atender (por meio da remuneração que recebe na forma de salário), suas necessidades vitais de sobrevivência. E o produto de seu trabalho lhe escapa, pois pertence a outro, é-lhe *estranho*. E o que ele recebe como produto de seu trabalho é a menor parte: o suficiente apenas para continuar sobrevivendo para produzir novas riquezas para outros:

---

126 MARX, Karl. *Manuscritos econômico-filosóficos*. São Paulo: Boitempo, [1844] 2021, p. 126.

127 MARX, Karl. *Manuscritos econômico-filosóficos*. São Paulo: Boitempo, [1844] 2021, pp. 41/42.

> O trabalho produz maravilhas para os ricos, mas produz privação para o trabalhador. Produz palácios, mas cavernas [choças] para o trabalhador. Produz beleza, mas deformação para o trabalhador. Substitui o trabalhador por máquinas, mas lança uma parte dos trabalhadores a um trabalho bárbaro e faz da outra parte máquinas. Produz espírito, más produz imbecilidade [e] cretinismo para o trabalhador.[128]

Ou seja, na relação do trabalho com o objeto de sua produção, a alienação ocorre de duas formas: 1) no fato deste produto lhe ser estranho por não lhe pertencer, mas a quem o contratou e, portanto, ele não se reconhecer nele, o que se tornará progressivamente mais dramático com a maior parcialização do trabalho, devido ao avanço tecnológico e ao aprofundamento da divisão do trabalho, levando-o a identificar cada vez menos sua contribuição/participação na sua produção; 2) à alienação de parte considerável do seu valor, que é consequência da propriedade privada, a qual é apropriada por outro, o capitalista que o contrata, deixando-o com a menor parte para sua sobrevivência, na forma de salário, que é, por sua vez, consequência do trabalho alienado, tudo isso considerado como leis naturais pela Economia Política para manter o sistema operando com eficiência na construção da riqueza.

Dessa maneira, Marx finca a análise das raízes socioeconômicas (e não apenas religiosas) no processo de alienação. Estabelece, assim, um paralelo entre o trabalho alienado no capitalismo e o homem alienado na religião. E, com isso, consegue dar um novo salto na interpretação dessa realidade, deixando de associar exclusivamente a alienação com a propriedade privada e passando a ver "(...) as raízes da alienação humana no trabalho alienado, isto é, na divisão do trabalho e na produção mercantil". Existiria, assim, uma interação constante no processo de alienação, envolvendo a

---

128 MARX, Karl. *Manuscritos econômico-filosóficos*. São Paulo: Boitempo, [1844] 2021, pp. 116/117.

produção mercantil, a divisão do trabalho e a propriedade privada, "(...), mas é a divisão do trabalho que [constitui] seu ponto de partida histórico".[129]

Marx apresenta, ainda, uma *terceira consequência* (ou determinação) do trabalho alienado: o divórcio que com ele ocorre entre o *ser genérico*, vinculado e reproduzindo-se com a natureza, como todos os outros homens e com eles mantendo relações, por meio do trabalho, e o *ser individual*, retirado daquela condição natural, com o advento da propriedade privada, que divide o homem entre trabalhador e não trabalhador, modificando as relações humanas e a forma de apropriação do produto do trabalho.[130] Nesse novo modo de organização econômica, o ser genérico cede lugar ao indivíduo e este se subdivide entre o trabalhador, despojado de propriedade, e o não trabalhador, dono da propriedade,

---

129 MANDEL, Ernest. *A formação do pensamento econômico de Karl Marx*: de 1843 até a redação de O Capital. Rio de Janeiro: Zahar, 1968, p. 35.

130 Nos *Manuscritos*, embora tenha ido além da concepção antropológica do trabalho alienado de Hegel, considerando-o produto de uma forma particular da sociedade, portanto, um produto histórico e não que produz a alienação econômica na natureza humana (uma alienação social), Marx ainda parecia nutrir a esperança de que o "homem genérico", oposto ao trabalho alienado, poderia reencontrar-se consigo próprio, por meio da supressão da propriedade privada, ou do comunismo. Posteriormente, abandonaria o conceito de "homem genérico" e descobriria as raízes históricas da exploração do homem, chegando a considerar nos *Grundrisse*, como citado em Mandel (MANDEL, Ernest. *A formação do pensamento econômico de Karl Marx*: de 1843 até a redação de O Capital. Rio de Janeiro: Zahar, 1968, p. 182), "(...) ridículo desejar um retorno a esta plenitude original, [quando] o indivíduo singular (...) não desenvolveu ainda a natureza de suas relações, e porque ele ainda não se opôs a ele mesmo como forças e relações independentes dele". (MANDEL, Ernest. *A formação do pensamento econômico de Karl Marx*: de 1843 até a redação de O Capital. Rio de Janeiro: Zahar, 1968, p. 182).

Em Reichelt, encontramos a respeito dessa questão, a seguinte análise: "[Em A ideologia alemã] expressões como 'vida genérica' e 'ser genérico' não aparecem mais e, em vez de dizer trabalho estranhado, ele usa o termo 'divisão do trabalho'". (REICHELT, Helmut. *Sobre a estrutura lógica do conceito de capital em Marx*. Campinas: Ed. Unicamp, 2013, pp. 58/59).

personificado no capital, o primeiro a este se submetendo, em troca do meio necessário para sobreviver, que antes ele encontrava na sua relação com a natureza, entregando-lhe o fruto de seu trabalho. Como diz Marx

> A sociedade, como aparece para os e economistas, é a sociedade burguesa, em que cada indivíduo é um todo de carências, e apenas existe para o outro, como o outro só existe para ele, na medida em que se convertem em meio de um para o outro. O economista (...) reduz todo o homem, quer dizer, o indivíduo, dele retirando toda determinidade, para o fixar como capitalista ou como trabalhador.[131]

São estes indivíduos, cada um em busca de seu próprio interesse, que se tornam estranhos um para o outro: o trabalhador se transforma em mercadoria que produz (para) o capital, e o não trabalhador em capital que produz para si mesmo e para que o trabalhador se reproduza, mas apenas enquanto serve, como mercadoria, aos seus interesses de continuar se expandindo. Apenas uma força estranha, uma mão invisível, como um *Deus ex-machina*, aparece, em Smith, para conciliar esses interesses individuais e estes poderes desiguais, com os interesses gerais da sociedade. Como diz Marx sobre essa *relação humana de estranhos*, que passa a ser mediada pela propriedade privada:

> No trabalhador existe, pois, subjetivamente, [o fato de] que o capital é o homem totalmente perdido de si, assim como existe, no capital, objetivamente, [o fato de] que o trabalhador é o homem totalmente perdido de si.[132]

---

131 MARX, Karl. *Manuscritos econômico-filosóficos*. São Paulo: Boitempo, [1844] 2021, p. 220.

132 MARX, Karl. *Manuscritos econômico-filosóficos*. São Paulo: Boitempo, [1844] 2021, p. 131.

As posições de Marx não diferem, no caso do valor-trabalho, das de Friedrich Engels que, em ensaio publicado em fevereiro de 1844, na edição dos Anais Franco-Germânicos, *Esboço de uma crítica da Economia Política*, apoiado na filosofia de Feuerbach, de acordo com Gorender,[133] repudiava a teoria do valor-trabalho, negava os aspectos positivos da concorrência capitalista decantado pelos economistas clássicos e entronizava a propriedade privada como fonte original da riqueza e instrumento de subjugação do trabalhador.

De fato, no *Esboço*, citado por Marx nos *Prólogos* dos *Manuscritos*, Engels assume que reside na propriedade privada, a que se chega por meio da *expropriação*, que deve ser buscada a origem da riqueza, a qual passa a ser continuamente ampliada através do comércio de mercadoria e pela submissão do trabalho ao capital. Para ele, a Economia Política nada mais teria feito do que colocar uma cortina de fumaça nessa realidade, com a construção de teorias abstratas que deslocaram a criação da riqueza para o trabalho, sob a batuta da concorrência.[134]

Engels vê a Economia Política como uma "(...) ciência do enriquecimento, nascida do logro mútuo e da ambição dos comerciantes [que] traz na fronte a marca do egoísmo mais repugnante".[135] Tudo em nome do ganho financeiro, do lucro, do dinheiro, da riqueza. Esta, vista pelo mercantilismo como tesouros acumulados de ouro e prata, teria sua concepção modificada pela Economia Política para remover os obstáculos e conflitos entre as nações que representam para o seu desenvolvimento. Com ela, passa-se a

---

133 GORENDER, Jacob. "Introdução". *In*: MARX, Karl. *Para a crítica da economia política*; Salário, preço e lucro; O rendimento e suas fontes: a economia vulgar. São Paulo: Abril Cultural, [1859] 1982, pp. 7/8.

134 ENGELS, Friedrich. *Esboço de uma crítica da Economia Política*: temas de Ciências Humanas. São Paulo: Ciências Humanas, [1844] 1979, pp. 1-29.

135 ENGELS, Friedrich. *Esboço de uma crítica da Economia Política*: temas de Ciências Humanas. São Paulo: Ciências Humanas, [1844] 1979, p. 2.

falar em "riqueza nacional", uma expressão que, para ele, carece de sentido, enquanto existir a propriedade privada.[136]

Para Engels, Adam Smith, a quem chama de "o Lutero da economia", por ter incorporado a propriedade privada ao homem e reconhecer o homem como sua essência, modificando sua objetividade exterior, independente, assim como Lutero fez com a religião, tornando-a a essência íntima do homem, fez a crítica da economia anterior (do mercantilismo) e substituiu a discórdia e a hostilidade do comércio pela harmonia e amizade. Isso, num século que se humanizava e em que a moral começava a predominar, passando a mostrar, com a sua teoria, o comércio como benéfico para as nações e as pessoas.[137]

Para isso, colocou o trabalho como o criador do valor e da riqueza, vinculando o valor a um custo de produção, mas separando o inseparável na sua determinação, com o que escamoteou, assim, o papel da propriedade privada neste processo: o trabalho, dividido em trabalho vivo e trabalho acumulado (como capital) e a terra, elemento natural da produção de onde o homem, por meio também do trabalho, extrai os meios necessários para o seu sustento.

Com essa separação em que os confrontos e conflitos são inevitáveis mesmo no interior de cada um destes polos – capital x trabalho; capital x propriedade privada; propriedade privada x trabalho; grande capital x pequeno capital; grande propriedade fundiária x pequena propriedade, e assim por diante –, e em que o trabalho aparece como o polo mais fraco, pois é o único que tem de trabalhar para viver, criando valor e riqueza, que serão apropriados pelos demais, a Economia Política transferiu a solução destes conflitos para algo externo a eles: a concorrência, por meio da

136 ENGELS, Friedrich. *Esboço de uma crítica da Economia Política*: temas de Ciências Humanas. São Paulo: Ciências Humanas, [1844] 1979, p. 5.

137 ENGELS, Friedrich. *Esboço de uma crítica da Economia Política*: temas de Ciências Humanas. São Paulo: Ciências Humanas, [1844] 1979, p. 6.

qual seria definido o valor das mercadorias, e, a partir deste, ou do custo de produção do bem, a remuneração que caberia a cada um, na forma de salários para o trabalhador, de lucro, para o capital, e de renda, para os proprietários de terra. Transmutada em capital, a propriedade privada, cuja primeira forma foi a propriedade da terra, que incorporou o trabalho como a essência da criação de riqueza, passa a dominá-lo inteiramente e, sob o véu da concorrência, que, para Engels, "(...) é a causa da miséria, da fome e do crime" para a classe trabalhadora,[138] e das leis naturais que são dela extraídas, a *naturalizar* (ou seja, tornar como uma força que não nasce do homem, mas da própria natureza) essa situação de desigualdade.

Para Gorender,[139] tal como em Engels, Marx considera, nos *Manuscritos*, a dominação da propriedade privada como o *princípio explicativo original da riqueza*, sendo por ela que se enfoca a subjugação do proletariado como um processo de alienação, em que a riqueza criada pelo trabalhador é dele expropriada e convertida em capital, em instrumento desta subjugação. Neste sentido, deve ser vista como uma *teoria da expropriação* e não da *exploração* da classe operária, inferior mesmo à de Ricardo, posição que Marx modificará em seus trabalhos posteriores.

Além disso, pode-se perceber, neste trabalho, que o Marx indignado com a situação de miséria e da exploração desapiedada do trabalho pelo capital, e já crítico da *Economia Política* que entende essas relações como leis naturais, universais, e não como específicas de um modo de produção historicamente determinado, como deixará claro em trabalhos posteriores, ainda não é o autor revolucionário que, apoiado no método do materialismo histórico, passará a entendê-lo como uma etapa necessária de desenvolvimento

138 ENGELS, Friedrich. *Esboço de uma crítica da Economia Política*: temas de Ciências Humanas. São Paulo: Ciências Humanas, [1844] 1979, p. 18.

139 GORENDER, Jacob. "Introdução". *In*: MARX, Karl. *Para a crítica da economia política*; Salário, preço e lucro; O rendimento e suas fontes: a economia vulgar. São Paulo: Abril Cultural, [1859] 1982, pp. 7-9.

da sociedade humana, mas que, pelas suas contradições internas, carrega as sementes de sua própria destruição. O jovem Marx dos *Manuscritos*, apesar dessa indignação, segue, praticamente, os autores socialistas da época, identifica as injustiças do sistema, formula críticas ao método de análise da Economia Política e indica, para a redenção do homem, o ideal comunista, quando, apenas dois anos antes, em 1842, assumia posições consideradas anticomunistas em artigos publicados como jornalista, na condição de editor, no *Rhineland News*, de Colônia, Alemanha.[140]

O comunismo de Marx, no entanto, defendido nos Manuscritos, fortemente influenciado pelo pensamento hegeliano, representava o caminho para a extinção da alienação do trabalho, consequência da propriedade privada, como "(...) a solução do enigma da história [e do] confronto entre existência e essência, entre objetivação e autoconfirmação, entre liberdade e necessidade, entre indivíduo e espécie".[141] Ou ainda: "A superação da propriedade privada é, por isso, a emancipação plena de todos os sentidos e qualidades humanos (...) tanto no sentido subjetivo como objetivo (...)".[142] De forma mais clara:

> o comunismo aparece como negação da negação [leia-se do homem pela propriedade privada] e, por isso, o momento real necessário, na evolução histórica imediata, da emancipação e recuperação humana (...), mas não a finalidade do desenvolvimento, a forma da sociedade humana.[143]

---

140 SPERBER, Jonathan. *Karl Marx*: uma vida do século XIX. Barueri: Amarilys, 2014, pp. 107-115.

141 MARX, Karl. *Manuscritos econômico-filosóficos*. São Paulo: Boitempo, [1844] 2021, p. 153.

142 MARX, Karl. *Manuscritos econômico-filosóficos*. São Paulo: Boitempo, [1844] 2021, p. 158.

143 MARX, Karl. *Manuscritos econômico-filosóficos*. São Paulo: Boitempo, [1844] 2021, p. 167.

Mas é importante notar que Marx dá um enorme passo em relação a Feuerbach no tocante à visão do materialismo e do processo de alienação, pois o que era alienado, para este, na sua concepção, nas ideias religiosas da divindade e no conceito de Espírito Absoluto de Hegel, não era exclusivamente a *consciência ou autoconsciência* de Bauer e de outros hegelianos, mas a *espécie humana* em sua existência natural e material, ou "sensória". Enquanto, portanto, em Feuerbach, o conceito de "espécie humana" se encontra relacionado ao amor físico ou reprodutivo, ou seja, à natureza biológica do ser, Marx desloca essa "essência" para o *trabalho produtivo*, o meio pelo qual a "espécie humana" procura e dele necessita para sobreviver, afirmando que "a base da existência humana na sociedade é o trabalho coletivo e cooperativo, transformando produtos da natureza humana (...)". Conceito que, retirado do trabalho de Hegel, vai ser fundamental na construção de seu método lógico-histórico, o qual vai constituir a base de toda a sua obra madura.

Ao estabelecer essa dicotomia do trabalho, Marx está, na verdade, dizendo que o trabalho individual alienado, tal como ocorre no sistema capitalista, não expressa os interesses da espécie humana, mas afasta o "homem do homem", sendo desvinculado da sociedade humana, devido à existência da propriedade privada, e que, somente pela negação dessa alienação, que seria alcançada com a negação dessa propriedade, pelo comunismo, o homem ou a humanidade seriam capazes de se reencontrar consigo mesmo.

Para Mandel,

> o conceito filosófico de alienação (...) recebe, pela primeira vez nos *Manuscritos* um conteúdo socioeconômico aprofundado. [Marx que] tinha retomado de Feuerbach a concepção de um homem desumanizado, ou alienado, ou mutilado (...) emprega a mesma expressão num sentido novo. (...) o homem alienado não é mais o indivíduo referido a um universo de sonho religioso ou especulativo, mas o membro

> de uma sociedade imperfeita que não está de posse de toda a sua dignidade.[144]

E, "(...) a sociedade é desumana, porque o trabalho nela é um trabalho alienado".

O comunismo de Marx evolui, com este trabalho, de uma concepção filosófica, contida nos trabalhos anteriores, para um comunismo sociológico, como coloca Mandel,[145] ou seja, "fundado na análise da evolução das sociedades e de sua lógica", sendo por meio dele, que seria possível "uma superação positiva da propriedade privada". Marx já havia apontado, na discussão que realiza no trabalho sobre a *Crítica da Filosofia do Direito de Hegel – Introdução, de 1843*, não somente que a revolução exigiria o uso da força, mas também identificado a classe social que poderia, ou estaria em melhores condições, de poder comandar a mudança histórica nessa direção. Sobre a necessidade do recurso à força para essa transformação, tal posição ficara clara na passagem, já citada na seção anterior, em que prioriza o seu uso para a derrubada do poder material e como essa pode ser fortalecida pela "arma da crítica", mas aí já relativizando a força do pensamento neste processo, num início de afastamento das ideias dos Jovens Hegelianos para este propósito. Porque a teoria só é efetivada num povo na medida em que é a efetivação de suas necessidades. Por isso, "(...) não basta que o pensamento procure se realizar; a realidade deve compelir a si mesma em direção ao pensamento".[146]

Já sobre a classe social que poderia comandar essas transformações, identificara essa no proletariado, por ser uma classe com

---

144 MANDEL, Ernest. *A formação do pensamento econômico de Karl Marx*: de 1843 até a redação de O Capital. Rio de Janeiro: Zahar, 1968, pp. 30/31.

145 MANDEL, Ernest. *A formação do pensamento econômico de Karl Marx*: de 1843 até a redação de O Capital. Rio de Janeiro: Zahar, 1968, p. 32.

146 MARX, Karl. *Crítica da Filosofia do Direito de Hegel*. 3ª ed. São Paulo: Boitempo, [1843] 2013, p. 152.

"grilhões radicais", a qual, pelas suas condições, seria a única em condições de resgatar a si mesma e as demais classes da sociedade. Como nota Sperber,

> Nesse parágrafo, a classe trabalhadora aparece como "ideal" da força de mudança que atua nos bastidores e é o próprio sujeito da história. É o sucessor do Espírito Absoluto de Hegel, da autoconsciência humana de Bauer e da essência da espécie humana, conforme definida por Feuerbach. É possível dizer que Marx inventou a classe trabalhadora por razões políticas: para realizar as aspirações emergentes de seus confrontos frustrados com o autoritário governo prussiano.[147]

Não é que Hegel não tenha percebido as contradições geradas pela sociedade burguesa, os polos que se contradizem entre produção de riqueza, de um lado, e de pobreza, do outro, devido à alienação do trabalho. O problema em sua teoria é que, ao considerar, como coloca Mandel,[148] essa alienação fundada sobre a natureza do homem, senão sobre a natureza simplesmente,

> (...) ele não admite que a contradição que resulta da oposição da riqueza e da pobreza possa conduzir a uma eliminação dessa alienação por uma mudança das estruturas da sociedade, desde o momento em que atingiu certo nível de desenvolvimento das forças produtivas.

E é exatamente desta contradição que Marx parte para refutar essa "resignação filosófica" de Hegel, depois de apoiar sua análise num fato econômico – a miséria do trabalhador – e entender o trabalho alienado como o produto de uma forma particular da

---

147 SPERBER, Jonathan. *Karl Marx*: uma vida do século XIX. Barueri: Amarilys, 2014, pp. 135/136.

148 MANDEL, Ernest. *A formação do pensamento econômico de Karl Marx*: de 1843 até a redação de O Capital. Rio de Janeiro: Zahar, 1968, p. 160.

sociedade, que tem origem na existência da propriedade privada, da divisão do trabalho e do capital, e que, para sua superação, precisa-se de "uma verdadeira ação comunista".

Mas, nos *Manuscritos*, a questão do comunismo de Marx funda-se ainda apenas como negação da alienação pela propriedade privada, não havendo explicação por que o processo histórico conduzira a humanidade a esse estado, diferentemente do que ocorrerá em seus trabalhos posteriores, *quando substituirá a teoria da alienação pela teoria da história, retirando o problema do homem do terreno da consciência para o da realidade.*[149] Neles, a principal preocupação de Marx parece ser com a contradição existente no sistema capitalista organizado, de um lado, com base em relações de propriedade, privadas, e, de outro, em processos de produção que envolviam relações sociais de caráter cooperativo, causadoras dessa alienação, que só poderia ser suprimida com o comunismo, entendido dessa maneira.[150]

É, por isso, que Barber[151] enxerga que "o jovem Marx, revelado nos *Manuscritos*, estava mais próximo da tradição reformista no pensamento social". Não era ainda, portanto, o Marx das *Teses sobre Feuerbach*, na *Ideologia Alemã*, de onde surgiria a célebre afirmação, que constituiria o cerne de suas pesquisas e doutrinas, de que se "até o momento, os filósofos se limitaram a interpretar o mundo, cabe agora modificá-lo".

---

149 DENIS, Henri. *História do pensamento econômico*. Lisboa: Livros Horizonte, 1974, p. 444.

150 Ainda para Mandel: "(...) é na transformação da teoria da alienação de uma concepção antropológica, metafísica e resignada [referindo-se a Hegel e Feuerbach], em uma concepção histórica, dialética e revolucionária, que reside, em resumo, toda a obra gigantesca que Marx realizou entre suas primeiras leituras dos economistas clássicos, em 1843-4, e a redação dos *Grundrisse*, em 1857-8". (MANDEL, Ernest. *A formação do pensamento econômico de Karl Marx*: de 1843 até a redação de O Capital. Rio de Janeiro: Zahar, 1968, p. 209).

151 BARBER, William J. *História do pensamento econômico*. Rio de Janeiro: Zahar, 1971, p. 118, nota de pé de página nº 6.

Os *Manuscritos econômico-filosóficos* foi o último trabalho escrito por Marx em sua primeira passagem por Paris. Pressionado pelo governo prussiano para expulsar do país os radicais alemães refugiados, que considera adversários e inimigos políticos, o governo francês terminou cedendo a essas pressões e concordando, no mês de janeiro de 1845, com o pedido. Entre os que foram expulsos estavam Arnold Ruge e Marx, responsáveis pela edição dos *Anais Franco-Germânicos*. Do autoexílio que havia se imposto em Paris, num país em que confiava poder desfrutar da liberdade para expor e defender suas ideias e pensamento, Marx partiria exilado para Bruxelas, na Bélgica, onde permaneceria nessa condição até 1848.

1.4 Crítica e ruptura com a filosofia alemã e com os neo-hegelianos: a construção do método do materialismo histórico: 1845-1846

Expulso de Paris, Marx viveu três anos exilado em Bruxelas, capital da Bélgica, país que havia conquistado a sua independência da Holanda em 1830. Na condição de exilado ofereceu garantias por escrito às autoridades belgas de que não se envolveria em atividades políticas, até mesmo para evitar que pedidos de sua extradição pelo governo prussiano fossem aceitos. Visando ficar livre dessa ameaça, que pairava como a Espada de Dâmocles sobre sua cabeça, chegou, inclusive, a renunciar à cidadania prussiana, seis meses após chegar ao país. Este foi, no entanto, apenas um dos poucos pesadelos por ele enfrentados enquanto ali permaneceu.[152]

Do ponto de vista financeiro, Marx viu-se novamente empurrado para um estado de crescente penúria. Enquanto via as despesas aumentarem com o nascimento de sua segunda filha, Laura, em 26 de outubro de 1846, e, em fevereiro de 1847, de Edgar, suas receitas

152 Boa parte dos dados biográficos dessa seção foram extraídos de Sperber (SPERBER, Jonathan. *Karl Marx*: uma vida do século XIX. Barueri: Amarilys, 2014, pp. 90-94).

encolhiam. Sem ter conseguido viabilizar a publicação de um novo periódico, nos moldes dos *Anais Franco-Germânicos*, e sem espaço na imprensa em geral para atuar como autor independente, devido à censura do governo prussiano, valeu-se de pequenos repasses de recursos feitos por sua mãe, da ajuda financeira de Engels, que não era significativa à época, pois este dependia de uma espécie de mesada mensal do pai, e da penhora de ouro, prata e enxoval de cama e mesa da família para cobrir as despesas.

A ajuda que poderia continuar recebendo de amigos e apoiadores burgueses de Colônia, como ocorrera anteriormente, Marx, por estar crescentemente envolvido nas questões políticas e marchando teoricamente rumo ao comunismo, abriu mão dessa alternativa para manter-se coerente com o seu projeto. Com isso, após morar em um "pequeno e muito modesto apartamento, pobremente mobiliado em um subúrbio da classe operária em Bruxelas",[153] teve de mudar-se, em maio de 1846, para um hotel com quartos mobiliados, onde, pelo menos, economizaria despesas com o pagamento dos empregados da família.[154]

Talvez essas dificuldades pudessem ser atenuadas se Marx tivesse uma postura mais cordial com os companheiros e colegas de exílio em Bruxelas com os quais conviveu. Não era o caso. Dono de um temperamento difícil e defensor ardoroso e radical de suas ideias, vivia em permanente estado belicoso com quem defendia posições com as quais não concordava para o movimento operário e revolucionário, não raro indispondo-se com seus correligionários. Até mesmo com Moses Hess e Engels, que formaram junto com ele uma espécie de triunvirato em Bruxelas na definição de estratégias e das melhores formas da luta revolucionária, não faltaram desavenças, ainda que por motivos mais pessoais, separando-os por algum tempo.

---

153 SPERBER, Jonathan. *Karl Marx*: uma vida do século XIX. Barueri: Amarilys, 2014, p. 192.

154 SPERBER, Jonathan. *Karl Marx*: uma vida do século XIX. Barueri: Amarilys, 2014, p. 190.

Com Karl Grün, que integrara o grupo dos Jovens Hegelianos e que conhecera ainda em Berlim, a antipatia que por ele passou a nutrir, devido às suas posições, que considerava oportunistas, e também às suas ideias igualmente falsificadoras, atingiu níveis inauditos, tanto que com ele nunca mais se reconciliou.

Apesar de todos estes problemas e dissabores, este período foi marcado pela elaboração de dois trabalhos fundamentais na evolução de seu pensamento, embora apenas o primeiro tenha sido publicado à época: i) *A Sagrada família ou A crítica da Crítica crítica contra Bruno Bauer e consortes*, de fevereiro de 1845; ii) *A ideologia Alemã*, de 1846.

1.4.1 A Sagrada família ou a crítica da Crítica crítica

O título *A Sagrada Família* desta obra de Marx em parceria com Engels representa uma paródia bíblica por ele realizada para ironizar os irmãos Bauer, Bruno e Edgar, os quais, na condição de Jovens Hegelianos e com o comando de um periódico criado por Bruno à época, o *Jornal Literário Geral*, que foi editado em Berlim durante um ano, fizeram dele um instrumento de crítica para desqualificar outras interpretações sobre o mundo que colidiam com suas ideias. Arvorando-se de "críticos dos críticos" (daí o subtítulo do livro de Marx e Engels de crítica destes críticos), Bruno e seu irmão colocavam-se na posição da *Sagrada Família* na terra, considerando-se detentores únicos da verdade.

O livro, na verdade, é um desdobramento dos *Manuscritos econômico-filosóficos* que Marx havia concluído em Paris, onde, provavelmente, desenvolveu a maior parte antes de partir para Bruxelas, tendo o mesmo sido complementado por alguns poucos, mas bem encaixados, escritos de Engels. Terminou sendo publicado em fevereiro de 1845, já com Engels morando em solo belga. O trabalho não avança praticamente em nada na compreensão dos problemas econômicos da sociedade burguesa que já preocupavam Marx e que se tornarão centrais em sua obra futura. Representa, no entanto, o início de um acerto de contas que fará com a filosofia alemã e com o seu método "idealista" de interpretação do mundo, ao mesmo tempo em que coloca mais algumas boas escoras e avança na construção do método de análise do materialismo histórico.

A crítica feita a Bruno Bauer (e a seus consortes) derivava de sua insistência em continuar atribuindo à *consciência* (ou à *autoconsciência infinita*, no seu conceito) o papel de "força motriz" da história, o que nada mais era que uma versão da *autoalienação religiosa*, deixando de fora, deste movimento, as condições humanas materiais expressas nas lutas políticas e nas estruturas sociais e econômicas, que Marx já colocara em relevo em trabalhos anteriores, como no caso da *Introdução à Filosofia do Direito de Hegel* e em *Sobre a Questão Judaica*.

À versão idealista e religiosa de Bruno, Marx procura contrapor a versão politizada de Feuerbach, com inclinação materialista, sobre o "humanismo real", de forma a ridicularizar as interpretações do primeiro sobre as condições sociais e políticas como resultantes do desenvolvimento da autoconsciência e não de fenômenos materiais concretos e historicamente reais.

O tom burlesco que Marx e Engels adotam neste trabalho crítico torna mais fácil sua compreensão caso apresentado na forma como o pensaram: o de um teatro burlesco, aonde os atores vão revelando, sarcasticamente, em atos, a farsa que está por trás das grandes verdades absolutas defendidas pela *Sagrada Família*. É a forma que se apresenta em seguida, a desmistificação que procuram fazer neste trabalho sobre as "verdades" de Bruno Bauer e de seus consortes, ao mesmo tempo em que o mesmo representa uma ruptura de Marx com os Jovens Hegelianos e revela o poder da ideologia no embaçamento do real, assim como avança na construção do método de análise do materialismo histórico.

1.4.1.1 A Sagrada Família em seis atos

1º Ato

Um ator (Engels) entra em cena e denuncia em alto e bom som: Socorro! Algo de muito errado está acontecendo com o mundo, uma inversão completa da realidade. Tudo parece estar de cabeça para baixo. A história real da humanidade está sendo substituída por uma *caricatura* e o que se tem, agora, não é mais a história feita e construída pelo homem real, o ser humano individual e verdadeiro, mas a história construída pelo pensamento de uma filosofia que a entende e explica, à sua maneira, como obra do *Espírito Absoluto*, ou de uma *autoconsciência infinita* que elimina todos os seus condicionantes históricos e materiais e põe-se, ela própria, a escrever a história do ponto de vista teológico e religioso.

Se a história real foi escrita de uma maneira, ela termina sendo reescrita de outra, ou seja, sendo negada, por ter brotado de contradições inexistentes para o pensamento "puro"; contradições (se existem) que só podem ser superadas para ele (ou para o Espírito) por mudanças nas ideias dominantes.

E nessa história por ela reescrita, em que a história real é posta de lado, jogada para a lata de lixo, e substituída por uma *visão idealizada da sociedade*, o *concreto se torna abstração e a abstração concreto*, permitindo repensá-la – e reescrevê-la –, não a partir de seu *movimento real*, mas de seu *movimento abstrato*, produzido pela mente, ou pelo *desenvolvimento da autoconsciência*.

Quem afirma isso é o próprio filho de Deus, o senhor Bruno Bauer, enviado à terra como chefe da *Sagrada Família* (leia-se os Jovens Hegelianos do *Jornal Literário Geral*) para salvar a humanidade de sua estupidez e ignorância de que faz a história com a sua ação quando, na verdade, essa só pode ser apreendida e explicada pelo próprio pensamento. Isso porque é ela quem detém a "velha" e desgastada fórmula hegeliana de reduzir um acontecimento real, histórico, a uma abstração, extraindo seus elementos de unidade e, transformando o que era predicado em sujeito, interpretá-la a partir do desenvolvimento histórico da autoconsciência.

2º Ato

Irrompe na cena um segundo ator (Marx), com a seguinte fala: tomemos como exemplo desta mistificação feita pelos representantes do *Espírito* na terra (ou pelo próprio espírito neles encarnado) a crítica feita ao trabalho de Proudhon sobre a propriedade privada.

Proudhon identifica na ilegitimidade da propriedade privada a origem da miséria e, nessa, a contradição com a igualdade, que considera a essência humana, e a justiça, como a negação do homem como homem e sua redução a um indivíduo egoísta, condições que o coloca numa *condição desumana*. Por isso, propõe sua supressão para acabar com a miséria e permitir a ele se reencontrar, de se resgatar como ser humano.[155]

Para a crítica, no entanto, Proudhon não passa de um homem do povo, ignaro, incapaz de formular hipóteses para compreender a

155 Marx faz, na *Sagrada Família*, uma firme defesa do trabalho de Proudhon, *O Que é a propriedade?* que recebeu ácidas críticas de hegelianos do *Jornal Literário Geral*, de Bruno Bauer, e o enaltece como importante contribuição para a economia política. Segundo ele, "todos os desenvolvimentos da economia política têm a propriedade privada como premissa, (...) como um fato irrefutável. Proudhon, de sua parte, submete a base da economia política, a propriedade privada, a uma análise crítica, implacável, e ao mesmo tempo científica. Esse é, aliás, o grande progresso científico feito por Proudhon, um progresso que revolucionou a economia política e tornou possível uma verdadeira ciência da economia política. O escrito de Proudhon (...) tem o mesmo significado para a economia política moderna que o escrito de Sieyès, *O que é o terceiro Estado?* tem para a política moderna". (MARX, Karl; ENGELS, Friedrich. *A sagrada família ou a crítica da Crítica crítica*. São Paulo: Boitempo, 2011, pp. 34-67).

natureza das coisas. A crítica, ou a filosofia da *Sagrada Família* não pode concordar com essa abordagem superficial. Essa reconhece que propriedade privada e miséria fazem parte de um mesmo "*todo*", que existe uma ligação interna entre a riqueza e a miséria e, é este *todo*, e não os antagonismos entre essas antíteses, que deve ser investigado para se conhecer as premissas de sua existência, o que não é feito por Proudhon. Ora, ao interrogar "*ao todo enquanto tal*" pelas premissas de sua existência, essa crítica procura, de um modo autenticamente teológico, religioso, as premissas de uma existência *fora* deste todo, com este suprassumindo o *abstrato* por ela concebido.[156]

E, com isso, como em seu pensamento só se produzem *categorias abstratas*, não se enxerga o mundo real do trabalho, as relações capitalistas imanentes à existência da propriedade privada, a miséria que dela decorre, as contradições do sistema. E, como afirma Marx, nessa toada, discordando da posição de Proudhon, a crítica quer fazer crer aos trabalhadores que

> (...) estes deixarão de ser trabalhadores assalariados (...) apenas com o fato de se superar em *pensamento* o *pensamento* do trabalho assalariado, apenas com o fato de deixar de se considerar trabalhadores assalariados em *pensamento*, deixando de acordo com essa fantasia exagerada, de deixarem-se pagar por sua pessoa. Na condição de idealistas absolutos, de seres etéreos, eles poderão viver do éter do *pensamento* depois disso.[157]

Pelo *pensamento* e, portanto, somente pelo *pensamento*, eles poderão superar as condições reais de sua existência, superar o simples domínio real do capital, mudando seu "eu abstrato" na

156 MARX, Karl; ENGELS, Friedrich. *A sagrada família ou a crítica da Crítica crítica*. São Paulo: Boitempo, 2011, p. 47.

157 MARX, Karl; ENGELS, Friedrich. *A sagrada família ou a crítica da Crítica crítica*. São Paulo: Boitempo, 2011, p. 60.

consciência.[158] Com isso, o real passa a se apresentar, assim, na forma de "mistérios". Mas como é possível ocorrer esse truque, esse "mistério" da transformação?

3º Ato

O segundo ator, meneando negativamente a cabeça, aponta para um culpado: *a filosofia especulativa hegeliana*. É, por meio dela, que os filósofos (ou os que se consideraram capazes de desvelar, atingir a verdade) borram a realidade e a transformam de acordo com seus interesses e visões. Mas como isso ocorre? Ele ainda pergunta.

Em primeiro lugar, retirando a vida individual do ser para que ele deixe de existir e só apareça no processo do *pensamento puro* como uma *abstração*, como um ser que emana, é engendrado, de algo superior. Por exemplo, da maçã, da pera, da amêndoa etc. que são *frutas reais*, extrai-se delas a sua *substância* e pode-se representá-las como tal, fazendo com que deixem de ter vida própria e passem a ser apenas *manifestações da substância* identificada. Obtém-se, com isso, um *real representado* pelo pensamento, ao mesmo tempo em que se transforma a *substância* em *sujeito* e o *sujeito* em *predicado*.

O mesmo ocorre com os animais: o boi, a vaca, o porco, o cordeiro viram, neste reducionismo apenas *animal*, que constitui a sua *substância*, no pensamento *especulativo*, *místico*, e essa passa a ser uma unidade absoluta na condição de *totalidade* das frutas e dos animais, os quais se tornam uma encarnação, produtos do cérebro, e não que nasce e vive no solo material. Daí torna-se possível construir a história, não a partir do ser específico, mas do seu predicado (substância) que se tornou sujeito, ser absoluto (que

---

158 MARX, Karl; ENGELS, Friedrich. *A sagrada família ou a crítica da Crítica crítica*. São Paulo: Boitempo, 2011, p. 66.

antes era o ser real). E, produz-se, com isso, o *mistério*, porque tudo fica invertido, tal como acontece com a religião.

4º Ato

E continua explicando como todo este reducionismo feito pela filosofia especulativa ocorre com o homem:

> a concepção hegeliana da história pressupõe um *espírito abstrato* ou *absoluto*, ao qual é reduzido o homem [tal como ocorreu nos exemplos anteriores das frutas e dos animais], que se desenvolve mostrando que a humanidade apenas é uma massa que consciente ou inconscientemente lhe serve de suporte. [Com isso] a História da humanidade se transforma na História do *espírito abstrato* que, por ser *abstrato*, fica além das possibilidades do homem real.[159]

Ou seja, o homem real nada mais é que seu suporte, um ser passivo que responde às ordens do espírito, que é, de fato, quem faz a história.

Na visão do chefe da *Sagrada Família*, Bruno Bauer, esse papel cabe à *autoconsciência infinita*, do homem que toma consciência de si, de sua realidade, ao perceber que este espírito é ele mesmo, como o criador de seu próprio Deus. E que só através dela, ou seja, do pensamento, se pode chegar à verdade, como se ela existisse "fora" do mundo, ou "fora" das relações humanas, não importando as condições materiais em que vive, nem as relações humanas que estabelece na terra.

E, concluindo a fala: "a verdade é, assim, para o senhor Bauer como para Hegel, um autômato que se prova a si mesmo,

---

159 MARX, Karl; ENGELS, Friedrich. *A sagrada família ou a crítica da Crítica crítica*. São Paulo: Boitempo, 2011, p. 102.

[devendo] o homem apenas segui-la, levá-la à consciência".[160] E a história só existe para que a verdade chegue à *autoconsciência*. Mas a verdade é que são muitos os "mistérios" que surgem com esta arte de ocultar do *homem real* o que lhe parece claro como a luz do sol, conduzindo-o a enganos sobre o entendimento da realidade em que vive, pois distorcida por uma visão idealizada e ideológica do mundo.

5º Ato

Os "mistérios" que se formam a partir dessa mistificação explicam por que Rodolfo (a própria encarnação do Espírito, ou de Bruno Bauer), um personagem do romance do escritor francês Eugène Sue, *Os mistérios de Paris*,[161] criticado no *Jornal Literário Geral* por Franz Szeliga, um general prussiano do movimento neo--hegeliano e colaborador do jornal consegue, na visão distorcida do último, convencer algumas pessoas de que estavam trilhando o caminho do "mal", conseguindo, assim, trazê-las de volta para o caminho do "bem", por meio do emprego de ações dissuasórias e/ou punitivas, ou seja, enquadrá-las nas regras estabelecidas pela sociedade burguesa, ou pelo pensamento cristão.

- O açougueiro *Chouriner* que, tendo se transformado em um assassino, Rodolfo, ardilosamente o resgata como "ente moral", balbuciando em seus ouvidos que ele "ainda tem coração e honra", sendo, portanto, "recuperável". O efeito dessas palavras é tão poderoso que *Chouriner* passa a enxergar "princípios" que nunca havia visto e se torna agradecido eternamente a Rodolfo, a ponto de se transformar em um buldogue moral para servi-lo,

---

160 MARX, Karl; ENGELS, Friedrich. *A sagrada família ou a crítica da Crítica crítica*. São Paulo: Boitempo, 2011, p. 96.

161 SUE, Eugène. *Os mistérios de Paris*. São Paulo: Eli, 1955.

negando sua natureza e assumindo as virtudes de um cão, obediente às ordens de Rodolfo, o divino. Afinal, fora ele quem o salvara dos "pecados" da vida e dos homens;

- *Flor de Marie*, uma mulher de vida fácil e amante da natureza, que nunca se preocupou ou nunca teve notícias dos princípios divinos. Caiu, no entanto, na felicidade (ou infelicidade) de conhecer Rodolfo, o divino, que, com sua lábia (divina) e contando com a ajuda de outros parceiros, persuade-a, aos poucos, de que também sua "alma" ainda poderá ser salva, reabilitada para o bem. *Flor de Marie*, que vivia uma vida individual, concreta, material e amava a natureza tal como era, renuncia ao ser, à sua história, e passa a ver-se realizada somente em Deus, que a guia, e, de prostituta antes convicta, se transforma em uma freira triste, arrependida de seus "pecados";

- O mestre de escola, um "criminoso de força física hercúlea e grande energia espiritual", homem culto e instruído que desafia as leis e a sociedade burguesa. Um caso, portanto, distinto dos anteriores. Rodolfo quer reformá-lo criticamente e torná-lo um exemplo para o *mundo jurídico*. A lição para isso é diferente da pena "espiritual" imposta a *Chouriner* e *Flor de Marie*. A ela tem de se unir a pena "corporal" (penal, dos homens) para que se produza a expiação e o arrependimento, a pena espiritual e a pena profana. Ele lhe impõe a pena da cegueira e, sentindo-se isolado e solitário nessa condição, mas liberto das tentações do mundo exterior, ele se sente "purificar", salvar-se como homem, abjurar sua raiva profana contra a ordem burguesa vigente.

Tendo levado a verdade (a verdade do espírito) à autoconsciência do homem, Rodolfo salva o mundo do naufrágio.

Ato final

Os atores anunciam, no ato final, o imponderável em toda essa pantomina: o bom e piedoso Rodolfo (Bruno Bauer), depois de ter acreditado (uma crença) que salvou o mundo do naufrágio, se perde, ele mesmo, em seus devaneios místicos.

1.4.2 A Ideologia Alemã (1846)

O livro que terminou recebendo o título de *A ideologia alemã* e que, como outras obras de Marx, concluído em 1846, só foi publicado em 1932, teve pretensões mais modestas no início: o objetivo era o de dar continuidade às críticas feitas aos Jovens Hegelianos em *A Sagrada Família* e contava, para tanto, com a participação de Engels e de Moses Hess. Iniciado no final de 1845, o trabalho terminou sendo ampliado durante o seu desenvolvimento para incluir também uma crítica feroz a um grupo de comunistas alemães, denominado *Socialistas Verdadeiros*, do qual Hess era um líder intelectual, o que desfez o projeto original de colaboração entre os três, restando, portanto, apenas Marx e Engels como seus autores.

Depois de ter concluído *A Sagrada Família*, Marx havia planejado iniciar a elaboração de outro manuscrito que constituiria uma "Crítica da Política e da Economia Política", tendo, inclusive, firmado um contrato com o editor Karl Leske para sua publicação, com o qual daria continuidade aos *Manuscritos Econômico-filosóficos* de 1844. Segundo Sperber,[162] Marx terminou adiando este projeto para fazer a crítica aos Jovens Hegelianos e aos Socialistas Verdadeiros, como explicaria, em correspondência, ao mesmo:

> pareceu-me muito importante enviar [o livro] antes de meu desenvolvimento positivo um artigo polêmico contra

162 SPERBER, Jonathan. *Karl Marx*: uma vida do século XIX. Barueri: Amarilys, 2014, p. 178.

> a filosofia alemã e contra o socialismo alemão da maneira como existiu até hoje (...) de modo a preparar o público (...) para (...) minha economia.

Para Mandel,[163] no entanto, tal trabalho parece que teria sido iniciado e que ainda existia, em 1847, pois Marx o menciona em carta a Annenkov de 28 de dezembro de 1846:

> Eu gostaria de enviar, junto com este livro (*Miséria da Filosofia*), meu trabalho sobre Economia Política, mas até agora não foi possível publicar este livro (...).

De qualquer forma, se isso é verdade, certo é que este manuscrito parece ter se perdido ou Marx, depois de tê-lo planejado, acabou de fato adiando-o para completar a crítica da filosofia alemã e avançar na construção de seu método para pôr-se em melhores condições de realizar a crítica da Economia Política.

Como toda obra inacabada e da qual também algumas partes se perderam até a sua publicação, é necessário organizar a disposição dos textos *d'A Ideologia Alemã*, visando tornar mais inteligível e aproveitável a leitura de seu conteúdo. Por dar continuidade às discussões que foram feitas em *A Sagrada Família*, parece mais adequado iniciar por um dos textos escrito por Marx e Engels, entre fevereiro e meados de 1846, intitulado *O Concílio de Leipzig*,[164] em que Bruno Bauer é caracterizado como a figura de um santo (por isso chamado de "São Bruno"), o qual, em represália ao ridículo a que sua teoria foi exposta naquela obra, usa de seus supostos poderes divinos, inquisitoriais, para processar, por ordem, o herético Feuerbach, Marx e Engels e até mesmo Moses Hess.

---

163 MANDEL, Ernest. *A formação do pensamento econômico de Karl Marx*: de 1843 até a redação de O Capital. Rio de Janeiro: Zahar, 1968, p. 46.

164 MARX, Karl; ENGELS, Friedrich. *A ideologia Alemã*. São Paulo: Boitempo, 2007, pp. 97/98.

Para ajudá-lo nessa acusação de gnosticismo, principalmente contra Feuerbach, conta com o apoio do também "santo" Max Stirner (ou "São Max", também chamado de "São Sancho"), pseudônimo de Johann Kaspar Schmidt (1806-1856), do grupo dos Jovens Hegelianos e membro de sua tropa divina, que se acredita como sendo o "Tudo do nada e o nada do Tudo", ou seja, o criador do universo pelo pensamento e, por isso, o dono da verdade absoluta.[165] O objetivo desta *Santa Inquisição* é o de resgatar, para São Bruno, o seu conceito de *autoconsciência infinita*, que considera a revelação da verdade, e que teria sido usurpada por Feuerbach e ridicularizada pelos autores de *A Sagrada Família*. Passemos, portanto, em seguida, às acusações, defesas e ironias que são feitas, por Marx e Engels, sobre essas questões em *A Ideologia Alemã*.

Do trabalho que terminou sendo publicado, Marx e Engels dedicaram cerca de 2/3 de um total de quase 600 páginas, na crítica ao livro de Max Stirner, *O Único e sua propriedade*,[166] editado em 1844, para demolir, sarcasticamente, suas teses sobre o poder das ideias (do pensamento) e do indivíduo na construção do real representado. O que aparentemente parece um exagero diante dos argumentos que Stirner utiliza para isso, além do fato deste autor ter sido praticamente "esquecido" pela história das ideias por essa sua contribuição. De qualquer forma, engajados na crítica à filosofia especulativa alemã, que era forte à época, Marx e Engels devem ter considerado ser necessário gastar, para ridicularizá-la, muita tinta, papel e tempo.

Em breve síntese de sua filosofia, para Stirner tanto a religião como as ideologias e as instituições sociais não passavam de conceitos vazios, como os de Estado, religião, propriedade, leis, sistema educacional etc., os quais, uma vez contrapostos à luz dos

---

165 MARX, Karl; ENGELS, Friedrich. *A sagrada família ou a crítica da Crítica crítica*. São Paulo: Boitempo, 2011, pp. 95-98.

166 STIRNER, Max. *O único e a sua propriedade*. 1ª ed. São Paulo: Martins Fontes, [1844] 2009, p. 480.

interesses pessoais revelavam-se uma ilusão, uma falsidade. Essa visão valia para qualquer instituição que se arrogasse o direito de exercer autoridade sobre o indivíduo, razão pela qual ele também costuma ser apontado como um precursor do anarquismo individualista, pois este é que deveria prevalecer como dono de sua "vontade", devendo, por isso, ser Único para impô-la, o que conseguiria desfazendo-se das ilusões que são criadas com os conceitos e relações falsas dos homens "sábios", o que poderia ser alcançado desde que tomassem consciência de sua condição como ser individual supremo ("Descobre o teu Deus dentro de ti e reinarás absoluto" – Nietzsche).

Sua crítica estava claramente endereçada aos Jovens Hegelianos, seguidores de ideologias, leis, conceitos como nacionalismo, liberalismo, socialismo, comunismo etc., e, sobretudo a Ludwig Feuerbach, com seus conceitos de "essência da espécie humana", de "humanismo real", os quais se opõem ao individualismo stirneriano. Por isso, Stirner é considerado, tal como Bruno Bauer, um ateísta radical, pois via nessa posição o caminho para retirar, do homem, o véu das ilusões da religião, visando corrigir sua visão distorcida do mundo, necessária para sua libertação e resgate de seu individualismo, em que o real passaria a estar representado não mais pela religião, mas pelo pensamento, pelo ideal percebido pela mente. Visão ironizada por Marx e Engels,[167] afirmando que o que Stirner faz é substituir o mundo de um sistema de moral teológica por um sistema de moral pretensamente egoísta, no qual ele, superando o mundo "sagrado" da religião, e, considerando-se "Único" (egoísta) faz prevalecerem suas "vontades" na vida profana, com todas as coisas "reais" dependerem, para existirem, unicamente de sua "vontade" – Estado, leis, propriedade etc. –, que nascem do nada, apenas de sua consciência e que, por isso, podem ser "negadas", à medida que "Eu", e apenas "Eu" existo dentro de tudo.

167 MARX, Karl; ENGELS, Friedrich. *A sagrada família ou a crítica da Crítica crítica*. São Paulo: Boitempo, 2011, p. 284.

O radicalismo individualista de Stirner estava orientado por um determinado estilo de vida, e explicado por ele mesmo, pela condição do indivíduo, por sua mente, suas virtudes, qualidades e defeitos, bastando, para isso, ele tomar consciência de seu egoísmo, e não pelas condições materiais e relações econômicas e sociais estabelecidas no mundo em que vive. Neste trabalho, em que Stirner conjuga a simpatia pelo capitalismo com a defesa do egoísmo – o *Eu* acima de tudo (o egoísta de acordo consigo mesmo: "tornai-vos egoístas, tornai-vos cada Um de Vós um Eu Onipotente"[168] – o *Eu* se suprassume e se torna absoluto, totalmente livre, já que as relações sociais vigentes não passam de ideias, fantasmas, para se realizar como tal (individualmente). Por isso, não pode haver impedimentos/restrições para a propriedade, pois isso significaria a negação dos direitos individuais (do *Eu supremo*).

Nessa visão, tanto o comunismo como a revolução não passariam de inutilidades por representarem a negação a este direito do *Eu* ("A riqueza do povo é minha pobreza"),[169] admitindo, quando muito, uma *Associação de Egoístas*, onde cada *Um* procuraria tirar proveito do *Outro*. Assim como, também para ele, as transformações do mundo só dependeriam e seriam possíveis por meio de mudança da consciência dos homens ("os seres humanos só precisam modificar sua consciência para deixar tudo *all right* no mundo").[170]

Depois de se divertirem com essas bobagens stirnerianas, em que o real só existe pelo poder do pensamento (até mesmo a riqueza, a propriedade não passam de "ilusões") e este mesmo pensamento ser capaz, por isso, de dissolvê-lo com este mesmo poder, considerando que se trata apenas de conceitos e abstrações, bastando

168 MARX, Karl; ENGELS, Friedrich. *A sagrada família ou a crítica da Crítica crítica*. São Paulo: Boitempo, 2011, p. 261.

169 MARX, Karl; ENGELS, Friedrich. *A sagrada família ou a crítica da Crítica crítica*. São Paulo: Boitempo, 2011, pp. 270/271.

170 MARX, Karl; ENGELS, Friedrich. *A sagrada família ou a crítica da Crítica crítica*. São Paulo: Boitempo, 2011, p. 273.

"tirá-las da cabeça", Marx e Engels se voltam para concluir a crítica da filosofia especulativa alemã, mais especificamente, a de Bruno Bauer, e, ao mesmo tempo, avançarem na construção do método do materialismo histórico. Mas, não sem antes, assistirem ao fim do *Concílio de Leipzig*[171] em que São Max (ou São Sancho) e São Bruno se autoelogiam e, extasiados com a profundidade de seus pensamentos, se despedem, considerando-se vitoriosos na sua luta contra os hereges.

Na crítica que realizam tanto às posições idealistas de Bruno Bauer como de Max Stirner e na defesa que fazem de Feuerbach, de quem Marx, em trabalhos anteriores, lançara mão de conceitos, como os de *essência da espécie humana* e de *humanismo real*, Marx e Engels, na *Ideologia Alemã*, reconhecem as limitações destes conceitos e, na parte em que tratam mais especificamente deste autor, terminam demarcando mais claramente as diferenças entre suas ideias a respeito da interpretação e compreensão do mundo real, ao mesmo tempo em que conduzem suas críticas para a construção do método do materialismo histórico.

Enquanto em Bauer e Stirner (e para os Jovens Hegelianos, em geral), a produção de ideias (do pensamento), ou seja, da consciência como representação do ser, atua como força transformadora da história, bastando ao homem conscientizar-se dessa situação, e inverter a lógica religiosa para sua libertação, a posição de Feuerbach estaria situada a alguns bons degraus acima destes autores, à medida que rejeitaria tanto os conceitos de *autoconsciência infinita* de Bauer como o ser Único de Stirner, prisioneiros da ideia da representação e concepção religiosa da história, abrindo caminho para a sua interpretação materialista.

O problema com a interpretação de Feuerbach é que, apesar de crítico dessas posições e de ter incorporado as condições materiais

---

171 MARX, Karl; ENGELS, Friedrich. *A sagrada família ou a crítica da Crítica crítica*. São Paulo: Boitempo, 2011, pp. 433/434.

da existência humana, neste processo e em sua história, ele não vai além das relações que o homem mantém com a natureza para essa finalidade, enquanto as relações humanas (do "homem com o homem") se restringem às do "amor e da amizade, e ainda assim idealizadas".[172] Como Engels diria mais tarde, "(...) o humanismo de Feuerbach parte de um homem abstrato, a-histórico, visto que não se trata nunca do mundo (das condições sociais concretas) no qual vive este homem".[173] Por isso, para Marx e Engels,[174]

> Na medida em que Feuerbach é materialista, nele não se encontra a história [humana], e na medida em que toma em consideração a história ele não é materialista. Nele, materialismo e história divergem completamente (...).

Para eles, o pressuposto da existência humana e, portanto, da história, é o de que os homens têm de estar em condições de viver e, para isso, precisam, em primeiro lugar, "de comida, bebida, moradia, vestimenta e algumas coisas mais", o que exige a produção da própria vida material, sendo que este representa o primeiro ato histórico humano, uma condição fundamental de toda a história. A segunda condição é a de que, atendidas as primeiras satisfações, surgem novas necessidades, as quais, para serem satisfeitas, continuam a movimentar a produção, aprofundar a divisão de trabalho e intensificar as trocas, e a revolucionar as relações sociais. O avanço deste processo no tempo, com o aumento da produtividade e da população, torna "secundária" a única relação social inicial,

---

172 MARX, Karl; ENGELS, Friedrich. *A ideologia Alemã*. São Paulo: Boitempo, 2007, p. 32.

173 MANDEL, Ernest. *A formação do pensamento econômico de Karl Marx*: de 1843 até a redação de O Capital. Rio de Janeiro: Zahar Editores, 1968 *apud* MARX, Karl; ENGELS, Friedrich. *A ideologia Alemã*. São Paulo: Boitempo, 2007, p. 18.

174 MARX, Karl; ENGELS, Friedrich. *A ideologia Alemã*. São Paulo: Boitempo, 2007, p. 32.

que é o caso da família, ampliando e fortalecendo, as relações estabelecidas entre os homens para garantir, cooperativamente, a produção material da vida, que aparece, assim,

> (...) como uma relação dupla: de um lado, como relação natural [que garante a procriação], de outro como relação social. Social no sentido de que se entende por ela a cooperação de vários indivíduos, sejam quais forem as condições, o modo e a finalidade.[175]

De tudo isso, resulta que:

> (...) um determinado modo de produção ou uma determinada fase industrial estão sempre ligados a um determinado modo de cooperação ou a uma determinada fase social – modo de cooperação que é, ele próprio, uma "força produtiva" –, que a soma das forças produtivas acessíveis ao homem condiciona o estado social e que, portanto, a "história da humanidade" deve ser estudada sempre em conexão com a história da indústria e das trocas.[176]

Ora, continuam os autores, isso revela que existe,

> (...) desde o princípio, uma conexão materialista dos homens entre si, conexão que depende das necessidades e do modo de produção e que é tão antiga quanto os próprios homens – uma conexão que assume sempre novas formas e que apresenta, assim, uma história, sem que precise existir qualquer absurdo político ou religioso que também mantenham os homens unidos.[177]

---

175 MARX, Karl; ENGELS, Friedrich. *A ideologia Alemã*. São Paulo: Boitempo, 2007, p. 34.

176 MARX, Karl; ENGELS, Friedrich. *A ideologia Alemã*. São Paulo: Boitempo, 2007, p. 34.

177 MARX, Karl; ENGELS, Friedrich. *A ideologia Alemã*. São Paulo: Boitempo, 2007, p. 34.

A chamada "*consciência*", de que tanto se valem e em que se apoiam a filosofia alemã e os Jovens Hegelianos para explicar a história, nasce, assim como a linguagem, contaminada por este mundo material, por essa necessidade de ter de se produzir para viver, de os homens se relacionarem entre si, e, como tal, ela é um produto social e continuará sendo enquanto existirem homens. Ela é assim, antes de tudo, a "mera consciência do meio sensível *mais imediato* e consciência do vínculo limitado com outras pessoas e coisas exteriores ao indivíduo que se torna consciente". É assim, ao mesmo tempo

> (...) consciência da natureza que se apresenta ao homem, inicialmente, como um poder totalmente estranho, (...) e, por outro lado, consciência da necessidade de firmar relações com os indivíduos que o cercam,

e que os despertam para o fato de que vivem em uma sociedade.[178]

O desenvolvimento dessa consciência caminha *pari passu* com o aumento da produtividade, das necessidades crescentes e renovadas e com o aumento da população – base dos dois primeiros –, que levam ao aprofundamento da divisão do trabalho, a qual, historicamente, pode assim ser considerada quando surge uma divisão entre o trabalho material e espiritual. A partir deste momento, a consciência, como colocam Marx e Engels,[179] "(...)pode realmente se imaginar ser outra coisa diferente da consciência da práxis existente, representando algo sem representar algo real". Tudo se passa como se desprendesse da matéria, ganhasse vida própria, e, autonomizando-se, se colocasse "(...) em condições de emancipar-se do mundo e [de] lançar-se à construção da teoria,

---

178 MARX, Karl; ENGELS, Friedrich. *A ideologia Alemã*. São Paulo: Boitempo, 2007, p. 35.

179 MARX, Karl; ENGELS, Friedrich. *A ideologia Alemã*. São Paulo: Boitempo, 2007, p. 35.

da teologia, da filosofia, da moral etc. 'puras'".[180] Mas essas são apenas representações do real de uma consciência contaminada por ideologias e distintas visões do mundo que nela também se infiltram e a moldam.

Marx e Engels procuram, assim, apresentar as características essenciais do homem (ou da humanidade), distinguindo-o dos animais pelo *trabalho*, pela *atividade econômica* que realizam para poder continuar vivo, ou seja, pela sua condição de *produtor*, tal como claramente colocam mais à frente no texto:

> Pode-se distinguir os homens dos animais pela consciência, pela religião ou pelo que se queira. Mas eles começam a se distinguir dos animais tão logo começam a produzir seus meios de vida, passo que é condicionado por sua organização corporal. Ao produzir seus meios de vida, os homens produzem, indiretamente, sua própria vida material.[181]

Esta seria, portanto, para eles, a base da história humana real e

> (...) a produção de ideias, de representações da consciência, está, em princípio, imediatamente entrelaçada com a atividade material e com o intercâmbio material dos homens, com a linguagem da vida real (...). Os homens são produtores de suas representações, de suas ideias e assim por diante, mas os homens reais, ativos, tal como são, condicionados por um determinado desenvolvimento de suas forças produtivas e pelo intercâmbio que a ele corresponde, até chegar às suas formas mais desenvolvidas. A consciência não pode jamais ser outra coisa do que o ser consciente, e o ser dos homens é o seu processo de vida real. Se, em toda ideologia,

---

180 MARX, Karl; ENGELS, Friedrich. *A ideologia Alemã*. São Paulo: Boitempo, 2007, pp. 35/36.

181 MARX, Karl; ENGELS, Friedrich. *A ideologia Alemã*. São Paulo: Boitempo, 2007, p. 87.

> os homens e suas relações aparecem de cabeça para baixo como numa câmara escura, este processo resulta do seu processo histórico de vida, da mesma forma como a inversão dos objetos na retina resulta de seu processo de vida imediatamente físico.[182]

Para arrematarem a argumentação com a célebre frase de que

> *Não é a consciência que determina a vida, mas a vida que determina a consciência.* No primeiro modo de considerar as coisas, parte-se da consciência como do indivíduo vivo; no segundo, que corresponde à vida real, parte-se dos próprios indivíduos reais, vivos, e se considera a consciência apenas como sua *consciência*.[183]

É sobre essa base material, de produção e intercâmbio, que se erige a *sociedade civil*, e constitui ela, "o foco, o cenário de toda a história", e é nela, e não na "concepção histórica anterior que descuidava das relações reais, limitando-se às pomposas ações dos príncipes e dos Estados"[184] que se pode buscar compreendê-la e explicá-la.

A chave para compreender a história da humanidade está na consideração, assim, de três elementos da produção, de sua base material, que compõem o modo de produção: i) das forças produtivas determinadas pela tecnologia e pela organização da economia; ii) da divisão do trabalho; e iii) das formas de propriedade. Todos determinados historicamente. Juntos, estes três elementos da produção movem a roda da história da humanidade e representam a força motriz das classes sociais que compõem a *sociedade civil*,

---

182 MARX, Karl; ENGELS, Friedrich. *A ideologia Alemã*. São Paulo: Boitempo, 2007, pp. 93/94.

183 MARX, Karl; ENGELS, Friedrich. *A ideologia Alemã*. São Paulo: Boitempo, 2007, p. 94.

184 MARX, Karl; ENGELS, Friedrich. *A ideologia Alemã*. São Paulo: Boitempo, 2007, p. 39.

e não a *autoconsciência*, de Bauer, o Único, de Stirner, estes fantasmas que surgiram da filosofia hegeliana. E mais: é essa base material que determina as ideias, as leis, a política, a cultura, enfim todas as formas de expressão do pensamento reunidas em torno do conceito de ideologia.[185]

Mas as ideias que são dominantes, em cada época, nada mais são do que as ideias das classes dominantes, de sua ideologia, que constituem "a expressão ideal das relações materiais dominantes (...), a expressão das relações que fazem de uma classe a classe dominante".[186] São as classes dominantes, portanto, que produzem e difundem as ideias sobre o Estado, a justiça, as leis, a cultura etc., e, embora cada época histórica tenha suas próprias leis, em consonância e como expressão de sua base material, essas aparecem como universais, anunciadas como leis eternas, até mesmo para os membros das classes dominantes, com o objetivo de transformar e conciliar o seu interesse particular como classe com o interesse comum de todos os membros da sociedade.

Como as ideias aparecem separadas dos indivíduos (ou classes) dominantes, pela necessidade de se apresentar um interesse particular como geral, comum, cria-se um cenário de aparências em que as ideias parecem dominantes e, daí, essa aparência conduz às fantasias construídas pelos filósofos idealistas (na forma do espírito, da autoconsciência etc.), como poder transformador da história, quando elas não são mais do que produto de um dado estágio de desenvolvimento do modo de produção.

Para demonstrarem sua tese, Marx e Engels fazem uma longa análise da evolução dos três elementos fundamentais do processo de produção material na história da humanidade, ou seja, das *forças*

---

185 SPERBER, Jonathan. *Karl Marx*: uma vida do século XIX. Barueri: Amarilys, 2014, p. 173.

186 MARX, Karl; ENGELS, Friedrich. *A ideologia Alemã*. São Paulo: Boitempo, 2007, p. 47.

produtivas, da divisão do trabalho e da propriedade, enfim dos distintos modos de produção (antigo, feudal, capitalista), visando identificar, em cada época, como estes se articularam, bem como as forças ou causas que conduziram a mudanças na sua estrutura. De acordo com eles,

> a história nada mais é do que o suceder-se de gerações distintas, em que cada uma delas explora os materiais, os capitais e as forças de produção a ela transmitidas pelas gerações anteriores, portanto, por um lado, ela continua a atividade anterior sob condições totalmente alteradas e, por outro, modifica com uma atividade completamente diferente as antigas condições (...).[187]

Na análise que realizam sobre essa evolução, as contradições que existem em cada modo de produção engendram a superação deste e a sua substituição por um modo superior, devido às colisões internas que ocorrem entre o estágio de desenvolvimento das forças produtivas, o intercâmbio e a apropriação do produto, determinados pela divisão do trabalho e pela forma da propriedade. Mas, é no sistema capitalista que essas contradições se mostram mais acirradas, como resultado do maior desenvolvimento da divisão do trabalho, da maior produtividade, e da consequente alienação do trabalho, principalmente em relação à apropriação do produto, devido à forma assumida pela propriedade privada dos meios de produção na indústria moderna (maquinaria e dinheiro).

Neste sistema, em que

> (...) uma classe tem de suportar todos os fardos da sociedade sem desfrutar de suas vantagens, e que, expulsa da sociedade, é forçada a mais decidida oposição a todas as outras

187 MARX, Karl; ENGELS, Friedrich. *A ideologia Alemã*. São Paulo: Boitempo, 2007, p. 40.

> classes; uma classe que configura a maioria dos membros da sociedade e da qual emana a consciência da necessidade de uma revolução radical, a consciência comunista (...).[188]

Essa classe, que Marx já havia antecipado na *Introdução da Filosofia do Direito de Hegel*, que é o proletariado, caracteriza-se e reconhece ser a revolução necessária

> (...) não apenas porque a classe dominante não pode ser derrubada de nenhuma forma, mas também porque somente com uma revolução a classe *que derruba* detém o poder de desembaraçar-se de toda a antiga imundície e de se tornar capaz de uma nova fundação da sociedade.[189]

No comunismo que também aparece *n'A Ideologia Alemã* como ideal da humanidade para resgatar-se como tal, a propriedade privada seria substituída pela propriedade comunitária, negando-se, com isso, um dos três elementos da produção burguesa, que estaria na base das contradições existentes, as classes se extinguiriam, assim como a divisão do trabalho, permitindo-se, ao indivíduo escolher a profissão que bem entendesse, o que não deixava de ser uma visão ingênua retirada de visionários comunistas da época. Importante é que, como destaca Mandel,[190] Marx e Engels passam a considerá-lo possível como resultado do avanço do processo de industrialização e do mercado mundial capitalista e não apenas como uma alternativa ao estado vigente, independente do progresso das forças produtivas.

---

188 MARX, Karl; ENGELS, Friedrich. *A ideologia Alemã*. São Paulo: Boitempo, 2007, p. 41.

189 MARX, Karl; ENGELS, Friedrich. *A ideologia Alemã*. São Paulo: Boitempo, 2007, p. 42.

190 MANDEL, Ernest. *A formação do pensamento econômico de Karl Marx*: de 1843 até a redação de O Capital. Rio de Janeiro: Zahar, 1968, p. 40.

Na realidade, não se pode dizer que nessa parte *d'A Ideologia*, em que apresenta o método do materialismo histórico, este esteja completo e sem problemas. Conforme aponta Enderle,[191] Davi Rjanov, responsável pela primeira edição do capitulo "I. Feuerbach", publicado em 1926, considerou que "a primeira parte d'*A Ideologia Alemã* não foi levada até o fim nem elaborada num tom unitário" e que suas partes "não formam nenhuma unidade". O que estaria de acordo com o que Engels reconheceria, em 1888, sobre a obra, ao afirmar que

> a seção sobre Feuerbach não está acabada. A parte que foi concluída consiste numa apresentação da concepção materialista da história que só prova o quão incompletos ainda eram à época, nossos conhecimentos sobre a história econômica. A própria crítica da doutrina feuerbachiana padece dessa incompletude (...).

Apesar disso, foi com base nessa visão e nesse método que Marx avançaria, a partir de 1847, nas primeiras críticas mais consistentes formuladas à economia política e às contradições do sistema econômico capitalista.

Na última parte de *A ideologia alemã*, em que fazem a crítica do grupo denominado *Socialistas Verdadeiros*, um grupo de intelectuais alemães favoráveis ao comunismo, os alvos principais de Marx e Engels são a filosofia alemã e os Jovens Hegelianos, em que aquele grupo se apoiava para defender sua visão teórica sobre este movimento. Dão continuidade, assim, às críticas que já haviam iniciado em trabalhos anteriores e, mais contundentemente, em *A Sagrada Família*.

---

191 ENDERLE, Rubens. "Sobre a tradução". *In*: MARX, Karl; ENGELS, Friedrich. *A ideologia Alemã*. São Paulo: Boitempo, 2007, pp. 17-19.

Marx e Engels condenavam a posição destes grupos de atribuírem aos movimentos intelectuais e, portanto, às ideias, a condução do processo histórico – uma visão idealista – e não às lutas políticas resultantes das condições econômicas e sociais, de acordo com a concepção materialista da história. Por isso, não viam em suas posições mais do que um exemplo de mera ideologia.

Além disso, condenavam a arrogância com que estes grupos defendiam a superioridade da filosofia alemã como o caminho que deveria ser trilhado para transformar a doutrina do comunismo e do socialismo existente na França e na Inglaterra em teorias autênticas e consistentes. Tal posição colidia com suas ideias, não somente, como argumentavam, pelo fato destes dois países apresentarem um sistema burguês bem mais desenvolvido do que na Alemanha, o que demonstrava que este movimento não passava de mera idealização para eles, mas também porque neste país, até mesmo pelo seu atraso econômico, social e político, a compreensão dessa questão pertencia ao "mundo dos sonhos", do idealismo, não guardando relações com suas condições materiais e suas relações de produção. Por isso, ao proporem soluções pacíficas, reformistas, que consideravam suficientes para a transição para o comunismo, consideravam que estes grupos não passavam de "pequenos burgueses", à medida que pretendiam manter o mesmo sistema apenas corrigindo suas "contradições" pela força do pensamento, quando Marx e Engels já haviam se convencido de que isso só seria possível por meio de uma revolução que derrubasse a ordem vigente.

É como sintetizam essa visão na *Introdução* deste capítulo:

> Esses "socialistas" ou "socialistas verdadeiros", como denominam a si mesmos, não veem a literatura comunista no exterior como expressão e produto de um movimento real, mas como escritos, puramente teóricos que se originaram inteiramente dos "pensamentos puros", da mesma forma que eles imaginam terem surgido os sistemas filosóficos alemães. (...) A ideologia alemã, no interior do qual esses

> "socialistas verdadeiros" estão presos, não lhes permite contemplar a situação real.[192]

E dando continuidade à crítica que fazem:

> (...) Eles separam a consciência de determinadas esferas da vida historicamente condicionadas dessas mesmas esferas de vida e a medem pela consciência verdadeira, absoluta, isto é, pela consciência filosófica alemã. (...) sua literatura teórica é apenas para aqueles que foram iniciados nos mistérios do "espírito pensante". [Por isso], ele não se dirige aos proletários, mas às duas classes mais numerosas da Alemanha, aos pequenos burgueses e suas ilusões filantrópicas e aos ideólogos desses mesmos pequenos burgueses, aos filósofos e seus discípulos; ele se dirige em geral à consciência "comum" que atualmente predomina na Alemanha.

Não restam dúvidas que, após as críticas sarcásticas e demolidoras que Marx e Engels fazem, neste capítulo, das posições idealistas dos comunistas e dos "Socialistas Verdadeiros", com ênfase na de Karl Grün, outros companheiros de jornada na luta pela causa do comunismo abandonaram o barco da história em que navegavam. Mas, a partir dali, eles já se colocavam em condições não somente de dar início, com o método materialista da história, à análise inicial da sociedade burguesa, mas também a combaterem as posições reformistas deste sistema, originadas dos grupos que acreditavam que, apenas pela força do pensamento, seria possível chegar ao ideal comunista.

Sperber[193] lembra, no entanto, uma característica de Marx que não pode ser ignorada na análise de seu pensamento: a resistência

---

192 MARX, Karl; ENGELS, Friedrich. *A ideologia Alemã*. São Paulo: Boitempo, 2007, p. 437.

193 SPERBER, Jonathan. *Karl Marx*: uma vida do século XIX. Barueri: Amarilys, 2014, pp. 177/178.

em fazer uma autocrítica de suas ideias, o que se confirma pela sua trajetória intelectual exposta anteriormente:

> (...) o ideário anterior de Marx guardava extraordinária semelhança com as ideias que, em *A Ideologia Alemã*, foram condenadas como pequeno-burguesas. Nos *Manuscritos de Paris*, Marx havia apresentado o comunismo como a recuperação da essência humana a partir de sua existência alienada. Na "*Introdução à crítica da Filosofia do Direito de Hegel*", (...) afirmou que o coração da futura revolução comunista era o proletariado, e, sua cabeça, a filosofia, [e defendeu também] as vantagens da filosofia alemã para o desenvolvimento do comunismo. Em *A Sagrada Família*, Marx e Engels definiram seu ponto de vista como "humanismo real", uma expressão cunhada por Feuerbach e empregada pelos Socialistas Verdadeiros.

Com essas características

> Marx [tomava] suas próprias ideias anteriores e as projetava em outros pensadores, conseguindo, dessa forma, rejeitá-las, sem ter de se autocriticar. (...) Essa era a única forma de autocrítica que ele aceitava, pois lhe permitia manter sua posição de indivíduo que explicitava a direção da história humana.[194]

---

194 SPERBER, Jonathan. *Karl Marx*: uma vida do século XIX. Barueri: Amarilys, 2014, p. 178.

CAPÍTULO II

AS PRIMEIRAS ANÁLISES ECONÔMICAS À LUZ DO MÉTODO DO MATERIALISMO HISTÓRICO: 1847–1848

2.1 Introdução[195]

Depois de concluída *A ideologia alemã*, a estada de Marx em Bruxelas se estendeu até os primeiros dias de março de 1848, quando com a eclosão de uma revolução na França, que levou à queda da monarquia e à proclamação da República, este movimento se disseminou rapidamente por toda a Europa. A Bélgica, sentindo-se ameaçada por uma possível invasão do exército francês e/ou por uma sublevação dos radicais belgas e estrangeiros vivendo no país, tratou logo de barrar essas possibilidades, dele expulsando alguns revolucionários considerados mais perigosos.

195 Alguns dados biográficos dessa seção foram retirados do trabalho de Sperber (SPERBER, Jonathan. *Karl Marx*: uma vida do século XIX. Barueri: Amarilys, 2014).

Coincidentemente, Marx havia recebido, exatamente nessa época, parte da herança de sua mãe a que tinha direito, o que foi interpretado pelas autoridades belgas como se estes recursos tivessem como destino o financiamento das atividades de insurreição. Com seu passado e atividades revolucionárias, Marx terminou sendo preso antes do prazo que lhe foi concedido, assim também como sua mulher, Jenny. Liberados, Marx, convidado pelo novo governo republicano francês que tomara posse, seguiu direto para Paris, depois de passar quatro anos exilado em Bruxelas.

A passagem de Marx pela Bélgica neste período foi bastante tumultuada desde os primeiros dias até o seu final. Mas, tempos difíceis afastaram-se, em alguns momentos, para que o sol do vigor de suas causas pudesse brilhar. Desavenças pessoais com amigos (Engels e Hess), discordâncias agressivas de posições políticas e teóricas sobre os rumos e estratégias para o movimento comunista (com Wilhelm Weitling, um alfaiate socialista alemão que fora trabalhar com Marx;[196] com Karl Grün, desafeto antigo), não raro estando em jogo, nessas rixas, disputas pela liderança do movimento político socialista, alternaram-se com a criação de várias iniciativas por ele tomadas para organizar a classe trabalhadora e levar à frente as causas que defendia.

Em 1846, Marx começou a organizar o Comitê de Correspondência Comunista, que pretendia reunir os radicais da Alemanha,

---

196 Weitling foi um dos mais conhecidos membros da Liga dos Justos e fervoroso discípulo de Louis Auguste Blanqui (1805-1881), tendo publicado alguns livros e panfletos em defesa do socialismo revolucionário. Pelas influências recebidas de Blanqui, sua importância não foi longe no movimento, pois, de acordo com Laski, "(...) considerava as camadas mais pobres da sociedade, sobretudo as criminosas, como os arquitetos principais da revolução. Não via na classe trabalhadora em si qualquer significação histórica. Como bom discípulo de Blanqui, considerava como esforços inúteis a propaganda constante e a preparação para a ação". Nada poderia ser mais contrário às posições que Marx e Engels defendiam naquela época. (LASKI, Harold J. *O Manifesto comunista de Marx & Engels*. 2ª ed. Rio de Janeiro: Zahar, [1947] 1978, pp. 18/19).

França e Inglaterra para debater e difundir a questão socialista, para o qual chegou a convidar também Pierre-Joseph Proudhon para dele participar. Em junho de 1847, empenhou-se em ajudar a transformar a Liga dos Justos, baseada em Londres, na Liga Comunista, dando lugar à realização de seu Primeiro Congresso, e a criar, em Bruxelas, uma Associação Democrática Internacional, uma organização que tinha como lema "a união e a fraternidade entre todas as pessoas", da qual se tornou vice-Presidente. Criou, também, a "Congregação" de Bruxelas filiada à Liga dos Comunistas e fundou a sua seção, a Associação Educacional dos Trabalhadores Alemães, sendo também seu Presidente.

Ou seja, foi um período em que, apesar das dificuldades financeiras que continuava enfrentando – e essas não eram pequenas –, e dos problemas de relacionamento mantidos com pessoas que gravitavam em torno da causa revolucionária, Marx conseguiu equilibrar-se entre vários grupos com interesses, objetivos e estratégias nem sempre coincidentes, e a exercer, neste meio, uma liderança considerável. O Segundo Congresso da Liga Comunista, realizado em Londres, em novembro de 1847, delegou-lhe, inclusive, o poder para redigir o seu programa de ação, o qual viria à luz, na forma do *Manifesto Comunista*, em fevereiro de 1848.

Mesmo em meio à essa azáfama e ao inevitável desgaste provocado por permanentes articulações políticas, Marx, após *A Ideologia Alemã*, ainda conseguiu tempo para produzir mais três trabalhos essenciais para o projeto a que se propôs de desvendar a anatomia da sociedade civil e de proceder à crítica da Economia Política. São eles: i) *A Miséria da Filosofia*, de 1847; ii) *Trabalho Assalariado e Capital*, reunião de conferências neste ano e que foram publicadas em 1849; e iii) *O Manifesto Comunista*, de fevereiro de 1848, em parceria com Engels. Empregando o método do materialismo histórico apresentado, ainda que não totalmente de forma acabada, n'*A Ideologia*, Marx (e Engels) começa a fazer efetivamente a primeira análise crítica dos fundamentos do modo de produção capitalista. De acordo com Mandel,[197] essas três obras (e ele inclui uma quarta de Engels sobre os *Fundamentos do Comunismo*) "contêm uma primeira análise crítica do conjunto do modo de produção capitalista", uma primeira aplicação concreta do método geral do materialismo histórico a uma sociedade particular, a sociedade burguesa, podendo-se "tratá-las como um conjunto".

Mas, como ainda observa o mesmo autor,[198] o segredo sobre o qual se erguerá a grande obra de Marx, *O Capital*, ainda não está desvendado nestes trabalhos:

> No *Trabalho Assalariado e Capital*, como em todas as obras precedentes de Marx, a distinção entre "trabalho" e "força de trabalho" ainda não está estabelecida. Por este fato, Marx não pode dar uma análise científica da mais-valia que resulta precisamente da descoberta de um valor de uso específico da força de trabalho. Ou melhor, nem *A Miséria da Filosofia*, nem *O Manifesto Comunista*, nem *Trabalho Assalariado e Capital* contêm ainda a noção de mais-valia. (...) Marx não tinha ainda elucidado definitivamente o segredo do valor de troca das mercadorias. (...) não tinha aprendido a distinguir o valor de troca dos preços de produção, nem estes dos preços de mercado.

2.2 A Miséria da Filosofia e a Filosofia da Miséria

Na esteira da teoria ricardiana, que desvelou como se dá a apropriação de parte do valor do produto do trabalho pelo capitalista, surgiram vários trabalhos, após a publicação dos *Princípios*, de Ricardo, denunciando essa *injustiça* e propondo fórmulas para

---

197 MANDEL, Ernest. *A formação do pensamento econômico de Karl Marx*: de 1843 até a redação de O Capital. Rio de Janeiro: Zahar, 1968, p. 54.

198 MANDEL, Ernest. *A formação do pensamento econômico de Karl Marx*: de 1843 até a redação de O Capital. Rio de Janeiro: Zahar, 1968, p. 84.

suprimi-la. Nessa linha, destacam-se os de Hodgskin (1827), de William Thompson (1824), de Edmonds (1828), de Francis Bray (1839), do alemão Rodbertus (1842), entre outros, e também do economista e sociólogo francês Pierre-Joseph Proudhon (1846).

De uma maneira geral, todos estes autores apresentaram propostas para que isso se tornasse possível, em comum apontando para a necessidade dos representantes do capital de despertarem sua sensibilidade social e/ou a alternativa dos trabalhadores se associarem em torno de cooperativas como o caminho mais adequado para que o trabalhador se tornasse, ele próprio, proprietário dos meios de produção e para que, podendo se apropriar do produto de seu trabalho, sem ter de dividi-lo com o capital, pudessem realizar trocas equitativas entre si de seus produtos, de acordo com a quantidade de trabalho neles contida. Marx via estes autores, a quem designou de "socialistas utópicos", como românticos bem intencionados em suas propostas de justiça e igualdade, mas que não compreendiam nem a natureza, nem como se constituíra historicamente o modo de produção burguês, assim como as suas contradições, e que procuravam, com as suas fórmulas de concertação entre as classes sociais barrar o curso da história, impedindo as inevitáveis transformações que dela decorreria.[199]

Marx conheceu Proudhon pessoalmente em sua primeira estada em Paris, em 1843, com quem travou longas discussões que, às vezes, varavam a noite, nas quais, segundo escreve em carta a Schweitzer, em 1865, contagiou-o, "para sua infelicidade" (de

199 Como observam Hunt & Sherman: "Marx encarava a maioria dos socialistas do final do século XVIII e princípio do século XIX como filantropos indignados com a exploração desumana que acompanhou o desenvolvimento inicial do capitalismo. Julgava ingênua e quixotesca a sua convicção de que transformariam a sociedade apelando para a 'racionalidade e sensibilidade moral da classe educada'". Para Marx, as classes dominantes, ao contrário do que acreditavam estes socialistas, "fariam tudo o que estivesse ao seu alcance para perpetuar este sistema". (HUNT, E. K.; SHERMAN, Howard J. *História do pensamento econômico*. Petrópolis: Vozes, 1978, p. 91).

Proudhon), com a filosofia de Hegel, iniciativa depois continuada por Karl Grün, após a sua expulsão de Paris.[200]

Proudhon (1809-1865), um economista e sociólogo francês, tido como fundador e pai do anarquismo político, nasceu em uma família de origem camponesa, de poucos recursos, enfrentou grandes dificuldades na vida, tendo sido tipógrafo e se tornado autodidata na área do conhecimento. Por volta dos 30 anos realizou um estudo sobre a propriedade que publicou, em 1840, com o título *O que é a Propriedade?*[201] Nele, identificou o capitalismo e o governo como os dois maiores inimigos da liberdade e concluiu ser a "*a propriedade um roubo*", frase que se tornaria célebre nos meios trabalhistas e socialistas, justificando sua posição antigoverno e anticapital. Marx havia gostado do livro e até defendido Proudhon no livro *A Sagrada Família*, de fevereiro de 1845, o primeiro trabalho que realizou em parceria com Engels, como visto no capítulo I, contra as críticas do filósofo alemão Bruno Bauer, que se opunha ao materialismo e ao socialismo e defendia o *status quo*. Mesmo na carta enviada a Schweitzer, de 1865, reconheceria ser esta primeira obra "a melhor de todas", embora não pela novidade, mas por Proudhon tratar de forma nova um tema velho.[202]

Em 5 de maio de 1846, Marx convidou Proudhon, em correspondência enviada de Bruxelas, onde residia depois de ter sido expulso da França, considerando-o, neste país, o que dispunha de melhores credenciais para integrar um grupo de comunistas e socialistas que, juntamente com Engels e Philippe Gigot, ele estava

---

200 MARX, Karl. Carta de Marx a J. B. Schwweitzer [24 de janeiro de 1865]. *In*: ______. *Miseria de la Filosofía*: respuesta a la filosofía de la miseria del señor Proudhon. Argentina: Siglo XXI Editores, 1971, pp. 184-194.

201 PROUDHON, Pierre-Joseph. *O que é a propriedade?* 2ª ed. Lisboa: Estampa, [1840] 1975.

202 MARX, Karl. "Carta de Marx a J. B. Schwweitzer [24 de janeiro de 1865]". *In*: ______. *Miseria de la Filosofía*: respuesta a la filosofía de la miseria del señor Proudhon. Argentina: Siglo XXI Editores, 1971, pp. 184-194.

organizando para discutir e difundir, na Alemanha, questões do ideal socialista. Como explica, na carta, esperava, para tanto, contar com a experiência dos socialistas franceses e ingleses, para se chegar a um "acordo de ideias e a uma crítica imparcial", de forma a transpor o movimento dos limites das nações. Na carta, em um *post scriptum*, alertava Proudhon sobre os riscos e o perigo de se continuar mantendo relações com o Sr. Grün, a quem chama de charlatão, que se aproveita do comércio de ideias modernas, e de ser um elemento desagregador do movimento de esquerda. A carta seguiu com o endosso – e manifesta admiração – de Engels e Gigot.[203]

A resposta de Proudhon, no dia 17 do mesmo mês, com agradecimentos pelo convite, elogios à iniciativa, manifestava alguma disposição de participar do movimento, mas sob condições. A primeira, de que o movimento não poderia ser dogmático, radical nem intolerante. Alertava-o de que já não mais esposava a ideia de que as reformas transformadoras da sociedade somente seriam possíveis por meio de um "golpe de força", de luta, e que estava buscando uma nova forma mais civilizada para atingir este objetivo. Essa nova "forma" que, argumentava, se contraporia às desigualdades e iniquidades provocadas pela propriedade privada, ele estava desenvolvendo em uma nova obra – que viria a ser intitulada *A filosofia da miséria* –, a qual esperava submeter à "férula crítica" de Marx, com a esperança de poder ir à desforra. Quanto ao temor de Marx do Sr. Grün, considerava não ser séria sua advertência e de ser falsa a ideia que Marx tinha dele, apenas como uma opinião provocada por um momento de irritação, argumentando ter grande apreço por sua pessoa e sugerindo que Marx a relevasse e que o relacionamento entre os dois fosse retomado.[204]

---

203 MARX, Karl. "Carta de Marx a P.-J. Proudhon". *In*: ______. *Miseria de la Filosofía*: respuesta a la filosofía de la miseria del señor Proudhon. Argentina: Siglo XXI Editores, 1971, pp. 163-165.

204 Karl Grün (1817-1887) foi um socialista alemão que, juntamente com Marx, frequentou os círculos radicais filosóficos dos Jovens Hegelianos, tendo sido fortemente influenciado pelo materialismo humanista de Feuerbach, aderido

Terminava nessa correspondência a convivência e parceria, ainda que por pouco tempo, de uma luta comum por um sonho em busca da igualdade. Não por problemas de mágoas sobre a censura feita a Marx por Proudhon, de vaidades feridas, mas por ideias incompatíveis sobre a melhor forma de materializar este objetivo. Claramente, Proudhon fizera a escolha de acordo com o seu pensamento, à época, de conciliar as contradições com a conciliação das classes sociais, que Marx rotulava como sendo uma posição pequeno-burguesa, com a qual se fechava a porta da história, enquanto via nesta o caminho para essa redenção, pelas próprias contradições do sistema e pela ação dos trabalhadores no momento em que as condições se tornassem objetivas.

Seis meses depois, solicitado por Annenkov, um intelectual russo com quem mantinha contato, a emitir uma opinião sobre a nova obra de Proudhon que fora publicada com o título, *Sistema de Contradições Econômicas ou A filosofia da Miséria*,[205] e que trazia a mensagem da fórmula da conciliação que mencionara na correspondência, Marx, depois de lê-la em dois dias, inicia a carta manifestando sua insatisfação com o seu conteúdo e abordagem metodológica: "Confesso francamente que, em geral, o livro me parece mal, muito mal",[206] antecipando os inúmeros problemas

---

às teorias dos socialistas franceses e se associado ao grupo dos *Verdadeiros Socialistas* em torno de Moses Hess, um filósofo hegeliano precursor do sionismo trabalhista. Este grupo passou a ser combatido, no plano das ideias e propostas, por Marx e Engels, especialmente a partir das críticas a eles feitas tanto na *Sagrada Família* como n'*A ideologia alemã*, trabalho no qual consideraram seus membros como utópicos e cripto-idealistas. Exilado em Paris, depois de expulso da Bélgica, Grün fez amizade com Proudhon, cuja obra ajudou a popularizar entre os socialistas da Alemanha. (MARX, Karl. "Carta de Proudhon a Karl Marx". *In*: ______. *Miseria de la Filosofía*: respuesta a la filosofía de la miseria del señor Proudhon. Argentina: Siglo XXI Editores, 1971, pp. 165-169).

205 PROUDHON, Pierre-Joseph. *Sistema das contradições econômicas ou filosofia da miséria*. São Paulo: Ícone, [1846] 2003.

206 MARX, Karl. "Carta a P. V. Annenkov [28 de diciembre de 1846]". *In*: ______. *Miseria de la Filosofía*: respuesta a la filosofía de la miseria del señor Proudhon. Argentina: Siglo XXI Editores, 1971, pp. 169-183.

que, rapidamente, nela identificara. Mas, a crítica definitiva, implacável e demolidora de sua obra viria no ano seguinte, no livro *A Miséria da Filosofia*, de 1847.

Uma peculiaridade de Marx, como já apontado anteriormente, foi sempre a de fazer uma revisão de suas ideias apoiando-se em autores que ou as defendiam ou as esposavam, mesmo que estes fossem ideologicamente identificados com sua causa. Assim, fora com Bauer, Feuerbach, com a filosofia alemã, em geral. Não seria diferente com Proudhon. Para Sperber, a crítica que Marx faz do trabalho de Proudhon, "(...) era uma forma exteriorizada de autocrítica". De seu admirador, até então, tendo-o convidado, inclusive, para participar do grupo que estava formando para discutir a questão do socialismo e do comunismo, a crítica de Marx a Proudhon foi feita, ainda segundo Sperber[207] sobre um trabalho "(...) que se assemelhava muito com o que [ele] tentara realizar nos *Manuscritos de Paris*". O fato, contudo, é que as ideias de Marx sobre essas questões evoluíram muito desde a época daqueles *Manuscritos*.

De um lado, Marx já avançara em seus estudos sobre a Economia Política e em suas ideias sobre a natureza do sistema capitalista, bem como de suas contradições, e já assumira posições claramente contrárias às sugestões que considerava "filantrópicas", "revisionistas" e "românticas" dos economistas para sua "humanização". Para ele, tais propostas seriam prejudiciais para a classe trabalhadora, à medida que, por desviar a história de seu curso, com a atenuação das contradições do sistema, tolhia o movimento de transformações que surgiria em decorrência dos conflitos entre o capital e o trabalho, impedindo à sociedade de caminhar para uma nova etapa de seu processo de desenvolvimento.

De outro, diferentemente do que ocorreu nos *Manuscritos de Paris*, Marx passa, neste trabalho, a aceitar e adotar a teoria

---

207 SPERBER, Jonathan. *Karl Marx*: uma vida do século XIX. Barueri: Amarilys, 2014, p. 180.

do valor-trabalho de Ricardo como categoria histórica do modo de produção capitalista, colidindo, portanto, nessa questão com a posição de Proudhon.

Num esforço para identificar a época em que Marx acabou aceitando e incorporando ao seu sistema a teoria do valor-trabalho, Mandel[208] analisa a evolução de seu pensamento de meados de 1845 quando, em nota de leitura sobre o economista e filósofo Charles Babbage, ainda revela certa neutralidade sobre essa questão, à conclusão da obra *A ideologia alemã*, em parceria com Engels, na qual, em duas passagens específicas do livro, identifica ter ficado clara sua adesão à mesma. Para ele, portanto, tal aceitação teria ocorrido "(...) depois de julho de 1845 e antes de acabar a redação d'*A ideologia alemã* de 1846, quando Marx e Engels foram definitivamente tomados pela teoria do valor-trabalho".[209]

De acordo com Mandel,[210] Marx havia empreendido em seu exílio em Bruxelas, em julho de 1846, uma viagem de seis semanas à Grã-Bretanha, em companhia de Engels, tendo, neste interlúdio, estudado todos os livros de economia que encontrou em Manchester. Teve, assim, acesso às obras de R. R. Edmonds e William Thompson, que empregavam a teoria do valor-trabalho de Ricardo com uso social-revolucionário. Juntamente com os escritos de John Bray, Hodgskin e Ravestone, os dois últimos considerados os melhores discípulos proletários de Ricardo, que Marx só leria posteriormente, percebeu o efeito que essa teoria teria provocado tanto sobre a classe operária como sobre a classe burguesa,[211] bem

208 MANDEL, Ernest. *A formação do pensamento econômico de Karl Marx*: de 1843 até a redação de O Capital. Rio de Janeiro: Zahar, 1968.

209 MANDEL, Ernest. *A formação do pensamento econômico de Karl Marx*: de 1843 até a redação de O Capital. Rio de Janeiro: Zahar, 1968, p. 48.

210 MANDEL, Ernest. *A formação do pensamento econômico de Karl Marx*: de 1843 até a redação de O Capital. Rio de Janeiro: Zahar, 1968, p. 46.

211 MANDEL, Ernest. *A formação do pensamento econômico de Karl Marx*: de 1843 até a redação de O Capital. Rio de Janeiro: Zahar, 1968, p. 47.

como a condenação que dela faziam os economistas conservadores devido ao seu potencial revolucionário. Isso pode tê-lo influenciado na reconsideração que fez da teoria do valor-trabalho, mudando sua posição em relação aos *Manuscritos de Paris*.

Mas, Mandel se apressa a não atribuir essa injustiça ao pensamento de Marx, por se supor que a teria adotado apenas pela agitação revolucionária que poderia causar. Isso teria ocorrido, segundo argumenta, porque ele consegue superar uma contradição que antes enxergava na teoria do valor-trabalho, devido ao aprofundamento de seus estudos em economia. Essa contradição dizia respeito

> (...) à oposição aparente entre os efeitos da concorrência – as flutuações de preços resultantes do jogo da oferta e da procura – e a estabilidade relativa do "valor de troca" determinada pela quantidade do tempo de trabalho necessário à produção.[212]

Ora, em seu pensamento dialético, não parecia aceitável que se o "(...) aparente [as flutuações de preços] era a expressão mais direta da realidade [da concorrência], 'a abstração' não podia enfeixar uma verdade mais 'concreta' que a aparência".[213] Quando se considera essas flutuações, parece, assim, que ocorrem por obra do "acaso", como Marx e Engels já haviam argumentado anteriormente. Mas isso não é verdade, porque elas se efetuam em torno de um eixo determinado, *que são os custos de produção*. Como Marx colocaria mais tarde em *Trabalho Assalariado e Capital*, de 1849, explicitando este entendimento sobre essa questão:

---

212 MANDEL, Ernest. *A formação do pensamento econômico de Karl Marx*: de 1843 até a redação de O Capital. Rio de Janeiro: Zahar, 1968, p. 49.

213 MANDEL, Ernest. *A formação do pensamento econômico de Karl Marx*: de 1843 até a redação de O Capital. Rio de Janeiro: Zahar, 1968, p. 49.

> São essas oscilações [dos preços] sozinhas que, à medida que elas se produzem, determinam o preço pelos custos de produção. É o conjunto do movimento dessa *desordem* que é a sua própria *ordem*.[214]

Foi assim, por meio de seus estudos econômicos e histórico-filosóficos que Marx, formulando a teoria do materialismo histórico e de que a história dos homens deve ser estudada com a história da indústria e da troca, as quais dependem das condições materiais de produção, que pressupõem, por sua vez, relações sociais entre eles, em função do desenvolvimento das forças produtivas e da divisão do trabalho, chegaria ao valor-trabalho dos economistas clássicos, como uma categoria histórica do modo de produção capitalista.[215] Apesar disso, Marx ainda não distingue, neste trabalho, o valor de troca dos preços, por que ainda não chegou à sua teoria do valor, o que só vai ocorrer no final da década de 1850.

Mas como destaca Mandel,[216] Marx via essa categoria do valor-trabalho apenas como lei histórica específica do modo de produção capitalista e não como a enxergavam os economistas clássicos e também Proudhon, seguindo seus passos, como uma lei eterna, imutável, válida para todas as etapas de desenvolvimento da humanidade. Vista dessa maneira, a teoria do valor-trabalho apresentava um caráter historicamente determinado enquanto lei econômica, uma certa *relação social*, o que é válido para todas as demais categorias econômicas do sistema burguês.

---

214 MANDEL, Ernest. *A formação do pensamento econômico de Karl Marx*: de 1843 até a redação de O Capital. Rio de Janeiro: Zahar, 1968, p. 85 *apud* MARX, Karl. *Trabalho assalariado e capital* [1849] & *Salário, preço e lucro* [1865]. 2ª ed. São Paulo: Epressão Popular, 2010.

215 MANDEL, Ernest. *A formação do pensamento econômico de Karl Marx*: de 1843 até a redação de O Capital. Rio de Janeiro: Zahar, 1968, p. 50.

216 MANDEL, Ernest. *A formação do pensamento econômico de Karl Marx*: de 1843 até a redação de O Capital. Rio de Janeiro: Zahar, 1968, pp. 50/51.

Não era bem a posição de Proudhon na sua *Filosofia da Miséria*, o que, somado às anteriormente mencionadas, explica a crítica virulenta, implacável e sarcástica feita por Marx ao seu trabalho, como se discute em seguida. O importante a destacar na crítica das concepções econômicas de Proudhon, como o faz Mandel,[217]

> (...) é que ele permanece na linhagem de todo trabalho crítico que empreendeu a partir da crítica da *Filosofia do Direito de Hegel*: combater a *mistificação* que consiste em criar categorias imutáveis, por meio de abstrações, o que tem por consequência proclamar o eterno o estado das coisas dado, e conservar, pois, toda a sua miséria fundamental.

2.2.1 A crítica da Filosofia da Miséria

A crítica de Marx ao livro de Proudhon foi feita em dois planos: no da Economia Política e no método de análise por ele adotado. Já no *Prólogo* de sua obra, Marx deixa claro, ferinamente, como o tratará e também a seu autor:

> O senhor Proudhon tem a desgraça de ser singularmente desconhecido na Europa. Na França é reconhecido como um mal economista, porque tem fama de ser um bom filósofo alemão. Na Alemanha é reconhecido como um mal filósofo, porque tem fama de ser um economista francês dos mais fortes. Em nossa condição de alemão e de economista, queremos protestar contra este duplo erro.[218]

---

217 MANDEL, Ernest. *A formação do pensamento econômico de Karl Marx*: de 1843 até a redação de O Capital. Rio de Janeiro: Zahar, 1968, p. 56.

218 MARX, Karl. *Miseria de la Filosofía*: respuesta a la filosofía de la miseria del señor Proudhon. Argentina: Siglo XXI Editores, 1971, p. 9.

E, em seguida, "o livro do senhor Proudhon não é simplesmente um tratado de economia; nem um livro comum; é uma Bíblia. Nada falta nele: 'Mistérios, "Segredos tirados do seio de Deus", 'Revelações".[219]

A grande descoberta de Proudhon no campo da Economia Política, da qual Marx trata no primeiro capítulo, anunciada depois de realizar devaneios entre valor de uso e valor de troca, entre a oferta e demanda dos produtos, entre sua escassez e abundância com relação à demanda, é a de que *o valor de uma mercadoria é determinado pelo tempo de trabalho empregado para produzi-la*, que, pomposamente, chama de "*valor constituído*", uma síntese do valor de uso e do valor de troca, que toma de forma absoluta, considerando ser com ele, e apenas com ele, que se deve abraçar a teoria revolucionária do futuro, com a qual estaria garantida a igualdade entre os homens. E lamenta, com o pedantismo característico dos que se arvoram como gênios por uma descoberta que consideram original, que os economistas do século XIX não tenham percebido uma ideia tão simples.[220] De acordo com a crítica de Marx, Proudhon toma as relações de produção específicas da sociedade industrial, burguesa, onde participam da produção o trabalho, o capital e a terra, ponto de partida de Ricardo para ver como se constitui o valor, e pretende que ela se reproduza sem as contradições e conflitos que apresenta nessa sociedade, num novo mundo igualitário, onde existiriam apenas indivíduos (não classes sociais) e trabalho. Contrariamente a Ricardo, parte, assim, do "*valor constituído*" (dado pela quantidade de trabalho) para constituir um novo mundo social por meio deste valor.[221] Mas se os determinantes do valor da

---

219 MARX, Karl. *Miseria de la Filosofía*: respuesta a la filosofía de la miseria del señor Proudhon. Argentina: Siglo XXI Editores, 1971, p. 10.

220 MARX, Karl. *Miseria de la Filosofía*: respuesta a la filosofía de la miseria del señor Proudhon. Argentina: Siglo XXI Editores, 1971, pp. 24/25.

221 MARX, Karl. *Miseria de la Filosofía*: respuesta a la filosofía de la miseria del señor Proudhon. Argentina: Siglo XXI Editores, 1971, p. 29.

sociedade capitalista desaparecem, como este vai ser definido neste novo sistema em que não existem essas contradições?

Para Proudhon, isso seria possível, criando-se condições para os trabalhadores tornarem-se, eles próprios, proprietários dos meios de produção, com o que poderiam estabelecer relações de troca igualitárias de seus produtos de acordo com a quantidade de trabalho (ou tempo de trabalho) neles contida. Daí, sua sugestão dos trabalhadores se organizarem em associações para adquirir e administrar esses meios de produção. Suas propostas de criar e organizar o *Banco do Povo* e o *Banco do Câmbio* para o financiamento dos operários, nessa empreitada, apareciam como fundamentais neste sistema, denominado *mutualismo*, para mantê-los como uma espécie de produtores independentes, e assegurar a troca equitativa de seus produtos.

Não é difícil entender a razão da crítica de Marx. Proudhon se apoia nas relações econômicas da sociedade burguesa, capitalista, que ele está analisando, mas as nega, assim como aos seus antagonismos de classes, pretendendo reproduzir os seus fundamentos, mas sem as contradições que lhe são próprias, em sua sociedade. Nesta, deixariam de existir, portanto, as relações de produção estabelecidas entre o capital e o trabalho, a acumulação, os lucros, os salários, a renda e seus movimentos, às vezes contraditórios e oscilatórios, na constituição do valor, como Ricardo bem o demonstrou. Não haveria diferença entre as jornadas de trabalho, entre o trabalho simples e complexo, o manual e o mecanizado, nem o trabalho seria uma mercadoria negociada no mercado, cujo preço (valor) é determinado pela quantidade de bens necessários para a subsistência do trabalhador, os quais adquire pela remuneração (o salário) que recebe. Tudo isso é negado, aparecendo como uma ficção, inclusive a produtividade do capital que não tem nenhuma influência na constituição do valor relativo das mercadorias e nem a concorrência por meio da qual ele é estabelecido. Na sociedade de Proudhon, apenas o trabalho (ou tempo de trabalho) tem importância para que as trocas sejam igualitárias: uma hora de trabalho equivale a uma hora de trabalho, independente da *utilidade* do produto, das condições técnicas em que se realiza, das proporções entre o capital fixo e o circulante, da qualificação e produtividade do trabalho e do capital, devendo a troca de produtos seguir essa regra para ser igualitária.

Marx, que, como vimos, havia avançado em seus estudos sobre a Economia Política e que, nesta obra, passa a aceitar a teoria do valor-trabalho de Ricardo como a fonte da criação de valor e riqueza, não resiste à pergunta diante da suposta genialidade de Proudhon: por acaso Ricardo, que interpretou cientificamente a teoria do valor da economia burguesa, trinta anos antes de Proudhon, derivando-a das relações econômicas estabelecidas entre a renda, a acumulação de capitais e da relação entre lucros e salários, não é um economista do século XIX? Para ele, enquanto o mundo analisado por Ricardo é o mundo real da sociedade capitalista, com a participação do capital e do trabalho na geração do valor (excluída a terra), dos antagonismos dessas relações, que constituem a base do progresso, a sociedade de Proudhon é diferente: é outro sistema de produção, composto unicamente por trabalhadores diretos, como a sociedade de produtores independentes de Smith e, nela, os trabalhadores recebem como salário exatamente o que produzem. Por isso, nessa sociedade hipotética, onde não estão presentes as relações de produção capitalistas, ou pelo menos o seu lado mau, conflituoso, mas relações harmoniosas entre os seus membros, apenas o *tempo de trabalho*, que corresponde ao salário do trabalhador, é que define o "valor constituído".

Para Marx, diferentemente de Ricardo, que fez a análise científica da sociedade capitalista, Proudhon, ao trazer apenas o lado bom das relações de produção da sociedade capitalista para o seu mundo ideal, terminou incorrendo no mesmo erro de Smith quando este, ao transpor a sua teoria do valor para a sociedade capitalista, confundiu o valor das mercadorias com o valor do trabalho (do salário), insistindo na igualdade do intercâmbio, tendo como medida a quantidade de trabalho contida nos produtos, igualando, assim, os custos de produção com o salário.[222] Com isso, alterou os fundamentos que fundam o valor na sociedade que nega (valor do trabalho, concorrência, composição do capital) e quer que ele se funde na nova sociedade sem estes elementos. Um erro crasso.

Não bastasse isso, como ainda coloca Marx, o valor não é constituído *pelo tempo em que uma mercadoria é produzida, mas pelo tempo mínimo em que pode ser produzida*, sendo este mínimo estabelecido pela *concorrência*, que não existe no mundo de Proudhon, caso contrário a ineficiência seria premiada e não haveria nenhum estímulo nem mesmo para o intercâmbio individual, como pressupõe o seu sistema, no qual os produtores trocariam diretamente os seus produtos de acordo com a quantidade de trabalho neles contida. Utilizando vários exemplos em que Pablos e Pedros efetuam trocas entre si, Marx procura demonstrar como a fórmula proposta por Proudhon poderia levar ao fim do próprio intercâmbio individual e sepultar todo o progresso. Mas Proudhon desconhece essas questões e pretende transformar em "teoria revolucionária do futuro", por meio do "valor constituído", o que Ricardo analisou como específico da sociedade burguesa, cometendo o erro de confundir o valor das mercadorias medido pela quantidade de trabalho nelas fixada com o "valor do trabalho".

Ora, com essa abordagem, Proudhon não consegue entender o que é o dinheiro, nem o que determina o seu valor, ao tomá-lo como o primeiro "valor constituído" (como e em relação a quê?), nem como se dá a geração e apropriação do excedente econômico, pois considera, em seu mundo, apenas indivíduos, que podem dele se apropriar, e não classes sociais, e, assim como a sua importância para o desenvolvimento das forças produtivas; enfim, toda a sorte de antagonismos existentes entre as classes sociais que caracterizam a sociedade burguesa e que constituem a roda que move o

---

222 MARX, Karl. *Miseria de la Filosofía*: respuesta a la filosofía de la miseria del señor Proudhon. Argentina: Siglo XXI Editores, 1971, pp. 35/36.

progresso,[223] contra o qual as ideias de Proudhon se opõem. Para entender a razão desse nevoeiro que recobre sua visão, *Marx parte para a discussão do método de investigação por ele adotado, e, ao fazer isso, expõe, pela primeira vez, de forma mais acabada, a teoria do materialismo histórico.*

De acordo com sua análise, Proudhon se apoia, de um lado, na tese dos economistas, que conseguem explicar como a produção é realizada na economia capitalista, mas não explicam como as relações econômicas que lhe são próprias são produzidas, o que significa que não apreendem o movimento histórico que lhes deu origem. Expressam, assim, as relações de produção deste sistema – a divisão do trabalho, a concorrência, o crédito, a moeda, etc. – como categorias fixas, imutáveis, naturais, eternas, como se a história deixasse de existir a partir do advento deste sistema.[224]

Mas, Proudhon quer ir mais longe do que os economistas. Apoiando-se, por outro lado, no que supõe ser o pensamento de Hegel, segundo Marx, considera não ser a história feita "segundo a ordem do tempo, mas segundo uma sucessão de ideias", e entende as categorias econômicas, com as quais os economistas exprimem as relações de produção burguesa, como pensamentos e princípios, ora contemporâneos, ora invertidos, independentes das relações reais de produção, os quais seriam necessários "pôr em ordem". Para ele, portanto, as categorias econômicas seriam fruto da razão pura e não produtos históricos, mera encarnação daqueles princípios e pensamentos que "dormitavam na razão impessoal da humanidade", segundo sua expressão citada por Marx. Não sendo frutos da história, mas apenas uma sucessão de ideias, tomava como sua tarefa organizá-las, colocá-las em ordem e identificar os problemas que apresentavam e que poderiam ser corrigidos.

---

223 MARX, Karl. *Miseria de la Filosofía*: respuesta a la filosofía de la miseria del señor Proudhon. Argentina: Siglo XXI Editores, 1971, p. 42.

224 MARX, Karl. *Miseria de la Filosofía*: respuesta a la filosofía de la miseria del señor Proudhon. Argentina: Siglo XXI Editores, 1971, p. 85.

Dessa forma, entende as categorias econômicas, como a divisão do trabalho e a concorrência, como integrando a *série das evoluções econômicas*, como leis eternas, imutáveis, que acompanham o homem desde os seus primórdios e que "dormitam na razão impessoal da humanidade", não como produtos históricos, com forma e caráter determinado em cada etapa de seu desenvolvimento. Para ele, todas têm o seu lado bom e o seu lado mau, bastando suprimir o último para que se resgate a *igualdade*, o bem supremo, para a qual essas instituições foram originalmente criadas, mas que foram desvirtuadas pelo movimento das ideias. Da divisão do trabalho, que se converteu, na sociedade burguesa, em fonte de miséria, seria necessário encontrar uma nova combinação que suprima esses inconvenientes, mantendo-se o seu lado bom, que é, principalmente, o de aumento da produção e da riqueza. Da concorrência, que considera essencial para o trabalhador, para a liberdade e para a igualdade, também os efeitos nocivos que provoca em termos de desemprego, baixos salários e miséria e de tensões nas famílias e no país. Isso, por serem "instituições eternas", necessidades da "alma humana", "inspiração da justiça divina", e não produtos históricos, as quais, tendo corrigidas/suprimidas suas contradições, poderiam responder aos anseios de *igualdade* entre os homens que os acompanha desde sua origem. Enfim, para Proudhon, por serem as categorias eternas, presentes em todas as etapas do desenvolvimento humano, seria possível preservar apenas o lado bom dessas categorias e, com isso, garantir a igualdade que com elas originalmente teria levado à sua criação.

Por tudo isso, para Marx, conforme destaca Sperber[225]

> (...) o trabalho de Proudhon era na velha maneira hegeliana (...) não uma história profana, uma história dos homens, [mas] uma história sagrada, uma história de ideias. [Nela]

225 SPERBER, Jonathan. *Karl Marx*: uma vida do século XIX. Barueri: Amarilys, 2014, p. 180.

> o homem não passa de um instrumento que a ideia, ou a razão eterna, explora para se desenvolver (...). Se for aberta a cortina dessa linguagem mística, deve-se dizer que o senhor Proudhon revela a vida na qual as categorias econômicas são organizadas em sua mente.

Para Marx, contudo, e aí já com pleno domínio do método do materialismo histórico que, com Engels, fizeram avançar *n'A ideologia alemã*, as categorias econômicas não são mais que expressões teóricas, abstrações das relações sociais de produção que são produtos históricos e transitórios. Diz ele a respeito:

> As relações sociais estão intimamente vinculadas às forças produtivas. Ao adquirir novas forças produtivas, os homens mudam de modo de produção e, ao mudar o modo de produção, a maneira de ganhar a vida, mudando todas as relações sociais. O moinho movido pelo braço nos dá a sociedade dos senhores feudais; o motor a vapor, a sociedade capitalista industrial.

E a respeito dos princípios e categorias tratadas por Proudhon:

> Os homens, ao estabelecerem as relações sociais com respeito ao desenvolvimento de sua produção material, criam também os princípios, as ideias, as categorias, conforme suas relações sociais. Portanto, essas ideias, essas categorias são tão pouco eternas quanto as relações que exprimem. São produtos históricos e transitórios.[226]

Na "sucessão lógica das ideias" de Proudhon, quando examina as relações de produção numa das fases de desenvolvimento da sociedade, o que ele faz para a economia burguesa, mas sem

226 MARX, Karl. *Miseria de la Filosofía*: respuesta a la filosofía de la miseria del señor Proudhon. Argentina: Siglo XXI Editores, 1971, pp. 90/91.

poder derivá-la do movimento dialético, tem de concebê-las como existindo em todas as outras fases, por meio da "razão pura", uma fase engendrando a outra, e assim, para chegar ao "valor constituído" que, para ele, é a base de todas as evoluções econômicas, não poderia prescindir da divisão do trabalho, da concorrência, etc., as quais, se não existiam em toda a *série* dos distintos modos de produção, passam a existir pela força do pensamento, da "razão impessoal da humanidade".

Estabelecida essa universalidade das categorias econômicas, Proudhon quer examinar sua essência. Identifica nelas, modificando a dialética de Hegel para aplicá-la à Economia Política, dois lados em contradição: um lado bom e outro mau, a vantagem e o inconveniente, os quais, tomados em conjunto formam a contradição inerente a cada categoria econômica. Assim, ocorre com a escravidão direta, que tem o seu lado bom, que foi o impulso à produção nas colônias e o aumento do comércio internacional, minando as suas próprias bases, e o lado mau, a escravização do homem. O mesmo ocorre com o feudalismo, e Marx, para evidenciar como esses antagonismos inerentes às categorias econômicas são vitais para mover a roda da história, mostra o que teria acontecido com este sistema de produção se não existisse o lado mau:

> É o lado mau que, dando origem à luta, produz o movimento que faz a história. Se na época de dominação do feudalismo, os economistas, entusiasmados com as virtudes cavalheirescas, com a boa harmonia entre os direitos e os deveres, com a vida patriarcal das cidades e a situação de prosperidade da indústria doméstica no campo, com o desenvolvimento da indústria organizada nas corporações, enfim, com tudo o que constitui o lado bom do feudalismo, houvessem proposto eliminar tudo o que existia de ruim neste sistema – a servidão, os privilégios, a anarquia –, o que teria ocorrido? Teriam sido destruídos todos os elementos que desencadeiam a luta

> e eliminado o germe do desenvolvimento da burguesia. Em resumo, teriam proposto o absurdo de eliminar a história.[227]

E é exatamente isso que Proudhon propõe em nome da dialética de Hegel (que nada tem a ver com essa concepção): eliminar o lado mau das categorias econômicas, pondo um fim às contradições. Não percebe, de acordo com Marx, que isso significaria pôr fim ao movimento dialético, à própria história, pois as categorias perderiam a sua natureza contraditória, deixando de se situar em si mesmo e de se opor a si mesma, por obra do Sr. Proudhon, que passaria, ele próprio, a determinar este movimento.

Embora Marx se estenda e se aprofunde em outras críticas ao pensamento de Proudhon, este é o ponto central e, ao mesmo tempo, a base de sua teoria do materialismo histórico: ao contrário deste autor que pressupõe que as categorias tenham precedido a vida ativa e dinâmica dos homens e que existem em todas as formações econômicas, sendo assim eternas e imutáveis – é sua a expressão citada por Marx sobre isso: "(...) tudo atua desde o início dos séculos. O mesmo acontece com toda a economia social"[228] e que, para anular as contradições basta eliminar o lado mau para se gerar a igualdade, que considera o ideal da humanidade em todos os tempos, Marx pensa de forma diferente. Para ele, o progresso e a produção de riquezas só existem como resultados desses antagonismos e sua eliminação representaria barrar a história e impedir que, de suas contradições, a sociedade evoluísse para etapas superiores como resultado dessas tensões.

Na crítica final que dirige aos economistas (ou à Economia Política) Marx os classifica como clássicos e românticos. Os clássicos, como Adam Smith e Ricardo, teriam se preocupado

---

227 MARX, Karl. *Miseria de la Filosofía*: respuesta a la filosofía de la miseria del señor Proudhon. Argentina: Siglo XXI Editores, 1971, p. 105.

228 MARX, Karl. *Miseria de la Filosofía*: respuesta a la filosofía de la miseria del señor Proudhon. Argentina: Siglo XXI Editores, 1971, p. 99.

em demonstrar a superioridade da economia burguesa sobre a feudal, assumindo uma atitude de indiferença ante os resultados deste sistema, considerando suas relações econômicas como leis naturais, eternas, diante do que nada haveria a fazer para mudá-la. Os economistas românticos, que vieram depois, copiaram os raciocínios dos clássicos e substituíram a indiferença destes pela compaixão. Segue-se deles, a *escola humanitária* que, por meio de conselhos a trabalhadores e burgueses, pretendem abrandar o "lado mau" do sistema, e a *escola filantrópica*, que nega a necessidade do antagonismo e querem converter todos os homens em burgueses. Sua teoria equivale a uma realidade idealizada: querem conservar as categorias burguesas, mas sem os antagonismos que as caracterizam e delas são inseparáveis, ou seja, eliminar o seu lado mau, como se isso fosse possível. Marx considera-os socialistas utópicos, posição em que enquadra Proudhon, que, com a sua fórmula de produzir a igualdade entre os homens, por meio do "valor constituído", travaria a roda da história impedindo que, pelas próprias contradições da economia burguesa, a sociedade desse saltos para uma nova etapa de desenvolvimento.[229]

Para Marx, impedir que as contradições se acentuassem e que a história avançasse representaria barrar as chances de emancipação da classe operária. Pois, somente quando o proletariado estivesse suficientemente desenvolvido para constituir-se como classe social e revestir sua luta de caráter político, o que exigia o desenvolvimento das forças produtivas, reforçando, assim, o lado mau do sistema, este atingiria o ponto de maturidade necessário para que o aspecto revolucionário deste movimento estivesse em condições de demolir essa ordem e instaurar uma nova sociedade – o comunismo. Por isso, os que enxergavam apenas a miséria e queriam eliminá-la, suprimindo o "lado mau" do sistema, por meio de fórmulas improvisadas e salvadoras, caso dos socialistas

---

229 MARX, Karl. *Miseria de la Filosofía*: respuesta a la filosofía de la miseria del señor Proudhon. Argentina: Siglo XXI Editores, 1971, pp. 107-109.

utópicos, não passavam de pequenos burgueses, que "oscilam constantemente entre o capital e o trabalho, entre a Economia Política e o comunismo", ao quererem manter apenas o lado bom da economia burguesa, como se isso fosse possível. Este, o caso do senhor Proudhon.[230]

2.3 Trabalho Assalariado e Capital, de 1847/9

De acordo com Engels, na *Introdução* que faz para a edição de 1891 do livro *Trabalho Assalariado e Capital*, de 1849, de Karl Marx, este ainda não havia terminado a leitura crítica da Economia Política, o que só viria a acontecer nos finais dos anos de 1850, com o trabalho *Contribuição à Crítica da Economia Política*, de 1859.[231] Apesar das várias críticas que Marx já havia feito ao método dos economistas clássicos e da insuficiência de sua análise na explicação do valor, certo é que ele ainda não estava em condições, quando da elaboração deste livro, fruto de conferências que havia proferido na Associação dos Trabalhadores alemães, por ele fundada e presidida a partir de agosto de 1847, de completar essa crítica e de superar essa escola nessa explicação.

As conferências de 1847 tiveram objetivos políticos e didáticos e foram realizadas com o propósito de proporcionar aos operários alemães, que se encontravam na Bélgica naquela época, formação política e conhecimento de sua real situação nas relações do trabalho com o capital, visando despertar sua consciência de classe e da luta que deveriam travar para sua libertação. Tratava-se, portanto, de veículos de propaganda comunista e, como tal, terminaram sendo publicados no jornal *Nova Gazeta Renana*, da Colônia, a partir

230 MARX, Karl. *Miseria de la Filosofía*: respuesta a la filosofía de la miseria del señor Proudhon. Argentina: Siglo XXI Editores, 1971, pp. 109/110.

231 ENGELS, Friedrich. "Introdução (à edição de 1891] de Trabalho Assalariado e capital]". *In*: MARX Karl. *Trabalho assalariado e capital* [1849] & *Salário, preço e lucro* [1865]. 2ª ed. São Paulo: Expressão Popular, 2010, pp. 17-30.

de abril de 1849, dirigida por Marx no período em que para lá retornou após a Revolução Francesa de 1848, com o objetivo de organizar a classe trabalhadora para a mesma tarefa.

Não representava, contudo, um trabalho em que o segredo da mais-valia já seria desvendado. Faltava ainda, a Marx, como vimos anteriormente, melhor discernimento da efetiva diferença entre as categorias "trabalho", que o trabalhador vende para o capital em troca de um salário, e a "força de trabalho", que consiste na capacidade de produção do trabalhador e que, efetivamente, fica à disposição do capitalista, por um determinado período contratual, para ele empregar e utilizar como bem entender. São coisas diferentes, como Engels explica, o que teria provocado confusão nas explicações sobre os *preços e os custos de produção* entre os economistas clássicos, que Marx só desvendaria anos mais tarde.

Engels lembra, nessa *Introdução*, que a Economia clássica havia partido dos preços das mercadorias para explicar como se formava o valor que os regulavam, e, com o qual, se tornava possível entender as oscilações destes preços, e como se retornava, pelo processo de concorrência, ao seu nível *natural* (um termo clássico), ao nível de equilíbrio. Tendo concluído que o valor de uma mercadoria é determinado pelo trabalho nela incorporado, estes economistas teriam se contentado com essa explicação, mas sem se preocuparem em entender o porquê, *considerando o trabalho a fonte de valor*, sua remuneração era inferior ao preço de venda da mercadoria, *o que seria uma contradição*, pois se é o trabalho que o determina, este não poderia ser diferente do valor por ele recebido. A equação não fechava.

Daí esses economistas partiram, como no caso de Adam Smith e, posteriormente de Stuart Mill, para identificar os *preços naturais* (ou o valor) com os *custos de produção* e a incluir nestes não somente o preço do trabalho vivo, contratado, para o qual se pagava um salário, mas também os custos do capital e da renda fundiária, as chamadas componentes aditivas smithianas. Dessa forma, contradizeram a formulação original de que o trabalho é a fonte de todo valor criado. Ricardo, por sua vez, teria, ao contrário de Smith, ido bem mais longe nessa interpretação, mas não soube precisar de onde vinha o lucro obtido pelo capital, o que manteve a confusão teórica sobre este processo, porque ao se tomar o salário como o valor do trabalho, sobrava um excedente cuja origem não era explicada.

O erro, como argumenta Engels, tem origem na identificação do trabalho como uma mercadoria, o qual, como todas as demais, tem lá seus custos de produção. E, no caso do trabalho, este custo representa o custo necessário para o operário sobreviver e para garantir a continuidade da espécie humana, ou seja, representa

> a soma dos meios de subsistência ou do seu preço em dinheiro, que são, em média, necessários para o tornarem capaz de trabalhar (...) e para reproduzir, portanto, a classe operária na força necessária (...).[232]

Se se soma o valor desse trabalho pago na forma de salário, no montante, digamos de 3 dólares, a mais 20 dólares da matéria-prima empregada na produção do bem e a mais 1 referente ao desgaste das máquinas e ferramentas, enfim, dos instrumentos de produção, seu custo efetivo chega a 24 dólares. No entanto, ao vendê-la, o capitalista recebe 27 dólares. De onde vêm os 3 dólares acrescentados que não foram destinados ao trabalhador, mas que são embolsados pelo capitalista? Não é, afinal, o trabalhador a única fonte de valor?

Essa contradição se torna, para Engels, mais absurda quando se reduz os valores expressos em dinheiro em tempo de trabalho. Tudo se passa como se o operário trabalhasse por 6 horas para

232 ENGELS, Friedrich. "Introdução (à edição de 1891] de Trabalho Assalariado e capital]". *In*: MARX Karl. *Trabalho assalariado e capital* [1849] & *Salário, preço e lucro* [1865]. 2ª ed. São Paulo: Expressão Popular, 2010, p. 24.

repor o salário e mais 6 horas para o capitalista, de graça, para acrescentar ganhos líquidos ao seu capital. Essa contradição entre o valor e o preço só pode ser resolvida se entendermos que embora seja uma mercadoria, o *trabalho*, ou mais propriamente, a *força de trabalho*, é uma mercadoria especial, capaz de produzir um valor superior ao que necessita para cobrir seus custos e para se reproduzir. E que esse *plus* tende a aumentar a cada nova descoberta científica, a cada nova invenção técnica, reduzindo a parte do operário necessária para ele se sustentar e ampliando a parte do valor por ele criado que migra e é apropriado pelo capital.[233]

Tal dissociação entre o valor criado e o valor apropriado pelo trabalhador tende, ao ir se ampliando com o tempo, a um forte e crescente conflito na economia: de um lado, porque as riquezas criadas na forma de produtos podem se vir sem compradores, colocando-se a possibilidade das crises ante a impossibilidade de materialização da parte do valor apropriado pelo capital; de outro, porque uma pequena classe tornando-se excessivamente rica submete a maioria que dela depende para trabalhar em uma situação de crescente miséria. A cisão da sociedade, neste caso, torna-se inevitável nessa condição e, para que ela se perpetue, a mudança torna-se mais do que necessária.

De fato, retornando ao original de 1849 sem considerar as mudanças introduzidas por Engels, principalmente a que diz respeito à substituição da categoria "trabalho" por "força de trabalho", a leitura do texto fica imprecisa e incompleta. Marx inicia o ensaio considerando que o operário vende ao capitalista o seu trabalho em troca de um salário com o qual adquirirá os bens e serviços que necessita para viver e se reproduzir. O *salário* é, portanto, o *preço do trabalho*, uma mercadoria como outra qualquer. A questão que

---

233 ENGELS, Friedrich. "Introdução (à edição de 1891] de Trabalho Assalariado e capital]". *In*: MARX Karl. *Trabalho assalariado e capital* [1849] & *Salário, preço e lucro* [1865]. 2ª ed. São Paulo: Expressão Popular, 2010, pp. 28/29.

quer investigar: como se determina o preço de uma mercadoria e, por extensão, do trabalho?

Para ele, o preço da mercadoria é determinado pela *concorrência*, pela lei da oferta e da procura. De acordo com o jogo e a interação entre a oferta e a procura em que se envolvem produtores e consumidores, disputando entre si a venda e a compra do produto, os preços sobem ou caem, mas, pelo processo de concorrência, na hipótese de mobilidade do capital e do trabalho, eles tendem para o seu *custo de produção*, que os economistas chamam de *preço médio*, ou *preço natural*, que opera como uma lei do sistema a qual se chega pelo *acaso* dessas variações. Ou na conclusão, que já vimos, de que "o movimento global dessa desordem é a sua ordem".[234]

Mas o que compõe o *custo de produção*? Marx arrola: i) as matérias-primas e o desgaste dos instrumentos utilizados na produção, que representam certa quantidade de tempo de trabalho; ii) o trabalho direto, cuja medida é precisamente o tempo.[235] Ora, as mesmas leis gerais que regulam o preço das mercadorias em geral regulam naturalmente o salário, o preço do trabalho. Assim, como resultado das oscilações que ocorrem neste preço, tal como ocorre com o das mercadorias, haverá um preço médio (natural) que deve corresponder ao custo de produção do trabalho, que são os custos para mantê-lo e se reproduzir como trabalhador, o que equivale ao preço dos bens necessários para sua existência, entendendo-se isso como o "mínimo de salário".[236]

As matérias-primas, os instrumentos de trabalho e os meios de subsistência, que entram na produção, são todos criações do

---

234 MARX Karl. *Trabalho assalariado e capital* [1849] & *Salário, preço e lucro* [1865]. 2ª ed. São Paulo: Expressão Popular, 2010, p. 42.

235 MARX Karl. *Trabalho assalariado e capital* [1849] & *Salário, preço e lucro* [1865]. 2ª ed. São Paulo: Expressão Popular, 2010, p. 43.

236 MARX Karl. *Trabalho assalariado e capital* [1849] & *Salário, preço e lucro* [1865]. 2ª ed. São Paulo: Expressão Popular, 2010, p. 44.

trabalho que os homens realizam cooperativa e socialmente entre si, mas, reunidos dessa maneira, constituem *Capital*. E, tal como os homens estabelecem relações sociais entre si para a produção, o *Capital* representa, também, uma *relação social de produção*. Ele se compõe, dessa maneira, "de uma soma de mercadorias de valores de troca, de grandezas sociais", que são sua essência.[237] Acontece que nem todo produto ou bem que, por serem trocáveis, intercambiáveis, assumem a condição de uma mercadoria, constitui ou é capital. Como, então, ocorre essa transformação?

Isso ocorre pelo fato de uma classe da sociedade nada mais possuir e nada mais lhe restar que o seu trabalho como propriedade, que ela terá de vender para alguém que queira ou se disponha a adquirir o seu uso. Somente neste caso é que o *trabalho acumulado se transforma em capital* e contrata o trabalho vivo para aumentar o seu valor de troca. Neste caso, realiza-se uma troca: o operário recebe os meios para subsistir e fornece ao capitalista o seu trabalho, que ele usará para aumentar o valor do trabalho acumulado de que dispõe. Por isso, "o capital pressupõe (...) o trabalho assalariado; o trabalho assalariado pressupõe o capital. Eles determinam-se reciprocamente; eles engendram-se reciprocamente".[238] É o trabalho assalariado que permite a ele multiplicar-se, assim como é o crescimento deste capital que propicia melhorias na vida do trabalho assalariado pelo aumento do salário, sendo estes dois aspectos da mesma relação.

Nessa análise, embora ainda sem ter chegado com clareza à noção de mais-valia, Marx a pressentiu pela primeira vez, como

---

237 MARX Karl. *Trabalho assalariado e capital* [1849] & *Salário, preço e lucro* [1865]. 2ª ed. São Paulo: Expressão Popular, 2010, p. 46.

238 MARX Karl. *Trabalho assalariado e capital* [1849] & *Salário, preço e lucro* [1865]. 2ª ed. São Paulo: Expressão Popular, 2010, p. 49.

observa Mandel,[239] apoiando-se na seguinte passagem de Marx em *Trabalho Assalariado e Capital*:

> o capital (...) se conserva e aumenta por sua troca com o trabalho imediato, vivo (...). O operário recebe meios de subsistência em troca de seu trabalho, mas o capitalista, em troca de seus meios de subsistência, recebe trabalho; a atividade produtiva do operário não somente destitui o que ele consome, mas dá ao trabalho acumulado um valor maior do que aquele que ele possuía antes.

Após fazer a diferenciação entre o *salário nominal* (o valor recebido em dinheiro pelo trabalho) e o *salário real* (os bens que com o salário nominal se pode comprar), Marx introduz outra relação que determina o *salário relativo*: o lucro do capitalista, que exprime a cota-parte do trabalho direto no valor por ele criado em relação à que cabe ao Capital. O *preço de venda* da mercadoria, além dos custos de produção em que incorre (matérias-primas, depreciação dos equipamentos e ferramentas e reposição do salário pago) passa a conter um terceiro elemento, que corresponde ao seu lucro, o excedente. Ou seja, do novo valor criado, uma parte é destinada para o trabalhador e outra para o capital.

Este *salário relativo* (ou cota-parte) não guarda correspondência com o salário real: este pode permanecer o mesmo, ou até mesmo subir, mas o salário relativo pode cair, aumentando a desigualdade na distribuição da riqueza produzida e aumentando o domínio do capital sobre o trabalho. Lucros e salários relativos variam, assim, inversamente: quando um cai, o outro aumenta sua participação relativa no valor gerado e vice-versa, sendo seus interesses, portanto, opostos.[240]

---

239 MANDEL, Ernest. *A formação do pensamento econômico de Karl Marx*: de 1843 até a redação de O Capital. Rio de Janeiro: Zahar, 1968, p. 56.

240 MARX Karl. *Trabalho assalariado e capital* [1849] & *Salário, preço e lucro* [1865]. 2ª ed. São Paulo: Expressão Popular, 2010, pp. 55/56.

Isso significa que o aumento do capital, da acumulação, mesmo que favoreça o trabalhador, ao aumentar o salário real, como argumentam os economistas, pela maior demanda por mão de obra, a cota que cabe ao capitalista, na forma de lucro, se amplia, aumentando o fosso que separa um do outro, e também o poder do capital sobre o trabalho. Mas quando ocorre essa pressão dos salários reais, o capitalista irá procurar reduzir o preço do trabalho por meio da introdução de maquinaria poupadora de trabalho e da ampliação da divisão do trabalho, diminuindo o tempo de trabalho necessário para o trabalhador se reproduzir, ou o seu salário.

Os capitalistas que saem na frente neste processo de redução do preço do trabalho podem, durante algum tempo, se beneficiar obtendo lucros superiores ao venderem suas mercadorias acima dos custos de produção. Mas, pela concorrência entre os vários capitais, estes ganhos acabarão desaparecendo, à medida que aumenta a oferta e os preços caem, retornando-se à situação anterior em que os preços se igualem àqueles custos: "é a lei que, dentro dos limites das oscilações das épocas do comércio, *equilibra* os preços com os custos de produção". Mas este é um processo que se renova a cada fim de um ciclo, pois, é próprio do capital, perseguir avidamente este ganho extra, o que termina revolucionando permanentemente as estruturas produtivas, a divisão do trabalho e ampliando a produção de riqueza, na forma de produtos. E isso numa escala que vai se espraiando e se tornando mundial.

Quais os efeitos dessas circunstâncias sobre os salários? Os trabalhadores aumentam a concorrência entre si porque o aprofundamento da divisão de trabalho leva à sua simplificação e reduz a necessidade de braços ao mesmo tempo em que, por exigir menor qualificação com este processo, amplia o contingente de operários no mercado apto ao trabalho. Todo este processo termina derrubando o seu preço, o que significa que o operário quanto mais trabalha menos salário recebe, e quanto mais maquinaria se introduz no processo maior o desemprego, maior a concorrência entre os trabalhadores e maiores as possibilidades de eclosão de crises econômicas devido à crescente concentração da riqueza.

Neste processo, Marx coloca em dúvida a hipótese defendida pelos economistas de que o desemprego causado pelo avanço tecnológico encontraria ocupação em outros setores da economia, por ser próprio do sistema ir ampliando a divisão do trabalho e a sua parcialização, simplificando suas atividades, com a introdução de novas máquinas mais produtivas, de modo a incorporar novos contingentes no mercado, inclusive crianças, mulheres, pequenos industriais, e até mesmo *rentiers*, visando reduzir seu preço, o salário, para garantir cotas-partes crescentes para o capital no novo valor criado. Mas enxerga, neste movimento, a necessidade de mercados em contínua expansão para absorver a crescente massa de produtos que neles chega, os quais, no entanto, apresentam limites para sustentar, no tempo, tais contradições. As crises se tornam, diante disso, inevitáveis.[241]

Não há dúvidas de que em *Trabalho Assalariado e Capital*, Marx avança na compreensão do modo de produção capitalista e na identificação de algumas de suas contradições, casos da apropriação crescente da riqueza nova criada pelo capital, da tendência decrescente do salário, do crescente poder do capital sobre o trabalho e da possibilidade de crises. Mas o trabalho permanece incompleto sem que o segredo da origem do lucro tenha sido claramente revelado por ainda não ter feito a distinção entre o "trabalho" a "força de trabalho" e, por isso, não ter chegado à noção de mais-valia. Sem ter ainda distinguido o valor de troca dos custos e dos preços de produção e estes dos preços de mercado, o lucro, apesar de aparecer como sendo uma apropriação pelo capital de uma parte do novo valor criado, permanece obscuro, sem uma clara explicação.

O enigma da origem do lucro só seria resolvido mais tarde, quando ele demonstrar não ser o *trabalho*, e sim a *força de trabalho*,

---

241 MARX Karl. *Trabalho assalariado e capital* [1849] & *Salário, preço e lucro* [1865]. 2ª ed. São Paulo: Expressão Popular, 2010, pp. 65/66.

uma mercadoria especial que, alugada/ comprada pelo capital, na forma de trabalho assalariado, para trabalhar para ele, teria a capacidade de produzir um excedente além do necessário para sobreviver e se reproduzir, e que este excedente, o qual tende progressivamente a aumentar com o desenvolvimento tecnológico, que, por sua vez, aumenta a produtividade do trabalho, pertence a quem o contratou, ao capitalista, na forma de lucro, e não ao trabalhador.

Engels considera que essa nova interpretação das relações capital/trabalho, reveladora da essência do sistema capitalista, que também não fora decifrada pelos economistas clássicos, e que também ainda não estava presente no trabalho de Marx de 1847/9, merecia ser incluída na sua nova edição, de 1891, modificando-se o texto original, já que seria destinada à propaganda entre os operários, tornando mais atualizada sua leitura sobre as relações capitalistas.[242]

2.4 O Manifesto Comunista, de 1848

Tendo completado mais de 170 anos de sua primeira publicação, em fevereiro de 1848, nada mais ou muito pouco há a dizer sobre o *Manifesto Comunista* escrito por Marx e Engels. Sobre ele todos os elogios já foram feitos, todas as críticas de diversas origens, matizes e ideologias formuladas, questionamentos teóricos e históricos apresentados. Como afirma Harold Laski na análise que dele fez, em 1947, em comemoração aos 100 anos de sua publicação,

> O *Manifesto Comunista* já superou de muito o estágio de elogios. Todo estudioso da sociedade considera-o um dos importantes documentos políticos de todos os tempos; pela

242 ENGELS, Friedrich. "Introdução (à edição de 1891] de Trabalho Assalariado e capital]". *In*: MARX Karl. *Trabalho assalariado e capital* [1849] & *Salário, preço e lucro* [1865]. 2ª ed. São Paulo: Expressão Popular, 2010, p. 20.

> influência que exerceu, é comparado à Declaração de Independência Americana, de 1776, e à Declaração dos Direitos do Homem, em 1789, na França. (...) É uma Filosofia da História, uma análise crítica das doutrinas socialistas e um chamado fervoroso à ação revolucionária.[243]

Com esse alcance, o *Manifesto* deve ser visto não somente como um instrumento para orientar a luta política dos comunistas, assim como também uma crítica a seus adversários, além de espelhar a consolidação do pensamento marxista e de sua concepção de mundo, que passou a ter no método do materialismo histórico, lógico-histórico, os elementos fundamentais para sua interpretação e para identificar as ações necessárias requeridas para sua transformação. Por isso, não há nenhum exagero em afirmar que, com o *Manifesto*, Marx chega ao fim de uma estrada ao completar o conhecimento que já vinha desenvolvendo e definir o caminho que continuaria percorrendo nos campos da filosofia, da sociologia e da teoria econômica, do qual não mais se afastaria, como observa Schumpeter,[244] constituindo, por isso, "(...) o prelúdio de todo [o seu] trabalho ulterior".

A elaboração do *Manifesto* foi encomendada a Marx pelo Segundo Congresso da Liga Comunista, de novembro de 1847, com data marcada para ser concluída e entregue até 1° de fevereiro de 1848. Engels havia se antecipado e desenvolvido em caráter preliminar uma espécie de "catecismo comunista", no qual incluía um conjunto de medidas iniciais que deveriam ser adotadas pelos movimentos revolucionários por ocasião da derrubada da burguesia do poder e que terminaram fazendo parte, na versão final, da

---

243 LASKI, Harold J. "Introdução (ao *Manifesto Comunista*)". *In*: LASKI, Harold J. *O Manifesto comunista de Marx & Engels*. 2ª ed. Rio de Janeiro: Zahar, [1947] 1978, p. 27.

244 SCHUMPETER, Joseph A. "A significação do Manifesto Comunista na sociologia e na economia". *In*: LASKI, Harold J. *O Manifesto comunista de Marx & Engels*. 2ª ed. Rio de Janeiro: Zahar, [1947] 1978, p. 147.

segunda parte do *Manifesto*. No final, na sua autoria figuraram os dois amigos e companheiros, com o documento sendo publicado no final de fevereiro do mesmo ano, não se podendo deixar de registrar que Engels sempre foi enfático sobre a maior importância de Marx na sua concepção e elaboração.

O *Manifesto* está estruturado em quatro seções. A primeira, e a mais importante, fornece uma visão global da economia capitalista, bem como de suas potencialidades e contradições, à luz da luta de classes e defende que reside, nessa, a chave da mudança histórica. A segunda discute o papel dos comunistas na transformação dessa ordem e apresenta um programa do partido a ser seguido para viabilizar seus objetivos, uma vez derrubada a burguesia do poder. A terceira realiza uma análise crítica dos vários movimentos de esquerda da época, os quais, ao contrário do que pretendiam seus membros, Marx e Engels entendem ser prejudiciais para o movimento. A quarta orienta os membros do partido comunista para a necessidade de realizar alianças táticas com outras forças políticas para a vitória da sociedade comunista.

Marx e Engels abrem o manuscrito com uma imagem inquietante: "um espectro ronda a Europa – o espectro do comunismo". Contra ele se unem todas as forças – "do Papa ao Tzar" – que se opõem ao seu triunfo sobre a ordem vigente. Por isso, é preciso que se revele para o mundo seu conteúdo e propostas, sua filosofia e ideias para desmentir as infâmias que sobre ele estão sendo lançadas por essas forças e para que se possa contar com o apoio necessário para se realizar as mudanças na história que já estão em curso.

Neste preâmbulo do panfleto, fica delineado o caminho que será percorrido para se expor ao mundo o significado do comunismo contra seus opositores e o método empregado para revelar porque, historicamente, seria inevitável sua vitória.

O ponto de partida da análise consiste na afirmação de que "a história de toda a sociedade (a história escrita) existente até hoje tem sido a história da luta de classes".[245] Ou seja, de uma história de antagonismo, de conflitos. Esses antagonismos nas sociedades passadas (Roma antiga, Idade Média) diluíam-se entre diversas classes, dificultando para as classes oprimidas e exploradas identificar o verdadeiro algoz, o inimigo a ser combatido e, portanto, a luta. Já na época atual, a época da burguesia, a qual nasce dos escombros e ruína do mundo feudal, mantêm-se os mesmos antagonismos, mas essa se diferencia das anteriores por uma questão muito simples: nela, estes antagonismos são simplificados e circunscritos a apenas duas grandes classes: a burguesia e o proletariado. Note-se que, com essa hipótese, fecham-se as portas para a existência de classes intermediárias, que se situam entre os dois extremos, o que, se importante para o argumento e conclusão a que chegarão os autores do *Manifesto*, dificilmente se verificará no mundo real.

Nascida dos servos da Idade Média que migraram para as cidades, para as atividades do comércio, essa burguesia conheceu um rápido desenvolvimento, e, à medida que esse comércio foi se desenvolvendo, influenciado por vários acontecimentos históricos – descoberta dos mercados da Índia e da China, a colonização da América, o comércio com as colônias etc. –, terminou solapando as bases deste mundo feudal, tornando-o anacrônico e em contradição com o desenvolvimento das forças produtivas. Como decorrência, as guildas feudais cederam lugar à manufatura, à oficina, e essa à grande indústria moderna, enquanto o desenvolvimento tecnológico (o surgimento da maquinaria e da máquina a vapor) revolucionou a produção industrial e essa ganhou o mercado mundial, deu novos impulsos ao avanço da burguesia que, antes dependente e serva da nobreza feudal, acabou tornando-se soberana, comandante da economia e, no campo político, do Estado. Com ela no comando,

---

245 MARX, Karl; ENGELS, Friedrich. "O Manifesto Comunista". *In*: LASKI, Harold J. *O Manifesto comunista de Marx & Engels*. 2ª ed. Rio de Janeiro: Zahar, [1947] 1978, p. 93.

o mundo rapidamente se transformou e avançou derrubando fronteiras territoriais, globalizando-se.

Por isso, Marx e Engels não economizam palavras para enaltecer o modo de produção burguês que "(...) substituiu a exploração, encoberta pelas ilusões religiosas e políticas, pela exploração aberta, única, direta e brutal", destruiu o mito da

> ocupação então considerada honrada e encarada com respeito, caso do jurista, do médico, do padre, do poeta, transformando-os em trabalhadores assalariados (...), rasgou o véu sentimental da família, reduzindo as relações familiares a meras relações monetárias,

porque "a burguesia não pode existir sem revolucionar constantemente os meios de produção e, por conseguinte, as relações de produção e, com elas, todas as relações sociais".[246] Na sua necessidade de expansão contínua tem que suprimir e destruir tudo o que se opõe ao seu desígnio, a busca do lucro, e, neste processo, "(...) tudo o que era sólido se evapora no ar, tudo o que era sagrado é profanado, e por fim o homem é obrigado a encarar com serenidade suas verdadeiras condições de vida e suas relações com a espécie".[247]

Com esse poder avassalador, a burguesia invade e integra os mercados do mundo, leva a produção aonde não existia, retira a indústria de sua base nacional, destrói as formas antigas de produção, cria permanentemente novas necessidades de consumo, tudo para aumentar o lucro do capital, submete o campo à cidade e "cria um mundo [econômico e político] à sua imagem". Por este

---

246 MARX, Karl; ENGELS, Friedrich. "O Manifesto Comunista". *In*: LASKI, Harold J. *O Manifesto comunista de Marx & Engels*. 2ª ed. Rio de Janeiro: Zahar, [1947] 1978, p. 96.

247 MARX, Karl; ENGELS, Friedrich. "O Manifesto Comunista". *In*: LASKI, Harold J. *O Manifesto comunista de Marx & Engels*. 2ª ed. Rio de Janeiro: Zahar, [1947] 1978, pp. 96/97.

papel revolucionário "(...) a burguesia (...) criou [em pouco tempo] forças produtivas mais poderosas e colossais do que todas as gerações do mundo".[248]

Tamanho sucesso não se alcança, contudo, sem gerar contradições. Isso porque, como enfatiza Mandel,[249]

> o capital não pode crescer sem desenvolver ao mesmo tempo o proletariado. A concentração da riqueza social entre as mãos de uma classe social implica uma concentração de miséria no estado de outra classe social.

Ao desenvolver com essa intensidade as forças produtivas, essas foram colocadas em conflito com as relações de propriedade privada que caracteriza e condiciona a existência da sociedade burguesa, porque, sendo essa propriedade concentrada em poucas mãos, sua base é muito estreita para conter e garantir suas riquezas, o que a mantém, por isso, sujeita a crises recorrentes, cuja superação, apenas temporária, exige a destruição de grande quantidade das mesmas forças produtivas e a busca permanente de novos mercados para colocação da produção crescente. Assim, o sucesso deste modo de produção teria forjado, ele próprio, "(...) as armas que representam sua morte".[250]

Mas, mais que isso, "(...) produziu também os homens que manejarão essas armas – o operariado moderno – os *proletários*". Produto do e dependente do *Capital* os trabalhadores têm de

---

248 MARX, Karl; ENGELS, Friedrich. "O Manifesto Comunista". *In*: LASKI, Harold J. *O Manifesto comunista de Marx & Engels*. 2ª ed. Rio de Janeiro: Zahar, [1947] 1978, p. 98.

249 MANDEL, Ernest. *A formação do pensamento econômico de Karl Marx*: de 1843 até a redação de O Capital. Rio de Janeiro: Zahar, 1968, p. 59.

250 MARX, Karl; ENGELS, Friedrich. "O Manifesto Comunista". *In*: LASKI, Harold J. *O Manifesto comunista de Marx & Engels*. 2ª ed. Rio de Janeiro: Zahar, [1947] 1978, p. 99.

vender-se, cotidianamente, para ele como mercadoria, em troca de um salário, sujeito "(...) às oscilações da concorrência, às flutuações do mercado".[251] E, à medida que o capital avança e, com ele, o uso mais intensivo da maquinaria e o maior aprofundamento da divisão do trabalho, este salário, que é determinado pelo custo de reprodução do trabalhador, tende a diminuir, seja pela redução do tempo necessário para garantir essa reprodução, seja pela concorrência que entre estes se intensifica pela obtenção do emprego, tornando necessário o ingresso de crianças e mulheres no mercado em condições desumanas para garantir a subsistência da família.

Neste processo, à medida que aumenta seu domínio, o capital prossegue em sua caminhada triunfante, arruinando econômica e financeiramente também as camadas inferiores da classe média – pequenos industriais, comerciantes, *rentiers*, artesãos –, que, empobrecidos, passam gradualmente a compor as fileiras do proletariado, a serem também por ele dominadas, estreitando ainda mais as bases deste modo de produção. Nessas condições de crescente alienação do trabalho, de baixos salários, de crescente miséria e de condições desumanas, a revolta crescente do trabalhador contra essa situação torna-se inevitável e a luta gradualmente se instala contra seus opressores.

De início com trabalhadores individuais, propagando-se, em seguida, para a mesma fábrica, depois para o ramo da indústria e espraiando-se para todo o seu conjunto, à medida que a consciência de se tratar de uma luta de classe se dissemina, deixando o trabalhador de enxergar as lutas da burguesia como "sua luta" e levando-o a abandonar antes posições isoladas e locais e se unirem em torno de associações, organizações de trabalhadores e de partidos políticos que os representam. Nessa altura, o toque de finados da burguesia se anuncia e a destruição de seu modo de

---

251 MARX, Karl; ENGELS, Friedrich. "O Manifesto Comunista". *In*: LASKI, Harold J. *O Manifesto comunista de Marx & Engels*. 2ª ed. Rio de Janeiro: Zahar, [1947] 1978, p. 99.

existência, que consiste na exploração de uma massa crescente de operários, chega ao fim.

A burguesia, ao promover o rápido desenvolvimento das forças produtivas, o progresso e expansão contínua da riqueza, à custa do empobrecimento crescente da massa de trabalhadores, termina cavando sua própria sepultura com essas contradições e "(...) produz principalmente seus próprios coveiros. [Como consequência] sua queda e a vitória do proletariado são igualmente inevitáveis".[252]

Marx e Engels realizam indiscutivelmente nessa primeira seção uma interpretação econômica da história em que as mudanças brotam das condições e contradições do modo de produção e afetam toda a superestrutura que repousa sobre essa base – Estado, cultura, religião etc. –, à luz, portanto, do método, embora ali ainda não completamente acabado, exposto na *Ideologia Alemã* e, posteriormente, na *Miséria da Filosofia*.

Faz parte integrante dessa interpretação, ou constitui o seu eixo, a estrutura das classes sociais definidas em termos estritamente econômicos e, na análise do modo de produção capitalista, essas são reduzidas a dois polos monolíticos hostis – a burguesia e o proletariado, este tendo suas fileiras crescentemente engrossadas pelas classes médias que empobrecem. São os antagonismos crescentes entre essas classes que dão suporte à sua teoria econômica da história e às conclusões a que chegam sobre a inevitabilidade da mudança e da superação deste modo de produção, o que pode ser questionado por imprimir um curso inapelável à história, à medida que dessas tensões torna-se de fato inevitável que se chegue a essa situação, ao se colocar em xeque a possibilidade de sobrevivência da maior parte da população neste sistema, e sua substituição por

252 MARX, Karl; ENGELS, Friedrich. "O Manifesto Comunista". *In*: LASKI, Harold J. *O Manifesto comunista de Marx & Engels*. 2ª ed. Rio de Janeiro: Zahar, [1947] 1978, p. 105.

uma sociedade sem classes, o comunismo, tal como argumentam. O Estado, integrante desta superestrutura, e agente das classes dominantes, também desapareceria ao final deste processo, já que, inexistindo a divisão de classes, os conflitos cessariam.

O método admirável e as hipóteses assumidas não poderiam, de fato, conduzi-los a outros resultados. Mas não há nenhuma demonstração de que e como isso ocorreria, a não ser adotando também a hipótese de que as coisas continuariam e permaneceriam como estavam, acirrando conflitos que não poderiam ser amortecidos por camadas da população que se situasse entre estes dois polos e que não, necessariamente, comungassem com os mesmos interesses e ideologias do proletariado, a não ser em momentos específicos, quando estes coincidissem.

Marx e Engels, como nenhum outro economista até então havia feito, colocam as realizações econômicas burguesas nas nuvens e o papel do empresariado como revolucionário de uma estrutura que, por isso, se renova continuamente, destruindo formas antigas, criando novas, significando que o capitalismo deve ser entendido, nessa perspectiva, como um *processo*, que promove a limpeza das coisas do passado, que obstam seu curso, arrastando todas as nações para a civilização, inclusive no campo das crenças, da religião e das ideologias, ao mesmo tempo em que cria o novo, e até mesmo o proletariado que vai se tornar seu algoz, como aponta Schumpeter.[253]

Mais que isso, enxergaram ainda a tendência à concentração e centralização do capital, embora ligeiramente enunciada no texto, as possibilidades das crises, dadas pelas suas contradições, a tendência ao depauperamento do trabalhador pela incapacidade do sistema de alimentar dignamente seus trabalhadores (ou "seus escravos"), o que não ocorria nos modos de produção anteriores,

---

253 SCHUMPETER, Joseph A. [1949]. "A significação do Manifesto Comunista na sociologia e na economia". *In*: LASKI, Harold J. *O Manifesto comunista de Marx & Engels*. 2ª ed. Rio de Janeiro: Zahar, [1947] 1978, pp. 143-147.

o que os leva à conclusão de que, por isso, "a burguesia é (...) incapaz de ser a classe dominante", e que "sua existência (...) não é compatível com a sociedade".[254]

Mas, do ponto de vista da *teoria econômica*, não há nada ainda no *Manifesto* que dê suporte a essas conclusões, como ocorrerá nas obras posteriores de Marx, notadamente em *O Capital*. Como em suas obras anteriores, no *Manifesto* menciona-se a queda dos salários reais, usando-se os mesmos argumentos contidos em *Trabalho Assalariado e Capital*, a exploração do trabalho pelo capital, a associação dos custos de produção do trabalho aos custos de sua reprodução e, na questão do valor, continua a predominar a visão ricardiana sobre essa questão. Trata-se mais, portanto, de uma visão de sociologia econômica do que de teoria econômica, na qual Marx ainda não havia conseguido avançar em sua solução. Mas será essa visão social, aí retratada, que Marx procurará em seus trabalhos de economia, teorizar para expor as contradições do capitalismo, bem como sua tendência permanente às crises e à sua própria destruição como modo de produção histórico.[255]

Na segunda seção,[256] Marx e Engels se empenham em fazer a defesa do ideário comunista e desmistificar as visões transmitidas, ideologicamente, pelas classes dominantes para o conjunto da sociedade sobre os supostos perigos que representaria.

De início reafirmam que os comunistas não formam um partido à parte (ou seja, não se propõem a constituir um partido

---

254 MARX, Karl; ENGELS, Friedrich. "O Manifesto Comunista". *In*: LASKI, Harold J. *O Manifesto comunista de Marx & Engels*. 2ª ed. Rio de Janeiro: Zahar, [1947] 1978, p. 104.

255 SCHUMPETER, Joseph A. "A significação do Manifesto Comunista na sociologia e na economia". *In*: LASKI, Harold J. *O Manifesto comunista de Marx & Engels* [1947]. 2ª ed. Rio de Janeiro: Zahar, [1947] 1978.

256 MARX, Karl; ENGELS, Friedrich. "O Manifesto Comunista". *In*: LASKI, Harold J. *O Manifesto comunista de Marx & Engels* [1947]. 2ª ed. Rio de Janeiro: Zahar, 1978, pp. 105-113.

único, centralizador), não têm interesses diferentes aos dos trabalhadores e nem pretendem modelar o movimento operário. Como tal, o partido comunista só se distingue dos demais à medida que, efetivamente, tem como único foco a defesa dos interesses do trabalhador, independentemente de sua nacionalidade, por ser o trabalhador sempre um trabalhador, à medida que só lhe restam os braços e a mente para subsistir, submetido, por isso, ao controle e domínio do capital na sociedade burguesa, qualquer que seja o local, a região ou o país. Neste modo específico de produção, o que assegura essa condição de dependência do trabalhador ao capital (um produto coletivo), transformando uma relação social em uma relação de posse individual, de classe, é a existência da propriedade privada, a qual precisa ser convertida em propriedade comum para se resgatar seu caráter social, sem vinculação de classe.

Por isso, o comunismo luta a favor da abolição da propriedade privada e é combatido, pela burguesia, por meio de ideologias, como um câncer que quer extirpá-la, ao mesmo tempo em que significa a condenação da atividade produtiva à inércia, ao desemprego, à pobreza. Além dessa infâmia, ainda atribuem aos comunistas o objetivo de dissolver as famílias, separar pais e mães, abolir a pátria e a nacionalidade, quando os trabalhadores nem pátria têm.[257] Essas acusações não passam, para eles, de um ponto de vista religioso, filosófico e, em geral, ideológico, sendo apenas ideias difundidas pelas classes dominantes para proteger seus interesses próprios, individuais, mesmo porque se sabe que "as ideias dominantes de uma época são sempre as ideias das classes dominantes".[258]

---

257 MARX, Karl; ENGELS, Friedrich. "O Manifesto Comunista". *In*: LASKI, Harold J. *O Manifesto comunista de Marx & Engels*. 2ª ed. Rio de Janeiro: Zahar, [1947] 1978, p. 110.

258 MARX, Karl; ENGELS, Friedrich. "O Manifesto Comunista". *In*: LASKI, Harold J. *O Manifesto comunista de Marx & Engels*. 2ª ed. Rio de Janeiro: Zahar, [1947] 1978, p. 111.

O que os comunistas buscam e têm, como projeto e objetivo, é apenas a supressão da exploração do homem pelo homem, colocando um ponto final na propriedade privada e na sociedade burguesa, com o que todos os símbolos que usa para preservar a ordem vigente e para eternizar-se no poder e no comando, como a família, a nacionalidade, a pátria, os valores meramente políticos de liberdade e igualdade da burguesia, sejam substituídos por condições reais de convivência e relacionamento entre os seres humanos, com o fim do antagonismo entre as classes sociais e no interior destas.

Finalizando essa segunda parte, Marx e Engels elencam uma série de medidas que deveriam ser adotadas, em função das condições históricas e econômicas de cada país, por ocasião da tomada do poder pelo proletariado nos países mais desenvolvidos, mesmo que de forma "despótica", e reconhecendo que poderão ser "insuficientes e insustentáveis" para a nova ordem que emergir, podendo exigir que sejam ampliadas. Entre essas, em número de dez, destacam-se: a expropriação e estatização da terra; a adoção de um imposto progressivo; a abolição do direito de herança; a centralização do crédito, dos meios de comunicação e dos transportes nas mãos do Estado; a obrigatoriedade do trabalho para todos; a educação gratuita para as crianças em escolas públicas e a abolição do trabalho infantil.

No *Prefácio à Edição Alemã de 1872*, Marx e Engels, fazendo um balanço dos 25 anos do *Manifesto*, minimizariam a importância dessas medidas que faziam parte do documento e reconheceriam que:

> (...) esse trecho seria redigido de maneira diferente em alguns aspectos [e que] em certos pormenores, esse programa está antiquado, levando-se em conta o desenvolvimento colossal da indústria moderna desde 1848, os progressos correspondentes da organização da classe operária e a experiência prática adquirida, primeiramente na Revolução de Fevereiro e, mais ainda, na Comuna de Paris, onde coube ao

proletariado, pela primeira vez, a posse do poder político, durante quase dois meses.[259]

A terceira seção[260] é dedicada à crítica dos grupos de esquerda que, em nome do socialismo e do comunismo, propunham mudanças ou reformas no sistema, mas sem rupturas significativas com o modo de produção burguês. Marx e Engels, que já estavam convencidos da necessidade do uso da força (da ação revolucionária) para demolir a ordem vigente como única alternativa para a emancipação humana, fazem nessa seção, um acerto final de contas com essas correntes, entre as quais incluem os Jovens Hegelianos de esquerda, e rompem em definitivo com elas, condenando sua ação para os objetivos de construção de uma sociedade socialista.

Entre as correntes que consideram nessa análise, destacam-se: i) a que denominam de "socialismo reacionário"; ii) a do "socialismo conservador ou burguês"; e iii) a dos "comunistas utópicos".

No primeiro grupo incluem os que chamam de i) *socialismo feudal*, que nasce como reação da nobreza destituída de sua riqueza contra a burguesia, aparentemente defendendo os interesses da classe trabalhadora para tê-la como aliada nessa luta; ii) *socialismo pequeno-burguês*, que inclui, na luta contra a burguesia, a defesa também dos pequenos industriais, comerciantes, artesãos e camponeses, que oscilam entre o proletariado e a burguesia, e que, apesar de ter consciência das contradições das relações modernas de produção, tem como proposta um retorno ao passado, estabelecendo as antigas relações de propriedade e a antiga sociedade. Apontam, nessa análise, Sismondi como o principal representante deste tipo de socialismo,

---

259 MARX, Karl; ENGELS, Friedrich. "Prefácio à Edição Alemã de 1872 (do Manifesto Comunista)". *In*: LASKI, Harold J. *O Manifesto comunista de Marx & Engels*. 2ª ed. Rio de Janeiro: Zahar, [1847] 1978, pp. 79/80.

260 MARX, Karl; ENGELS, Friedrich. "O Manifesto Comunista". *In*: LASKI, Harold J. *O Manifesto comunista de Marx & Engels*. 2ª ed. Rio de Janeiro: Zahar, [1947] 1978, pp. 113-122.

tanto na França como na Inglaterra, e, pelas suas propostas retrógradas, o consideram também reacionário e utópico; iii) *socialismo alemão ou o "verdadeiro" socialismo*, que tinha como principais representantes Moses Hess e Karl Grünt. Como argumentam, sem que a Alemanha apresentasse condições econômicas, políticas e sociais existentes na França e Inglaterra, estes representantes do "socialismo verdadeiro" reivindicavam para aquele país a liderança intelectual na construção da doutrina do socialismo, apenas pela força de sua filosofia, da literatura e da vontade "pura", quando o mesmo, por se encontrar em estágio bem mais atrasado nestes campos, ainda estava dando início à revolução burguesa em suas fronteiras na luta contra o absolutismo feudal. Por isso, seus membros teriam se tornado uma espécie de meros ajudantes de ordem do Estado absolutista na luta contra a burguesia, travando a roda da história, e o avanço do proletariado, essencial para que a mesma continuasse se movendo na direção do comunismo. Seria, por essa razão, também reacionário como os demais.

O segundo grupo, o do "socialismo conservador e burguês", ao qual se filiavam economistas, filantropos e humanitários, entre os quais incluíam Pierre-Joseph Proudhon, propunha melhorar as condições da classe trabalhadora, mas com o objetivo de garantir a continuidade da sociedade burguesa, o que, igualmente, implicaria obstar o motor da história de sua trajetória. Já o terceiro grupo, formado por comunistas utópicos, como Saint-Simon, Fourier, Owen, entre outros, que, embora reconhecendo os antagonismos de classe, não enxergavam no proletariado uma classe capaz de conduzir as mudanças necessárias para a derrubada da ordem vigente e por terem como proposta melhorar a condição de todos os membros da sociedade, inclusive dos mais favorecidos. Por isso, rejeitavam toda a ação política, toda a ação revolucionária, pensando que chegariam ao seu objetivo apenas por meios pacíficos.

Assim como observaram para o caso das medidas sugeridas para a nova ordem que se instaurasse em relação à burguesa, Marx e Engels, no *Prefácio de 1872*, também considerariam que a "crítica da literatura socialista [feita no *Manifesto*] mostra-se diferente em relação ao presente, porque se detém em 1847".[261]

A quarta seção,[262] é praticamente um desdobramento da segunda e, nela, Marx e Engels, se dedicam a orientar as ações dos comunistas na formação das alianças táticas com outros partidos políticos de oposição e com outros movimentos engajados nessa luta (sociais-democratas, a própria burguesia, em seu estágio inicial, em sua luta contra a dominação feudal etc.), desde que o seu alvo seja também os inimigos da classe operária, ou seja, a burguesia moderna, sem descurar da defesa de seus princípios de despertar a consciência crítica dos operários sobre o antagonismo hostil existente entre a burguesia e o proletariado, e sem perder de vista o objetivo principal do movimento que é o da *extinção* da propriedade privada. "Em suma, [como dizem], em toda a parte, os comunistas apoiam todo movimento revolucionário contra a ordem social vigente",[263] mas "(...) não devem dissimular [ocultar] suas ideias e objetivos" e de que esses serão alcançados "pela derrubada violenta das condições sociais vigentes.[264] Se alguma aliança tática chegaria a ser aceita e estabelecida nessas condições é algo que o *Manifesto* não nos revela.

De qualquer forma, essas relações que os comunistas deveriam manter com os diferentes partidos de posição seriam consideradas

---

261 MARX, Karl; ENGELS, Friedrich. "Prefácio à Edição Alemã de 1872 (do Manifesto Comunista)". *In*: LASKI, Harold J. *O Manifesto comunista de Marx & Engels*. 2ª ed. Rio de Janeiro: Zahar, [1847] 1978, p. 80.

262 MARX, Karl; ENGELS, Friedrich. "O Manifesto Comunista". *In*: LASKI, Harold J. *O Manifesto comunista de Marx & Engels*. 2ª ed. Rio de Janeiro: Zahar, [1947] 1978, pp. 122-124.

263 MARX, Karl; ENGELS, Friedrich. "O Manifesto Comunista". *In*: LASKI, Harold J. *O Manifesto comunista de Marx & Engels*. 2ª ed. Rio de Janeiro: Zahar, [1947] 1978, p. 123.

264 MARX, Karl; ENGELS, Friedrich. "O Manifesto Comunista". *In*: LASKI, Harold J. *O Manifesto comunista de Marx & Engels*. 2ª ed. Rio de Janeiro: Zahar, [1947] 1978, p. 124.

também por Marx e Engels, no *Prefácio de 1872*, "(...) desatualizadas, pois a situação política modificou-se totalmente e o desenvolvimento histórico fez desaparecer a maior parte dos partidos enumerados [no *Manifesto*]".[265]

265 MARX, Karl; ENGELS, Friedrich. "Prefácio à Edição Alemã de 1872 (do Manifesto Comunista)". *In*: LASKI, Harold J. *O Manifesto comunista de Marx & Engels*. 2ª ed. Rio de Janeiro: Zahar, [1847] 1978, p. 80.

CAPÍTULO III

AS LUTAS POLÍTICAS E AS OBRAS PREPARATÓRIAS DE O *CAPITAL*: 1848-1863

3.1 As revoluções frustradas de 1848-1849

De acordo com Sperber,[266] quando elaborava o *Manifesto Comunista*, Marx passou a vislumbrar a proximidade da revolução. Seus estudos o tornaram mais convicto de ser ela inevitável na situação em que se encontrava a grande massa de trabalhadores e de que, em algum momento, a revolta contra aquele quadro de miséria crescente atingiria níveis tão inauditos que o sistema não seria capaz de contê-la.

Por isso, considerava a necessidade de definir uma estratégia para auxiliar nessa situação e para orientar a luta dos operários. Essa estratégia contemplava a realização de um Congresso democrático internacional que reunisse tanto os radicais da Europa como os da

266 SPERBER, Jonathan. *Karl Marx*: uma vida do século XIX. Barueri: Amarilys, 2014, p. 216.

América do Norte para discutir essa questão, estabelecer planos de ação e aprovar e lançar um programa político com este propósito.

Mal lançado o *Manifesto*, no entanto, eclodiu a revolução na França, em fevereiro de 1848, levando à derrubada da monarquia e à proclamação da República, a qual representava, naquela época, as aspirações políticas da esquerda, uma prova de que o documento por ele e Engels elaborado não chegou a ter qualquer influência neste episódio revolucionário. Da França, este movimento de revolta, chamado de "Primavera dos Povos", se espalhou e se disseminou, com intensidades distintas, por toda a Europa Central e Oriental, notadamente na Alemanha, Áustria e Itália, o que levaria Marx a rever seus planos.

A insatisfação crescente na Europa contra os regimes autoritários havia ganhado maior dimensão na França com a crise econômica que se abateu sobre o país, a partir de 1845, e avançou progressivamente até 1848, derrubando os salários e aumentando o desemprego. O descontentamento que já existia, de modo geral, com o Rei Luís Felipe I, apelidado de "rei burguês", por defender os interesses da burguesia, acentuou-se neste quadro e a revolta ganhou as ruas de Paris, colocando na mesma trincheira, operários, estudantes, artesãos, republicanos e socialistas e, no início do movimento, até mesmo alguns setores mais progressistas da burguesia, excluídos dos favores do Estado. Os últimos, no entanto, logo debandaram quando a revolta ganhou as ruas e passaram a temer ser prejudicados com perdas de seu patrimônio ante a intensidade que a mesma ia ganhando.

Este movimento terminou com um rápido desfecho devido à reação do governo de Luís Felipe voltada para conter os ânimos da insurreição: tendo tentado impedir uma manifestação dos grupos que questionavam a situação, marcada para o dia 22 de fevereiro, essa assim mesmo se realizou, saindo dali uma convocação à rebelião e, no dia seguinte, as ruas de Paris se viram invadidas e ocupadas pela população com o levantamento de barricadas para o confronto que se realizaria. Na madrugada do dia 24, a guarda nacional atacou a multidão, matando 500 pessoas, o que realimentou e intensificou o clima de protestos e de revolta da população parisiense. Mesmo tentando, como último recurso, ceder e atender a algumas reivindicações dos revoltosos, de última hora, Luís Felipe viu a guarda nacional abandonar a defesa de seu governo no mesmo dia e aliar-se ao movimento. Com isso, não lhe restou alternativa senão a de abdicar do cargo e ver instalar-se a Segunda República na França (1848-1852). Com a vitória de seus opositores, foi formado um Governo Provisório de coalizão entre a burguesia moderada, a pequena burguesia republicana e os socialistas, e convocadas eleições tanto para a formação de uma Assembleia Constituinte como para a escolha de um Presidente para o país, marcadas para dezembro de 1848.

Tendo sido convidado pelo Ministro do Governo Provisório francês, Ferdinand Flocon, para retornar à França, Marx ali chegou no início de março de 1848 e, em meados deste mesmo mês, quase todos os membros alemães da Liga Comunista já se encontravam reunidos em Paris, planejando o que fazer. Ficou, no entanto, pouco no país, rumando em seguida para a Alemanha.

A Alemanha da época constituía uma Confederação que era formada, desde o Congresso de Viena de 1815, que se seguiu à vitória sobre as forças napoleônicas, por 38 Estados independentes, governados por seus respectivos monarcas, sendo Frankfurt a capital. Seu Presidente era o Imperador da Áustria e, o vice, o Rei da Prússia. Desde o Congresso de Viena, desencadeara-se um conflito de ideais dentro da Confederação, com as forças liberais almejando a formação de uma única nação alemã contra as pretensões das forças reacionárias de continuar a manter a reunião de pequenos Estados e reinos alemães. Para dificultar uma solução para essa questão, as propostas de unificação não eram também unânimes: havia a que contemplava a inclusão da Áustria, formando-se, assim, a *Grande Alemanha*; de outro, a que excluía este país, dando formação ao que se denominava de *Pequena Alemanha*.

Por iniciativa da Prússia, as taxas alfandegárias entre os Estados alemães começaram a ser abolidas após o Congresso de Viena, aumentando a prosperidade geral da Alemanha e conferindo-lhe uma indiscutível liderança na Confederação, sendo que, em 1836, apenas a Áustria não fazia parte da união aduaneira (*zollferein*). Desfrutando essa liderança na Confederação Germânica, a Prússia era comandada, à época, pelo Rei Frederico Guilherme IV, que não havia se empenhado, desde que assumira o poder em 1840, em realizar uma reforma política e dar, ao Estado, uma Constituição. O reino da Prússia estendia-se por um amplo território, organizado em dez províncias, devido ao fato de ter recuperado áreas importantes que havia perdido na guerra e por ter sido contemplado, com as resoluções do Congresso de Viena, com a incorporação ao mesmo de 40% do Reino da Saxônia e a maior parte da Renânia, região na qual Marx e seus seguidores viriam a se instalar.

Influenciada pela Revolução Francesa de fevereiro, a população da Prússia, empunhando a bandeira vermelha, negra e dourada – símbolo de uma Alemanha unida e liberal –, deu início às manifestações e protestos de rua, primeiramente em Colônia (dia 3 de março), e depois em Berlim (18 de março), exigindo a convocação de uma Assembleia Nacional eleita pelo sufrágio universal. Com a intensificação do movimento, as forças prussianas deram início ao massacre dos revoltosos, mas Frederico Guilherme IV, temendo que este movimento conduzisse ao mesmo desfecho que se verificara na França, recuou, retirou as tropas das ruas e "identificou-se" com a causa nacional, fazendo a convocação de uma Assembleia Nacional para elaborar uma Constituição para o país, mas sem consultar os demais soberanos da Confederação, e aprovado várias medidas de cunho liberal, entre as quais a possibilidade de retorno dos cidadãos alemães exilados em outros países. Não poucos exilados alemães em Paris viram, neste novo ambiente mais liberal, a possibilidade de marcharem armados para a Alemanha e lutar por uma república alemã, replicando a experiência francesa, com a derrubada da monarquia.[267]

Essa estratégia foi, no entanto, vista como uma aventura por Marx, que defendeu o retorno pacífico de seus companheiros do movimento para a Alemanha, com o objetivo de desenvolver atividades de preparação para a luta revolucionária e se aliar às forças democráticas para derrubar o Estado absolutista prussiano e a propriedade rural feudal. No final, prevaleceu sua opinião e, em abril do mesmo ano, Marx juntamente com seus aliados, incluídos Schapper e Wilhelm Wolff, já estavam em Colônia, prontos para colocar em ação o plano político por eles concebido.

A estratégia definida, à época, soava para não poucos comunistas como de cunho socialdemocrata, já que previa uma aliança com a burguesia alemã na luta antifeudal e contra a monarquia vigente no país. De fato, o documento redigido entre 21 e 29 de março de 1848, ou seja, logo depois do início da revolução alemã em março, por Marx e Engels, intitulado "Reivindicações do Partido Comunista da Alemanha",[268] assinado pelos membros do Comitê da Liga dos Comunistas, incluía demandas de uma ampla frente democrático-burguesa e antifeudal, combinadas com outras que atendiam os anseios das classes populares e da classe operária, revelando que se acreditava possível incluir a burguesia alemã nessa aliança.[269]

Com essa estratégia, o documento arrolava, de um lado, medidas de cunho "(...) democrático-radical, de interesse geral,

---

267 SPERBER, Jonathan. *Karl Marx*: uma vida do século XIX. Barueri: Amarilys, 2014, pp. 218/219.

268 MARX, Karl. "Reivindicações do Partido Comunista na Alemanha". *In*: MARX, Karl; ENGELS, Friedrich. *Luta de Classes na Alemanha*. 1ª ed. São Paulo: Boitempo, [1848] 2010. (Coleção Marx-Engels).

269 LÖWY, Michael. "Prefácio [de Luta de Classes na Alemanha]". *In*: MARX, Karl; ENGELS, Friedrich. *Luta de classes na Alemanha*. 1ª ed. São Paulo: Boitempo, 2010, p. 15. (Coleção Marx-Engels).

como república, sufrágio universal, educação popular gratuita, separação entre igreja e Estado, justiça gratuita, imposto progressivo, limitação do direito de herança (...)", com outras que visavam atrair os pequenos camponeses e os pequenos agricultores e arrendatários para a revolução – abolição do ônus feudal, tributos, corveias, dízimos etc., confisco das propriedades dos príncipes e demais propriedades feudais pelo Estado –, contemplando, também, mudanças que se consideravam benéficas não somente para a burguesia, mas também para o proletariado. No caso da burguesia (não financeira), a estatização dos bancos e a substituição do ouro e da prata por papel-moeda e, no caso do proletariado, a estatização dos transportes, ferrovias, canais estradas etc. e a instalação de fábricas nacionais. Complementando essa lista, ainda se propunha que o exército no futuro fosse constituído por operários, o que poderia abrir caminho para uma transição pós-capitalista.[270] Mas nenhuma palavra, ordem ou recomendação era colocada a respeito da propriedade privada, visando preservar a aliança estabelecida.

O objetivo dessa espécie de tomada de Colônia, que também se encontrava mergulhada no fervor revolucionário da época, foi, portanto, o de organizar a classe trabalhadora para a luta que se aproximava, em aliança com a burguesia, usando as estruturas da Liga Comunista local, e, de outro, o de criar um jornal para dar apoio ao movimento, contribuir e defender a criação de uma República alemã, vista como passo indispensável para se chegar ao comunismo. Uma tarefa aparentemente factível pela liderança exercida por Marx sobre os intelectuais e membros engajados na causa socialista, mas que esbarrou em grandes dificuldades na principal liderança da Liga local.

---

270 MARX, Karl. "Reivindicações do Partido Comunista na Alemanha". *In*: MARX, Karl; ENGELS, Friedrich. *Luta de Classes na Alemanha*. 1ª ed. São Paulo: Boitempo, [1848], 2010, pp. 53-55. (Coleção Marx-Engels); LÖWY, Michael. "Prefácio [de Luta de Classes na Alemanha]". *In*: MARX, Karl; ENGELS, Friedrich. *Luta de classes na Alemanha*. 1ª ed. São Paulo: Boitempo, 2010, pp. 14-18. (Coleção Marx-Engels).

O líder local da Liga, que contava com 8 mil membros de um total de 24 mil adultos na cidade, Andreas Gottschalk, médico de uma instituição municipal, e que desfrutava de um grande prestígio em Colônia, parece não ter concordado não somente com a estratégia de estabelecer uma aliança entre socialistas e liberais em prol da democracia, mas também em ser liderado por Marx na cidade, mesmo porque partilhava e era influenciado por Moses Hess, do grupo dos "socialistas verdadeiros", que propunha outra estratégia de luta diferente da defendida por Marx e Engels de fazer alianças com forças não revolucionárias, que não eram mais que opositoras do governo prussiano. Não poderia dar certo: em maio de 1848, Gottschalk renunciou a seu cargo na Liga, enfraquecendo sua atuação, enquanto na segunda metade de 1848, seria Marx quem romperia seus laços com a mesma.[271]

Se não conseguiu, devido a essas disputas políticas locais este objetivo, Marx foi bem-sucedido na criação do novo jornal, a *Nova Gazeta Renana* (*New Rhineland News*), cujo primeiro número foi lançado em junho de 1848, tendo circulado até maio de 1849. Para seu financiamento, Marx que havia acabado de receber parte do adiantamento da herança da mãe contribuiu com uma parte, Engels com uma soma menor, mesmo porque ainda não desfrutava de uma situação financeira confortável nessa época, sendo que a maior parte foi coberta pelos antigos admiradores de Marx da cidade de Colônia e de seus arredores.[272]

No momento em que Marx conhecia este revés em Colônia, apesar de compensado com o sucesso alcançado pela *Nova Gazeta Renana*, a revolução na França começava a perder força diante da reação conservadora, a qual, obtendo o apoio da burguesia, disseminava para a população os riscos do "perigo vermelho".

---

271 SPERBER, Jonathan. *Karl Marx*: uma vida do século XIX. Barueri: Amarilys, 2014, pp. 221/222.

272 SPERBER, Jonathan. *Karl Marx*: uma vida do século XIX. Barueri: Amarilys, 2014, p. 224.

Nas eleições para a Assembleia Constituinte, realizadas entre 23 e 24 de abril, o *Partido da Ordem*, representante das classes mais abastadas e de proprietários, conseguiria eleger 700 deputados, enquanto os republicanos e os socialistas, juntos, apenas 100. A Constituinte, com a qual se esperava acolher as demandas das classes trabalhadoras também por direitos sociais e econômicos, tornou-se, dominada pelo *Partido da Ordem*, adversária das ideias socialistas, abrindo-se, com isso, um novo período de conflitos. Como resultado, o governo provisório adotou, em 22 de junho, severas medidas para controlar e reprimir os operários, e deu início à desmontagem de conquistas que haviam sido frutos da revolução de fevereiro, o que levou à intensificação das revoltas em Paris, sob o comando, inclusive, de Auguste Blanqui.

Em resposta, a Assembleia Constituinte decretou estado de sítio e nomeou o general Louis-Eugène Cavaignac, republicano convicto, como ministro da Guerra e Chefe do Poder Executivo, atribuindo-lhe poderes ditatoriais para sufocar a revolta. Com a ajuda de vários setores da reação, incluindo padres e camponeses proprietários de terras, Cavaignac massacrou os insurretos de Paris, palco onde 1.500 morreram nos quatro dias de combate, 12 mil foram presos e 4 mil deportados para a Argélia. A nova Constituição francesa terminou sendo promulgada em 12 de novembro de 1848 e as eleições presidenciais marcadas para dezembro do mesmo ano. Mas ali ficava claro que, após as jornadas de junho, nem a nova Constituição, nem a chamada Nova República espelhavam os propósitos entusiásticos do movimento de fevereiro e que, mais uma vez, a revolução fracassara.

Enquanto isso na Alemanha (ou mais precisamente em Colônia), tendo obtido sucesso com o projeto do novo jornal e se desvinculado da Liga Comunista, Marx começou a participar das reuniões da Sociedade Democrática, um importante clube de políticos radicais de Colônia, com capilaridade nacional, que Gottschalk desprezava e rotulava como burgueses, tornando-se um de seus principais líderes e ganhado até mesmo alguma projeção nacional na política radical.[273]

Mantendo uma artilharia pesada no jornal contra o governo prussiano, contra a Assembleia Constituinte Prussiana e a Assembleia Nacional da Alemanha, as quais, ao invés de traduzir e acolher as demandas do povo alemão insistiam em negociar para chegar a um acordo com o rei sobre a nova Constituição do país, Marx, por algum tempo passaria a dar maior prioridade à luta antiprussiana em detrimento da luta revolucionária anticapitalista, da luta de classes, tendo, inclusive, publicado alguns de seus artigos no jornal que permitiam essa leitura, atraindo críticas dos próprios quadros comunistas .[274] Na verdade, Marx estava procurando conciliar e levar as duas lutas – a antiprussiana e a anticapitalista – ao mesmo tempo, o que não era tarefa fácil, já que teria de se equilibrar entre dois polos diferentes, sob o risco de perder apoio de um ou de outro lado, além de aparentemente transmitir uma imagem de ambiguidade de suas posições.

Mas assim como na França, a reação conservadora à "revolução alemã" não demorou a ocorrer. Começou em setembro com um episódio de cunho nacionalista, envolvendo os habitantes de dois ducados da região que reivindicavam sua admissão a um Estado alemão unificado contra as pretensões da Dinamarca que pretendia mantê-los em seu território. Depois de apoiar os insurgentes, o rei Guilherme IV, contrariando a Assembleia Nacional Alemã, que ratificara o acordo destes ducados, assinou um armistício com a Dinamarca e abandonou a causa dos insurgentes. A esquerda alemã aproveitou este episódio para reforçar a luta que travava, inclusive pela unificação do país, pois, como coloca Sperber, o mesmo "(...) associava sentimentos nacionalistas, oposição ao rei e objeção ao retorno dos conservadores ao poder na Prússia".

---

273 SPERBER, Jonathan. *Karl Marx*: uma vida do século XIX. Barueri: Amarilys, 2014, p. 224.

274 SPERBER, Jonathan. *Karl Marx*: uma vida do século XIX. Barueri: Amarilys, 2014, pp. 228/229.

Em Colônia, onde Marx atuava, tal episódio ganhou maior dimensão por ter ocorrido uma briga de rua entre civis e soldados da força militar prussiana. Na desordem que se seguiu, Marx e os membros da Sociedade Democrática viram nele uma oportunidade para avançar em sua causa e convocaram comícios públicos para a criação de um Comitê de Segurança Pública em Colônia. Os comícios transformaram-se em propaganda comunista, provocando a reação do governo prussiano que ordenou a prisão dos radicais da cidade. A resistência local a essa ordem com o levantamento de barricadas para a luta levou o governo a decretar ali a Lei Marcial, fechar a Sociedade Democrática e a Associação dos Trabalhadores e a suspender, temporariamente, a publicação da *Nova Gazeta Renana*, obrigando Engels e Joseph Moll, Presidente da Associação, a deixarem o país para não serem presos.[275]

O episódio político restrito, em setembro, à Colônia terminou sendo superado logo em outubro com a suspensão da Lei Marcial e a liberação da Sociedade Democrática, da Associação dos Trabalhadores e da *Nova Gazeta Renana*. Mas, em novembro, Frederico Guilherme IV, com o apoio do exército, dissolveu a Assembleia Constituinte da Prússia, em Berlim, despertando forte oposição dos constituintes que pediram à população o boicote ao pagamento de impostos para sua restauração.[276]

Marx entrou de corpo e alma nessa luta por meio de seu jornal, à qual aderiram diversas correntes da população na luta contra o governo prussiano. Mas, em dezembro, essa resistência, apesar de renhida, também estava vencida e Marx foi indiciado por incitamento à rebelião. Julgado em fevereiro de 1849 na Renânia foi absolvido dos crimes a ele atribuídos pelo governo prussiano. Em contrapartida, a situação financeira da *Nova Gazeta Renana*

---

275 SPERBER, Jonathan. *Karl Marx*: uma vida do século XIX. Barueri: Amarilys, 2014, p. 231.

276 SPERBER, Jonathan. *Karl Marx*: uma vida do século XIX. Barueri: Amarilys, 2014, p. 232.

só piorava pelos prejuízos que tivera durante a vigência da Lei Marcial e pela relutância de seus investidores de aportarem novos fundos para o jornal, apesar de seu sucesso. Foi enfrentando essa situação de busca desesperada por financiamento do jornal, que Marx viu eclodir a última crise revolucionária em Colônia, em maio de 1849.

Marx havia se aliado nas eleições para o parlamento prussiano à burguesia e aos democratas de Colônia que lutavam contra o governo da Prússia, mas não empunhavam a bandeira de defesa do movimento dos trabalhadores rumo ao comunismo, seu objetivo original. Aos poucos, à medida que os conflitos internos se acirravam tanto Marx como Engels foram se convencendo sobre a

> (...) impossibilidade de ganhar a burguesia conservadora para o processo democrático-revolucionário, [considerando que essa], mais preocupada com o perigo que representa para seus interesses a mobilização popular do que com as manobras da reação feudal, (...) tendera cada vez mais, no curso de 1848, a capitular diante do poder monárquico prussiano.[277]

Por isso, em abril, tendo os democratas se saído vitoriosos nas eleições, anunciaria o abandono do comitê democrático da província e o seu realinhamento, novamente, com as associações dos trabalhadores revolucionários, substituindo a luta antiprussiana, na qual estivera engajado, pela luta anticapitalista. Exatamente nessa mudança eclode a crise final da revolução de 1848.[278] Foi nessa época e com este propósito de conscientização política dos trabalhadores que Marx publicou no jornal, em abril, as conferências de 1847, com o título de *Trabalho Assalariado e Capital*.

---

277 LÖWY, Michael. "Prefácio [de Luta de Classes na Alemanha]". *In*: MARX, Karl; ENGELS, Friedrich. *Luta de classes na Alemanha*. 1ª ed. São Paulo: Boitempo, 2010, p. 15. (Coleção Marx-Engels).

278 SPERBER, Jonathan. *Karl Marx*: uma vida do século XIX. Barueri: Amarilys, 2014, pp. 234/235.

De acordo com Sperber,[279] a crise teve início com a promulgação de uma Constituição pela Assembleia Nacional de Frankfurt no final de março de 1849 que deveria servir para o novo Estado alemão unificado. Mas o documento definia, em detrimento da República, a monarquia como forma de governo e estabelecia uma ampla autonomia para os governos locais, o que não era bem o objetivo de Marx e das forças políticas de esquerda que defendiam a República como forma de governo. De qualquer forma, a maior reivindicação do movimento que era a unificação alemã estava nela contemplada, bem como a criação de mecanismos de controle do poder imperial. Pelo seu conteúdo, não agradou nem à nobreza feudal, nem ao rei da Prússia, que viu nela seu poder diminuído.

Mas a Assembleia aprovou, também de acordo com a solução defendida pela burguesia de uma monarquia constitucional, a designação do rei da Prússia, o próprio Guilherme IV, como imperador de toda a Alemanha, a qual seria governada, portanto, pela dinastia prussiana, mas este, ao contrário do que se esperava, rejeitou a proposta, influenciado pelos conservadores que queriam manter, na Alemanha, Estados independentes, alegando que teria de contar com a aprovação de outros monarcas. Mas, o fato é que havia também, por trás disso, o temor da reação da Áustria. Assim, Guilherme IV não reconheceu a Constituição de Frankfurt, atitude que foi apoiada e seguida tanto pela Áustria quanto por outros Estados alemães. No entanto, o parlamento prussiano reconheceria, contra a vontade de Guilherme IV, a nova Constituição e, com isso, atraiu para ele a ira conservadora, sendo dissolvido pelo governo em abril de 1849. Começou a ruir ali a revolução alemã e o sonho da unificação do país, unindo contra este objetivo a nobreza feudal à Áustria e aos governos absolutistas da Alemanha.

---

279 SPERBER, Jonathan. *Karl Marx*: uma vida do século XIX. Barueri: Amarilys, 2014, pp. 235-237.

Apesar das limitações dessa Constituição, o povo alemão, no entanto, aprovou a Constituição e saiu para lutar em sua defesa, provocando uma rápida escalada das tensões em todo o país. A revolução democrática que Marx esperava desde sua viagem para Colônia acontecia finalmente, mas justo neste momento ele se desvinculara do movimento, descontente com as posições ambíguas assumidas pela burguesia liberal, e passara a propor outro tipo de insurgência, mas contra a ordem capitalista. Por isso, ignorou, em alguma medida, este movimento.

A insurreição para a unificação da Alemanha terminou com a dissolução do parlamento em maio de 1849, a abolição das reformas liberais que haviam sido concedidas em diversos Estados alemães e a derrota do movimento. Marx que relutara em agir a seu favor, já que tinha se realinhado com os objetivos da causa operária, nem por isso escapou de ser punido pelo governo com base em seu passado de luta e de suas ideias defendidas na *Nova Gazeta Renana* principalmente contra a Prússia, país do qual havia renunciado à cidadania desde a sua ida para a Bélgica, em 1845: tendo publicado o último número do jornal no dia 19 de maio, "(...) foi expulso do país na condição de forasteiro indesejável".[280] O exílio viria a ser o seu destino pelo resto da vida.

Já na França, a Constituição aprovada em 12 de novembro de 1848 estabeleceu a república presidencialista e o legislativo unicameral com sufrágio universal, com as eleições para Presidente se realizando em dezembro do mesmo ano, prevendo-se um mandato de quatro para o candidato eleito, mas sem direito à reeleição. Concorreram ao cargo Louis-Eugène Cavaignac, o carrasco da revolução e do povo francês, e Luís Napoleão Bonaparte, sobrinho do Imperador Napoleão, que continuava desfrutando de muito prestígio no país. Luís Napoleão terminou vencedor do pleito com

---

280 SPERBER, Jonathan. *Karl Marx*: uma vida do século XIX. Barueri: Amarilys, 2014, p. 237.

larga margem, obtendo 5,5 milhões de votos contra 1,5 milhão de Cavaignac, tornando-se o Presidente da França. Mas, pouco antes do final de seu mandato, articulou, no final de 1851, um golpe de Estado, soterrando a República e, entronizando-se no papel de Imperador Napoleão III, inaugurou o Segundo Império francês. Sobre este golpe desfechado na democracia, Marx trataria pouco tempo depois na sua literária e magistral obra *O 18 de Brumário de Luís Bonaparte.*

As experiências das revoluções de 1848/1849 na Europa foram, de certo modo, frustrantes para os objetivos políticos de Marx que nelas depositou grandes esperanças nas mudanças esperadas para a superação do modo de produção capitalista e a emergência da sociedade comunista, em que o homem poderia resgatar sua essência. Em contrapartida, tornara-o convicto de que, para que isso ocorresse, uma crise econômica, tal como se observara na França, era essencial para deflagrar o movimento na direção dessas mudanças, devendo o trabalhador estar preparado para saber como agir nessa oportunidade. A partir dessa constatação, Marx passou a esperar ansiosamente pela eclosão de novas crises econômicas que, de acordo com os trabalhos que elabora nessa época, poderiam abrir as portas para o "dilúvio" (a revolução europeia), e a incluí-las como fenômeno chave no conjunto de sua visão sobre o colapso do sistema. Essa nova teoria da revolução associada à crise econômica só apareceria, contudo, em seu trabalho de 1850, *As lutas de classes na França (1848-1850).*[281]

---

281 A decepção de Marx com os resultados políticos colhidos pelos movimentos revolucionários de 1848-1849 tanto na França como na Alemanha, o levaria, nos primeiros anos da década de 1850, a preocupar-se em investigar, baseado no método do materialismo histórico, em que medida o aspecto econômico teria influenciado ou determinado a derrota da revolução.

3.2 A crise econômica como precondição para a revolução: *As lutas de classes na França* e *O 18 de Brumário de Luís Bonaparte* (1849-1852)

Após sua expulsão de Colônia, em maio de 1849, e mesmo diante das derrotas impostas aos insurretos pelas forças prussianas, Marx continuou alimentando a esperança, por mais algum tempo, de deflagração de uma nova revolução nos moldes da que ocorrera na França em fevereiro de 1848. Afinal, movimentos revolucionários continuavam intensos em algumas regiões da Alemanha, da Hungria e também da Itália, onde Giuseppe Mazzini e Giuseppe Garibaldi haviam proclamado a República. Por isso dedicou-se, desde sua expulsão, a acompanhar e apoiar estes movimentos, acreditando na viabilidade da estratégia de luta que estabelecera em abril de 1849, depois de seu rompimento com os grupos democratas. Quase nada, no entanto, se passou como esperava.

Marx permaneceu em companhia de Engels, sua mulher Jenny e filhos em terras alemãs ainda por mais algumas semanas, já que não havia proibição de sua presença fora da Prússia, procurando arregimentar apoios, inclusive da Assembleia Nacional de Frankfurt, para as forças que ainda resistiam no sudoeste da Alemanha (em Palatinado e Baden) à repressão dos governos. Malsucedido, juntamente com Engels nessa empreitada, passou rapidamente por Bingen, no grão-ducado de Hessen onde também conheceram contratempos, incluindo uma rápida prisão. Daí o grupo se dispersou no início de junho: Engels retornou para o sudoeste da Alemanha para engajar-se na luta em Baden-Palatinado que ali se travava, Jenny e as crianças seguiram para a cidade natal de Tréveris, e Marx para Paris. Marx seguiu na condição de representante do Comitê Central dos Clubes Democráticos, com o qual havia rompido, na expectativa de que, diante da aliança que fora feita entre socialistas e democratas para recuperar o terreno perdido em 1848, o sol voltasse a brilhar para sua causa e, com isso, fortalecesse os movimentos em luta contra as forças contrarrevolucionárias na Europa. Novamente, viu frustradas suas esperanças.

A verdade é que a França se tornara um país hostil para os planos de Marx, já que, apesar de a esquerda planejar a retomada do poder, era forte a repressão sobre os movimentos revolucionários, comandada por Napoleão III. Mesmo assim, planejou ali permanecer, mas as condições que o governo francês lhe impôs, como a de residir em uma região inóspita e distante de Paris, visando impedir suas articulações políticas, levou-o a desistir deste projeto. Hesitando sobre o país para onde seguiria, terminou fazendo a opção pela Inglaterra, onde sopravam ventos mais liberais em relação ao tratamento dispensado aos refugiados políticos. Para lá seguiu, chegando a Londres no final de agosto de 1849, ainda nutrindo a esperança da eclosão de um levante revolucionário no continente europeu que o levaria de volta à Alemanha ou à França, o que não ocorreria, tendo ali permanecido durante todo o resto de sua vida.

Em Londres, Marx pôde voltar a se movimentar politicamente para materializar seus objetivos e colocar em prática sua estratégia. Novamente sem contar com recursos e, devido ao alto custo de vida da cidade, instalou-se numa área menos nobre, em Soho, bairro de imigrantes, boêmios e favelados, e encontrou, na atividade jornalística mais desenvolvida neste país, por ser a Inglaterra a maior potência econômica da época e vitrine do mundo, melhores oportunidades de trabalho, embora seus ganhos tenham continuado insuficientes para a cobertura de suas despesas.

De início, tão mal chegou procurou logo criar um comitê de refugiados, à semelhança do que ocorrera em Paris, para estes se autosocorrerem. Reativou a Liga dos Comunistas e, reeditando o que seria uma de suas características desde 1843, em Colônia, procurou refundar o *News Rhineland News* (Nova Gazeta Renana), mas agora como uma *Revista de Economia Política* (*Rewiew of Political Economy*), anunciado em janeiro de 1850, com planos ambiciosos de edições mais frequentes e regulares. Nessa reorganização de vida e militância, convidou Engels, que se encontrava em apuros políticos na Alemanha, para a ele se juntar, o que viria a ocorrer em 12/11/1849. Assistiu, a partir daí, à chegada, no país, de vários de seus correligionários, entre os quais, Wilhelm Wolff e Karl Schapper, que engrossaram as fileiras dos que se alinhavam com sua causa. Mas o fato é que a repressão a estes movimentos revolucionários caminhava de forma crescente na Europa, limitando o raio e alcance de suas ações.

Foi um período em que Marx, ao contrário de sua última passagem por Colônia, voltou a radicalizar suas posições anticapitalistas, dando continuidade às que assumira após o rompimento com os democratas alemães em abril de 1849. Mesmo considerando que estes deveriam ser apoiados na luta contra os governos autoritários, como já defendera no *Manifesto*, passou a defender abertamente, em seus trabalhos, a necessidade dos operários de destituí-los do poder em seguida e de assumirem o comando do movimento, tornando a *revolução permanente*. Não eram posições diferentes das de Moses Hess e de Andreas Gottschalk que ele tanto criticara e combatera no ano anterior.[282] Seu trabalho *As lutas de classes na França (1848-1850)*, que seria editado em 1850, reunindo artigos que publicaria no novo periódico é revelador dessa posição mais radical que assumiria.

Nele, Marx faz uma reflexão sobre a revolução de fevereiro, visando extrair lições com a derrota do proletariado ocorridas nas jornadas de junho do mesmo ano, de forma a orientar os embates futuros. Na análise que realiza, a revolução de fevereiro que nasce do ventre da crise econômica que teve início em 1845, uniu, nessa luta, várias classes sociais, como o proletariado, a pequena burguesia, a classe camponesa e mesmo a burguesia excluída dos favores do Estado, contra um governo, Luís Filipe, que representava os

---

282 SPERBER, Jonathan. *Karl Marx*: uma vida do século XIX. Barueri: Amarilys, 2014, p. 251.

interesses de apenas um facção da última, a chamada *aristocracia financeira*, composta por "(...) banqueiros, reis da bolsa, reis das ferrovias, donos de minas de carvão e ferro e donos das florestas em conluio com uma parte da aristocracia proprietária de terras".[283]

Da vitória que dela resultou, formou-se um governo provisório em cuja composição participaram os diversos partidos de classes "(...) que haviam se unido para derrubar o trono de julho [de 1830]", mas cujos interesses "contrapunham-se hostilmente", sendo este governo majoritariamente dominado pela burguesia que, rapidamente, procedeu a distribuição dos principais cargos, ministérios e postos de comando a seus membros. Só por pressão da classe operária, a República foi proclamada e algumas de suas reivindicações atendidas, mas apenas *provisoriamente*, tal como era o governo, enquanto se montava o teatro do que seria a nova "República burguesa", que dela excluiria tanto o proletariado como a pequena burguesia, que haviam realizado a revolução.[284]

Enquanto a grande burguesia aglutinava suas forças, reintroduzindo em suas fileiras inclusive a aristocracia financeira que combatera, foram sendo feitas concessões de direitos aos trabalhadores e à pequena burguesia, mas, à medida que aquela se fortaleceu, inclusive com a criação e expansão de um exército para defender a "nova" República, esses direitos começaram a ser cancelados e negados, iniciativa que teria contado, inicialmente, com o apoio da própria pequena burguesia e da classe camponesa.

Neste quadro, a burguesia terminou se apropriando da vitória dos trabalhadores na revolução de fevereiro e acabou impondo a essa classe uma derrota definitiva nas jornadas de junho de 1848, apenas quatro meses após a proclamação da República, por meio

---

283 MARX, Karl. *As lutas de classes na França de 1848 a 1850*. 1ª ed. São Paulo: Boitempo, [1850] 2012, p. 37. (Coleção Marx-Engels).

284 MARX, Karl. *As lutas de classes na França de 1848 a 1850*. 1ª ed. São Paulo: Boitempo, [1850] 2012, p. 43. (Coleção Marx-Engels).

da força, diante das pressões por ela exercidas em defesa dos direitos pelos quais lutara. Neste embuste, os trabalhadores teriam sido apenas usados como massa de manobra pela burguesia para seus objetivos, e rapidamente excluídos do poder político com a vitória da revolução, o mesmo destino que viriam a ter tanto os camponeses como a pequena burguesia. Assim, se junho de 1848 representou, para Marx, a derrota dos trabalhadores, junho de 1849 seria a vez dos camponeses e da pequena burguesia, vencidos pelo grande capital e a aristocracia financeira, com a aprovação de leis que estabeleciam impostos no campo e impunham penas severas às dívidas por eles contraídas, o que os conduziria rapidamente à ruína e à proletarização.[285]

Mas tanto Marx (como Engels), apesar de concluir, por essa análise, ser impossível a tarefa histórica da classe trabalhadora no quadro da república burguesa, ainda nutria, na época da elaboração deste trabalho, otimismo sobre as possibilidades de uma nova revolução, e que a derrota de junho teria sido "(...) imprescindível para que fossem criadas as condições nas quais a França pôde tomar a iniciativa da revolução europeia", e que, por isso, ela ressurgiria como fênix, com Marx convencido de que uma "nova escalada de energia revolucionária" era iminente naquela época, podendo-se bradar "*A Revolução está morta – Viva a Revolução*".[286]

Mas essa não deveria ser a revolução da burguesia, e sim a do proletariado, uma *revolução permanente*, em que imporia sua ditadura, classista,

> (...) como ponto de transição necessário para a abolição de todas as diferenças de classes, para a abolição da totalidade das relações de produção em que estão baseadas para a

---

285 MARX, Karl. *As lutas de classes na França de 1848 a 1850*. 1ª ed. São Paulo: Boitempo, [1850] 2012, capítulos I e II. (Coleção Marx-Engels).

286 MARX, Karl. *As lutas de classes na França de 1848 a 1850*. 1ª ed. São Paulo: Boitempo, 2012, p. 65. (Coleção Marx-Engels).

> abolição da totalidade das relações sociais que correspondem a essas relações de produção.[287]

Também para Engels, no *Prefácio* de 1895, que faz de *As Lutas de Classes na França*, não havia dúvidas, tendo como referência as revoluções de 1789 e 1830,

> (...) de que tivera início [ali], o grande embate decisivo e que ele deveria ser travado num único período revolucionário longo e cheio de vicissitudes, mas que só poderia terminar com a vitória definitiva do proletariado.[288]

Mas, reconhece, no *Prefácio*, não lhes ter a história dado razão, pois foram as forças contrarrevolucionárias na França, Itália, Alemanha, Hungria, que saíram vitoriosas. A época em que Marx acreditava que o único mérito da revolução burguesa era o de ser o "viveiro da revolução" ficava para trás.[289]

A decepção com a participação da grande burguesia liberal-democrática no movimento revolucionário que, no final, terminou se apropriando da vitória e dela se utilizado para garantir seus interesses, excluindo de seus benefícios as demais classes, especialmente o proletariado, tanto na França como na Alemanha, não esmoreceu o entusiasmo, àquela época, de Marx e Engels sobre a iminência de uma revolução, mas despertou-os para os erros que haviam cometido em incluir aquela facção da burguesia como aliada do movimento.

---

287 MARX, Karl. *As lutas de classes na França de 1848 a 1850*. 1ª ed. São Paulo: Boitempo, 2012, pp. 138/139. (Coleção Marx-Engels).

288 ENGELS, Friedrich. "Prefácio [de *As lutas de classes na França de 1848 a 1850*]". *In*: MARX, Karl. *As lutas de classes na França de 1848 a 1850*. 1ª ed. São Paulo: Boitempo, [1895] 2012, p. 13. (Coleção Marx-Engels).

289 MARX, Karl. *As lutas de classes na França de 1848 a 1850*. 1ª ed. São Paulo: Boitempo, 2012, p. 144. (Coleção Marx-Engels).

No documento "Mensagem do Comitê Central à Liga dos Comunistas", divulgado em março de 1850[290] preveem que

> (...) o papel que os burgueses liberais alemães desempenharam em 1848 em relação ao povo, esse papel tão traiçoeiro será assumido, na revolução que se avizinha, pelos pequeno-burgueses democráticos [igualmente traídos], que, agora, enquanto oposição, tomam a mesma posição que os burgueses liberais detinham antes de 1848.

Mas, mesmo recomendando que aqueles devessem ser apoiados nessa luta contra a coalizão reacionária entre a monarquia, os proprietários fundiários e a grande burguesia, consideravam que essa aliança tática deve ser vista apenas

> (...) como um momento transitório em um processo revolucionário "*permanente*" até a supressão da propriedade burguesa e o estabelecimento de uma nova sociedade, uma sociedade sem classes – não somente na Alemanha, mas em escala internacional.[291]

Essa passa a ser uma nova forma de encarar a revolução, pois consideram, com base nas experiências de 1848/1849, que mesmo que algumas reivindicações da classe trabalhadora fossem atendidas, a pequena burguesia tenderia a agir como a grande burguesia, se apropriando também da vitória, traindo seus participantes, e que, por isso, a tarefa dos trabalhadores seria a de

---

290 MARX, Karl; ENGELS, Friedrich. "Mensagem do Comitê Central à Liga (dos Comunistas)". *In*: ______. *Luta de Classes na Alemanha*. 1ª ed. São Paulo: Boitempo, [1850] 2010, p. 60. (Coleção Marx-Engels).

291 LÖWY, Michael. "Prefácio [de Luta de Classes na Alemanha]". *In*: MARX, Karl; ENGELS, Friedrich. *Luta de classes na Alemanha*. 1ª ed. São Paulo: Boitempo, 2010, p. 19. (Coleção Marx-Engels).

> (...) tornar a *revolução permanente* até que todas as classes proprietárias em maior ou menor grau tenham sido alijadas do poder, o poder estatal tenha sido conquistado pelo proletário e *a associação dos proletários tenha avançado não só em um país, mas em todos os países dominantes no mundo inteiro*, a tal ponto que a concorrência entre os proletários tenha cessado nesses países e que ao menos as forças produtivas estejam concentradas nas mãos dos proletários. Para nós, não se trata de modificar a propriedade privada, *mas de aniquilá-la*, não se trata de camuflar as contradições de classe, mas de *abolir as classes*, não se trata de melhorar a sociedade vigente, mas de *fundar uma nova*.[292]

Marx e Engels advertem, contudo, que

> (...) para que os trabalhadores tenham condições de enfrentar de modo enérgico e intimidador esse partido [referem-se ao partido da pequena burguesia] que começará a traí-los já na primeira hora após a vitória, eles precisam estar armados e organizados. O municiamento de todo o proletariado com espingardas, rifles, artilharia e munição deve ocorrer imediatamente; deve-se agir no sentido de evitar a restauração da antiga guarda civil [a exemplo do que ocorreu na França]. Porém, onde isso não for exequível, os trabalhadores devem organizar-se independentemente como guarda proletária, com comandantes e um alto-comando eleitos por eles mesmos, colocando-se sob o comando, não do poder estatal, mas dos conselhos comunais revolucionários instituídos pelos trabalhadores.[293]

---

292 MARX, Karl; ENGELS, Friedrich. "Mensagem do Comitê Central à Liga (dos Comunistas)". *In*: ______. *Luta de Classes na Alemanha*. 1ª ed. São Paulo: Boitempo, [1850] 2010, p. 64. (Coleção Marx-Engels) – itálicos acrescentados.

293 MARX, Karl; ENGELS, Friedrich. "Mensagem do Comitê Central à Liga (dos Comunistas)". *In*: ______. *Luta de Classes na Alemanha*. 1ª ed. São Paulo: Boitempo, [1850] 2010, pp. 68/69. (Coleção Marx-Engels).

As ilusões anteriores, segundo Engels, que perduraram por algum tempo ao longo da década de 1850, se desfizeram à medida que os movimentos reacionários foram impondo derrotas à luta revolucionária que ainda persistia em alguns países europeus, como na Hungria e Alemanha (junho de 1849), na Itália (03/07/1849), enquanto o movimento na França se enfraquecia diante da recuperação e bonança econômica que o país conheceria a partir de 1848/1849, que paralisou o impulso revolucionário e possibilitou as vitórias da reação. E o levante iminente em que acreditavam mesmo depois dessas derrotas, unindo o proletariado com a pequena burguesia, terminou não acontecendo, levando Marx a repensar outras condições necessárias para a eclosão da revolução.

Neste novo quadro, Marx se convenceu de que a revolução dependeria de algo mais além do ardor dos trabalhadores por mudanças e que

> no caso da prosperidade geral, na qual as forças produtivas da sociedade burguesa se desenvolvem de modo tão exuberante quanto possível no âmbito das relações burguesas, não se pode falar de uma verdadeira revolução.[294]

Sua viabilidade dependeria, e essa é uma *nova teoria da revolução* que nasce do pensamento marxista, de um cataclisma, ou seja, de uma crise econômica de grandes proporções, com todas as suas consequências sociais, para unir a classe trabalhadora no projeto de derrubada da ordem burguesa.

Tal visão seria exposta por Marx em trabalho publicado no último caderno duplo da *Nova Gazeta Renana* (maio a outubro de 1850), que Engels incluiu como quarto capítulo de *As Lutas de Classes na França*, na edição de 1895, onde chegaria à conclusão

---

294 MARX, Karl. "Mensagem do Comitê Central à Liga (dos Comunistas)". *In*: ______. *Luta de Classes na Alemanha*. 1ª ed. São Paulo: Boitempo, [1850] 2010, p. 148. (Coleção Marx-Engels).

de que "(...) a revolução só se torna possível onde [os] dois fatores, as forças produtivas modernas e as formas de produção burguesa, entram em contradição umas com as outras". Uma mudança de perspectiva, mas acompanhada de uma certeza sobre a inevitabilidade da revolução: "*uma revolução só será possível na esteira de uma nova crise. Contudo, aquela é tão certa quanto esta*".[295]

Desde que chegara a Londres, Marx vivera uma vida tão miserável quanto plena de infortúnios como em épocas anteriores. Carregara de Colônia a pobreza em que o enredara a liquidação de dívidas de seu jornal e, embora talentoso como jornalista, enfrentou dificuldades na língua inglesa, no início, para exercer seu ofício. Para agravar a situação, Jenny daria luz a mais dois filhos, Henrique Guido, em 05/11/1849, e Franziska, em 28/03/1851, que acabaram falecendo novos. O primeiro em 19/11/1850, e Franziska em 14/04/1852. Por isso, viviam os seis (Marx, Jenny e os 4 filhos), nas palavras de Jenny, "em um apartamento, com um pequeno quarto e um pequeno estudo anexo [pelo qual] pagavam mais do que pela maior casa na Alemanha".[296]

O orgulho de Marx, que o impediu de lançar mão do fundo de refugiados para não prejudicar outros companheiros que dele necessitavam e de continuar, mesmo nessa situação, a manter uma governanta para as crianças, Lenchen Demuth, levou-o a acumular dívidas com o padeiro, o dono do bar, o quitandeiro, o açougueiro, a emitir notas promissórias frias e a viver fugindo dos credores, como ocorrera em sua passagem por Bonn. Foi essa também uma época em que Engels não dispunha de condições de ajudá-lo financeiramente, pois perdera a mesada de seu pai insatisfeito com suas atividades comunistas. Uma época tão difícil que combinou

---

295 MARX, Karl. "Mensagem do Comitê Central à Liga (dos Comunistas)". *In*: ______. *Luta de Classes na Alemanha*. 1ª ed. São Paulo: Boitempo, [1850] 2010, pp. 148/149. (Coleção Marx-Engels).

296 SPERBER, Jonathan. *Karl Marx*: uma vida do século XIX. Barueri: Amarilys, 2014, p. 254.

com Engels mudar-se para Nova Iorque, mas, sem conseguirem dinheiro para a viagem, desistiram do projeto, não restando a Engels submeter-se e fazer um acordo com o pai para dedicar-se aos seus negócios em Manchester e passar a ter uma renda regular, com o que pôde ajudar Marx na sua penúria financeira.[297]

Enfrentar tamanhas dificuldades só se justifica, diante de sua notável capacidade, por Marx (e Engels) carregar o sonho nobre da *emancipação humana, da libertação do homem, da revolução*. Na busca deste "sonho", que crescia inversamente às dificuldades financeiras com que ele e sua família se defrontavam, foi deixando também, pelo meio do caminho, companheiros de causas e de lutas com os quais discordava, e isolando-se crescentemente: do rompimento com os democratas em 1849, os quais passou a enxergar como pequeno-burgueses, carentes da necessária inclinação revolucionária, desentendeu-se, posteriormente, com Karl Schapper e August Willich, comunistas, em setembro de 1850, antes de revisar sua teoria da revolução e associá-la com a crise econômica, por considerá-los radicais demais na ação revolucionária, quando ainda considerava que o caminho que conduziria ao comunismo se daria por etapas,[298] reproduzindo a revolução de 1848, com a luta se irradiando para os demais países.

A continuação da análise sobre a *Segunda República Francesa* seria feita, por Marx, no início de 1852, na brilhante e magistral obra literária, *O 18 de Brumário de Luís Bonaparte*[299] logo após o golpe de Estado por este perpetrado na França, em 2 de dezembro de 1851.

---

297 SPERBER, Jonathan. *Karl Marx*: uma vida do século XIX. Barueri: Amarilys, 2014, pp. 257-259.

298 SPERBER, Jonathan. *Karl Marx*: uma vida do século XIX. Barueri: Amarilys, 2014.

299 MARX, Karl. *O 18 de Brumário de Louis Bonaparte*. Coimbra: Nosso Tempo, [1852] 1971.

Neste trabalho, Marx mostra que após os trabalhadores serem alijados definitivamente do poder em junho de 1848, com o apoio parlamentar da pequena burguesia e da grande burguesia e de todas as outras classes sociais, após a eleição de Luís Bonaparte para Presidente, em 10 de dezembro de 1848, foi a vez de se derrubar, por meio de vários expedientes, o poder e a influência que a pequena burguesia desfrutava no parlamento, por meio de seu partido representativo, chamado *Montanha*, na defesa da Constituição aprovada. Isso ocorreria em junho de 1849, com o apoio e conivência do *Partido da Ordem*, representante da burguesia, ao mesmo tempo em que seguia, em marcha batida, a extinção de várias conquistas democráticas, como o sufrágio universal, e de direitos sociais criados (provisoriamente) com a revolução de fevereiro de 1848.

Com a Assembleia Nacional enfraquecida a partir daí e inteiramente dominada e controlada em suas decisões pelo *Partido da Ordem* (leia-se, pela burguesia) seguiu-se um período de embates entre a burguesia parlamentar e o Presidente (Luís Bonaparte) em que a primeira foi gradativamente perdendo terreno para o Executivo. De início, no comando do exército; depois com a perda da maioria parlamentar, o que a obrigou a aliar-se a outros partidos também enfraquecidos (como o da *Montanha*, por exemplo); e, por último, pela sua própria fragmentação e divisão em diversos setores, diante das críticas de seus próprios representados, como a aristocracia financeira e a burguesia industrial, que, interessados na defesa de seus interesses particulares de classe, desaprovavam suas resistências às investidas autoritárias de Luís Bonaparte contra a Constituição e a República.

Crescentemente isolada e abandonada por sua própria classe, pelo exército e pelas demais classes, que deixara pelo meio do caminho após a revolução de fevereiro, a burguesia parlamentar sucumbiria diante das pretensões ditatoriais de Bonaparte, o qual terminaria desfechando, em 2 de dezembro de 1851, um golpe de Estado, suprimindo o parlamento e o Conselho do Estado e decretando o estado de sítio. Com isso, a aventura da *Segunda República Francesa*, fundada numa onda de otimismo e esperança de dias melhores pelo movimento revolucionário de fevereiro de 1848, chegava ao fim, marcada por inúmeras traições, principalmente da burguesia *vis-à-vis* os trabalhadores, e, em seu lugar, erguia-se, imponente, o novo Imperador Napoleão III, inaugurando o *Segundo Império Francês*, com Luís Bonaparte reeditando, com o golpe, o que fizera seu tio, Napoleão Bonaparte, em 1799. Fato que Marx não deixa de ironizar logo na abertura do *18 de Brumário*, ao assinalar que, para Hegel, "(...) todos os grandes acontecimentos e personagens históricos ocorrem, por assim dizer, duas vezes. [Mas que] esqueceu-se de acrescentar: a primeira vez como tragédia, a segunda como farsa".[300]

No *18 de Brumário*, as esperanças de Marx de uma nova revolução na França, tal como vinha acreditando, se encontravam enfraquecidas diante da experiência malsucedida da revolução de fevereiro de 1848 e das artimanhas e traições cometidas contra os trabalhadores pelas demais classes, as quais, ao fim e ao cabo, terminaram se submetendo às vontades do Executivo. Sua percepção de que a revolução burguesa seria o "viveiro da verdadeira revolução", como ainda defendia em *As lutas de classes na França*, perdera força, mas mantinha ainda a esperança de que uma nova revolução viria, mesmo que de forma diferente à que antes previa, e que uma *toupeira incansável* trabalhava para isso, como deixa claro na seguinte passagem dessa obra:[301]

> [Apesar de tudo] a revolução vai ao cerne das coisas. Ela ainda só está a atravessar o Purgatório. Conduz a sua tarefa com método. Até 2 de dezembro não tinha cumprido

---

300 MARX, Karl. *O 18 Brumário de Louis Bonaparte*. Coimbra: Nosso Tempo, [1852] 1971, p. 15.

301 MARX, Karl. *O 18 Brumário de Louis Bonaparte*. Coimbra: Nosso Tempo, [1852] 1971, p. 142.

> mais do que metade de seus preparativos, e agora cumpria a outra metade. Aperfeiçoa, em primeiro lugar, o poder parlamentar, para o poder derrubar em seguida. Uma vez atingido este objetivo, aperfeiçoa o poder executivo, reduz-lo à sua expressão mais simples, isola-o, dirige contra ele todas as censuras para nele concentrar todas as forças de destruição; quando tiver concluído a segunda metade de seu trabalho de preparação a Europa saltará de seu lugar e exaltará: "Bom trabalho, velha toupeira".

Foi uma das poucas mensagens de esperança contidas no *18 de Brumário* sobre a revolução, em que Marx se liberta das tradições e experiência das revoluções anteriores, notadamente da de 1789, e passa a olhar para o futuro, perscrutando o terreno objetivo e ideal em que se daria sua eclosão. Para isso, já dispunha de uma nova teoria que associava a crise econômica à sua viabilidade e cuja teorização tratará de realizar, a partir daí, em seus estudos.

No ano de 1852, Marx ainda se engajaria, mesmo residindo em Londres, no esforço de defender 12 comunistas de Colônia, que haviam sido presos em maio de 1851, acusados de conspiração contra o governo prussiano, em uma armação do Rei Guilherme IV com sua rede de espiões. Defendeu-os com coragem, denunciando a falsificação dos documentos condenatórios e as fraudes do processo, mas não conseguiu impedir, no veredito de 12 de novembro de 1852, que 7 dos 12 acusados fossem condenados a penas que variavam de 3 a 6 anos, confirmando um jogo de cartas marcadas comandado por Guilherme IV. Com a prisão de seus correligionários, propôs, em seguida, a dissolução da Liga de Comunistas, ao ver dissiparem-se suas perspectivas de novas ações políticas revolucionárias, e fechou essa página de sua história de lutas. Mas outras, na sua incansável luta pela *libertação e emancipação do trabalhador* do jugo e da exploração capitalista, já estavam se abrindo.

3.3 Uma pausa para os estudos de Economia Política e de crises econômicas: 1853-1856

Pelos relatos de Sperber,[302] Marx, no período de 1853-1857, retirou-se de cena das ações políticas. A década de 1850 corresponde a um período descrito pelos historiadores como o de uma "era da reação", marcada pelo predomínio e vigor de regimes autoritários na Europa continental, destacadamente na França de Luís Bonaparte, extinguindo-se a chama que impulsionara os movimentos revolucionários da segunda metade da década de 1840.

Decepcionado com as ações políticas que não conduziram à revolução, como acreditara e, desgostoso com os resultados do julgamento dos comunistas de Colônia e também com os próprios problemas do exílio, Marx retirou-se de cena, isolando-se de seus antigos companheiros de luta – à exceção, entre poucos, de Engels –, e, pela primeira vez, dedicou maior tempo à sua vida privada e familiar. A tese que formulara, em 1850, de que uma nova revolução só eclodiria depois de uma crise econômica contribuiu e justificou a posição mais passiva que assume, neste período, em relação ao anterior.[303]

Com maior disponibilidade de tempo, Marx pôde dedicar-se mais às atividades jornalísticas profissionais, mesmo porque precisava de recursos para sustentar a família e, ainda de acordo com Sperber,[304] "no período de 1853-1862 [escreveu] para seis jornais em diferentes países: Inglaterra, Estados Unidos, Prússia, Áustria e, até mesmo, África do Sul". Entre estes, deve-se destacar, nos Estados Unidos, o *New York Tribune*, do qual passou a receber

---

302 SPERBER, Jonathan. *Karl Marx*: uma vida do século XIX. Barueri: Amarilys, 2014, pp. 288-319.

303 SPERBER, Jonathan. *Karl Marx*: uma vida do século XIX. Barueri: Amarilys, 2014, p. 289.

304 SPERBER, Jonathan. *Karl Marx*: uma vida do século XIX. Barueri: Amarilys, 2014, p. 291.

duzentas libras anuais a partir de 1856, valor reduzido à metade em novembro de 1857, quando o jornal passou a enfrentar dificuldades financeiras com a recessão que se instalou na economia norte-americana neste ano.[305]

Para quem até então vivera em uma situação de grande penúria financeira, essas atividades profissionais mais bem remuneradas se traduziriam em um pouco mais de conforto para sua família. Em outubro de 1856, conseguiu mudar para uma casa nova no distrito de Kentish Town, bem maior que a de Soho e, com o recebimento de uma pequena herança por Jenny de um tio falecido, mobiliá-la e equipá-la com utensílios domésticos. Os natais, em família, passaram a ser comemorados a partir de 1853 "com grandes festas em estilo alemão", e tornaram-se habituais os piqueniques dominicais dos Marx em meados da década de 1850. Até mesmo uma ama de leite para a filha Eleanor, nascida em 17 de janeiro de 1855, pôde ser contratada nessa época, o que não ocorrera com os filhos anteriores nascidos em Londres.

Isso não significa, no entanto, que Marx e sua família tenham passado a desfrutar de uma vida de opulência. Apesar da melhoria ocorrida em sua situação financeira, carregava dívidas pretéritas e seus gastos correntes superavam as receitas, tendo, por isso, de continuar contando com a ajuda financeira de Engels e de recorrer a empréstimos, nem sempre conseguidos, por sua fama de "mau pagador", ou à casa de penhores para complementar suas necessidades de renda. Como bem sintetiza Sperber,[306] "no final, a receita obtida por Marx com suas atividades de jornalista – algumas vezes, respeitável, e, outras, errática – (...) serviu apenas para elevar um pouco mais o patamar de pobres requintados".

---

305 SPERBER, Jonathan. *Karl Marx*: uma vida do século XIX. Barueri: Amarilys, 2014, pp. 295/296.

306 SPERBER, Jonathan. *Karl Marx*: uma vida do século XIX. Barueri: Amarilys, 2014, pp. 293-298.

Um acontecimento que afetará bastante a vida de Marx, neste período, foi a morte (inesperada) de seu filho Edgar, nascido na Bélgica, em 1847, no dia 6 de abril de 1855, aos oito anos de idade. Segundo Sperber, essa teria sido a "maior tragédia na vida de Marx, [que o] deixou deprimido e desalentado durante os dois anos e meio seguintes".[307] Perda que "nem mesmo o florescimento de Eleanor [que nascera em 17 de janeiro do mesmo ano], com toda a alegria que proporcionava à família, era capaz de compensar (...)".[308]

Entre os diversos assuntos abordados por Marx nos artigos escritos, à época, para os jornais com os quais trabalhava, deve-se destacar, para o que nos interessa, o que diz respeito à crise econômica, que teve início em 1857 nos Estados Unidos e que dali se irradiou para o restante do mundo, configurando uma crise de âmbito mundial. Marx, que vinha aprofundando seus estudos de Economia Política e que, desde 1850, estabelecera uma vinculação entre a revolução e a crise econômica, comemorou, com entusiasmo, que foi compartilhado por Engels, sua chegada, apontando-a como o início de uma nova época que lançaria a pá de cal na "era da reação" iniciada no final da década de 1840, esperançoso de que com ela se abriria o caminho para a vitória dos trabalhadores.

Com o espírito renovado e consciente da importância do conhecimento científico do fenômeno das crises para orientar as ações revolucionárias, lançou-se com entusiasmo a dar início à elaboração de seu tratado, tantas vezes adiado, de economia, ao mesmo tempo em que procurava interpretar suas origens e natureza, associando-a ao excesso de crédito provocado por exagerada alavancagem bancária e a problemas do balanço de pagamentos de alguns países nos artigos escritos para os jornais. Tamanha disposição e entusiasmo para o trabalho não passaram despercebidos a

---

307 SPERBER, Jonathan. *Karl Marx*: uma vida do século XIX. Barueri: Amarilys, 2014, pp. 290/291.

308 SPERBER, Jonathan. *Karl Marx*: uma vida do século XIX. Barueri: Amarilys, 2014, p. 291.

Jenny, sua esposa, que resumiria da seguinte forma, em carta, o otimismo e vigor recuperados por Marx com a crise:[309]

> Embora a crise americana tenha sido logo sentida em nossa carteira, já que Karl agora escreve apenas uma vez por semana para o *Tribune*, em vez de duas (...) você pode imaginar muito bem o excelente estado de espírito em que o *Mouro* se encontra. Toda a antiga capacidade de trabalho, a calma e as boas maneiras estão de volta, assim como o vigor e a animação que se perderam durante anos, desde nosso grande infortúnio, a perda de nosso filho amado, por quem meu coração estará sempre enlutado.

O próprio Marx, em carta a Engels, não deixaria de expressar a satisfação que dele tomara conta com a crise: "Muito embora depois dessa eclosão eu me encontre em dificuldades financeiras, não me sentia tão confortável desde 1849".[310] Foi assim, neste ambiente de crise e, ao mesmo tempo de euforia com as novas possibilidades que se abriam, como acreditava, para a revolução, que Marx iniciou a construção de sua obra econômica de análise dos fundamentos e dinâmica da economia capitalista, por meio de notas que comporiam um primeiro rascunho (mais tarde editados com o título de *Grundrisse*), em 1857-1858, dos quais extrairia elementos para a versão definitiva de *O Capital*, em 1867. Mesmo que a crise de 1857 tenha começado a ser revertida em 1858 e que nenhum movimento revolucionário dela tenha surgido, Marx, pela análise que realizaria sobre as contradições do sistema, estava convencido de que outras crises seriam inevitáveis e que o colapso seria o seu destino final.

---

309 SPERBER, Jonathan. *Karl Marx*: uma vida do século XIX. Barueri: Amarilys, 2014, p. 316.

310 MANDEL, Ernest. *A formação do pensamento econômico de Karl Marx*: de 1843 até a redação de O Capital. Rio de Janeiro: Zahar, 1968, p. 319.

3.4 As obras preparatórias de O *Capital*: 1857–1863

De acordo com Mandel, "(...) a *Contribuição à Crítica da Economia Política, os Grundrisse e as Teorias da Mais-Valia* (...) constituem o conjunto dos trabalhos diretamente preparatórios para a elaboração de *O Capital*".[311]

A redação dos *Grundrisse* teve início em setembro de 1857, prolongando-se até 1858, impulsionado pela necessidade de Marx de melhor conhecer a dinâmica cíclica do capitalismo e a natureza da crise econômica que eclodira naquele ano. A *Contribuição à Crítica da Economia Política* foi editada em 1859 e deveria constituir um primeiro fascículo, previsto para seis, de sua obra econômica ou tratado, no plano inicial dos *Grundrisse*, o qual foi abandonado por Marx em 1866. *Teorias da Mais-Valia*, um longo manuscrito elaborado entre 1861 e 1863, anterior, portanto, ao Livro I de O *Capital*, transformou-se, por sugestão de Marx, no Livro IV de sua obra econômica, embora a precedesse.

Ainda segundo Mandel,

> Os *Grundrisse*, que constituem, junto com a *Contribuição à Crítica da Economia Política*, o ponto culminante da obra econômica de Marx antes de O *Capital*, representam uma soma enorme de análises econômicas. Concebidas como os trabalhos preparatórios de O *Capital*, ou mais precisamente como um desenvolvimento de análise do capitalismo em todos os seus aspectos, de onde a obra-prima de Marx ia nascer, elas contêm, ao mesmo tempo, os materiais de construção de tudo o que Marx ia desenvolver em seguida

---

311 MANDEL, Ernest. *A formação do pensamento econômico de Karl Marx*: de 1843 até a redação de O Capital. Rio de Janeiro: Zahar, 1968, p. 104.

> e um amontoado de elementos que serviram mais tarde de fermento a novas obras.[312]

O fato é que, segundo E. M. Rubel, citado por Mandel,[313] "de agosto de 1852 até o fim de 1856, Marx foi obrigado a renunciar a seus estudos econômicos", o que pode ser explicado por suas intensas atividades jornalísticas, necessárias para o sustento da família, por seu precário estado de saúde em algumas ocasiões, pelo desânimo e desalento provocados pela perda de familiares, pelos dissabores por ter visto frustradas suas perspectivas da revolução, levando-o a isolar-se de seus companheiros de luta ou por outras razões. O fato de não ter completado seus estudos sobre o modo de funcionamento da economia capitalista e do fenômeno das crises, levou-o, juntamente com Engels, a equivocar-se nas análises que fizeram para os periódicos em que escrevia, nas predições sobre a explosão de novas crises feitas para os anos de 1852, 1853 e 1855, quando as flutuações econômicas ocorridas não passavam de crises passageiras ou "parciais", ou seja, restritas a setores econômicos específicos.[314]

A crise de 1857 apresentava, no entanto, uma dimensão bem mais ampla e, nela, Marx percebeu a oportunidade de estudá-la com profundidade e dar início à elaboração de sua obra econômica, dedicando todos os seus esforços para decifrá-la, como diz em carta a Engels: "trabalho como um louco (...) na síntese de meus estudos econômicos para ao menos ter claros os 'esboços' antes do dilúvio".

---

312 MANDEL, Ernest. *A formação do pensamento econômico de Karl Marx*: de 1843 até a redação de O Capital. Rio de Janeiro: Zahar, 1968, p. 104.

313 MANDEL, Ernest. *A formação do pensamento econômico de Karl Marx*: de 1843 até a redação de O Capital. Rio de Janeiro: Zahar, 1968, p. 83.

314 MANDEL, Ernest. *A formação do pensamento econômico de Karl Marx*: de 1843 até a redação de O Capital. Rio de Janeiro: Zahar, 1968, pp. 68-81.

3.4.1 Os *Grundrisse* e a Contribuição à Crítica da Economia Política

Os *Grundrisse*[315] e o *Para a Crítica da Economia Política*[316] datam, o primeiro, de 1857-1858, e o segundo de 1859. O primeiro consiste numa compilação de um vasto material pesquisado por Marx sobre temas econômicos que teve início, em 1843, estudos que foram intensificados a partir de 1850, quando se instalou na cidade de Londres, e que o autor foi registrando na forma de cadernos e de notas ao longo do tempo e consolidou naqueles dois anos para elaborar a sua crítica à Economia Política, tendo sido publicado apenas em 1939, sob o título *Fundamentos para a Crítica da Economia Política*. O segundo, cuja primeira versão foi publicada em 1859, com o título *Para a Crítica da Economia Política*, e que deveria ser o livro de abertura de uma série inicialmente projetada para seis, reuniu, além de um *Prefácio*, onde expõe o método do materialismo histórico, dois capítulos que seriam incluídos, embora modificados, na versão final do Livro I de *O Capital*, de 1867: *A mercadoria e o Dinheiro*.[317]

Nos *Grundrisse*, Marx apresenta, de acordo com Rosdolsky,[318] o primeiro plano geral que deveria seguir na construção de sua

---

315 MARX, Karl. *Grundrisse – manuscritos econômicos de 1857-1858*: esboços da crítica da economia política. São Paulo: Boitempo; Rio de Janeiro: Ed. UFRJ, 2011.

316 MARX, Karl. *Para a Crítica da Economia Política*; Salário, preço e lucro; O rendimento e suas fontes: a economia vulgar. São Paulo: Abril Cultural, [1859] 1982.

317 DUAYER, Mário. "Apresentação". *In*: MARX, Karl. *Grundrisse – manuscritos econômicos de 1857-1858*: esboços da crítica da economia política. São Paulo: Boitempo; Rio de Janeiro: Ed. UFRJ, 2011, pp. 11-24; GORENDER, Jacob. "Introdução". *In*: MARX, Karl. *Para a crítica da economia política*; Salário, preço e lucro; O rendimento e suas fontes: a economia vulgar. São Paulo: Abril Cultural, 1982.

318 ROSDOLSKY, Roman. *Gênese e estrutura de O Capital de Karl Marx*. Rio de Janeiro: EDUERJ: Contraponto, 2001.

obra econômica. Neste plano, o conjunto da obra estava dividido em seis livros: o primeiro, que deveria tratar do capital; o segundo, da propriedade da terra; o terceiro, do trabalho assalariado; os três seguintes versariam sobre o Estado, o comércio exterior, o mercado mundial e as crises, respectivamente. Além destes livros, Marx pretendia, ainda, incluir na obra uma *Introdução Geral* para explicar as "determinações gerais e abstratas que estão presentes, em grau maior ou menor, em todas as sociedades". Essa Introdução, Marx já deixou de lado logo no *Para a Crítica...*, de 1859, e não a incluiu em *O Capital*, para o qual será modificada toda a estrutura pensada em 1857. Quanto aos últimos três livros – sobre o Estado, o comércio exterior, o mercado mundial e crises –, sua intenção, ainda segundo Rosdolsky[319] era apenas a de esboçá-los, apresentar seus "traços fundamentais".

Os *Grundrisse* compõem-se de três textos: Bastiat e Carey; o segundo, de uma *Introdução* à sua obra crítica da Economia Política; e o terceiro, que ficou efetivamente conhecido como *Esboços da Crítica da Economia Política* ou *Grundrisse*, consiste em dois capítulos: i) o do Dinheiro; ii) o do Capital, este distribuído em três seções. O segundo texto, o da *Introdução*, terminou não sendo incluído na versão final do livro *Para a Crítica...*, supressão que Marx justificou, no *Prefácio*, como necessário para "evitar a antecipação de resultados que ainda deveriam ser provados".[320] Ainda que seja um texto inconcluso, é nele que Marx faz uma exposição mais sistemática de sua crítica ao método da Economia Política e apresenta e defende o que adotaria na análise da economia burguesa – o do materialismo histórico. Por isso, é fundamental que essa seção se inicie com sua análise.

---

319 ROSDOLSKY, Roman. *Gênese e estrutura de O Capital de Karl Marx*. Rio de Janeiro: EDUERJ: Contraponto, 2001, p. 27.

320 MARX, Karl. *Para a crítica da economia política*; Salário, preço e lucro; O rendimento e suas fontes: a economia vulgar. São Paulo: Abril Cultural, [1859] 1982, p. 24.

3.4.1.1 A crítica ao método da Economia Clássica na "Introdução" dos *Grundrisse*

São vários os planos de análise que Marx realiza neste texto, curto e difícil, impregnado de linguagem filosófica, mas, para o que nos interessa, cabe aqui destacar apenas três: i) a crítica que faz à Economia Política por considerar o indivíduo do século XVIII enquanto agente de produção, destituído de suas condições históricas e, por isso, atribuir ao caçador, ao pescador, o papel fundante da sociedade humana por meio das trocas, quando é da produção que se deve partir para analisar como se estabelecem as relações sociais; ii) a consideração desta escola como universais, naturais, as leis e categorias econômicas que presidem e regem a economia capitalista; e iii) a adoção do método do materialismo histórico para a interpretação e dinâmica do modo de produção capitalista, o qual também abordará no *Prefácio* da Crítica da Economia Política.

Em relação ao indivíduo, que ocupa posição central e que teria levado a esses equívocos na ciência burguesa, essa questão é tratada logo na abertura do texto, quando Marx inicia a crítica dos economistas clássicos que o tomam como um ser universal, abstrato, com autonomia e natureza definida, com vida própria e em condições de julgar e decidir o que é melhor para si, independente dos contextos históricos em que se insere:

> Na sociedade da livre concorrência, o indivíduo [do século XVIII] aparece desprendido dos laços naturais, etc. que, em épocas anteriores o faziam um acessório de um conglomerado humano determinado e limitado. (...) aparece, [assim], como um ideal cuja existência estaria no passado. Não como um resultado histórico, mas como ponto de

> partida da história. (...) Até o momento essa tem sido uma ilusão comum a toda nova época.[321]

E, em oposição à tese do indivíduo que, como ideal do Iluminismo, é incorporado pelo pensamento econômico como um ser universal, abstrato, independente dos contextos históricos:

> Quanto mais fundo voltamos na história, mais o indivíduo, e também o indivíduo que produz, aparece como dependente, como membro de um todo maior: de início, e de maneira totalmente *natural*, na família e na família ampliada e na tribo; mais tarde, nas diversas formas de comunidade resultantes do conflito e da fusão das tribos. Somente no século XVIII, com a "sociedade burguesa", as diversas formas de conexão social confrontam o indivíduo *como simples meio para seus fins privados*, como necessidade exterior. Mas a época que produz este ponto de vista do *indivíduo isolado*, é justamente a época das relações sociais mais desenvolvidas até o presente. [Mas] o ser humano é, no sentido mais literal, um *animal político*, não apenas um animal social, mas também um animal que somente pode *isolar-se em sociedade.* A produção do singular isolado fora da sociedade (...) é tão absurda quanto o desenvolvimento da linguagem sem indivíduos vivendo juntos e falando uns com os outros.[322]

Marx foi, desde as suas primeiras formulações na crítica da Economia Política, opositor das teorias dos economistas clássicos e dos filósofos que partiram da ação do "indivíduo" para explicar os fenômenos sociais e econômicos, os quais seriam frutos de seus

---

321 MARX, Karl. "Introdução". *In*: *Grundrisse, manuscritos econômicos de 1857-1858*: esboços da crítica da economia política. São Paulo: Boitempo; Rio de Janeiro: Ed. UFRJ, 2011, pp. 39/40.

322 MARX, Karl. "Introdução". *In*: ______. *Grundrisse, manuscritos econômicos de 1857-1858*: esboços da crítica da economia política. São Paulo: Boitempo; Rio de Janeiro: Ed. UFRJ, 2011, p. 40.

desejos e vontade, condenando tanto as concepções do indivíduo que abstraiam as relações sociais quanto as "baseadas nas escolhas imputadas aos indivíduos abstratos".[323] Para Marx, o indivíduo é um produto da história, não sendo possível entender seu comportamento, seu modo de agir e suas necessidades, sem situá-lo nessa perspectiva, considerando-o um ser abstrato, a-histórico, como o faz a Economia Política.[324] Como coloca a este respeito no Prefácio de *Para a Crítica...*:

> O modo de produção da vida material condiciona o processo em geral da vida social, político e espiritual. Não é a consciência dos homens que determina o seu ser, mas, ao contrário, é o seu ser social, que determina sua consciência.[325]

Este é o ponto chave da crítica e do método de Marx na análise que realiza: deixar de lado as fantasias da Economia Política que atribui um poder inexistente ao indivíduo em épocas pretéritas e ignora a produção material como uma produção de indivíduos sociais destinada a atender suas necessidades em determinado estágio de desenvolvimento das forças produtivas como o elo que

---

323 WRIGHT, Erik Olin; LEVINE, Andrew; SOBER, Elliot. *Reconstruindo o marxismo*: ensaios sobre a explicação e teoria da história. Petrópolis: Vozes, 1993.

324 Nos *Grundrisse*, Marx reenfatiza, em várias passagens, essa visão, como na página 407, onde destaca o papel da troca na economia burguesa neste processo de individuação: "o ser humano só se individualiza pelo processo histórico. Ele aparece originalmente como ser *genérico, ser tribal, animal gregário* – ainda que de forma alguma como um ser social em sentido político. Ela torna o sistema gregário supérfluo e o dissolve. Logo, a coisa se altera de tal modo que, como individualizado, ele se relaciona mais consigo mesmo, mas os meios para se pôr como individualizado se converteram em seu meio de se fazer universal e comum" (MARX, Karl. *Grundrisse – manuscritos econômicos de 1857-1858*: esboços da crítica da economia política. São Paulo: Boitempo; Rio de Janeiro: Ed. UFRJ, 2011, p. 407).

325 MARX, Karl. *Para a crítica da economia política*; Salário, preço e lucro; O rendimento e suas fontes: a economia vulgar. São Paulo: Abril Cultural, [1859] 1982, p. 25.

os une. A produção material é que deve, assim, ser considerada em primeiro lugar, nessa análise da sociedade, e não o indivíduo, como se de sua atividade isolada essa tivesse se erguido, porque considerar, como enfatiza, "a produção do singular isolado fora da sociedade (...) é tão absurda quanto o desenvolvimento da linguagem sem indivíduos vivendo juntos e falando uns com os outros".[326]

Os economistas clássicos teriam incorrido neste equívoco ao considerarem o "indivíduo" nessa perspectiva. Por isso, ignorando a produção como uma produção de indivíduos sociais em determinado estágio de desenvolvimento das forças produtivas, marcada por relações econômicas determinadas, tomaram suas leis como universais, imutáveis, válidas para todas as épocas da vida humana, ignorando que, se algumas características são comuns a todas elas, não sendo concebível que a produção seja realizada sem elas (as determinações que valem para a *produção em geral*), outras são *específicas de cada época*. Por exemplo, o instrumento de produção é necessário em todas as épocas para se produzir, mesmo que este seja a *mão* (exemplo de Marx), sendo, portanto, um elemento comum, universal. Se me abstraio da especificidade que este instrumento assume na sociedade capitalista, onde assume a forma de *capital*, que expressa uma relação de poder, de dominação de uma classe por outra, ele se torna "uma relação natural, universal, eterna", procedimento adotado pelos economistas. Por isso, Marx afirma que "(...) em tal esquecimento [dessa especificidade] repousa, por exemplo, toda a sabedoria dos economistas modernos que pretendiam demonstrar a eternidade e a harmonia das relações sociais".[327] E mais claramente: "a produção não é apenas uma produção particular, mas é sempre, ao contrário, certo corpo social, sujeito social, que exerce sua atividade

326 MARX, Karl. *Para a crítica da economia política*; Salário, preço e lucro; O rendimento e suas fontes: a economia vulgar. São Paulo: Abril Cultural, [1859] 1982, p. 40.

327 MARX, Karl. "Introdução". *In*:______. *Grundrisse, manuscritos econômicos de 1857-1858*: esboços da crítica da economia política. São Paulo: Boitempo; Rio de Janeiro: Ed. UFRJ, 2011, p. 41.

numa totalidade maior ou menor nos ramos de produção". Ou seja, ela faz parte de uma totalidade, sendo apenas um ramo particular da produção, o que implica dar atenção aos demais ramos em que ela se encontra interligada constituindo essa totalidade: a distribuição, a troca, o consumo etc.

Convém esclarecer melhor a crítica que Marx faz do método de análise da economia clássica inglesa, sobretudo de Ricardo, porque com ela se lançam luzes sobre o caminho que por ele será percorrido na estruturação e elaboração de *O Capital*. Para isso, o trabalho de Rosdolsky[328] fornece uma visão clara sobre os fundamentos dessa crítica.

No método de Marx, as categorias econômicas, que interpenetram, refletem e influenciam as relações de produção, são históricas e, por isso, mudam as formas em que elas se apresentam em cada modo de produção. Essas formas econômicas expressam relações sociais entre os indivíduos, tornando esses modos de produção, portanto, distinguíveis entre si. Os seus elementos mais simples são comuns a todas as formas de desenvolvimento, mas cada forma histórica deste processo desenvolve, no que ele tem de específico, suas próprias bases materiais, bem como suas formas sociais.[329] O trabalho, o instrumento do trabalho, a natureza, por exemplo, são elementos comuns a todos os atos da produção, mas o modo como esses elementos são combinados e organizados muda a forma em que as categorias econômicas se apresentam e também as relações que se estabelecem entre os indivíduos para essa finalidade.

Essas distintas combinações dos elementos da produção compõem as relações de produção, que incluem a sua propriedade, a divisão do trabalho e determinam a distribuição da produção e

---

328 ROSDOLSKY, Roman. *Gênese e estrutura de O Capital de Karl Marx*. Rio de Janeiro: EDUERJ: Contraponto, 2001.

329 ROSDOLSKY, Roman. *Gênese e estrutura de O Capital de Karl Marx*. Rio de Janeiro: EDUERJ: Contraponto, 2001, p. 78.

as formas de intercâmbio dos produtos entre os indivíduos. Produtos do trabalho, mercadorias, valor, valor de uso, valor de troca, dinheiro, capital, são categorias econômicas e conceitos que ou influenciam ou recebem a influência dessas relações, com sua forma aparecendo modificada em cada um destes modos de produção, expressando as relações sociais que neles se estabelecem. Por isso, é de seu exame que se pode compreender o caráter específico de um modo de produção, constituindo o objeto de análise da Economia Política a investigação das formas sociais da produção e da distribuição em sua especificidade.

Já o método dos economistas clássicos não leva em conta, por sua vez, a historicidade dessas categorias e toma-as como válidas para todos os tempos e lugares, sendo, portanto, a-históricas, atemporais, como se tratassem de leis naturais e, por essa razão, seus autores não conseguem entender as especificidades de cada modo de produção, por considerá-las universais. Guiam-se, assim, pela aparência em que os fenômenos se manifestam na superfície da vida econômica, tomando-os como ponto de chegada de sua investigação, como prova de representação de leis gerais. E, mesmo conseguindo determinar e deduzir a sua unidade a partir dessas formas imediatas e diretas, não conseguem desvelar sua essência, pois, para isso, teriam de investigar o desenvolvimento histórico dessas categorias.

No modo de produção capitalista em que as relações de produção se apresentam *reificadas* (*coisificadas*), com uma aparente obediência a leis naturais, em que as relações entre os homens aparecem disfarçadas como relação entre *coisas*, tal análise torna-se ainda mais do que necessária para desvendar a lei interna desses fenômenos, a sua "essência oculta". Pois, como disse Marx: "toda ciência é supérflua se a forma de manifestação e a essência coincidissem diretamente".[330] Mas o fato é que a forma acabada

330 ROSDOLSKY, Roman. *Gênese e estrutura de O Capital de Karl Marx*. Rio de Janeiro: EDUERJ: Contraponto, 2001, p. 470 *apud* MARX, Karl.

das relações econômicas no modo capitalista de produção, tal como aparecem na superfície, difere de sua existência real, de sua essência, aparecendo de forma inversa, antitética.

Uma citação de Lukás feita por Rosdolsky[331] ajuda a elucidar melhor este argumento crítico feito por Marx aos economistas clássicos:

> Para captar corretamente os fatos, primeiro se deve captar com clareza e exatidão (...) *a diferença entre sua existência real e sua essência* (...). Precisamos, de um lado, separar os fenômenos e a forma imediata na qual elas aparecem, encontrar as mediações através das quais se pode relacioná-la com seu núcleo, sua essência. Ao fazê-lo, *compreenderemos sua forma aparente e a veremos como a forma necessária de manifestação de sua essência.*

Devido ao seu método de análise, a economia clássica inglesa não percorre todo este circuito e detém, assim, sua investigação na esfera da aparência. Ricardo, por exemplo, chega ao *valor de troca*, partindo do trabalho como produtor de valor, mas tomando-o apenas como unidade de medida e sua investigação ao aspecto quantitativo, às *magnitudes relativas do valor*, e não à sua *substância*, ao aspecto qualitativo, e nem ao *trabalho social geral que cria valor*, que subentende um modo de produção historicamente determinado, equiparando-o ao *trabalho humano geral* e, por isso, não percebe que o valor de troca com que se preocupa, é só uma *forma* em que o valor se apresenta e nem que o seu desenvolvimento leva ao dinheiro, ao preço, ao capital. Um método que considera, enfim, haver uma coincidência entre a forma e o conteúdo, e que estes não se modificam, apesar de sua interação e luta recíproca, campo em que atua a

---

O Capital, Crítica da Economia Política: o processo global de produção capitalista. Rio de Janeiro: Civilização Brasileira, [1894] 1974 (Livro III).

331 ROSDOLSKY, Roman. *Gênese e estrutura de O Capital de Karl Marx*. Rio de Janeiro: EDUERJ: Contraponto, 2001, p. 470 (itálicos acrescentados).

análise dialética. Daí, sua limitação em "interpretar geneticamente essas formas, [conseguindo] apenas remontar, mediante análise, sua unidade interna e, [assim, chegar] à lei do valor".

Ao se guiar por essas formas fenomênicas, suprimindo categorias mediadoras com o objetivo de deduzir diretamente os fenômenos que ocorrem na vida econômica, Ricardo (e os clássicos), embora tenha o mérito de ter recomposto a unidade interna das diferentes formas de riqueza, enxerga apenas o lucro, e não a mais-valia e como essa se distribui entre lucro, juro, renda da terra, com as leis da mais-valia se transformando em leis do lucro, e até mesmo uma taxa geral de lucro que, em seu sistema, aparece representando, por essa razão, uma exceção à lei do valor, ao considerar as diferenças entre os capitais. Sem os "elos intermediários" que seriam necessários para se chegar ao valor e às suas várias formas de manifestação, não consegue, assim, libertar-se das formas fenomênicas e termina confundindo lucro com mais-valia, taxa de mais-valia com taxa de lucro, fazendo com que as relações de produção apareçam mistificadas por formas aparentes.

Por isso, para Marx, se o pensamento de Ricardo é acusado de ser "abstrato demais", a realidade é que lhe falta "poder de abstração", pois quando trata do valor das mercadorias não consegue se esquecer dos lucros, os quais surgem como resultado da concorrência, o mesmo se podendo dizer de seus conceitos de dinheiro, capital, trabalho etc.

Cremos que não poderia ser diferente. A verdade é que o método dialético ainda não estava disponível nem para Ricardo, não mais que um aplicador na bolsa de valores, que, sem formação acadêmica, passou a se interessar e escrever brilhantemente sobre economia, e menos ainda para Smith, que viveu numa época anterior à de Hegel, o mesmo podendo ser dito em relação ao método do materialismo histórico desenvolvido por Marx. Tanto o pensamento de um como de outro se apoiava no método dominante à época, o método mecanicista/naturalista.

Só tendo clareza do método de Marx exposto nestes trabalhos, se torna possível compreender o caminho analítico por ele percorrido na elaboração de *O Capital*. Em primeiro lugar, ao procurar identificar "(...) as categorias e conceitos para captar as relações essenciais, em oposição às formas aparentes (fenomênicas) do modo de produção capitalista", e vinculá-las aos "(...) fenômenos que ocorrem na superfície da vida econômica, deduzindo os primeiros dos segundos".[332] Sua investigação da mercadoria e do valor que nela se expressa e das várias formas em que este se manifesta no curso do desenvolvimento só pode ser entendida nessa perspectiva.

Em segundo, com o objetivo de apreender o processo de produção e circulação em sua forma pura e captar suas leis internas e também o seu *devir* (em termos de categorias), a partir do dinheiro e de suas tendências evolutivas, limitando sua análise, nos dois primeiros livros de sua obra seminal, ao "*capital em geral*", abstraindo dos fenômenos da concorrência. Só depois de concluída essa análise do "*capital em geral*", o fato de ele passar, no Livro III, à análise do "*capital em sua realidade*", à concorrência dos capitais, do sistema de crédito e de outros temas específicos de suas particularidades.[333]

Em seguida, Marx efetua a crítica dos economistas que colocam, em suas teorias, a produção à frente e independente das demais fases do processo de produção, e aqui seu principal alvo é o trabalho de John Stuart Mill, de 1848, os *Princípios de Economia Política*, tratando das suas condições gerais, sem atentar para suas especificidades, com o que aquelas se reduzem a meras tautologias, tais como: a produção depende de determinadas condições para ser realizada; de condições que, em maior ou menor grau, a fomentem, as quais são diferentes num quadro progressivo

332 ROSDOLSKY, Roman. *Gênese e estrutura de O Capital de Karl Marx*. Rio de Janeiro: EDUERJ: Contraponto, 2001, p. 472.

333 ROSDOLSKY, Roman. *Gênese e estrutura de O Capital de Karl Marx*. Rio de Janeiro: EDUERJ: Contraponto, 2001, pp. 472/473.

ou de declínio (Smith); ou ainda: a riqueza é criada com maior facilidade à medida que seus elementos objetivos e subjetivos se encontram disponíveis em maior proporção.[334] Com essas tautologias e, sem se preocuparem em investigar nem os diferentes graus de produtividade nem as suas causas no desenvolvimento dos povos singulares, delas derivam e representam as leis gerais da produção, como "leis eternas, independentes da história, oportunidade em que as relações burguesas são contrabandeadas como irrevogáveis leis naturais da sociedade em abstrato".[335]

Para resumir essa questão relativa à forma como produção é tratada de forma equivocada pelos economistas, Marx é taxativo:

> (...) para todos os estágios de produção há determinações comuns que são fixadas pelo pensamento como determinações universais; mas as assim chamadas condições universais de toda produção nada mais são que esses momentos abstratos [essenciais à produção], com os quais nenhum estágio histórico efetivo de produção pode ser compreendido.[336]

Se a produção é tratada dessa maneira pela Economia Política, com a *distribuição*, as coisas ocorrem de forma diferente, sendo essa vista como uma esfera autônoma, independente da produção. Nela, ao invés de leis naturais, vigem *leis humanas gerais* e, supostamente, a história, como entendido por J. S. Mill. Nessa concepção superficial, em que a distribuição é tratada de forma independente,

---

334 MARX, Karl. *Grundrisse – manuscritos econômicos de 1857-1858*: esboços da crítica da economia política. São Paulo: Boitempo; Rio de Janeiro: Ed. UFRJ, 2011, p. 42.

335 MARX, Karl. *Grundrisse – manuscritos econômicos de 1857-1858*: esboços da crítica da economia política. São Paulo: Boitempo; Rio de Janeiro: Ed. UFRJ, 2011, p. 42.

336 MARX, Karl. *Grundrisse – manuscritos econômicos de 1857-1858*: esboços da crítica da economia política. São Paulo: Boitempo; Rio de Janeiro: Ed. UFRJ, 2011, p. 44.

apenas como uma distribuição de produtos, afastada da produção, os homens passam a dispor de arbítrio para modificá-la.

Mas, como Marx aponta, "(...) abstraindo da grosseira disjunção entre produção e consumo e da sua relação efetiva",[337] embora a distribuição possa ser diversa em diferentes sociedades, também nela é possível, tal como ocorre com a produção, identificar as determinações que são comuns a todas e, da mesma forma, "confundir ou extinguir todas as diferenças históricas em leis humanas gerais".[338] São exemplos de leis humanas gerais: o escravo, o servo e o trabalhador assalariado devem receber uma quantidade de alimentos para existirem como tal, ou seja, para se reproduzirem. O conquistador, que vive do tributo, o proprietário fundiário, que vive da renda da terra, ou o capitalista, que vive do lucro e do juro, ou o funcionário do Estado, que vive do imposto etc., devem receber uma cota da produção social. Essas leis humanas gerais não revelam, no entanto, as diferenças históricas que caracterizam os sistemas de produção em que são adotadas sempre em nome de direitos, por trás dos quais se encontra, especificamente no caso da economia burguesa, para os economistas, *a propriedade privada*, a qual deve ser protegida pelo Estado, e, sem a qual, a produção não é concebível. Como se não tivesse existido produção na propriedade comunal, mesmo que em condições totalmente distintas.

O fato é que a distribuição já se encontra condicionada pela própria produção, mesmo na equação dos economistas clássicos, onde tudo é posto duplamente: à medida que nessa figuram os agentes de produção da economia burguesa – o capital, o trabalho, a propriedade fundiária –, a distribuição nada mais é do que uma

---

337 MARX, Karl. *Grundrisse – manuscritos econômicos de 1857-1858*: esboços da crítica da economia política. São Paulo: Boitempo; Rio de Janeiro: Ed. UFRJ, 2011, pp. 42/43.

338 MARX, Karl. *Grundrisse – manuscritos econômicos de 1857-1858*: esboços da crítica da economia política. São Paulo: Boitempo; Rio de Janeiro: Ed. UFRJ, 2011, p. 43.

consequência da posição que estes agentes ocupam neste processo e que, por essa razão, recebem a sua remuneração na forma de lucros, juros, salários e renda da terra. Por isso, a articulação da distribuição está totalmente determinada previamente pela articulação da produção.

Mas esta distribuição aparece, para o indivíduo isolado, como uma lei social que condiciona sua posição no interior da produção, precedendo-a, portanto, e, sendo assim, nada há a fazer, neste caso, para modificar sua situação de trabalhador assalariado. Mas isso ocorre por existirem, na sociedade burguesa, o capital e a propriedade fundiária, que são considerados agentes autônomos da produção, juntamente com os trabalhadores,[339] estando, assim, previamente determinada sua posição e a cota a que terá direito na produção social. Mudanças na estrutura social e da propriedade e, portanto, na distribuição, modificam, contudo, o modo de produção e, neste caso, "a distribuição não parece articulada e determinada pela produção, mas, pelo contrário, a produção parece articulada e determinada pela distribuição".[340]

Marx chama a atenção para a visão tosca dos economistas da distribuição como uma mera distribuição de produtos, enfatizando que ela deve ser entendida antes como: i) uma distribuição dos instrumentos de produção; ii) uma distribuição dos membros da sociedade nos diferentes tipos de produção, o que constitui uma determinação ulterior da mesma relação. E de ser "(...) a distribuição dos produtos apenas o resultado, a consequência dessa distribuição que está incluída no próprio processo de produção e [que] determina a articulação da produção". Por isso, "considerar a produção

---

339 MARX, Karl. *Grundrisse – manuscritos econômicos de 1857-1858*: esboços da crítica da economia política. São Paulo: Boitempo; Rio de Janeiro: Ed. UFRJ, 2011, p. 50.

340 MARX, Karl. *Grundrisse – manuscritos econômicos de 1857-1858*: esboços da crítica da economia política. São Paulo: Boitempo; Rio de Janeiro: Ed. UFRJ, 2011, p. 50.

abstraindo dessa distribuição nela contida é manifestamente uma abstração vazia".[341] Como os economistas tomam como dados, naturais, essas condições e pressupostos e não consideram que a produção repousa numa certa distribuição dos meios de produção, nem analisam como historicamente essa distribuição ocorreu, não percebem que a produção tanto determina a distribuição como é por ela determinada, e tomam aqueles pressupostos como naturais e abordam a distribuição como uma esfera dela separada, regida por leis humanas gerais.

A mesma crítica é estendida para o caso da circulação dos produtos (troca) e do consumo, que também nada mais são, para ele, "momentos" ou fases de um processo único. Para Marx,

> a troca é só um momento mediador entre a produção e a distribuição, por ela determinada, e o consumo; no momento em que o próprio consumo aparece como momento da produção, a troca está evidentemente incluída como momento da produção.[342]

De onde se pode concluir que, embora não sejam idênticos, "produção, distribuição, troca e consumo [são] todos eles membros de uma totalidade, diferenças dentro de uma unidade".[343] E como a produção se sobrepõe a estes demais momentos (fases) do processo, pois este sempre recomeça a partir dela, deduz-se que ela tanto determina como é determinada por estes vários momentos ou fases

---

341 MARX, Karl. *Grundrisse – manuscritos econômicos de 1857-1858*: esboços da crítica da economia política. São Paulo: Boitempo; Rio de Janeiro: Ed. UFRJ, 2011, p. 51.

342 MARX, Karl. *Grundrisse – manuscritos econômicos de 1857-1858*: esboços da crítica da economia política. São Paulo: Boitempo; Rio de Janeiro: Ed. UFRJ, 2011, p. 53.

343 MARX, Karl. *Grundrisse – manuscritos econômicos de 1857-1858*: esboços da crítica da economia política. São Paulo: Boitempo; Rio de Janeiro: Ed. UFRJ, 2011, p. 53.

que o compõem (pela distribuição, pela composição e extensão do mercado, pelas necessidades do consumo).

Em seguida, Marx, ao mesmo tempo em que critica o método de análise da Economia Política e em que falhas essa teria incorrido, expõe o que considera o método verdadeiramente científico. Começa considerando o estudo de um país do ponto de vista da economia e os elementos que nele estão presentes, como a população, sua divisão em classes, a repartição entre cidades e campo, os ramos de produção, as exportações e importações, os preços etc., e se indaga por qual destes elementos essa análise deveria ser iniciada.

Considera que, visto o conjunto destes elementos, aparentemente a análise deveria começar pela população que é a base e o sujeito do ato social da produção, como um todo. Mas imediatamente conclui ser este um caminho falso, equivocado. Isso porque, a população, em si, não passa de uma abstração se são deixadas de fora, por exemplo, as classes sociais das quais é constituída. Da mesma forma, essas classes sociais são uma palavra vazia, se ignora os elementos nos quais se baseiam, tais como o trabalho assalariado, o capital etc. Estes supõem a troca, a divisão do trabalho, os preços etc. O capital, por exemplo, nada é sem estes elementos (o trabalho assalariado, o dinheiro, os preços etc.), que constituem sua essência.[344]

Assim, se a análise tem início com a população,

> (...) esta seria uma *representação caótica do todo* e, por meio de uma determinação mais precisa, poderia chegar a conceitos cada vez mais simples; do concreto representado chegaria a conceitos abstratos cada vez mais finos, até que tivesse chegado às determinações mais simples. Daí, e com

---

344 MARX, Karl. *Grundrisse – manuscritos econômicos de 1857-1858*: esboços da crítica da economia política. São Paulo: Boitempo; Rio de Janeiro: Ed. UFRJ, 2011, p. 54.

> estes elementos simples, isolados, fazendo a viagem de retorno, chegaríamos novamente à população, mas, desta vez, *não como representação caótica de um todo, mas como uma rica totalidade de muitas determinações e relações.*[345]

Para ele, os economistas do século XVII começam a análise sempre pelo todo vivo: a população, a nação, o Estado, vários Estados, mas terminam sempre por descobrir, por meio dessa análise, algumas relações determinantes, *gerais e abstratas*, como a divisão do trabalho, o valor, o dinheiro, mas sem fazerem a viagem de retorno para explicar os sistemas econômicos como um todo. Por isso, a representação que deste têm é volatilizada em uma determinação abstrata.[346] Este não é, para ele, o método cientificamente correto, mesmo que, com ele, se tenha estabelecido pontos importantes para a construção da Economia Política.[347]

Ora, tão logo estes elementos mais simples são isolados (o valor de troca, o capital, o dinheiro etc.), fixados e abstraídos, torna-se possível, *por meio do pensamento, chegar à representação do todo organizado*, com suas múltiplas determinações e relações. Ou seja, do *concreto pensado*. Parte-se de determinações abstratas para se chegar à reprodução do concreto pelo caminho do pensamento. Marx entende este como o método verdadeiramente científico, que parte do simples, do singular, para entender e explicar o todo, e que reconhece ter sido o método adotado pelos economistas clássicos, e o concreto como uma

---

345 MARX, Karl. *Grundrisse – manuscritos econômicos de 1857-1858*: esboços da crítica da economia política. São Paulo: Boitempo; Rio de Janeiro: Ed. UFRJ, 2011, p. 54.

346 MARX, Karl. *Grundrisse – manuscritos econômicos de 1857-1858*: esboços da crítica da economia política. São Paulo: Boitempo; Rio de Janeiro: Ed. UFRJ, 2011, p. 54.

347 PAULA, João Antônio de. *Crítica e emancipação humana*: ensaios marxistas. Belo Horizonte: Autêntica, 2014, p. 62. (Coleção Economia Política e Sociedade).

> (...) síntese de múltiplas determinações, portanto, unidade da diversidade. Por isso, o concreto aparece no pensamento como processo de síntese, como resultado, não como ponto de partida, não obstante seja o ponto de partida e, em consequência, também o ponto de partida de intuição e representação.[348]

Mas este não representa o processo de gênese do próprio concreto, sendo que a essência dessas relações deve ser buscada em seu desenvolvimento histórico, o que a Economia política não faz, tomando-as como premissas estabelecidas, verdades naturais, imutáveis, válidas para todas as épocas.

3.4.1.2 O método de análise de Marx em *Para a Crítica...*

No Prefácio do *Para a Crítica...*, Marx faz uma síntese do método que empregará para a análise da sociedade burguesa. Nele, começa considerando o sistema da economia na seguinte ordem: capital, propriedade fundiária, trabalho assalariado; Estado, comércio exterior, comércio mundial. É a ordem inicial a que se propôs, nessa época, seguir para analisar essa sociedade, partindo dos elementos mais simples para se chegar ao todo.

A prioridade que confere à Economia Política nessa investigação deve-se à sua convicção de que a *anatomia da sociedade civil* deve ser procurada nessa ciência, depois de ter chegado à conclusão, em seus estudos, de que

> (...) relações jurídicas, tais como formas de Estado, não podem ser compreendidas a partir de si mesmas, nem a partir do

---

348 PAULA, João Antônio de. *Crítica e emancipação humana*: ensaios marxistas. Belo Horizonte: Autêntica, 2014, p. 62. (Coleção Economia Política e Sociedade).

> assim chamado desenvolvimento geral do ser humano, mas que, pelo contrário, elas enraízam nas relações materiais da vida, cuja *totalidade* foi resumida por Hegel sob o nome de sociedade civil.[349]

Em poucas palavras resume o método a que chegou e que empregará na sua análise:

> (...) na produção social da própria vida, os homens contraem relações determinadas, necessárias e independentes de sua vontade, relações de produção estas que correspondem a uma etapa determinada de desenvolvimento de suas forças produtivas materiais. A totalidade dessas relações de produção forma a estrutura econômica da sociedade, a base real sobre a qual se levanta uma superestrutura jurídica e política, e à qual correspondem formas sociais determinadas de consciência. O modo de produção da vida material condiciona o processo em geral de vida social, político e espiritual. Não é a consciência dos homens que determina o seu ser, mas, ao contrário, é o seu ser social que determina sua consciência.[350]

E continua a exposição para mostrar a transitoriedade dessa ordem (ou modo de produção), ao contrário dos economistas clássicos que o viam como eterno, imutável, e também como ocorre sua ruptura:

> Em certa etapa de seu desenvolvimento, as forças produtivas materiais da sociedade entram em contradição com as relações de produção existentes ou, o que nada mais é do que a sua

---

349 MARX, Karl. *Para a crítica da economia política*; Salário, preço e lucro; O rendimento e suas fontes: a economia vulgar. São Paulo: Abril Cultural, [1859] 1982, p. 25.

350 MARX, Karl. *Para a crítica da economia política*; Salário, preço e lucro; O rendimento e suas fontes: a economia vulgar. São Paulo: Abril Cultural, [1859] 1982, p. 25.

> expressão jurídica, com as relações de propriedade dentro das quais aquelas até então se tinham movido. De formas de desenvolvimento das forças produtivas, essas forças produtivas se transformam em seus grilhões. Sobrevém, então, uma época de revolução social. Com a transformação da base econômica, toda a enorme superestrutura se transforma com maior ou menor rapidez.[351]

Essa mudança, no entanto, exige que as novas condições da nova formação social estejam maduras, desenvolvidas, para que se implante e expulse os elementos formadores da "velha sociedade" que se despede:

> Uma formação social nunca perece antes que estejam desenvolvidas todas as forças produtivas para as quais ela é suficientemente desenvolvida, e novas relações de produção mais adiantadas jamais tomarão o seu lugar, antes que suas condições internas de existência tenham sido geradas no seio mesmo da velha sociedade.[352]

E, profeticamente, vislumbra no modo de produção burguês, pela análise que realizará sobre suas contradições, a última forma antagônica do processo social de produção:

> Em grandes traços podem ser caracterizados como épocas progressivas da formação econômica da sociedade, os modos de produção: asiático, antigo, feudal e burguês moderno. As relações burguesas de produção constituem a última forma antagônica de um processo social de produção, antagônicas

351 MARX, Karl. *Para a crítica da economia política*; Salário, preço e lucro; O rendimento e suas fontes: a economia vulgar. São Paulo: Abril Cultural, [1859] 1982, p. 25.

352 MARX, Karl. *Para a crítica da economia política*; Salário, preço e lucro; O rendimento e suas fontes: a economia vulgar. São Paulo: Abril Cultural, [1859] 1982, p. 26.

> não em um sentido individual, mas de um antagonismo nascente das condições de vida dos indivíduos; contudo, as forças produtivas que se encontram em desenvolvimento no seio da sociedade burguesa, criam ao mesmo tempo as condições materiais para a solução deste antagonismo. Daí que, com essa formação social, se encerra a pré-história da sociedade humana.[353]

3.4.1.3 Uma reflexão sobre o método marxista de análise[354]

As relações econômicas, entendidas como as formas como os homens, que, juntamente com os instrumentos e a tecnologia empregada que utilizam para a produção de bens materiais para a sociedade e que constituem as forças produtivas, são o ponto de partida, o seu alicerce analítico. Constituem, assim o farol da análise, a base em que se assenta a teoria de Marx para desvendar as relações sociais existentes em cada fase de desenvolvimento histórico. São elas que ele considera os principais determinantes de todas as relações sociais e por meio das quais se podem explicar a estrutura e o desenvolvimento de cada formação social.

As relações econômicas devem ser vistas, dessa maneira, não apenas como a produção material se encontra organizada, mas também como os homens se situam dentro dessa organização, se de forma subordinada ou cooperativa, enquanto produtores destes bens, o que vai determinar, entre eles, a distribuição dos frutos plantados e colhidos. Cada formação social possui suas próprias leis da produção, da troca e da distribuição e são essas que

353 MARX, Karl. *Para a crítica da economia política*; Salário, preço e lucro; O rendimento e suas fontes: a economia vulgar. São Paulo: Abril Cultural, [1859] 1982, p. 26.

354 Essa seção se apoia, em alguma medida, no trabalho de Meek sobre o método de Marx (MEEK, Ronald L. *Economia & Ideologia*: o desenvolvimento do pensamento econômico. Rio de Janeiro: Zahar, 1971).

compõem, no conjunto, as relações econômicas, cuja compreensão e análise são essenciais para desvelar as demais relações que nela se estabelecem e vigoram.

Essas formações econômicas, ou modos de produção, podem ser apreendidos, pelo pensamento, pelo exame da *história* ou dela deduzida *logicamente* de seus fatos. Mas a história apresenta o inconveniente de ocorrer aos saltos, em ziguezagues, com avanços e recuos, perturbações, produzindo material sem importância que dificulta o raciocínio lógico de apreensão dos fatos que, preponderantes, no final prevalecem nessa realidade. Por isso, o *método lógico* que abstrai de casos fortuitos, das idas e vindas do processo, dessas perturbações, pode ser considerado o mais indicado para a análise, mas deve-se ressaltar que ele não é, nada mais, que o "*método histórico*" descontaminado dessas oscilações, como expõe Engels a seu respeito,[355] visando extrair as categorias e relações causais essenciais para a compreensão da realidade em análise.

Tanto isso é verdade, como argumenta Engels, neste trabalho de 1859, para divulgar o livro de Marx, *Crítica da Economia Política*,[356]

> (...) que a cadeia de raciocínios tem de se iniciar com os mesmos fatos com que começa a história (...), e que o seu curso ulterior nada mais será que um reflexo do curso da história, em forma abstrata e teoricamente coerente, um reflexo corrigido, é fato, embora corrigido consoante leis fornecidas pelo curso real da própria história, em que se

---

355 MEEK, Ronald L. *Economia & Ideologia*: o desenvolvimento do pensamento econômico. Rio de Janeiro: Zahar, 1971, pp. 127/128 *apud* ENGELS, Friedrich. "Introdução" (à edição de 1891 de Trabalho Assalariado e capital). *In*: MARX, Karl. *Trabalho assalariado e capital* [1849] & Salário, preço e lucro [1865]. 2ª ed. São Paulo: Expressão Popular, 2010.

356 MEEK, Ronald L. *Economia & Ideologia*: o desenvolvimento do pensamento econômico. Rio de Janeiro: Zahar, 1971.

> pode considerar cada fator no seu grau mais perfeito de amadurecimento, na sua forma clássica.[357]

Este, portanto, o *método* lógico-histórico empregado por Marx em sua obra na análise do capitalismo.

Tendo como farol as relações de produção para a análise das formações econômicas e o método lógico-histórico, o materialismo histórico, a apreensão das especificidades históricas da sociedade capitalista é feita por Marx comparando-as com as relações de produção da sociedade que a antecederam (pré-capitalistas), nas quais os trabalhadores eram proprietários dos meios de produção, donos de tudo que produziam e senhores das trocas que se realizavam. Dessas sociedades, regidas também por leis específicas da produção, da troca e da distribuição, seriam obtidos os elementos necessários para identificar as mudanças operadas – e as novas leis que surgiram – com o advento do capitalismo, podendo-se, assim, desvelar sua essência.

Foi trilhando este caminho metodológico, que Marx identificou as categorias mais relevantes deste modo de produção, suas relações mais fundamentais, seja lançando mão de algumas contidas nos trabalhos dos economistas clássicos – valor-trabalho, diferenciação das classes sociais e de suas rendas, livre concorrência –, ou, na sua investigação, identificando novas categorias, como as de trabalho abstrato e concreto, força de trabalho, mais-valia, taxa de mais-valia absoluta e relativa, capital constante e variável, que integrariam seu arcabouço teórico conceitual.

357 MEEK, Ronald L. *Economia & Ideologia*: o desenvolvimento do pensamento econômico. Rio de Janeiro: Zahar, 1971, pp. 127/128 *apud* ENGELS, Friedrich. "Introdução" (à edição de 1891 de Trabalho Assalariado e capital). In: MARX, Karl. *Trabalho assalariado e capital* [1849] & Salário, preço e lucro [1865]. 2ª ed. São Paulo: Expressão Popular, 2010.

Da análise dessas categorias e de suas relações causais, bem como de suas interações, à luz das relações de produção, chegou, de acordo com sua regularidade, às leis e tendências do sistema, que lhe permitiram projetar, para o futuro, o destino do sistema.

No sistema analítico de Marx, todos os eventos se encontram, assim, interligados, e somente com essa visão abrangente de sociedade, a chamada "*totalidade*" de seu método, seria possível penetrar e explicar sua interação e dinâmica. Mas, como chama a atenção Barber,[358] se "(...) tal abordagem é capaz de mostrar tudo, (...) não é pequeno o risco de não mostrar nada". Isso porque ao estabelecer explicações gerais para um determinado fenômeno ou para o comportamento das classes sociais, por exemplo, perde-se a condição de entendê-los em sua diversidade, quando não correspondem ao caso mais geral teorizado, e que parecem negá-lo.

Não é muito diferente a visão de Schumpeter[359] sobre o método de Marx. Para ele, crítico de várias questões de sua teoria,

> (...) a síntese de Marx abarca todos os eventos históricos – tais como guerras, revoluções, mudanças legislativas – e todas as instituições sociais – tais como propriedade, relações contratuais, formas de governo – [os quais encontram] explicações teóricas em termos de luta de classes e de tentativas de revoltas efetivas contra a exploração, de acumulação e mudanças qualitativas na estrutura do capital, de mudanças nas taxas de mais-valia e na taxa de lucro. (...) Ao fazer a coordenação entre a análise econômica e sociológica, com vistas a ligar tudo a um propósito único [ele, o método e a síntese marxista parecem fornecer] a chave para os segredos mais íntimos, a vara de condão que disciplina os grandes e os pequenos eventos.

---

358 BARBER, William J. *História do pensamento econômico*. Rio de Janeiro: Zahar, 1971, p. 118.

359 SCHUMPETER, Joseph A. "A significação do Manifesto Comunista na sociologia e na economia". *In*: LASKI, Harold J. *O Manifesto comunista de Marx & Engels*. 2ª ed. Rio de Janeiro: Zahar, 1978, pp. 69/70.

Por se valer da própria história para suas formulações, nela pode encontrar fatos/eventos em épocas e períodos distintos que as corroborem.

Mas, como diz ainda Schumpeter,[360] tão logo apliquemos o método

> (...) a casos individuais [ficamos] conscientes da infindável ladainha sobre a luta de classes entre proprietários e não proprietários e [passamos a] ter uma dolorosa sensação de inadequação ou, pior ainda, de trivialidade [dessa síntese].

Isso porque seu "(...) propósito – a *histoire raisonnée* da sociedade capitalista – é evidentemente amplo, mas o quadro analítico não o é".[361] Críticas, cuja discussão será retomada após conhecermos a exposição que Marx faz, em sua obra, da natureza e das contradições do sistema capitalista, das quais derivam as suas leis de movimento de longo prazo.

3.4.1.4 Os esboços de análise de *O Capital* nos *Grundrisse*

Na terceira parte dos *Grundrisse*, Marx delineia os passos que seguirá e os temas que abordará para desvendar a natureza e contradições do sistema capitalista, ao mesmo tempo em que começa a deixar mais claro os pontos e questões em que diverge da Economia Política na sua compreensão e para os quais se propõe a encontrar melhores explicações.

---

360 SCHUMPETER, Joseph A. "A significação do Manifesto Comunista na sociologia e na economia". *In*: LASKI, Harold J. *O Manifesto comunista de Marx & Engels*. 2ª ed. Rio de Janeiro: Zahar, 1978, p. 69.

361 SCHUMPETER, Joseph A. "A significação do Manifesto Comunista na sociologia e na economia". *In*: LASKI, Harold J. *O Manifesto comunista de Marx & Engels*. 2ª ed. Rio de Janeiro: Zahar, 1978, p. 69.

Os *Grundrisse* representam, de acordo com Gorender,[362] "(...) uma espécie de laboratório do pensamento marxiano [sobre o sistema capitalista, onde] encontramos os elementos básicos que teriam desenvolvimento orgânico nos Livros Primeiro e Segundo de *O Capital*". Trata-se, assim, de um rascunho extenso sobre os resultados de seus longos anos de estudos, escrito com uma "pressa febril", que Marx pretendia lançar a público, pressentindo "a aproximação de uma nova crise cíclica" do sistema, na qual poderiam ser úteis para a luta revolucionária.[363] Em carta remetida a Engels, citada por Duayer,[364] Marx não deixa dúvidas sobre essa sua preocupação: "trabalho como um louco (...) na síntese de meus estudos econômicos para ao menos ter claros os 'esboços' antes do dilúvio". Por dilúvio, ele se referia à crise que considerava iminente à época e que passou a ter como precondição para a revolução desde a década de 1850.[365]

---

362 GORENDER, Jacob. "Introdução". *In*: MARX, Karl. *Para a crítica da economia política*; Salário, preço e lucro; O rendimento e suas fontes: a economia vulgar. São Paulo: Abril Cultural, [1859] 1982, pp. 10/11.

363 GORENDER, Jacob. "Introdução". *In*: MARX, Karl. *Para a crítica da economia política*; Salário, preço e lucro; O rendimento e suas fontes: a economia vulgar. São Paulo: Abril Cultural, [1859] 1982, pp. 10/11.

364 DUAYER, Mário. "Apresentação". *In*: MARX, Karl. *Grundrisse – manuscritos econômicos de 1857-1858*: esboços da crítica da economia política. São Paulo: Boitempo; Rio de Janeiro: Ed. UFRJ, 2011, p. 16.

365 Após a frustração com o desfecho da crise de 1848, na qual vislumbrou a emergência de uma onda revolucionária que se disseminaria pela Europa, o que acabou não ocorrendo, Marx passou a associar essa possibilidade à eclosão de uma crise econômica mais severa que abalasse os alicerces do capitalismo, abrindo as portas para a revolução. A partir daí, passou a esperar avidamente por seu surgimento e interpretar seus sinais, às vezes equivocadamente, mas ela só ocorreria em 1857, iniciando nos Estados Unidos e disseminando-se por todo o mundo, na forma de uma expressiva contração econômica, restaurando o seu otimismo sobre a proximidade do dilúvio, como ele gostava de denominar a revolução. Marx comemorou sua chegada com satisfação, pelos efeitos que produziria sobre o sistema, e sua esposa, Jenny, seria testemunha de que, com essa crise, seu longo período de melancolia e depressão em que se encontrava desde a morte de seu filho seria substituído por um "(...) excelente estado de espírito [e que] toda a antiga capacidade de trabalho, a calma

Por isso, trata-se de um trabalho com uma "redação pouco trabalhada, com lacunas e imprecisões terminológicas [e também com] uma linguagem por vezes pesadamente hegeliana",[366] contendo não poucos erros de cálculos, argumentos fragmentados, muitas vezes remetendo seu desenvolvimento para estudos a serem posteriormente realizados. Nada disso diminui, no entanto, a sua riqueza, que, para alguns autores, de acordo com Duayer,[367] apesar de sua complexidade, são "o único trabalho em que a teoria do capitalismo, da gênese ao colapso, foi delineada por Marx em sua totalidade".

Os *Grundrisse* compõem-se, na terceira parte, de dois capítulos: o do *Dinheiro* e o do *Capital*. No primeiro, partindo de uma crítica à proposta de reforma do sistema bancário de um discípulo de Proudhon, Alfred Darimon, os quais Marx tinha como pseudossocialistas, à medida que pretendiam apenas reformar as estruturas existentes do sistema, ele formula e apresenta a sua *teoria do dinheiro*, da sua gênese como resultado necessário do desenvolvimento da mercadoria, que sintetiza o valor produzido pelos indivíduos, conecta-os socialmente pelas trocas que realizam de seus produtos, e se transforma na fonte de riqueza da sociedade capitalista. Neste papel de representante universal da riqueza, o dinheiro subjuga o indivíduo, passando a comandar e a ser o senhor de suas ações. De forma mais organizada e estruturada, os temas Mercadoria e Dinheiro serão tratados no livro *Para a Crítica...*, que se analisa em seguida, e farão parte do Livro I de O *Capital*.

---

e as boas maneiras estão de volta, assim como o vigor e a animação que se perderam durante anos (...)" (SPERBER, Jonathan. *Karl Marx*: uma vida do século XIX. Barueri: Amarilys, 2014, p. 316).

366 DUAYER, Mário. "Apresentação". *In*: MARX, Karl. *Grundrisse – manuscritos econômicos de 1857-1858*: esboços da crítica da economia política. São Paulo: Boitempo; Rio de Janeiro: Ed. UFRJ, 2011, p. 16.

367 DUAYER, Mário. "Apresentação". *In*: MARX, Karl. *Grundrisse – manuscritos econômicos de 1857-1858*: esboços da crítica da economia política. São Paulo: Boitempo; Rio de Janeiro: Ed. UFRJ, 2011, p. 17.

No segundo capítulo dos *Grundrisse*, o capítulo do Capital, é que Marx introduz pela primeira vez, as categorias fundamentais que empregará para fazer a crítica da Economia Política, como as da mais-valia (ou mais-valor); capacidade de trabalho (que mais tarde substituirá por força de trabalho), em substituição ao "trabalho" usado pelos economistas clássicos; trabalho necessário e mais trabalho; mais-valia absoluta e relativa; trabalho produtivo e improdutivo; capital constante e variável etc. Ao mesmo tempo, é neste capítulo, que elucida e dá outra interpretação para questões-chave essenciais para se compreender a natureza, dinâmica e contradições do sistema, que não haviam sido bem entendidas pelos economistas clássicos, tais como: a origem do lucro, derivado da capacidade do trabalhador de gerar um excedente acima do que é necessário para sua reprodução, o qual é apropriado pelo capital; os componentes dos custos de produção, aos quais se agrega o valor excedente criado pelo trabalho assalariado; a capacidade deste de, além de *conservar* o valor das matérias-primas e do capital fixo, que são transmitidos para os preços, criar um valor excedente acima do que é necessário para a produção; as diferenças entre o capital constante (que Marx toma como composto pelo capital fixo e pelos materiais que entram na produção) e variável (a força de trabalho, responsável pela criação do valor), em oposição aos conceitos estreitos de capital fixo e circulante dos clássicos; as relações entre a mais-valia absoluta e relativa com a taxa de lucro; a tendência do sistema à queda da taxa de lucro e às crises e ao seu colapso como modo de produção histórico.

De acordo com Rosdolsky,[368] e Duayer,[369] Marx havia planejado desenvolver sua obra, a partir dos *Grundrisse*, em seis livros,

---

368 ROSDOLSKY, Roman. *Gênese e estrutura de O Capital de Karl Marx*. Rio de Janeiro: EDUERJ: Contraponto, 2001.

369 DUAYER, Mário. "Apresentação". *In*: MARX, Karl. *Grundrisse – manuscritos econômicos de 1857-1858*: esboços da crítica da economia política. São Paulo: Boitempo; Rio de Janeiro: Ed. UFRJ, 2011, p. 11.

sendo que o primeiro, abordado na próxima seção, intitulado *Para a Crítica da Economia Política*, saiu publicado em 1859. Contudo, "as investigações preparatórias dos demais terminaram por suscitar a modificação do projeto original e resultaram nos *Manuscritos de 1861-1863 e de 1863-1865*". Mesmo que os temas tratados no *Para a Crítica...* sejam retomados em *O Capital*, vale a pena avaliar como Marx os abordou nessa primeira incursão que fez de forma mais organizada na análise de alguns dos elementos constitutivos do sistema capitalista.

3.4.2 A mercadoria e o dinheiro em *Para a Crítica...*: elementos constitutivos da economia burguesa

O ponto de partida de Marx na análise da economia capitalista é, como ocorrerá em *O Capital*, a *mercadoria*, a forma mais elementar, básica, da riqueza neste sistema. Realiza essa análise, contudo, *fora das relações capitalistas* e seu objetivo é demonstrar como o *valor* constitui a *substância* da mercadoria e como o desenvolvimento de suas formas conduz necessariamente ao dinheiro e ao capital, à medida que essa *substância* (o valor) encerra (ou contém) a relação social básica da economia burguesa.[370] Começa com o argumento de que "(...) toda a mercadoria se apresenta sob

---

370 Para Paula (PAULA, João Antônio de. *Crítica e emancipação humana*: ensaios marxistas. Belo Horizonte: Autêntica, 2014, pp. 68/89. (Coleção Economia Política e Sociedade)), em rico capítulo de seu livro *Crítica e Emancipação Humana*, este procedimento metodológico, só é definido neste trabalho, corresponde "(...) ao momento-chave da escolha da mercadoria como ponto de partida da exposição crítica da Economia Política", que ele denominaria de o "outubro de Marx", uma metáfora que significa ruptura e a grande revelação de que "a superação do capitalismo (...) passa pela superação da 'mercadoria' e de suas condições de produção e reprodução, isto é, pela superação do capital (...)" (PAULA, João Antônio de. *Crítica e emancipação humana*: ensaios marxistas. Belo Horizonte: Autêntica, 2014, p. 72. (Coleção Economia Política e Sociedade)).

o duplo ponto de vista de *valor de uso* e *valor de troca*".[371] Marx ainda não faz, neste trabalho, a distinção entre *valor* e *valor de troca*, empregando-os como sinônimos.

Visto apenas por seu *valor de uso*, um bem qualquer produzido, ainda que seja objeto de necessidades sociais, não expressa nenhuma relação social de produção, sendo indiferente à forma social da riqueza (seja do mundo antigo, do feudal, do burguês), o que o coloca apenas na condição de um produto útil (um bem) para um indivíduo. Embora sua utilidade seja um requisito e constitua mesmo a base material para transformá-lo numa mercadoria, este bem ainda não possui uma determinação econômica formal, sendo seu valor de uso indiferente à mesma.

Apenas quando os *valores de uso* contidos nestes produtos são trocados entre si, eles adquirem *valor de troca*, um requisito para a sua transformação em mercadoria, cuja troca entre os seus produtores desvela o caráter social da produção e apresenta uma relação econômica determinada expressa neste valor, o qual é, ao mesmo tempo, o regulador da divisão social entre eles. Essa troca que, aparentemente é realizada *entre coisas* (meros produtos), representa, na verdade, a troca de um trabalho por outro, sendo, por isso, a expressão de uma *relação social de pessoas*.

Mas como as pessoas avaliam os valores de uso que produziram para efetuar a troca de seus produtos de forma a considerar que não saíram prejudicados com a mesma, ou seja, de que foram trocados valores equivalentes? Afinal, o que há de comum entre eles, que têm materiais, peso e utilidades diferentes para cada um dos produtores, para que possam ser trocados como equivalentes? Para Marx, o que há de comum em todos eles e que é levado em conta nessa avaliação é o *tempo de trabalho que foi despendido*,

---

371 MARX, Karl. *Para a crítica da economia política*; Salário, preço e lucro; O rendimento e suas fontes: a economia vulgar. São Paulo: Abril Cultural, [1859] 1982, p. 31.

gasto na sua produção, e que se encontra objetivado, cristalizado nos produtos. Essa resposta não é suficiente, no entanto, para dar conta de toda essa questão, quando se considera que existem diferenças nos diversos tipos de trabalho, em termos de maior ou menor complexidade, intensidade e produtividade, como, por exemplo, quando se compara o trabalho de um sapateiro, de um oleiro, do operário de uma indústria, de um engenheiro etc.

Tal como ocorre com a mercadoria que encerra uma contradição entre os valores de uso e de troca, Marx anota ser também necessário no caso de o trabalho fazer a distinção entre o *trabalho concreto*, determinado por certas características técnicas, e o *trabalho abstrato, geral.* Assim, não é o *trabalho concreto* do padeiro, do sapateiro, do operário de uma indústria, que é tomado como a medida de valor, mas o *trabalho abstrato, geral*, reduzido a *trabalho simples*, uniformizado para todos os indivíduos, que é tomado como tal, sendo as diferenças existentes entre eles contempladas na redução que é feita. Como diz a respeito:

> Este tempo de trabalho resolve-se em um trabalho simples composto, em trabalho simples a uma potência mais elevada, de tal maneira que, por exemplo, um dia de trabalho complexo é igual a três dias de trabalho simples. (...) A redução se efetua, pois, como valor de troca, o produto do trabalho mais complexo é equivalente ao produto do trabalho simples médio e determinada proporção, portanto, é equiparada a uma quantidade determinada de trabalho simples.[372]

Reduzido ao trabalho abstrato, geral, é o *tempo de trabalho necessário para a produção*, sob condições de produção dadas, que se torna a medida de valor, a qual baliza as trocas de

372 MARX, Karl. *Para a crítica da economia política*; Salário, preço e lucro; O rendimento e suas fontes: a economia vulgar. São Paulo: Abril Cultural, [1859] 1982, p. 34.

mercadorias entre os indivíduos e que, como tal, funciona como um *equivalente geral*. O valor de troca dos bens se reduz, assim, ou é determinado, ao tempo necessário de trabalho socialmente necessário para sua produção.

Para se transformar em valor de troca, o valor de uso da mercadoria tem de ser alienado, o que ocorre quando considerado útil para alguém, e não para seu produtor, que vê utilidade em outra mercadoria. Para isso, estes valores de uso precisam se confrontar no mercado, estabelecendo seus termos de troca, com base na quantidade de trabalho (abstrato) nelas incorporado. Ora, sendo o trabalho simples a medida universal de valor, o processo de troca termina conduzindo, à medida que avança a divisão do trabalho e da mercadoria como valor de troca, naturalmente à definição, na prática, de um *equivalente geral* que represente este tempo de trabalho, caso contrário as trocas seriam limitadas, à medida que continuassem dependentes do confronto de valores de uso no mercado.

A este *equivalente geral*, representado por uma mercadoria específica (particular), no qual todas as demais mercadorias expressam o seu valor medido em termos de trabalho socialmente necessário, denomina-se *dinheiro*, que pode ser qualquer mercadoria, uma unidade de medida monetária, que "(...) surge de uma necessidade geral do processo de troca e [que] tem para qualquer um o mesmo valor de uso que é ser portador do valor de troca, [desempenhando a função] de meio de troca geral".[373] Ou seja, quando a mercadoria é alienada (vendida) no mercado por sua utilidade, o produtor deixa de ter de receber necessariamente valores de uso, na forma de outras mercadorias neste processo de troca, recebendo *dinheiro, um equivalente geral* que representa, para ele, *valor de uso portador de valor de troca*. O dinheiro funciona,

---

373 MARX, Karl. *Para a crítica da economia política*; Salário, preço e lucro; O rendimento e suas fontes: a economia vulgar. São Paulo: Abril Cultural, [1859] 1982, p. 44.

assim, como uma *mercadoria geral*, que apresenta "o modo de ser adequado do valor de troca de todas as mercadorias".[374]

O dinheiro surge, assim como resultado do desenvolvimento da mercadoria como valor de troca, "atuando como um fator de dissolução do comércio de trocas diretas (...) e, por isso, do desenvolvimento do trabalho social como trabalho geral",[375] e não como os economistas o veem como originário apenas das dificuldades com as quais se defronta o comércio de trocas. Nasce, assim do próprio ventre do processo em que os homens realizam trocas de seus produtos e, como tal, insere-se no mesmo como uma mercadoria particular, desempenhando o papel de equivalente geral.

Marx encerra este capítulo, enumerando quatro problemas da economia ricardiana, ao mesmo tempo em que aponta o caminho que seguirá para resolvê-los:

1. Dado o tempo de trabalho como medida imanente do valor de troca, como desenvolver o salário sobre essa base? Sua resposta é a de ser na doutrina do *trabalho assalariado* que deve ser buscada resposta para essa questão;

2. A constatação, não explicada, do valor do trabalho ser inferior ao valor do produto do trabalho. Para ele, esse problema será resolvido na consideração do *capital*, ou seja, mais especificamente, na geração de um valor excedente pelo trabalhador;

3. Os desvios do preço de mercado *vis-à-vis* os valores de troca, em função da oferta e da demanda, modificando

---

374 MARX, Karl. *Para a crítica da economia política*; Salário, preço e lucro; O rendimento e suas fontes: a economia vulgar. São Paulo: Abril Cultural, [1859] 1982, p. 45.

375 MARX, Karl. *Para a crítica da economia política*; Salário, preço e lucro; O rendimento e suas fontes: a economia vulgar. São Paulo: Abril Cultural, [1859] 1982, p. 46.

sua determinação pelo tempo de trabalho contido nas mercadorias. Neste caso, a solução do problema se encontra na *teoria da concorrência*;

4. E, por fim, o fato de as mercadorias que não contêm trabalho adquirirem valor de troca ou, colocado de outra maneira, como explicar de onde vem o valor de troca de *simples forças da natureza* (que não contêm trabalho)? A resposta deve ser buscada na *teoria da renda da* terra.

Tendo chegado ao *dinheiro* como resultado imediato das trocas de mercadorias e do desenvolvimento do valor de troca, Marx continua, no segundo capítulo do *Para a Crítica...* sua análise. Destaca, inicialmente, sua principal função, a de *medida de valor*, condição que dele exige, para que possa desempenhar este papel, que contenha, na formação de seu valor, a mesma *substância* das demais mercadorias: *o tempo de trabalho socialmente necessário para sua produção*. Por um longo processo histórico, a mercadoria que acabou sendo guindada a essa condição foram os metais preciosos, o ouro e a prata, em virtude de serem dotados de características especiais, tais como: durabilidade, divisibilidade, facilidade de transporte etc. O ouro (o dinheiro), neste caso, aparece apenas como a representação do valor de troca. Como equivalente geral, as mercadorias, sendo cada uma referenciada (igualada, cotada) ao ouro, têm, automaticamente, o valor de troca estabelecido entre si. Por isso, conforme Marx assinala, "(...) as relações burguesas aparecem transformadas em ouro e prata, aparecendo como relações monetárias".[376]

Quando expresso em dinheiro (em termos de ouro), o *valor* da mercadoria se transforma em *preço*: "com isso, o ouro

---

376 MARX, Karl. *Para a crítica da economia política*; Salário, preço e lucro; O rendimento e suas fontes: a economia vulgar. São Paulo: Abril Cultural, [1859] 1982, p. 55.

se torna a medida de valor e o valor de troca se torna preço".[377] Nessa função, o dinheiro permanece como mercadoria, mas uma *mercadoria especial*: a de ser a única que, a qualquer momento, pode ser trocada por outra. Como diz Marx: "o preço é a forma transformada sob o qual aparece o valor de troca das mercadorias no interior do processo de produção"[378] ou ainda: "(...) para que apareçam na circulação como preços as mercadorias são pressupostas como valor de troca".[379]

Para desempenhar este papel de medida de valor não é necessário que constitua um *padrão invariável*, devendo, pelo contrário, o valor do dinheiro (ouro) variar de acordo com as alterações no tempo de trabalho socialmente necessário para a produção dos metais preciosos, que constitui sua substância, o que é indispensável para que possa cumprir o seu papel de equivalente de outras mercadorias. O que necessita ser invariável para que possa desempenhar o seu papel de *padrão de preços* é o seu peso, ou seja, a quantidade física de ouro nele contida e o seu teor metálico. Mantendo-se estes invariáveis, o valor do ouro pode variar sem alterar as relações de troca entre as mercadorias, assegurando o desempenho deste seu papel. Não importa qual o nome monetário que cada país dê à sua moeda (libra inglesa, libra escocesa, real português etc.), mas sim a porção de ouro que representam.

Em virtude desta sua função como medida de valor, o dinheiro desempenha também outras funções, como as de meio de circulação das mercadorias ou de moeda, que representa seus valores, e de meio

---

377 MARX, Karl. *Para a crítica da economia política*; Salário, preço e lucro; O rendimento e suas fontes: a economia vulgar. São Paulo: Abril Cultural, [1859] 1982, p. 59.

378 MARX, Karl. *Para a crítica da economia política*; Salário, preço e lucro; O rendimento e suas fontes: a economia vulgar. São Paulo: Abril Cultural, [1859] 1982, p. 56.

379 MARX, Karl. *Para a crítica da economia política*; Salário, preço e lucro; O rendimento e suas fontes: a economia vulgar. São Paulo: Abril Cultural, [1859] 1982, p. 57.

de pagamento. Serve, assim, de intermediário no processo das trocas que são realizadas e, como tal, pode, temporalmente, permanecer nesta forma para efetuar pagamentos futuros compromissados, realizar operações de empréstimos etc., funcionando, enfim, como *moeda creditícia*, uma função que surge numa etapa superior do processo de produção. No desempenho dessas funções, o dinheiro metálico, na forma de ouro, termina sendo gradativamente substituído por *símbolos ou signos* de si mesmo, tais como o papel-moeda e a moeda creditícia (moeda escritural e notas bancárias), que estarão representando os valores de troca das mercadorias, sempre tendo como referência a porção de ouro neles contido para funcionar como padrão de preços. O dinheiro não pode, pois, ser confundido com essas convenções e padrões monetários que surgem arbitradas e sancionadas pelo Estado no desempenho dessas funções, que propiciam a substituição dos metais preciosos e sua representação por estes símbolos e signos monetários.

Essa confusão que fazem algumas teorias sobre o dinheiro, omitindo a sua função de medida de valor e considerando-o unicamente em sua função de moeda e de meio circulante, se encontra na raiz de interpretações equivocadas sobre a determinação da quantidade necessária para movimentar as trocas na economia. Enquanto intermediário do processo de trocas, apenas representando o valor das mercadorias pelo tempo de trabalho social nelas contido, a quantidade de dinheiro (ouro circulante) necessário para movimentá-las depende de seu próprio valor, da soma dos preços das mercadorias e da velocidade de circulação do dinheiro. Alterações em qualquer uma dessas variáveis afetam sua quantidade: caso aumente ou diminua o valor do ouro, ou seja, o tempo de trabalho necessário para sua produção, os preços das mercadorias caem ou aumentam e, permanecendo constante a sua velocidade, será maior ou menor a quantidade de ouro necessário para a circulação da mesma massa de mercadorias; o mesmo ocorre se os preços das mercadorias (os seus valores de troca) ou a velocidade do dinheiro se alteram, afetando a quantidade de dinheiro necessário para sua circulação. Essa lei não se modifica pelo fato de o dinheiro, entendido como tal, enquanto "encarnação geral do tempo de trabalho", estar representado por seus signos monetários, como o papel-moeda, pois estes, em maior ou menor quantidade, deverão estar representando simbolicamente aqueles valores. Daí se deduz que, ao contrário do que afirmam as teorias quantitativistas do século XVII, não ser o nível geral de preços função da quantidade dos meios de circulação, mas serem estes que variam em função do nível geral de preços, considerando a soma total dos preços das mercadorias e a velocidade da moeda. Como diz Marx a este respeito: "Não são os preços que são altos ou baixos porque circula mais ou menos dinheiro, mas, ao contrário, circula mais ou menos dinheiro porque os preços são altos ou baixos".[380]

Marx diferencia, assim o dinheiro, enquanto equivalente geral, cujo valor é determinado pelo tempo de trabalho socialmente necessário para sua produção, que cumpre a função de medida de valor, da moeda, que funciona como meio de circulação das mercadorias e dos signos monetários (de início, fichas de prata e de cobre, depois moeda de papel) que derivam deste seu papel, devido ao processo natural de desgaste que é próprio do processo de circulação. Enquanto meio de circulação, a moeda, na forma de signos e símbolos monetários, que apenas representam o valor de troca das mercadorias, tem sua aceitação limitada aos limites do país, da comunidade, sendo, por isso, considerado o dinheiro da sociedade, diferindo, portanto, do dinheiro universal, mundial, que é representado pela moeda metálica, o ouro e a prata, com o qual se transacionam mercadorias com o exterior.

O fato de se transformar em sinais de valor (sinal do ouro e, indiretamente, do preço da mercadoria) isso não significa que

---

380 MARX, Karl. *Para a crítica da economia política*; Salário, preço e lucro; O rendimento e suas fontes: a economia vulgar. São Paulo: Abril Cultural, [1859] 1982, p. 81.

se deixa de cumprir a função do dinheiro como medida de valor. Com diz Marx a respeito:

> As fichas de valor só são sinais de valor na medida em que representam o ouro dentro do processo de circulação, e o representam só nas quantidades em que o próprio ouro entraria no processo de circulação como moeda em uma quantidade determinada por seu próprio valor, se tomarmos como dados os valores de troca das mercadorias e a velocidade de suas metamorfoses.[381]

Assim, se o valor ou ouro cair ou subir devido à alteração no custo de sua produção, o número de papel-moeda que o representa deve aumentar ou diminuir na razão inversa da variação do valor do ouro.

Neste caso, diz Marx:

> (...) a quantidade de notas de papel deixa-se, portanto, determinar pela quantidade de dinheiro-ouro que representam na circulação; e, uma vez que só são sinais de valor na medida em que representam o ouro, o valor delas é determinado simplesmente pela sua quantidade. Enquanto a quantidade de ouro circulante depende dos preços-mercadorias, o valor das notas de papel em circulação, depende, ao contrário, exclusivamente de sua própria quantidade.[382]

Constitui, portanto, um engano atribuir à responsabilidade do Estado, por meio da emissão de notas, a abolição da lei econômica de que são os preços das mercadorias que determinam a quantidade

---

381 MARX, Karl. *Para a crítica da economia política*; Salário, preço e lucro; O rendimento e suas fontes: a economia vulgar. São Paulo: Abril Cultural, [1859] 1982, p. 88.

382 MARX, Karl. *Para a crítica da economia política*; Salário, preço e lucro; O rendimento e suas fontes: a economia vulgar. São Paulo: Abril Cultural, [1859] 1982, p. 89.

de dinheiro necessária para a circulação. Independentemente do número de notas e dos nomes monetários, "(...) uma vez absorvido pela circulação, o sinal de valor ou a moeda-papel cai sob o domínio de leis imanentes".[383] O aumento ou a diminuição de notas (papel-moeda) apenas obriga os sinais de valor a igualarem-se à quantia de ouro, cuja posição pretendem ocupar. Representam, assim, apenas proporção numérica ideal, mas, como aparentemente se estabelece uma relação entre sua quantidade e o nível de preços, parece que estes são por ela determinados, quando, na verdade, é o contrário que ocorre.

Mas por qual mecanismo se consegue ajustar a quantidade de ouro necessário para a circulação em face das flutuações que ocorrem nos preços das mercadorias ou no número de suas metamorfoses e também na velocidade variável de suas alterações de preços? Marx introduz para dar resposta a essa questão a figura do *entesourador*, o indivíduo que vende sem comprar e enterra o dinheiro como portador do valor de troca, como símbolo da riqueza preservada, visão que, é bom que se diga, nada tem a ver com a dos autores mercantilistas. Para Marx, será esta figura que atuará como uma espécie de termômetro/regulador desta questão, abastecendo ou escoando o dinheiro do processo de circulação, de acordo com suas necessidades: quando caem os preços das mercadorias ou se aumenta a velocidade de circulação e ocorre superabundância do dinheiro circulante, tende a absorver o dinheiro sobrante para seus tesouros; contrariamente, quando os preços sobem ou diminuem a velocidade, os mesmos tesouros tendem a se abrir e a alimentar a circulação com seus recursos acumulados. Períodos de crise e insegurança despertam com maior força o desejo do entesouramento (de acumulação da riqueza), enquanto períodos de estabilidade e de confiança em geral tendem a reduzi-lo ao mínimo.

---

383 MARX, Karl. *Para a crítica da economia política*; Salário, preço e lucro; O rendimento e suas fontes: a economia vulgar. São Paulo: Abril Cultural, [1859] 1982, p. 89.

Por outro lado, é característico do processo de circulação, que os pagamentos por compras efetuadas difiram no tempo, ao contrário do que ocorre com a troca de mercadorias ou destas por dinheiro metálico ou por seus sinais de valor. Isso ocorre na figura do *crédito*, que surge no interior do processo de circulação e pertence a uma etapa superior do processo de produção, o que termina provocando um descasamento entre as compras e as vendas, colocando em cena novos atores: o credor (que vende as mercadorias) e o devedor (que as compra), com a promessa de pagá-las posteriormente. Neste processo, as mercadorias negociadas são retiradas da circulação e seu lugar passa a ser ocupado pela *moeda creditícia*, que avaliza operações dessa natureza que são realizadas cotidianamente e em vários lugares ao mesmo tempo.

Mesmo neste caso da *moeda creditícia*, a lei geral que estabelece que a quantidade de dinheiro em circulação depende dos preços das mercadorias, apesar de modificada, não sofre mudanças. Como diz Marx:

> Dada a velocidade do giro do dinheiro, quer como meio de circulação, quer como meio de pagamento, a soma total do dinheiro em circulação em um período dado, será determinada pela soma total dos preços das mercadorias a realizar, mais a soma total dos pagamentos a realizar nesse espaço de tempo, menos os pagamentos que se anulem reciprocamente. A lei geral, segundo a qual a massa de dinheiro em circulação depende dos preços das mercadorias, em nada é afetada, porquanto o montante de pagamento é, ele próprio, fixado por contrato.[384]

Ou seja, mesmo nessa etapa de maior desenvolvimento das relações burguesas, o dinheiro continua preservando a sua função de medida de valor, juntamente com a de meio de pagamento.

---

384 MARX, Karl. *Para a crítica da economia política*; Salário, preço e lucro; O rendimento e suas fontes: a economia vulgar. São Paulo: Abril Cultural, [1859] 1982, p. 106.

Esse descasamento provocado pelo crédito, no entanto, pode gerar efeitos danosos tanto para o credor como para o devedor – e aqui Marx se antecipa a teorias que posteriormente surgirão sobre os efeitos adversos de alterações no valor da moeda sobre os débitos e créditos: no caso de o valor do ouro conhecer alguma alteração entre a venda efetuada e o seu recebimento, na sua função de meio de pagamento, credores e devedores serão afetados de forma diferente. Se o valor dos metais preciosos cair, devido, por exemplo, à redução do tempo de trabalho necessário para sua produção, o devedor sairá favorecido e o credor poderá se ver em dificuldades com a perda em que incorrerá. Por outro lado, se o valor do ouro aumentar, o credor é que será beneficiado e o devedor poderá encontrar dificuldades para saldar sua dívida. Em ambos os casos, os sinais de uma crise comercial são inequívocos.

Ora, se a lei geral da circulação continua preservada mesmo nessas situações – a de que os preços é que determinam a quantidade de dinheiro necessário para a circulação –, como explicar que a Economia clássica tenha invertido essa relação? Para Marx, isso se deve ao fato de que seus autores conceberam a circulação de mercadorias exclusivamente na forma M-D-M (mercadoria-dinheiro-mercadoria), onde o dinheiro aparece como mero intermediário das trocas, afirmando, de um lado, sua determinação formal de meio de circulação, mas ignorando, de outro, sua determinação formal de dinheiro, como medida de valor. Por isso, tomaram "(...) o *dinheiro metálico por moeda* e a *moeda metálica por simples sinal de valor*".[385] Com isso, estabeleceu-se a tese "(...) de que os preços das mercadorias dependerão da massa de dinheiro circulante, e não o inverso, isto é, que a massa de dinheiro e a circulação

---

385 MARX, Karl. *Para a crítica da economia política*; Salário, preço e lucro; O rendimento e suas fontes: a economia vulgar. São Paulo: Abril Cultural, [1859] 1982, p. 114.

dependem dos preços das mercadorias".[386] Foi o caminho analítico empreendido por David Hume, que primeiro a formulou, e que teve como seguidores mesmo Adam Smith e David Ricardo, que também não compreenderam os fenômenos da circulação monetária e confundiram o dinheiro em suas distintas funções.

Para Marx, apenas James Steuart logrou, ainda que com alguns problemas, perceber essas diferentes funções do dinheiro, de medida de valor, de meio de circulação e de seus símbolos e signos monetários, e enxergar suas diferenças na circulação interna e no mercado mundial, enquanto Smith faria do ouro uma mercadoria igual às demais (uma mercadoria simples) e Ricardo apenas procurou aperfeiçoar a teoria equivocada de Hume. Por isso, Marx faz, no final deste capítulo, um acerto de contas com a teoria do dinheiro de Ricardo, que antes aceitara no livro *Miséria da Filosofia*.[387]

O Ricardo bulionista do ensaio de 1809-1810 não parece ser o mesmo Ricardo dos *Princípios* de 1817. Nesta sua grande obra, Ricardo determina o valor do ouro e da prata, assim como o das demais mercadorias pelo tempo de trabalho objetivado e, nessas condições, a quantidade dos meios de circulação de um país é determinada, de um lado, pelo valor da unidade de medida (valor do ouro) e, de outro, pela soma dos valores de troca das mercadorias. Se os sinais de valor são emitidos na proporção determinada pelo valor do dinheiro, eles podem substitui-lo na circulação, em nada afetando o processo, conforme vimos anteriormente.[388]

---

386 MARX, Karl. *Para a crítica da economia política*; Salário, preço e lucro; O rendimento e suas fontes: a economia vulgar. São Paulo: Abril Cultural, [1859] 1982, p. 114.

387 GORENDER, Jacob. "Introdução". *In*: MARX, Karl. *Para a crítica da economia política*; Salário, preço e lucro; O rendimento e suas fontes: a economia vulgar. São Paulo: Abril Cultural, [1859] 1982, p. 16.

388 MARX, Karl. *Para a crítica da economia política*; Salário, preço e lucro; O rendimento e suas fontes: a economia vulgar. São Paulo: Abril Cultural, [1859] 1982, pp. 121/122.

Mas Ricardo, segundo Marx, abandona essa exposição e "(...) passa a adotar a tese contrária, voltando sua atenção para a circulação internacional dos metais preciosos, confundindo o problema com a introdução de pontos de vista que lhe são estranhos".[389] Isso porque Ricardo passa, como os demais economistas, a abstrair da função do dinheiro como medida de valor (indo em direção contrária à sua *démarche* inicial) e a reduzi-lo apenas à função de meio de circulação, de moeda necessária (normal) para promovê-la e ainda de que, nessa função de moeda, toda ela é lançada na circulação (não há entesouramento, como mecanismo regulador da quantidade de dinheiro-ouro ou de seus sinais necessários para essa finalidade). Ora, neste caso, mantendo-se constante o valor do dinheiro (ou de seus custos de produção), movimentos de baixa ou de alta dos valores de troca das mercadorias, por qualquer razão, encontram uma determinada quantidade de ouro, cujo valor, por ser dado, torna-se superior ou inferior à soma dos valores de troca destas mercadorias: no primeiro caso (baixa dos preços das mercadorias) configurar-se-ia uma abundância da quantidade de metais preciosos em relação à soma total dos preços; no segundo, escassez. O mesmo resultado se verificaria se se considerasse constante o preço das mercadorias (a soma dos valores de troca) e variasse a quantidade de moeda metálica, supondo inalterado seu valor: caso fossem além do nível normal para equilibrar o valor da moeda metálica com o valor das mercadorias, os preços subiriam; caso abaixo deste nível, os preços cairiam. Daí a tese de que os movimentos de preços, de baixa ou de alta, são consequência da contração ou expansão relativa da quantidade de ouro circulante. Ricardo resolve essa contradição entre o valor metálico do ouro (o seu valor de troca) e o seu valor como meio de circulação recorrendo a movimentos de expansão e diminuição de sua produção para que se restabeleça o seu nível normal e o seu papel de unidade

---

389 MARX, Karl. *Para a crítica da economia política*; Salário, preço e lucro; O rendimento e suas fontes: a economia vulgar. São Paulo: Abril Cultural, [1859] 1982, p. 122.

de medida. O fato é que "(...) Ricardo, como seus predecessores, confunde a circulação de notas bancárias ou de moeda creditícia, com a circulação dos simples sinais de valor".[390]

Mas não percebe isso e tenta dar à sua teoria "(...) um *verniz internacional*".[391] O mesmo raciocínio desenvolvido para a circulação interna de um país ele transpõe para o plano internacional. Considera que, neste, o valor do metal é perturbado (como naquele) "(...) porque a massa de ouro (...) aumenta ou diminui em consequência do descobrimento de novas minas de ouro ou porque a soma dos valores de troca das mercadorias que circulam em determinado país aumentou ou diminuiu".[392] Ou seja, não são as variações do valor do ouro, de sua baixa ou alta relativa, resultantes ou da redução do tempo de trabalho necessário para sua produção ou de alterações nos valores de troca das mercadorias que explicam a necessidade de aumento ou diminuição de sua quantidade, mas são as variações de sua quantidade que explicam a variação de preços. Mas, neste caso, não é pelo aumento ou diminuição da produção de metais preciosos (como na circulação interna) que se retorna ao *nível normal entre o valor metálico do ouro e o seu valor como meio de circulação*, mas pelo resultado das *exportações e importações de um país para o outro*: no caso dos preços terem subido e o valor do ouro depreciado abaixo de seu valor metálico (depreciando-se em relação ao dos demais países), isso provocaria aumento das importações e redução das exportações, gerando-se, como consequência um déficit na balança comercial que drenaria

---

390 MARX, Karl. *Para a crítica da economia política*; Salário, preço e lucro; O rendimento e suas fontes: a economia vulgar. São Paulo: Abril Cultural, [1859] 1982, p. 121.

391 MARX, Karl. *Para a crítica da economia política*; Salário, preço e lucro; O rendimento e suas fontes: a economia vulgar. São Paulo: Abril Cultural, [1859] 1982, p. 124.

392 MARX, Karl. *Para a crítica da economia política*; Salário, preço e lucro; O rendimento e suas fontes: a economia vulgar. São Paulo: Abril Cultural, [1859] 1982, p. 124.

o ouro excessivo do país, reequilibrando a equação. O contrário ocorreria no caso de uma queda dos preços das mercadorias até que novamente este equilíbrio fosse atingido, ou, o que significa a mesma coisa, o valor relativo entre o ouro e a mercadoria ou a quantidade normal dos meios de circulação.

Nessa visão, uma balança comercial favorável ou desfavorável só tem origem numa situação de escassez ou superabundância dos meios de circulação. Ora, isso significa para Marx, que o

> (...) dinheiro não é mais do que moeda, por isso, a quantidade de ouro que existe em um país deve entrar em circulação [não pode ser entesourado ou acumulado no caixa dos bancos, mesmo sendo um dinheiro universal] e pode, portanto, sendo seu próprio sinal de valor, subir ou descer acima ou abaixo de seu valor.[393]

Neste caso, tanto o dinheiro, na forma de ouro e prata, que ingressa no país, como o que dela sai devido aos resultados da balança comercial, transmite-se imediatamente à circulação interna, em moeda, ou aos símbolos e signos monetários, e é essa sua quantidade que explica as variações de preços: quando excessiva, os preços internos aumentam, o país perde competitividade, diminuem as exportações, aumentam as importações, processo que se prolonga até que se restabeleça novamente o equilíbrio; se insuficiente, processo inverso ocorre. Daí, as teorias quantitativistas que se seguiram em vários autores ricardianos tomando as variações de preços como consequência das variações na quantidade de moeda num país e, no plano internacional, o papel das exportações e importações neste processo.

---

393 MARX, Karl. *Para a crítica da economia política*; Salário, preço e lucro; O rendimento e suas fontes: a economia vulgar. São Paulo: Abril Cultural, [1859] 1982, p. 125.

Para Marx, dada

> (...) a falsa pressuposição de Ricardo, segundo a qual o ouro não é mais do que moeda, todo ouro importado aumenta o dinheiro circulante e, em consequência, faz subir os preços e segundo o qual, também todo o ouro exportado diminui a moeda e faz descer os preços, esta pressuposição teórica se converte aqui na *experiência prática de fazer circular tanto moeda quanto exista de ouro em cada caso.*[394]

Torna-se, assim, com essa visão distorcida do dinheiro apenas como meio de circulação, "o profeta dos bulionistas".

3.4.3 Alguns esclarecimentos sobre as formas-valor e as determinações do dinheiro e do capital em Marx

As formas que o valor assume, passando pelo dinheiro em suas várias determinações até se transformar em *Capital*, que Marx começa a desenvolver nos *Grundrisse*, avança no primeiro capítulo de *Para a Crítica...*, e completa nos dois primeiros capítulos de *O Capital*, são essenciais para se entender melhor como se dá o metabolismo social das mercadorias, a criação do valor, a conexão que existe entre tempo de trabalho e grandeza do valor, a forma-dinheiro e a forma-capital que assume.

Tendo partido da esfera da circulação e tomado o *Capital* como elemento natural, eterno, e não tê-lo considerado em seu desenvolvimento histórico no processo global de produção, a economia burguesa terminou se orientando por um mundo de aparências e, por isso, não teria conseguido estabelecer essas conexões entre o valor, o dinheiro e o *capital*, e acabou atribuindo autonomia ao lucro e à

394 MARX, Karl. *Para a crítica da economia política*; Salário, preço e lucro; O rendimento e suas fontes: a economia vulgar. São Paulo: Abril Cultural, [1859] 1982, p. 131.

renda da terra na criação do valor, por serem partes integrantes de custos de produção das mercadorias, por entrarem no cálculo dos seus preços, tal como aparecem na esfera da circulação. Por isso, vale a pena antecipar a exposição de Marx sobre este percurso, em que analisa como o valor constitui a substância da mercadoria e como o desenvolvimento de suas formas conduz necessariamente ao *dinheiro* e ao *capital*, à medida que essa substância encerra a relação social básica das relações burguesas.

O grande problema da teoria burguesa, nessa questão, é que ela não se dá conta, como observa Marx, de que analisa o *processo capitalista global* sempre a partir da perspectiva do *capitalista individual*, ao qual esse processo se apresenta de forma distorcida. Ao tomar como *dadas* as categorias econômicas do campo empírico, que identifica no processo de circulação, onde as mercadorias completam seu ciclo, e que corresponde, portanto, a um momento de finalização, mas também de reinício do processo global, e não procurar apreendê-las no seu desenvolvimento histórico, a teoria não tem como escapar de concluir, assim como ocorre com o capitalista individual, que o salário, o lucro e a renda constituem elementos da formação de preços, e que estes entram nos cálculos de seus custos. A existência do salário encobre, com isso, o fato de ser o valor fruto do trabalho, já que a fatia que cabe a cada trabalhador no produto nessa forma de renda é inferior à magnitude ou à grandeza do valor. Essa, a razão mística dos fatores de produção, tornados fonte de criação do valor.

Dessa maneira, o método da teoria burguesa, ao fixar sua compreensão do que ocorre na esfera da circulação, onde os membros da sociedade se encontram e trocam equivalentes, em condições de igualdade, e não perceber que ela (a circulação) é apenas parte de um processo mais profundo que se desenrola fora dela – o processo de reprodução do capital industrial –, não se habilita a apreender a forma social de que se reveste o processo de produção, distorcendo-o em uma forma natural, eterna, imutável, e, por isso, não consegue provar a validade universal da teoria do valor, pois guiando-se pela aparência da circulação que conduz a falsos resultados.

O método correto para se apreender a essência deste fenômeno exige que se parta das categorias que se identifica na circulação, nas formas em que o capital ali se manifesta, para reconstituir o seu desenvolvimento histórico, o que possibilitará desnudar o fato de que a natureza não produz possuidores de mercadorias e de dinheiro, de um lado, e simples possuidores de força de trabalho, de outro. E que, ademais, somente com a separação completa entre o trabalhador e os meios de produção, a produção é subsumida na forma burguesa da divisão do trabalho, o que resulta de um longo desenvolvimento histórico, e, além disso, que, somente neste caso, a lei do valor pode alcançar sua vigência plena.

Sem estes elos intermediários que revelam as conexões entre a teoria do dinheiro (partindo da circulação) e a teoria do valor trabalho, que Marx tratará mais organicamente no Livro I de *O Capital*, é que se pode desfazer a confusão em que se enredou a Economia Clássica nessa questão, ao não fazer o desdobramento da conexão entre tempo de trabalho e grandeza do valor, a essência da produção burguesa. Para que isso seja possível, a ordem é, como em filmes de investigação, *seguir o caminho do dinheiro*, desde a sua gênese, e não o tomar apenas como um dado exterior, externo ao processo, como é feito pela teoria burguesa. Seguindo o desenvolvimento do dinheiro a partir de sua gênese é que se torna possível chegar a decifrar as demais categorias econômicas que compõem o universo burguês, no qual ele assume diferentes formas, a *forma-capital*, a *forma-juros* etc.

Seguir o caminho do dinheiro significa acompanhar como o valor das mercadorias nele se transmuta no processo de circulação e identificar as formas e funções que este assume e cumpre, enquanto uma mercadoria específica delas apartada e historicamente determinada (seja gado, sal, prata, ouro), para desempenhar o papel de equivalente geral, representado em termos de tempo de trabalho nele contido, à medida que reduz tanto o equivalente geral como as mercadorias a um denominador comum e as torna quantitativamente comparáveis. Com isso, o dinheiro se torna símbolo de seus valores, unidade de medida, e instrumento (meio) de troca entre as mercadorias que integram este universo.

Como uma mercadoria como as outras, o valor do dinheiro é, assim, variável, determinado pelo tempo de trabalho geral, mas, como unidade de medida, seu peso (o conteúdo de ouro, prata etc.) deve ser invariável. Isso porque, no primeiro caso, se o seu valor se modifica, os valores das demais mercadorias estarão indo na mesma direção, não se alterando, portanto, os valores relativos. Já, no segundo, para manter-se como unidade de medida, é necessário que o peso de seu conteúdo seja mantido constante.

Lançadas na circulação, quando ingressam no "processo universal de alienação", segundo Marx, para se tornarem valores de uso, que é a única oportunidade que têm de se realizar como valores, as mercadorias ali chegam dotadas de valor de uso potencial e valor de troca – o que Marx considera uma contradição em processo –, na *forma-valor*. Mas como não possuem em si valor de uso para o produtor, esse só passará a existir se aceitas por outros produtores em sua peculiaridade e se estes se dispuserem a adquiri-las, quando se tornam também valor de uso para o produtor, ao se converterem em dinheiro que lhe possibilitará comprar os valores de uso de que necessita. A concretude de seu valor ocorre, portanto, por meio do processo de troca, no qual os produtores relacionam os seus produtos entre si como valores, como expressões equivalentes da mesma substância – o *trabalho abstrato*. Com o surgimento do dinheiro, a mercadoria passa a expressar o seu valor em relação a todas as mercadorias, que representa a *forma-valor*, na *forma preço*. *Valor de troca, preço e dinheiro não são, assim, medidas diretas do valor, mas formas de manifestação, de expressão de sua grandeza, de sua magnitude.*

Como tal, o dinheiro cumpre a sua primeira função como "*medida de valores*", em que aparece na *forma-preço*, como *unidade de medida*, forma em que o valor da mercadoria se manifesta apenas idealmente, nele representado como *dinheiro ideal*, em que não há a necessidade de estar disponível, pois este valor (ou preço) já está previamente determinado pela quantidade de *trabalho geral abstrato* nela contido, sendo sua substância, mas que não foi, no entanto, realizado. Como tal, as mercadorias aparecem umas para as outras como valores de troca antes de circularem, expressos na *forma-preço*. Enquanto medida de valores e servindo apenas como representante ideal destes, torna-se indiferente a quantidade de dinheiro existente para o cumprimento deste papel.

Quando a mercadoria é vendida, realizando-se tanto como valor de uso (para o seu comprador) como valor de troca (para o vendedor), o dinheiro funciona como *meio de circulação*, como meio que possibilita a troca que se efetiva e, dessa maneira, ele se transforma de *dinheiro ideal* (condição em que apenas representa o valor da mercadoria) em *dinheiro real*, sendo necessário estar disponível para que a operação seja concluída, transformando-se, nessa função, em *moeda*, na *forma-dinheiro*, a qual se torna valor de uso para seu proprietário, como *portador do valor de troca* para os produtos à venda no mercado, os valores de uso de que necessita.

Quando a mercadoria é vendida realiza-se, portanto, o seu valor de troca, o seu preço, com o ouro, despido de sua forma monetária e tornando-se dinheiro real que propicia, ao seu detentor, na expressão de Marx, a "crisalidada de ouro" que tanto ambiciona e que lhe abre as portas do paraíso do mercado de produtos que pode adquirir para satisfazer seus prazeres e necessidades. Trata-se, no entanto, nessa função de meio de circulação de uma forma evanescente, uma forma que desaparece tão logo se realiza. Neste caso, em que funciona como meio de circulação (de troca), enquanto realização continuamente evanescente do valor de troca das mercadorias (de seu preço), o ouro é o símbolo de si próprio e, portanto, a materialidade do dinheiro (se de ouro, prata, gado) é indiferente, podendo ser representado por meras fichas e até mesmo por papel simbólico. Mas, ao dar este salto, realizando e autonomizando o valor de troca, sua essência se modifica.

Essas duas primeiras determinações do dinheiro em que cumpre as funções de medida de valor e de meio de circulação não devem ser entendidas como específicas do modo de produção burguês, mas como fases de desenvolvimento do processo de troca das mercadorias entre os produtores nos sistemas que o precedem e que vão nele historicamente desembocar, atingindo a sua plenitude. O conhecimento dessas relações que se dão nestes sistemas na esfera da circulação, no mundo das aparências, é que torna possível, partindo de sua compreensão, enxergar o que está por trás dela na economia capitalista – a produção, onde o *capital*, considerado num elevado nível de abstração, independentemente de suas formas funcionais – capital produtivo, comercial, financeiro etc. –, já se apresenta de forma latente e que, pouco a pouco, vai minando as bases destes sistemas de troca comunitários natural-espontâneos.

A teoria burguesa não vai além das duas primeiras determinações do dinheiro e, por isso, não tem como chegar à sua determinação como *capital e* se distanciar do mundo romântico e idílico que se observa na esfera da circulação, onde todos são iguais. Escapa à percepção de seus teóricos que, no modo de produção capitalista, compradores e vendedores se encontram, tendo por trás consumada uma divisão de classes sociais e que os meios de produção assumiram a *forma de capital*, subordinando os trabalhadores, e que somente na aparência da circulação sempre ocorre uma troca de equivalentes e que também pode ocorrer uma ruptura entre a produção e o consumo, abrindo o caminho para crises de superprodução. Sem avançar na compreensão da transformação do dinheiro para a *forma-capital*, enxergam as leis econômicas contraditórias da circulação e as consideram leis eternas, imutáveis, válidas para todas as etapas do desenvolvimento humano. Como diz Marx a respeito, citado por Reichelt:

> (...) todos os economistas clássicos, incluindo Ricardo, gostam de deixar que vigore como lei universal aquela *visão que*

> *decorre da própria sociedade burguesa*, mas banem a sua realidade estrita para a idade do ouro, na qual ainda não existia nenhuma propriedade. (...) De modo que *a verdade da lei da apropriação da sociedade burguesa devesse ser deslocada para uma época em que essa mesma sociedade ainda não* existia e a lei da propriedade para a época de ausência de propriedade.[395]

Para isso, é necessário continuar seguindo o caminho do dinheiro até o momento em que ele se transfigura na *forma-capital.*

Na mudança de forma que realiza para dinheiro real, no caso em ouro material, este é imobilizado como condição para sua própria mobilidade e se torna efetivamente dinheiro, um valor de uso portador do valor de troca, na medida em que deixa de ser, mesmo que temporariamente, meio de circulação, passando a se constituir, nessa fase, como *moeda suspensa* ou *tesouro*, enfim como *meio de pagamento, como dinheiro mundial.* Como tal, ele assume, no lugar da mercadoria em sua essência imediata, a forma de *riqueza universal*, de fonte de poder, passando da condição de mero servo da circulação para a de senhor e deus no mundo das mercadorias. Nessa sua nova forma, em que a sua posse permite, ao seu proprietário, dado este poder, remover montanhas, tornar belo o feio, forte o fraco, fácil o difícil, simples o complexo, ele termina despertando, no indivíduo, a sede por maior riqueza, o gosto pela avidez e pela avareza, levando-o a querer romper os limites quantitativos de sua existência, por meio de sua multiplicação.

Quando, como meio de circulação, realiza o preço da mercadoria e autonomiza o valor de troca, ele se transforma, dada sua forma evanescente, em *moeda suspensa*, de acordo com Marx, que pode retornar em sua totalidade para a circulação e adquirir produtos para atender as necessidades de seu possuidor, ou aos

---

395 REICHELT, Helmut. *Sobre a estrutura lógica do conceito de capital em Marx*. Campinas: Ed. Unicamp, 2013, p. 239.

poucos em função da reposição ou renovação dessas necessidades, ou mesmo não voltar à riqueza em sua forma material. Não ocorrendo, portanto, uma mera troca de produtos por produtos, como considera a teoria burguesa, apoiada na equivocada tese de Say da lei dos mercados, a crise de superprodução se torna uma possibilidade real, caso este processo seja interrompido pela dissociação entre o dinheiro, enquanto meio de pagamento, e a mercadoria na forma-valor, com este não se realizando.

Tendo se tornado deus em meio às mercadorias, que não passam de representantes incompletas do dinheiro, pois ainda não se realizaram como valores de troca, ele, enquanto valor de troca autonomizado e, como tal, tendo assumido a forma de *riqueza abstrata universal*, que lhe abre as portas celestiais das mercadorias, essa riqueza abstrata assombra o seu dono, tira-lhe o sono de tal forma que este, inebriado pelo seu poder, passa a desejar tê-lo em maior e crescente quantidade. Porque, nessa forma, em que funciona como *meio de pagamento*, ao contrário do que ocorre com as suas funções de medida de valores e de meio de circulação, a quantidade de dinheiro (ou da riqueza universal) passa a ser essencial. Torna-o, com este poder, seu escravo, sem que este se perceba nessa condição, porque alienado. Como objeto individualizado, representando a riqueza abstrata universal, que quer ir além, o dinheiro significa a exteriorização da propriedade privada e, assim, por estar fora do ser humano, estranhado, o domina para este propósito, nele se personificando. Nessa forma já está latente a sua determinação como *capital*. Reter o dinheiro e multiplicar a riqueza torna-se a ambição desmedida do ser humano.

Não tendo ido além da esfera da circulação para entender a essência do *capital*, sua capacidade de autovalorizar-se, a teoria burguesa enxerga, neste processo de entesouramento, as virtudes do homem previdente, que renuncia ao consumo e prazeres presentes da vida (o indivíduo que vende sem comprar ou que compra menos do que vendeu), para poupar o máximo possível e que, por essa razão, merece ser recompensado com algum ganho por sua frugalidade, seja na forma de um lucro ou de juros. Daí, a definição do *capital* como criador de valor, de ganho, como ocorre na teoria burguesa, surge naturalmente.

O entesouramento surge, dessa maneira, como a condição para o progresso infinito da riqueza, que sempre, ao esbarrar em algum limite para o seu avanço, procura superá-lo e seguir em frente. É esta a virtude burguesa, de colocar essa expansão além das necessidades habituais, criando e inventando novas necessidades, transformando o luxo e o supérfluo em coisas úteis... para a expansão do capital. O fato, no entanto, é que sua multiplicação depende da multiplicação das riquezas reais, porque sendo apenas uma riqueza abstrata, uma "quimera", a medida de seu valor não é dada pela sua quantidade. Ele é, por isso, uma contradição, mas que se resolve a si mesmo.

A questão é que o dinheiro *per si*, se simplesmente guardado (entesourado), não cria valor, por ser apenas representante deste, que é efetivamente criado, como riqueza real, pelo trabalhador, além do que não se pode esperar que no processo geral de trocas de mercadorias, que ocorre na circulação, alguém saia ganhando em relação a outros, pois ali o que existe é uma troca de equivalentes, predominando os valores burgueses da igualdade, liberdade e propriedade. Portanto, para cumprir sua sina, o dinheiro tem de retornar à circulação, visando conservar o seu valor para permanecer consigo mesmo e, ao mesmo tempo, mudando sua forma para multiplicar-se, ele ali se apresenta na forma de *capital*, como unidade de mercadoria e de dinheiro, enfim como valor, só que a unidade processual de ambos, não sendo nem uma nem o outro, e sendo tanto um quanto o outro.

Ao retornar à circulação ele tem, assim, de adquirir mercadorias para conservar seu valor e, ao mesmo tempo, multiplicar-se, expandindo a riqueza. Mas não pode ser qualquer mercadoria porque, neste caso, ele terá de comprar pelo seu valor e, se vendê-la pelo seu valor, considerando que aí se intercambiam trocas de equivalentes, nada ganhará, retirando-as e recolocando-as na circulação. Para poder retirar um valor acrescido (mais-valor) do que nela lança inicialmente, torna-se necessário que seja uma mercadoria especial que, adquirida como valor de uso perante o qual o valor de troca se autonomiza, seja capaz de gerar um mais valor para o seu proprietário, um ganho adicional para a aplicação de seu *capital*. Essa mercadoria nada mais é que a força do trabalho, sendo condição para que isso aconteça que o possuidor do dinheiro encontre trabalhadores livres no mercado, a quem não resta alternativa para sustentar-se senão a de alienar sua capacidade de trabalho em troca de uma remuneração, de um salário. Resultado de um longo processo histórico, somente no momento em que todos os produtos assumem a *forma-mercadoria*, incluindo o próprio trabalhador, o *capital* aparece como "base real" do valor de troca, assumindo também a forma burguesa da propriedade fundiária.

Quando este processo se completa, a produção, em sua totalidade, se distorce como um fim em si mesmo. Deixa de ser uma produção voltada para o atendimento das necessidades humanas e se torna em fim imediato de criação universal da riqueza. O sistema capitalista se encontra em sua plenitude, movido sempre para frente em busca da expansão da riqueza universal.

A grande questão que Marx responderá mais tarde em *O Capital* refere-se à indagação da forma e momento em que este surge para pôr em movimento o processo de expansão de valor, pois se este antecede o capital, cair-se-ia num círculo vicioso. Porque se é com o capital que se cria mais-valia e é desta que ele se alimenta para desenvolver-se e expandir a riqueza universal, como teria ocorrido o pecado original que lhe deu vida e dissociou os trabalhadores dos meios de produção? Essa resposta será dada em *O Capital*, no capítulo 24, ao tratar do processo da *acumulação primitiva*.

3.4.3 *Teorias da mais-valia*: história crítica do pensamento econômico (1861-1863)

3.4.3.1 Introdução

De acordo com Sant'Anna[396]

> *Teorias da mais-valia* faz parte de um imenso manuscrito elaborado por Marx, de 1861 a 1863, [que] continua o trabalho *Contribuição à Crítica da Economia Política*, publicado em 1859, e traz o mesmo título, [no qual] esboça de maneira sistemática, embora preliminar e incompleta, as matérias que deveriam constituir todos os livros de *O Capital*.

Revisto entre 1863 e 1865, *Teorias da mais-valia* é a parte maior e mais elaborada do manuscrito, tendo Marx destinando-a, depois "a ser o Livro 4 dessa obra (*O Capital*), devendo ela, portanto, ser a última na ordem da publicação". Como livro só foi publicado, no entanto, nos anos de 1905-1910 por Karl Kautsky, mesmo assim com várias falhas e, somente de forma mais completa e fiel ao manuscrito, ao longo de 1954 e 1961, na versão russa, e, em língua alemã, entre 1956 e 1962.[397]

Teorias da mais-valia é uma história crítica do pensamento econômico, na qual Marx analisa e critica os erros teóricos resultantes da confusão feita pelos economistas, em geral, entre *mais-valia e lucro* e, ao mesmo tempo, formula suas próprias concepções teóricas sobre essas categorias, bem como analisa seus desdobramentos e implicações para o sistema capitalista, também

---

396 SANT'ANNA, Reginaldo. "Nota do tradutor". *In*: MARX, Karl. *Teorias da mais-valia:* história crítica do pensamento econômico. Rio de Janeiro: Civilização Brasileira, [1861-1863] 1980, pp. 10/11 (3 volumes).

397 SANT'ANNA, Reginaldo. "Nota do tradutor". *In*: MARX, Karl. *Teorias da mais-valia:* história crítica do pensamento econômico. Rio de Janeiro: Civilização Brasileira, [1861-1863] 1980, p. 11 (3 volumes).

por eles mal abordados em virtude destes erros, como as que se referem ao trabalho produtivo e improdutivo, às crises do sistema, à renda fundiária absoluta etc.[398] Nela, as categorias econômicas que Marx empregará em *O Capital* ganharam maior precisão – as da mais-valia e força de trabalho, por exemplo –, e a análise de suas inter-relações e evolução histórica é realizada com a aplicação do método dialético para desvendar sua interação e natureza e, com isso, desnudar a essência do sistema burguês.

Como essas questões estarão tratadas e articuladas em *O Capital*, faz-se, aqui, apenas uma ligeira exposição da visão de Marx, à essa época, sobre algumas mais relevantes, visando tonar mais compreensível o exame de sua análise que realiza naquela obra.

3.4.3.2 A mais-valia e suas formas especiais: o lucro e a renda fundiária

Marx parte de uma observação geral nesta obra para realizar sua crítica: "todos os economistas incorrem neste erro: não avaliam a mais-valia como tal, pura, mas nas formas especiais de lucro e de renda fundiária".[399] Em seguida, passa ao exame de vários autores e escolas que trataram desta temática.

Inicia com James Steuart (1712-1790), para quem o ganho que excede o custo real do produto, ou seja, que é derivado do excesso do preço da mercadoria sobre o seu valor real, refere-se ao *lucro de alienação*, isto é, da venda da mercadoria, o que nada mais é que a teorização do sistema mercantil, no qual o lucro surge do processo de circulação, sendo, assim, apenas um lucro relativo, em que quando alguém ganha outro sempre perde, não se alterando a riqueza do

---

398 SANT'ANNA, Reginaldo. "Nota do tradutor". *In*: MARX, Karl. *Teorias da mais-valia:* história crítica do pensamento econômico. Rio de Janeiro: Civilização Brasileira, [1861-1863] 1980, pp. 10-12 (3 volumes).

399 MARX, Karl. *Teorias da mais-valia*: história crítica do pensamento econômico. vol. I. Rio de Janeiro: Civilização Brasileira, [1861-1863] 1980, p. 13.

país, o que só vai ocorrer nas trocas comerciais entre as nações, por meio da obtenção de saldos positivos na balança comercial.[400]

Em seguida, examina a posição dos fisiocratas,[401] que transferem a origem da mais-valia da esfera da circulação para a órbita da produção, estabelecendo o fundamento da análise da produção capitalista, embora a restringindo à renda fundiária. Para ele, mesmo sem ter desenvolvido uma análise do valor em geral, essa escola conseguiu identificar, em seu sistema, a geração de um valor excedente, uma mais-valia gerada na agricultura, que é apropriada pelos proprietários de terras, na forma de renda fundiária, a qual é repartida com os demais donos do capital (industrial, comercial etc.) para ser consumida como renda, com o que o lucro e o juro só aparecem, portanto, como meras deduções deste valor.

Para Marx, o maior erro dos fisiocratas tem origem no fato de não terem desenvolvido uma teoria do valor e, por isso, não terem compreendido como se dá a geração do valor excedente, restringindo essa possibilidade à agricultura, ramo da produção onde os valores de uso produzidos sobre os valores de uso consumidos pelos trabalhadores (os bens necessários para sua subsistência, que recebe na forma de salário) serem materialmente visíveis, prescindindo, assim do processo de circulação para a percepção de sua realização. Como consequência, reduziram o trabalho produtivo ao trabalho agrícola, e a renda fundiária à única forma de mais-valia, enquanto os demais trabalhadores são considerados estéreis, improdutivos, deste ponto de vista. O trabalho excedente, a mais-valia, aparece, assim, como *dom da natureza*, propiciado pela fertilidade da terra, que permite ao trabalhador produzir mais do que o necessário para

---

400 MARX, Karl. *Teorias da mais-valia*: história crítica do pensamento econômico. vol. I. Rio de Janeiro: Civilização Brasileira, [1861-1863] 1980, pp. 15-17.

401 MARX, Karl. *Teorias da mais-valia*: história crítica do pensamento econômico. vol. I. Rio de Janeiro: Civilização Brasileira, [1861-1863] 1980, pp. 17-47.

sua sobrevivência e não das relações sociais características deste modo de produção.[402]

Marx considera o sistema fisiocrático "o que primeiro analisa a produção capitalista e o que apresenta como leis naturais e eternas da produção as condições nas quais se produz o capital e nas quais o capital se produz".[403] Ao considerarem as três classes sociais de que consiste a nação – a classe produtiva (os trabalhadores agrícolas); a classe dos proprietários de terras; e a classe "estéril" (todos os demais cidadãos fora da agricultura) –, os fisiocratas contemplaram, em seu sistema, as condições necessárias para o desenvolvimento do capital, a subjugação do trabalhador ao seu domínio. Mas, ao restringirem a geração da mais-valia (do excedente) ao trabalho agrícola, tornaram o proprietário de terras o verdadeiro capitalista e, com isso, "deram uma aparência feudal à sociedade burguesa".[404] Como os setores produtivos da "nova sociedade" são considerados *estéreis*, ou seja, não agregam valor nem nova riqueza, não fazia o menor sentido o governo penalizá-los ou controlá-los, justificando-se, assim, a defesa do *laissez-faire, laissez-passer*, feita por essa escola. Mas, de acordo com Marx, se tivessem removido este véu de aparência e chegado ao valor, teriam percebido que, mesmo na agricultura, o excedente, que atribuíram à *dádiva da natureza,* nada mais era que trabalho não pago (mais-valia) apropriado pelo proprietário da terra, o que também ocorria com outros ramos de produção, igualmente criadores de valor e de riqueza para o capital.

Smith, por outro lado, é um autor contaminado pelos fundamentos dos fisiocratas, cuja roda frequentou por algum tempo.

---

402 MARX, Karl. *Teorias da mais-valia*: história crítica do pensamento econômico. vol. I. Rio de Janeiro: Civilização Brasileira, [1861-1863] 1980, p. 27.

403 MARX, Karl. *Teorias da mais-valia*: história crítica do pensamento econômico. vol. I. Rio de Janeiro: Civilização Brasileira, [1861-1863] 1980, p. 25.

404 MARX, Karl. *Teorias da mais-valia*: história crítica do pensamento econômico. vol. I. Rio de Janeiro: Civilização Brasileira, [1861-1863] 1980, p. 25.

Elementos fortes dessa escola percorrem toda a sua obra, exagerando no papel da natureza e minimizando a contribuição do trabalho humano na geração da riqueza. Infectado por essas ideias, não estranha que veja o sistema limitado em sua capacidade de gerar excedentes para a acumulação de capital e que essa dependa, assim como para os fisiocratas, da poupança, da privação e abstinência do consumo por trabalhadores e capitalistas.[405]

Apesar deste viés fisiocrático, Smith teria conseguido avançar na compreensão da natureza do valor na sociedade burguesa: para ele, este é determinado pelo tempo de trabalho necessário contido na mercadoria e, o que é extremamente importante, não apenas pelo trabalho agrícola, mas pelo *trabalho em geral, o trabalho abstrato*. Liberta-se, assim, das limitações da fisiocracia que só via na natureza a capacidade de criação do valor e da riqueza.

O problema de Smith foi que, tendo identificado como isso ocorre numa sociedade de produtores independentes (nessa o produto do trabalho pertence ao produtor), onde as trocas de mercadorias são realizadas tendo o tempo de trabalho como medida imanente do valor, o mesmo não se verifica na sociedade burguesa, em que a propriedade fundiária e o capital se opõem ao trabalhador assalariado, à medida que constata que o valor do trabalho (o salário), na verdade da força de trabalho, e o valor do produto do trabalho vendido no mercado não são mais idênticos, ocorrendo, portanto, uma ruptura na sua teoria do valor.

Ora, isso significa que predominando a lei geral do valor, que Smith insiste que permanece em vigor, uma parte do trabalho vivo, materializado na mercadoria não é paga ao trabalhador (a

---

405 No esquema fisiocrático, a renda fundiária (ou produto líquido) é repartida entre os proprietários da terra e os donos do capital para ser consumida, permitindo ao sistema se reproduzir. Trata-se de uma reprodução simples em que parte do produto líquido não é destinada para a acumulação. Somente no caso de serem feitas poupanças, por meio da privação do consumo por essas classes sociais, pode-se contar com recursos para essa finalidade.

mais-valia) na forma de salário, mas apropriada pelos que o contratam para produzir, no caso os detentores do capital, na forma de lucro, renda fundiária e juro, que constituem formas particulares e secundárias da mais-valia, do valor excedente.

Marx reconhece a genialidade de Smith em ter enxergado (preocupação que, para ele, não existe em Ricardo) a ruptura que ocorre na lei do valor ao se tornarem as condições de trabalho independentes do trabalhador (pertencerem a outro), mas aponta a debilidade de sua análise por não compreender como essa contradição surge

> (...) com a circunstância de se tornar mercadoria a própria força de trabalho e de ser o valor de uso dessa mercadoria específica [valor de uso para o capital], o que nada tem a ver, portanto, com o valor de troca, a própria energia que gera o valor de troca.[406]

Ou seja, enquanto mercadoria negociada no mercado, a força de trabalho representa, para o trabalhador, valor de troca, que ele recebe na forma de um salário, uma renda que lhe propiciará adquirir valores de uso, os bens de que necessita para sua subsistência. Para o capitalista, no entanto, a força de trabalho representa valor de uso, uma mercadoria capaz de produzir valores de troca para o capital superior aos valores de uso que lhe são pagos como salário. Essa diferença entre o valor de troca da força de trabalho e o valor de troca contido nos bens que produziu consiste na mais-valia, no valor excedente, que é apropriado pelo capital, na forma de lucro, renda e juro. Por não compreender essa contradição entre o valor de troca (para o trabalhador) e o valor de uso (para o capitalista) dessa mercadoria especial, a força de trabalho, Smith passa a conceber

---

406 MARX, Karl. *Teorias da mais-valia*: história crítica do pensamento econômico. vol. I. Rio de Janeiro: Civilização Brasileira, [1861-1863] 1980, p. 65.

> (...) essa sobra na forma de lucro, isto é, não relacionada com a parte do capital [variável] donde se origina, "sobre o inteiro montante que adiantou em matérias-primas e salários" (por erro omite aí os meios de produção).[407]

Daí, como o lucro passa a ser explicado não pela natureza da mais-valia e sim pelo "interesse" do capitalista em aplicar, com retorno, seu capital, Smith abre o caminho para enveredar pela senda da contradição e sua posição anterior de serem os lucros, a renda e o juro "meras deduções" do valor, é abandonada para tornar estes componentes, juntamente com os salários, "(...) as três fontes originais de toda a renda e também de *todo o valor de troca*". Deriva disso, que o valor da mercadoria (o seu preço "natural") é determinado pela adição do preço natural do salário, do lucro e da renda da terra, sem perceber o círculo vicioso em que se enredou. Por que a grande questão que se coloca com este procedimento é a seguinte: para determinar o preço natural do salário é preciso determinar o preço dos bens de subsistência. Mas como isso pode ser feito se o próprio preço do trabalho está contido no preço daqueles bens?

Se, como afirma Marx, é correto que salário, lucro e renda sejam as fontes originais de renda, "(...) é falso que do mesmo modo sejam as três fontes originais de *todo valor de troca*, pois o valor de uma mercadoria se determina exclusivamente pelo tempo de trabalho nela contido".[408] Apropriar-se não é sinônimo de gerar, seja qual for a justificativa ou explicação que se dê para este fenômeno. Ao enveredar por este caminho, Smith criou, para si próprio, uma armadilha, que o levaria a conclusões equivocadas em sua teoria sobre várias questões, como as que dizem respeito,

407 MARX, Karl. *Teorias da mais-valia*: história crítica do pensamento econômico. vol. I. Rio de Janeiro: Civilização Brasileira, [1861-1863] 1980, p. 68.

408 MARX, Karl. *Teorias da mais-valia*: história crítica do pensamento econômico. vol. I. Rio de Janeiro: Civilização Brasileira, [1861-1863] 1980, p. 72.

por exemplo, ao dinheiro, aos custos de produção, variações dos preços etc.

Nessa *démarche*, na qual Smith abandona a posição correta do valor e a substitui por outra que emana da concorrência e nela aparece de forma invertida, é que ele expõe a diferença entre "preço natural", que no seu sistema nada mais é que o "preço de custo da mercadoria", e "preço de mercado". O preço de custo (ou preço natural), que passa a considerar como "valor" é, assim, determinado pela concorrência (na esfera, portanto, da circulação) e se compõe do preço natural do salário, do preço natural do lucro, da renda etc., como se todos tivessem um custo e fossem fontes constitutivas do valor de troca. Assim, as formas de renda (salário, lucro, renda da terra, juro) que derivam, resultam do valor, tornam-se, elas próprias, fontes de valor, o que, para Marx, não passa de uma visão fenomênica, uma visão das coisas tal como aparecem a olhos nus na concorrência. E, nessa *démarche*, Smith omite o que Marx chama de capital constante na formação do valor, pois teria de ir além dos salários, lucros e renda da terra para sua determinação, o que traria dificuldades para seu sistema, considerando que aqueles afetam, em função de sua composição, esses preços.

Essa não é uma questão trivial, como observa Reichelt,[409] porque, ao reduzir a formação do valor aos rendimentos (salários, lucros e renda da terra), Smith deixa de fora de sua constituição uma parte do produto que deve repor o material gasto no processo de produção (depreciação do maquinário e matérias-primas), ou seja, uma parte que não deve constituir receita, mas que é essencial para o processo de reprodução do capital, mesmo que se trate da reprodução simples. O que só seria válido se toda a produção despendesse apenas capital variável, ou seja, força de trabalho. Ao ignorar o capital constante no processo de reprodução global do capital, ele procura

409 REICHELT, Helmut. *Sobre a estrutura lógica do conceito de capital em Marx*. Campinas: Ed. Unicamp, 2013, pp. 109-111.

dar uma solução para o seu sistema, argumentando que, em última instância, visando manter o "preço natural" com que trabalha, que os custos destes materiais e equipamentos são constituídos também por três partes: renda da terra, trabalho e lucro, podendo-se, portanto, o preço (o valor) do produto ser a eles reduzido. Não é uma solução, pois as diferentes composições do capital afetam os preços de produção, desviando-os dos seus valores.

Assim, Smith, ao tomar o valor como "preço de custo", que é determinado na concorrência pelo preço médio (natural) dos salários, lucros etc., inverteu sua constituição e atribuiu-lhes poder autônomo na criação de valor, quando ocorre o contrário. Por isso, passou a enxergar um "custo" no capital, no trabalho, na renda etc. na formação do valor, quando, se tivesse partido da formação deste no âmbito da produção, onde ele é efetivamente gerado, poderia ter chegado a conclusões bastante distintas sobre essa questão e evitado os erros em que incorreu, e ter percebido, inclusive, em sua formação, o papel do capital constante e sua influência sobre os preços. Com isso torna-se impossível, em seu sistema, a existência de diferença entre o valor do produto do trabalho anual da sociedade e o produto anual do valor. Os dois serão sempre equivalentes, mesmo não sendo a mesma coisa.[410]

Ricardo, por sua vez, que criticou com acuidade a confusão feita por Smith na questão do valor na sua segunda definição, numa sociedade capitalista em que o trabalho se encontra divorciado dos meios de produção, deixou-se também enganar a este respeito e não percebeu ser o "preço natural" de Smith apenas o "preço de custo" resultante da concorrência, onde o valor de troca se forma adicionando os valores do salário, lucro e renda da terra determinados de forma independente por seus supostos "valores naturais". Caiu, assim, mesmo conscientemente criticando o erro

410 REICHELT, Helmut. *Sobre a estrutura lógica do conceito de capital em Marx*. Campinas: Ed. Unicamp, 2013, p. 113.

smithiano, na mesma armadilha, igualando valor a preço de custo, por não ter desvendado o segredo oculto do excedente e a geração da mais-valia. A crítica que Ricardo faz a Smith de ter utilizado duas medidas-padrão de valor como conceitos equivalentes, com a qual Marx concorda, mas dado o fato de não ter conseguido (ou mesmo tentado) resolver este problema, por não ter desvendado o segredo da mais-valia, representa, para Marx, um claro sinal de que ele nem parece ter percebido este dilema na obra de Smith. Dessa confusão, nasceram suas equivocadas teorias sobre a própria determinação do valor, quando passa a incluir o capital fixo e circulante no processo de produção, com composições diferentes, do preço de custo, sua teoria da renda da terra, suas leis sobre a taxa de lucro etc.[411]

Como diz Marx[412] sobre as posições de Smith e Ricardo sobre essas questões:

> Adam Smith trata realmente da mais–valia, mas sem explicá-la na forma de uma categoria definida, distinta de suas formas especiais; por isso, a seguir, identifica-a de imediato com o lucro, forma desenvolvida depois. Este erro persiste em Ricardo e em toda a sequela de seus discípulos.

O fato é que, para Marx, Smith e Ricardo formularam teorias do valor distintas, mas, apesar disso, defenderam a mesma teoria da mais-valia, enganados pela visão fenomênica da economia burguesa e do processo de concorrência. Isso porque, se em Smith, enquanto o valor deixa de ser fruto exclusivo do trabalho na sociedade capitalista e ele logo atribui ao capital também essa

---

411 MARX, Karl. *Teorias da mais-valia*: história crítica do pensamento econômico. vol. II. Rio de Janeiro: Civilização Brasileira, [1861-1863] 1980, pp. 593-645.

412 MARX, Karl. *Teorias da mais-valia*: história crítica do pensamento econômico. vol. II. Rio de Janeiro: Civilização Brasileira, [1861-1863] 1980, p. 67.

capacidade, em Ricardo isso não ocorre, na medida em que mantém a determinação do valor pelo tempo de trabalho. Mas sua teoria do valor também não se sustenta, porque, ao se manter prisioneiro da identificação feita por Smith do valor com o preço de custo, e este com o preço natural, e não estabelecer os nexos necessários para identificar a origem do excedente e como se dá a formação do valor, termina caindo no mesmo erro, abrindo espaço em sua teoria para incluir o capital como produtor de valor. Como observa Reichelt[413] tudo se passa, na teoria burguesa, que se orienta pela visão fenomênica, pela aparência, como, se para vigorar a lei do valor, o capitalismo fosse impossível, ou, na existência deste, a lei do valor é que não poderia vigorar.

3.4.3.3 Trabalho produtivo e improdutivo

Marx inicia o capítulo IV das *Teorias da mais-valia* definindo o que considera trabalho produtivo:

> Trabalho produtivo no sentido da produção capitalista é o trabalho assalariado que, na troca pela parte variável do capital (a parte do capital despendida em salário), além de reproduzir essa parte do capital (ou o valor da própria força de trabalho), ainda produz mais-valia. Só por esse meio, mercadoria ou dinheiro, se converte em capital, se produz como capital. (...), por conseguinte, só é produtiva a força de trabalho que produz valor maior que o próprio.[414]

---

413 MARX, Karl. *Teorias da mais-valia*: história crítica do pensamento econômico. vol. II. Rio de Janeiro: Civilização Brasileira, [1861-1863] 1980, p. 114.

414 Ou, de forma mais clara, na página 391: "Trabalho produtivo é o que – no sistema capitalista – produz mais-valia para o empregador ou que transforma as condições materiais do trabalho em capital e o dono delas em capitalista, por conseguinte trabalho que produz o próprio produto como capital". (MARX, Karl. *Teorias da mais-valia*: história crítica do pensamento econômico. vol. II. Rio de Janeiro: Civilização Brasileira, [1861-1863] 1980, p. 133).

Para ele, os fisiocratas acertaram em definir como produtivo o trabalho que gera excedente, mesmo que não tenham chegado ao conceito correto de mais-valia, mas erraram em restringi-lo ao trabalho agrícola. Mesmo os mercantilistas, por vias tortas, enxergavam que o movimento dos preços internos, sendo desfavoráveis aos salários como resultado de um maior afluxo de metais para o país decorrente do comércio exterior, aumentavam os lucros e a riqueza, identificando estes setores exportadores como os únicos efetivamente produtivos. Smith, mesmo sem o conceito correto de mais-valia, liberta-se das limitações e imprecisões da concepção fisiocrata, e identifica corretamente, no lucro, a geração deste excedente como trabalho produtivo, trabalho que foi capaz de produzir um valor além do que lhe foi pago pelo capital na forma de salário.

Ora, sendo essa a definição correta de trabalho produtivo do ponto de vista da produção capitalista, o trabalho que se troca imediato por capital e agrega a este um valor excedente (uma mais-valia), o trabalho improdutivo, como consequência, pode ser definido como aquele que não se troca por capital, "(...) mas diretamente por renda, por salário ou lucro (em suas diversas rubricas, como juros e renda fundiária, coparticipantes do lucro capitalista)", por não adicionar valor ao capital e ser mero consumidor da renda gerada.[415]

Um dos vários exemplos dados por Marx nessa questão não deixa dúvida a respeito da definição desses tipos de trabalho:

> (...) um ator, por exemplo, mesmo um palhaço, é um trabalhador produtivo se trabalha a serviço de um capitalista (o empresário), a quem restitui mais trabalho do que dele recebe na forma de salário, enquanto um alfaiate que vai à casa do capitalista e lhe remenda as calças, fornecendo-lhe valor de uso apenas, é um trabalhador improdutivo. O

---

415 MARX, Karl. *Teorias da mais-valia*: história crítica do pensamento econômico. vol. II. Rio de Janeiro: Civilização Brasileira, [1861-1863] 1980, p. 137.

> trabalho do primeiro troca-se por capital, o do segundo por renda. O primeiro trabalho gera mais-valia; no segundo consome-se renda.[416]

Não importa, assim, a especialidade particular do trabalho, nem o valor de uso que dele resulta (se material ou imaterial), mas da sua condição de se trocar por capital e gerar um excedente (trabalho produtivo) ou por renda (improdutivo).

Mas, traído pelas influências fisiocratas, Smith retrocede nessa definição, abandonando a forma social de determinação do trabalho produtivo e improdutivo, dada pela relação deste com o capital, e, depois de considerar, opondo-se àquela escola, ser produtivo mesmo o trabalho dos comerciantes, artesãos e trabalhadores da indústria (ou seja, não "estéril"), ainda que inferior ao trabalho agrícola (novamente um viés fisiocrata), por conseguirem reproduzir seu próprio salário (mas, aí, já não se trata de uma relação capitalista, pois não se gera excedente, mais-valia), conduz sua argumentação para classificar como produtivo somente o trabalho requerido para a produção de mercadorias, incluindo o do gerente da fábrica, do engenheiro, do supervisor etc., sendo improdutivos os dos demais que produzem serviços.

Para Marx, isso seria confundir o entendimento da mercadoria como materialização do trabalho com a sua realidade corpórea,[417] quando essa materialização pode ocorrer sem deixar vestígios, como no caso dos transportes, que apenas a desloca no espaço, mas que agrega valor ao produto, ou de serviços em geral – até mesmo do palhaço –, que desaparecem no ato de seu consumo, como atividade, por não serem corpóreas, mas que, para serem prestados, despendem tempo de trabalho. Neste caso,

---

416 MARX, Karl. *Teorias da mais-valia*: história crítica do pensamento econômico. vol. II. Rio de Janeiro: Civilização Brasileira, [1861-1863] 1980, p. 137.

417 MARX, Karl. *Teorias da mais-valia*: história crítica do pensamento econômico. vol. II. Rio de Janeiro: Civilização Brasileira, [1861-1863] 1980, p. 151.

a força de trabalho que presta os serviços é a própria mercadoria que é vendida, não como produto tangível, mas como tempo de trabalho que se desvanece.

Marx identifica a origem deste afastamento de Smith de sua primeira definição – correta – de trabalho produtivo e improdutivo na concepção fisiocrática do valor quando esta afirma que a riqueza das nações consiste nos bens consumíveis, anualmente reproduzidos pelo trabalho da sociedade, reduzindo o produto, assim, a mero valor de uso (matéria, objeto corpóreo), enquanto os mercantilistas o reduzem a mera forma de valor, ao ouro, dinheiro, imperecível. Já em Smith "(...) combinam-se as duas condições da mercadoria – valor de uso e de troca – e, para ser produtivo o trabalho tem de se corporificar em qualquer valor de uso, em produto útil",[418] eliminando as contradições destes sistemas. Mas, ao retroagir na definição do trabalho produtivo, restringindo-o à produção de bens tangíveis, "vendáveis", "que deixam vestígios depois de concluído", retorna àquela concepção, riscando da produção de valor e de riqueza uma massa considerável – e crescente no desenvolvimento do próprio capital – de produção imaterial, de serviços essenciais para sua própria reprodução, que estão, igualmente, a seu serviço.[419]

A implicação disso para a acumulação de capital e para o crescimento da riqueza é a de que, enquanto o trabalho produtivo contribui para expandi-la, o improdutivo apenas consome renda,

---

418 MARX, Karl. *Teorias da mais-valia*: história crítica do pensamento econômico. vol. II. Rio de Janeiro: Civilização Brasileira, [1861-1863] 1980, p. 153.

419 Nessa visão, para Smith "o trabalho improdutivo não se fixa nem se realiza em objeto durável ou mercadoria vendável (...). Seus serviços em geral perecem no instante do desempenho e, raro, deixam vestígio ou valor pelo qual se pudessem obter mais tarde quantidade igual de serviço" (MARX, Karl. *Teorias da mais-valia*: história crítica do pensamento econômico vol. II.. Rio de Janeiro: Civilização Brasileira, [1861-1863] 1980, p. 141 *apud* SMITH, Adam. *A Riqueza das Nações*: investigação sobre sua natureza e suas causas. São Paulo: Abril Cultural, 1983. (Os Economistas).

o excedente, dissipa-o, minando e reduzindo as forças do desenvolvimento, da prosperidade e do emprego. Smith apresenta visão extremamente negativa do trabalho improdutivo, por dissipar o excedente, e positiva, até mesmo romântica, do trabalho produtivo, que produz a riqueza e de seus efeitos sobre a acumulação: para ele, quanto maior a proporção de trabalhadores improdutivos *vis-à-vis* os produtivos, menor a criação de riqueza no país e menor sua capacidade de atender as necessidades da população por mais emprego e renda.

Essa posição tem muito a ver com a importância exagerada que Smith atribui, conforme já observara Ricardo, à *renda bruta* (ou *produto bruto*), quando o que interessa, de fato, para a acumulação é a *renda líquida* (ou *produto líquido*), ou seja, o excedente, a mais-valia, a renda líquida que é gerada pela força de trabalho além do necessário para sua reprodução e que, apropriada pelo capital em suas diversas formas (lucro, juro, renda da terra etc.) como renda, reparte-se entre o consumo de seus proprietários e dos que dela vivem (Estado, representantes da igreja, trabalhadores improdutivos do ponto de vista do capital) e o investimento em capital novo, portanto, na acumulação. Por isso, Ricardo, que tem clareza sobre a natureza do excedente produzido pelo trabalhador, que é apropriado como riqueza por outros, não segue os passos de Smith nessa questão, e vê o produto líquido (ou a renda líquida) como a variável chave, decisiva para a acumulação.

Para Marx,

> Ricardo concorda por completo com a distinção entre trabalho produtivo e improdutivo, estabelecida por A. Smith, segundo a qual o primeiro se troca diretamente por capital [note-se, que está se referindo, aqui, à primeira definição de Smith], e o segundo diretamente por renda, [consumindo o excedente]. Todavia, não compartilha mais da ternura e da ilusão smithianas [sobre os trabalhadores produtivos]. Ser trabalhador produtivo é uma desgraça. Trabalhador produtivo

> é um trabalhador que produz riqueza para *outrem*. O sentido exclusivo de sua existência é ser instrumento de produzir riqueza alheia. Por conseguinte, se a mesma quantidade de riqueza alheia pode ser gerada com o menor número de trabalhadores produtivos, é oportuna a supressão desses trabalhadores produtivos.[420]

3.4.3.4 Ricardo: o lucro e a mais-valia como equivalentes

Ricardo parte da determinação do valor de troca das mercadorias pela quantidade de trabalho nelas incorporado, seja o trabalho direto, imediato (o trabalho vivo) seja o trabalho acumulado, pretérito, na forma de máquinas, equipamentos, ferramentas etc. Sua preocupação é apenas com a *magnitude do valor* da mercadoria, pois, com ela, se chega ao *valor relativo*, o que lhe permitiria identificar a origem da variação deste valor, ou seja, no caso de duas mercadorias, em qual ocorreu alteração no seu valor (para mais ou para menos) que provocou essa mudança. A magnitude (ou o valor "real", "absoluto") não lhe serve senão para este propósito, o que vai conduzir a equívocos em sua teoria, segundo Marx.

Ricardo toma o trabalho também como mercadoria (força de trabalho, em Marx), cujo preço é determinado pela quantidade de bens que recebe para reproduzir-se, na forma de salário. Não lhe ocorre investigar as características dessa mercadoria, que, embora tenha preço, das outras difere até mesmo por ser a fonte, como ele próprio assume, do valor. Seu propósito consiste em investigar como se relacionam as categorias econômicas no universo da sociedade capitalista e como os lucros do capital, o *motor primus* da acumulação, são afetados neste processo.

420 MARX, Karl. *Teorias da mais-valia*: história crítica do pensamento econômico. vol. II. Rio de Janeiro: Civilização Brasileira, [1861-1863] 1980, p. 206.

Embora tenha identificado a origem do excedente que alimenta a acumulação e supre o consumo do capitalista e das demais classes que não participam de sua geração, podendo, por isso, ser considerado "(...) o ponto de partida, o fundamento para se compreender os nexos orgânicos internos do sistema burguês",[421] bem como suas contradições, ao não investigar as características da força de trabalho (trabalho para Ricardo), confundiu a mais-valia por ela gerada com o lucro, o valor com o preço de custo e este com o "preço natural", e, com isso, enveredou por um caminho de conclusões teóricas equivocadas sobre as relações trabalho/capital, sobre o próprio valor e os preços de custo das mercadorias.

Como diz Marx a respeito dessa questão em *Teorias da mais-valia*,

> (...) embora Ricardo negue de forma coerente a visão errônea de Adam Smith, segundo a qual o valor se origina de seus próprios componentes, Smith – mais precisamente o Adam Smith superficial – consegue envolvê-lo de novo, por meio do preço *natural*.[422]

E, por isso, sem conseguir transpor os umbrais da economia burguesa, que se guia pela aparência dos capitais individuais no processo de circulação, e não consegue enxergar o processo global de reprodução, continua, como Smith, a igualar valor a preço de custo e este com preço natural, sem explicar a origem do lucro, considerando-o também como um custo "natural". Tal procedimento se torna determinante para todos os aspectos da teoria ricardiana.

No sistema de Ricardo, assim como no de Smith, o capital é composto por capital fixo e o capital circulante. O primeiro, representado

---

421 MARX, Karl. *Teorias da mais-valia*: história crítica do pensamento econômico. vol. II. Rio de Janeiro: Civilização Brasileira, [1861-1863] 1980, pp. 598/599.

422 MARX, Karl. *Teorias da mais-valia*: história crítica do pensamento econômico. vol. II. Rio de Janeiro: Civilização Brasileira, [1861-1863] 1980, p. 648.

por máquinas, equipamentos e ferramentas utilizados pelos trabalhadores na produção. O segundo, pelos trabalhadores, remunerados na forma de salários, pelas matérias-primas e materiais auxiliares (pouco mencionadas na obra de Ricardo), que serão transformadas em produtos finais no processo produtivo. O capital total adiantado pelo capitalista é dado, portanto, pela soma do capital fixo e do capital circulante e o valor da mercadoria (ou seu preço natural) pela soma dos valores que se transmite para o produto pelo trabalho acumulado (o capital fixo que se desgasta no processo, sua depreciação), o valor dos salários e o valor das matérias-primas e auxiliares.

Reposto o capital fixo que se desgasta no processo e o valor das matérias-primas e auxiliares e os salários pagos, o que é necessário para a reprodução, ainda sobra um valor, que corresponde ao excedente, que ele denomina lucro, o ganho obtido pelo capitalista pelos adiantamentos realizados pelo capital. Por isso, Ricardo percebe claramente, erro cometido por Smith, de ser o valor que remunera o trabalho (o salário) inferior ao valor do produto do trabalho (deduzidos os custos do capital fixo e dos materiais que entram na produção), que corresponde ao excedente, que ele chama de lucro, mas não se preocupa em investigar de onde ele promana, e daí, o fato de incorrer em erros em sua análise.

Marx não tem nenhuma objeção a essa classificação do capital, a não ser o fato de que é dessa maneira que ele se apresenta na esfera da circulação, portanto, na superfície do processo, e, como tal, não revela o relacionamento do trabalho vivo com os demais componentes do capital nem claramente como se dá a geração do valor e do excedente e suas implicações para o processo de reprodução, por não isolar, neste processo, o elemento ativo da criação de mais-valia (o trabalhador) e igualá-lo aos diversos elementos que não dispõem deste poder.[423]

---

423 Segundo Marx, "(...) não é o capital circulante nem o capital fixo que cria o lucro, mas a apropriação do trabalho alheio medida por ambos, ou seja, no fundo, somente a parte do capital circulante que ingressa na pequena

Não bastasse isso, Ricardo abstrai, em sua análise, dessas formas que o capital assume e considera, adotando as hipóteses de que o tempo de trabalho despendido é igual ao trabalho imediato (vivo) mais o trabalho acumulado (pretérito) em máquinas e ferramentas etc., e ainda de que são fixas as proporções entre ambos, que *todo o capital consiste em adiantamento de salários.* Isso o leva à confirmação do valor como sendo inteiramente determinado pelo tempo de trabalho, mas o conduz a confundir lucro com mais-valia e valor com preço de custo da mercadoria e a não enxergar como o lucro pode ser afetado nessa dinâmica pelas próprias contradições do processo. Essa crítica aparece claramente em *Teorias da mais-valia*:[424]

> Em suas observações sobre lucro e salário, Ricardo abstrai da parte constante do capital, o qual não se aplica ao salário. Trata o problema como se todo o capital se aplicasse diretamente em salário. Até aí, trata, portanto, da mais-valia e não do lucro e assim pode-se falar de sua teoria da mais-valia. Mas, em contrapartida, acredita falar de lucro como tal, e sem se insinuar na realidade pontos de vista oriundos do pressuposto do lucro e não mais da mais-valia. Onde apresenta com acerto as leis da mais-valia, erra ao expressá-las de imediato como leis do lucro, [estabelecendo-as] sem os elos intermediários. Quando falamos de sua teoria da mais-valia, estamos falando, portanto, de sua teoria do lucro, nos casos que ele confunde este com a mais-valia, isto é, considera o lucro em relação ao capital variável, à parcela do capital empregada em salário.

---

circulação. Porém, esse lucro só é realizado de fato pelo ingresso do capital na circulação, portanto, só em sua forma de capital circulante, jamais em sua forma de capital fixo" (MARX, Karl. *Grundrisse – manuscritos econômicos de 1857-1858*: esboços da crítica da economia política. São Paulo: Boitempo; Rio de Janeiro: Ed. UFRJ, 2011, p. 603).

424 MARX, Karl. *Teorias da mais-valia*: história crítica do pensamento econômico. vol. II. Rio de Janeiro: Civilização Brasileira, [1861-1863] 1980, pp. 805/806.

Com isso, quando Ricardo abandona, ainda no capítulo 1 dos *Princípios*, as hipóteses simplificadoras de que os períodos de produção são iguais nos distintos setores da economia e uniformes as composições do capital (fixo e circulante), assim como a durabilidade do capital fixo, condições em que confirma a prevalência plena da determinação dos valores de troca pela quantidade de trabalho contida nas mercadorias, passa a considerar existirem outras causas, além da maior ou menor quantidade de trabalho, que determinam as variações do valor relativo das mercadorias e de ser essa causa o aumento ou a diminuição dos salários, cujos efeitos sobre os preços diferem de acordo com essas novas condições do capital.

Ricardo não deu muita importância a essas variações por considerá-las "pequenas", preservando sua tese de ser a quantidade de trabalho a causa mais importante do valor, o que teria levado um comentarista econômico ironicamente a "descrever Ricardo como mantendo uma teoria do valor de 93% trabalho". Nessa visão, o valor deixaria, portanto, de ter sua magnitude influenciada por combinações e durabilidade diferentes do capital. Para Marx, essa visão equivocada de Ricardo sobre o valor decorre do fato de ele não ter feito a correta distinção entre *lucro e mais-valia*, entre *valor e preço de custo da mercadoria* e de ter pressuposto uma *taxa geral de* lucro igual para os distintos capitais, o que, para ser alcançado, exigiria apenas uma *redistribuição*, entre eles, da mais-valia gerada, mas sem alterar sua *magnitude*.[425] Para entender essa crítica feita por Marx a Ricardo, é necessário esclarecer sua

---

425 Como afirma Marx: "A proporção em que o capital constante entra numa mercadoria não influencia os valores das mercadorias, mas influi diretamente sobre as diferentes quantidades de mais-valia ou trabalho excedente encerradas nas mercadorias que contêm quantidade igual de tempo de trabalho. Por isso, a diferença nessa proporção gera preços médios que divergem dos valores". Ou ainda, à página 849, vol. II: "É errado pressupor que a ascensão dos salários eleva o preço das mercadorias; apenas faz o lucro (mais-valia) decrescer. Mesmo as exceções que Ricardo apresenta, nas quais altas dos salários fariam cair os valores de troca de algumas mercadorias e subir de outras, são errôneas quando se trata de valores, e verdadeiras apenas para preços de custo". (MARX, Karl.

visão a respeito do preço de custo da mercadoria. Marx considera o preço de custo em diferentes sentidos:

1) **Custo da produção para o capitalista:** neste caso, o custo é composto: a) do capital fixo investido em maquinaria e ferramentas (capital fixo) e de parte do capital circulante representado por matérias-primas e materiais auxiliares, que ele agrupa e denomina de capital constante (c); b) dos salários que são pagos aos trabalhadores, como remuneração pelo uso de sua força de trabalho, que denomina capital variável (v). O custo total da produção para o capitalista é, portanto, dado pela soma de $c + v$;

2) **Custo imanente da produção:** coincide com o valor, que é dado pela soma do capital constante (c) mais o custo do capital variável (v), mais o valor excedente gerado pela força de trabalho, a mais-valia ou lucro (m), apropriado pelo capitalista, encarregado de distribuí-lo para seus beneficiários. Portanto, custo imanente da produção = $c + v + m$;

3) **Preço de produção:** não necessariamente coincide com o custo imanente de produção, porque ao custo do capitalista ($c + v$) se agrega não a mais-valia do produtor individual ou de um ramo de produção, mas o *lucro médio* do conjunto dos capitalistas a que se chega pelo processo de concorrência. Isso significa que para se produzir a mesma taxa de lucro para todos os capitais aplicados, a mais-valia tem de ser repartida entre eles, provocando desvios dos preços em relação aos valores.

Neste esquema, o valor que corresponde ao custo imanente de produção, é formado pelo valor (custo) do capital constante (c), que é conservado, transmitido pela força de trabalho para o produto, e pelo valor agregado pela força de trabalho, que, além de produzir para sua própria reprodução (v), produz um excedente,

---

Teorias da mais-valia: história crítica do pensamento econômico. vol. II. Rio de Janeiro: Civilização Brasileira, [1861-1863] 1980, p. 606).

uma mais-valia, que é apropriada pelo capital (*m*). Decorre disso que, quanto maior ou menor a proporção de *v* em relação a *c*, maior ou menor será esse valor excedente em termos absolutos, pois o valor adicional que é criado (além do que apenas é conservado) nasce apenas da força de trabalho. A incompreensão dessa questão teria conduzido Ricardo a incorrer no erro de atribuir a outras causas a determinação do valor.

No esquema de Marx, a jornada de trabalho completa distribui-se, assim, em duas partes: i) na primeira, o trabalhador utiliza o tempo necessário para garantir o seu sustento, a sua reprodução, sendo para isso remunerado na forma de salário, que representa custos para o capital (que denomina capital variável, *v*) que o emprega; ii) na segunda, seu tempo é destinado para servir e garantir o ganho do capital, tratando-se, portanto, de trabalho excedente, que é por ele apropriado, na forma da mais-valia (*m*). Essa mais-valia pode ser considerada em termos absolutos, que é igual ao montante do lucro obtido pelo capital no processo produtivo, ou em termos relativos (*m/v*) que corresponde à taxa de exploração do trabalho, a taxa de mais-valia relativa.

Quando se considera a mais-valia relativa e se adota a hipótese de uma jornada fixa de trabalho, como o faz Ricardo, o que significa que o *produto é dado*, é óbvio que se *v*, o capital variável, aumenta ou diminui, devido à elevação ou diminuição do salário que remunera o trabalhador, *m*, a mais-valia cairá ou aumentará na mesma proporção. Isso não significa, contudo, que a taxa de lucro percorrerá o mesmo caminho, pois as leis que regem a taxa de mais-valia não são as mesmas que regem os lucros.

Retornando à definição de Marx: a taxa de lucro é determinada pelo montante da mais-valia em relação ao capital total aplicado. Portanto, r = m/c + v, onde

r = taxa de lucro

m = massa de mais-valia

c = capital constante

v = capital variável

Por essa fórmula, é possível perceber que não basta olhar para o que está acontecendo com *v* e com *m* e daí extrair ilações sobre a tendência da taxa de lucro (*r*). É preciso saber também o que está acontecendo com *c*. Pode ser que *v* aumente e *m* diminua (supondo constante a jornada de trabalho), mas se o valor de *c* diminuir o suficiente para compensar a queda de *m/v*, a taxa de lucro aumentará. Se, por outro lado, *c* aumentar, o que é uma característica da acumulação capitalista, aumentando a produtividade do trabalho, *v* pode diminuir (menos trabalhadores serão necessários para gerar o mesmo produto), diminuindo *m*, em consequência, mas se o aumento da produtividade obtida com a expansão de *c* resultar em uma ampliação da parte da jornada de trabalho não paga (a mais-valia absoluta), o aumento da taxa de mais-valia relativa (*m/v*) pode também compensar a queda de *v* e disso resultar uma expansão da taxa de lucro. Da mesma forma, segundo Marx,

> A taxa de lucro cai – embora a taxa de mais-valia fique a mesma ou suba – porque, com o desenvolvimento da produtividade do trabalho, o capital variável decresce em relação ao capital constante. Cai, portanto, não por ser o trabalho menos explorado, e sim por ser mais explorado, seja porque se dilata a jornada excedente absoluta, ou porque, logo que o Estado o impeça, acresce a jornada excedente relativa, pois a produção capitalista se identifica com o valor relativo decrescente do trabalho.[426]

---

426 De acordo com Meek (MEEK, Ronald L. *Economia & Ideologia*: o desenvolvimento do pensamento econômico. Rio de Janeiro: Zahar. 1971, pp. 168-176), alguns analistas identificaram, injustamente, inconsistências na análise de Marx sobre essa questão, considerando que ele não teria levado em conta a elevação da taxa de mais-valia, que permaneceria constante, mesmo com um aumento do capital poupador de mão de obra, que elevasse a produtividade

Uma fórmula mais simples de visualizar estes movimentos contraditórios entre essas variáveis foi proposta, segundo Sperber,[427] por Samuel Moore, "(...) o tradutor para o inglês do Vol. I de *O Capital*, a quem Engels consultou quando da edição das seções mais matemáticas dos manuscritos de Marx (...)". Moore propôs dividir tanto o numerador como o denominador da fórmula de Marx da taxa de lucro (r = m/c +v) por v, obtendo, assim, r = (m/v)/(1 + c/v), sendo o numerador a taxa de mais- valia e o denominador a composição orgânica do capital + 1. Esta, a fórmula que mais frequentemente passou a ser utilizada na economia marxista.

Embora essas fórmulas marxistas permitam vislumbrar teoricamente a possibilidade de queda da taxa de lucro decorrente do avanço do processo de acumulação e do capital constante, isso, no entanto, só é verdadeiro na hipótese de a taxa de mais-valia (m/v) permanecer constante ou aumentar em uma proporção menor do que a composição orgânica do capital (c/v). Se o aumento de c/v, devido à ampliação do capital constante e redução relativa do capital variável, se traduzisse em ampliação maior de m/v, dados os ganhos de aumento da produtividade do trabalhador, ampliando, assim, a parte da jornada do trabalho não pago, então a taxa de lucro ao invés de cair, aumentaria.

---

do trabalho, tornando duvidosa sua identificação de uma lei de tendência de queda da taxa de lucro. Não é verdade. Não somente nas *Teorias da mais-valia*, como revela a citação acima, mas em inúmeras passagens de O *Capital*, como aponta Meek, Marx demonstraria perfeito conhecimento e clareza de que a taxa de mais-valia tenderia a se elevar com o aumento da composição orgânica do capital e da maior produtividade da mão de obra, compensando os efeitos negativos sobre a taxa de lucro, apenas tendo destacado que isso ocorreria dentro de "certos limites intransponíveis". Isto porque, à medida que o número de trabalhadores diminuísse, diminuiria também a capacidade do sistema em gerar massa de mais-valia (*m*) superior à redução de *v* para compensar o aumento de *c/v*. Chegado a este ponto, a taxa de lucro cairia abaixo de seu nível original. (MARX, Karl. *Teorias da mais-valia*: história crítica do pensamento econômico. vol. II. Rio de Janeiro: Civilização Brasileira, [1861-1863] 1980, pp. 869/870).

427 SPERBER, Jonathan. *Karl Marx*: uma vida do século XIX. Barueri: Amarilys, 2014, p. 425.

Marx via como inexorável essa tendência do crescimento do capital constante *vis-à-vis* o variável, dada a necessidade de substituição de trabalho por máquinas com o objetivo de conter o avanço dos salários no curso da acumulação, aumentando a produtividade do trabalhador e a parte da jornada de trabalho não paga (a mais-valia). Considerou várias hipóteses de redução relativa de *v* em relação a *c*, mas não chegou a resultados satisfatórios. De qualquer forma, essas hipóteses carregavam uma contradição com o seu próprio sistema e sua visão sobre o papel do capital no desenvolvimento das forças produtivas: se era o capital variável (*v*) a fonte exclusiva do valor excedente, de mais-valia, à medida que esse diminuía relativamente, a queda da taxa de lucro se tornava inevitável, neste sistema, com o próprio capital causando sua ruína. Ora, se o capital se orienta pela busca de aplicações mais rentáveis, quanto maior *v*, a fonte de mais-valia, maiores seus ganhos, indicando que setores e economias menos desenvolvidos tecnologicamente seriam mais atraentes (maior capacidade de geração de mais-valia) deste ponto de vista e mais buscados pelas empresas, pelo processo de concorrência, do que os mais avançados, em desacordo com sua própria visão do desenvolvimento das forças produtivas. Neste caso, porque em desacordo com a sua própria tese a respeito da importância do capital para o desenvolvimento das forças produtivas, nem mesmo o reconhecimento de ser "(...) o próprio capital a *contradição em processo* [pelo fato] de que procura reduzir o tempo de trabalho a um mínimo, ao mesmo tempo em que, por outro lado, põe o tempo de trabalho como única medida e fonte de riqueza'",[428] é suficiente para salvá-la.[429]

---

428 MARX, Karl. *Grundrisse – manuscritos econômicos de 1857-1858*: esboços da crítica da economia política. São Paulo: Boitempo; Rio de Janeiro: Ed. UFRJ, 2011, pp. 588/589.

429 Uma brilhante e instigante análise sobre este processo pode ser encontrada em Mazzucchelli (MAZZUCCHELLI, Frederico. *A contradição em processo*: o capitalismo e suas crises. São Paulo: Brasiliense, 1985).

Se, teoricamente possível, Marx não chegou a uma solução satisfatória para comprovar essa tendência de queda da taxa de lucro, a qual é central em sua análise a respeito do futuro do modo de produção capital e de seu desmoronamento com resultado de suas próprias contradições. Contra essa tese, havia a evidência de que a taxa de lucro não vinha apresentando, à época, queda nas últimas décadas, ao contrário do que ocorrera nos períodos anteriores vividos por Smith, Ricardo e J. S. Mill. Por essa razão, ele introduziria, nessa discussão, em *O Capital*, uma série de contratendências de sua queda, o que praticamente comprometeu-a como a *Lei* mais importante da economia política moderna e também a mais essencial para se compreender as complicadas relações do sistema capitalista, como ele havia enunciado essa tendência nos *Grundrisse*.[430] Para Harvey, "esta lista [de contratendências] é tão longa que torna a explicação de uma 'lei' sólida de queda de lucros uma resposta mecânica à inovação para economizar trabalho, que permanece uma proposta insuficiente".[431]

Para o que nos interessa, no momento, é que Marx, ao transferir essas relações entre os diferentes componentes do capital da esfera da circulação para a esfera da produção, desnudou o mundo de aparência em que se ergueu a Economia Política clássica para explicar os fenômenos da sociedade burguesa, separou o papel do trabalho vivo (capital variável) neste processo e demonstrou como se dá seu relacionamento com o capital constante (nele incluído o capital fixo e as matérias-primas e auxiliares) na criação do valor. Pôde, com isso, trazer à tona os segredos ocultos da criação da mais-valia, do trabalho excedente, não pago, da taxa de lucro e

430 MARX, Karl. *Grundrisse – manuscritos econômicos de 1857-1858*: esboços da crítica da economia política. São Paulo: Boitempo; Rio de Janeiro: Ed. UFRJ, 2011, p. 622.

431 HARVEY, David. *O enigma do capital e as crises do capitalismo*. São Paulo: Boitempo, 2011, p. 82.

da tendência às crises do sistema pelas suas próprias contradições, evitando os erros em que Ricardo incorrera em sua teoria.

Marx reconhece que Ricardo desnudou claramente a mais-valia (o valor excedente), embora a destacando em suas formas particulares de lucro, renda e juros na sociedade burguesa, mas não compreendeu e nem explicou sua natureza por ter se deixado guiar por uma visão fenomênica, de aparência do processo. Por isso, sem ter chegado ao conceito de trabalho assalariado e confundido lucro (uma forma particular do excedente) com mais-valia, que só são idênticos quando todo o capital aplicado na produção é despendido com salários, o que não é o caso da economia capitalista, na qual outros componentes do capital se relacionam com o trabalho vivo neste processo, caso das máquinas, ferramentas, matérias-primas etc., Ricardo terminou limitando sua análise.

Ao considerar todo o capital como adiantamento de salários e confundir lucro com mais-valia (aliás, como observaria Marx nos *Grundrisse*, ele nem mesmo chegou a fazer essa distinção), Ricardo não teria como deixar de enveredar por caminhos que enfraqueceriam sua teoria. Nela, o próprio valor termina sendo reduzido ao montante dos lucros e salários, excluída a renda na porção da terra menos produtiva, sem a ele se incorporar, os demais componentes do capital (máquinas, equipamentos, matérias-primas etc.). Este valor do produto, que é transferido para os agentes da produção na forma de renda (lucro, salários, renda, quando existente) equivale, na sua análise, ao custo de produção da mercadoria e o produto total fica representado, em Ricardo, apenas pela soma dos salários e lucros, sem a parte necessária para repor os demais componentes do capital. Daí, os erros se tornarem inevitáveis, porque, para se gerar uma taxa de lucro geral pelo processo de concorrência para todos os setores com composições diferentes de capital, os valores inevitavelmente tendem a se desviar dos preços de produção.

Já o produto líquido, ao qual corretamente atribui, e diferentemente de Smith, maior importância para o capital e a acumulação, equivale ao lucro (na verdade, à mais-valia) e, com isso, Ricardo vincula diretamente as oscilações de sua taxa (de alta ou baixa) diretamente aos movimentos dos salários, que são determinados pelos meios de subsistência dos trabalhadores e pelas maiores dificuldades/facilidades na produção de alimentos. E, por isso, quando abandona a hipótese de que nem todo o capital é constituído por salários e introduz os conceitos de capital fixo e circulante, tal como são percebidos na visão aparente da esfera da circulação, termina concluindo não ser o tempo de trabalho a fonte de todo valor, à medida que diferentes composições do capital modificam os valores de troca das mercadorias, uma vez que pelo processo de concorrência a taxa de lucro deve ser igual para todo o sistema. Se tivesse chegado ao conceito de capital constante e de capital variável e de que os valores dos primeiros também se transmitem para os preços das mercadorias, teria percebido que o montante de mais-valia (trabalho excedente) gerada em cada ramo de produção teria de ser repartida entre os vários capitais para que tal igualação se tornasse possível para compensar essas diferentes composições. Sem ter chegado a essas categorias não conseguiu também enxergar as contradições do sistema e sua permanente tendência de se defrontar com crises.

3.4.3.5 A renda da terra

Marx dedicou parte significativa de sua obra à discussão da renda da terra tanto nas *Teorias da mais-valia* como em *O Capital*. Reconheceu o mérito de Ricardo em ter convertido a teoria da renda da terra em um dos fundamentos mais importantes de todo o sistema da Economia Política e de ter dado a essa categoria uma importância teórica nova, com avanços em relação a Smith na sua compreensão. Para ele, o maior problema no tratamento dado por Ricardo a essa questão dizia respeito à exclusão ou negação da *renda absoluta* na constituição do valor, embora entendendo que tal posição fosse decorrente de sua confusão entre lucro e mais-valia e da identidade que enxergava entre o valor e o preço de custo da mercadoria.

Smith definiu a renda da terra como "o preço pago pelo uso da terra ao seu proprietário", o qual poderia aumentar ou diminuir em função da intensidade do nível da acumulação do capital: à medida que essa se intensificasse, aumentando a demanda por alimentos, os preços destes tenderiam a se elevar, aumentando a renda e, consequentemente, a fatia dos proprietários de terra no produto; em caso inverso, os preços cairiam, diminuindo a parcela da renda no produto. A renda corresponderia, assim, ao excedente apropriado pelo proprietário justificada pela existência do monopólio da propriedade fundiária, pela existência da propriedade privada da terra.

Já em Ricardo não existe a *renda absoluta*, mas apenas a *diferencial*, decorrente da fertilidade (produtividade) diversa de seus tipos, que leva à geração de lucros suplementares, na agricultura, os quais terminam sendo apropriados pelos proprietários da terra.[432] O fato de Ricardo não considerar a existência da renda absoluta se deve à hipótese de não haver propriedade privada fundiária, estando, portanto, ela livre para ser utilizada, o que o leva a incorrer em erro histórico e também teórico.

A renda diferencial, cuja paternidade Ricardo atribuiu a West e a Malthus no prefácio de sua obra, apareceu, na verdade, como Marx aponta, no trabalho de 1777 de James Anderson (1739-1808), um agricultor escocês, jornalista e economista, intitulado *Uma investigação sobre a natureza da lei dos cereais*.[433] Malthus, de acordo com Marx, "um plagiário por ofício" e um defensor profissional da aristocracia fundiária contra o proletariado, utilizou-a, em 1815, "para dar fundamento tanto econômico-nacional quanto real (histórico-natural) à sua teoria da população (...) embora

432 MARX, Karl. *Teorias da mais-valia*: história crítica do pensamento econômico. vol. II. Rio de Janeiro: Civilização Brasileira, [1861-1863] 1980, p. 671.

433 MARX, Karl. *Teorias da mais-valia*: história crítica do pensamento econômico. vol. II. Rio de Janeiro: Civilização Brasileira, [1861-1863] 1980, p. 545; ANDERSON, James. *An enquiry into nature of the corn laws*: with a view to the new corn-bill proposed for scotland. [S. l.]: Mrs. Mundell, 1777.

nenhures o mencione e lhe oculte a existência".[434] Por isso, Marx considera que Ricardo não conhecia o trabalho de Anderson, pois omite-o na atribuição equivocada dessa paternidade.

O fato de só considerar a renda diferencial e a descartar a absoluta explica-se, segundo Marx, por ter ele, como pressuposto, a igualdade entre valores e preços de custos e que, por isso, caso houvesse a renda absoluta, o preço agrícola (dos alimentos) estaria acima do preço de custo, desfazendo aquela igualdade. Isso o impede de perceber que os preços de produção não coincidem, considerando os capitais individuais, com os valores. E sem perceber isso, teria de negar, em seu sistema, a sua teoria do valor, pois outro fator, além do trabalho, como a terra, a natureza, seria também fonte de valor. Por isso, resolve o problema, considerando apenas a renda diferencial e ainda que na última porção de terra utilizada, a menos produtiva, não se paga renda (não existe a renda absoluta), Ricardo reduz o valor ao preço de custo e a mais-valia ao lucro, o qual absorve, assim, todo o excedente, como se o produto se vendesse pelo valor, que é idêntico, neste caso, ao preço de custo.

Isso significa que a taxa geral de lucro do sistema é determinada nessa última porção de terra, igualando-se à taxa de mais-valia. O que representa, para Marx, um erro teórico e histórico. Teórico, porque só no caso em que o valor de mercado for igual ao preço de custo, a renda total (diferencial e absoluta) será zero. Mas, se o valor de mercado do produto agrícola for diferente do preço de custo, isso significa que no caso de ser maior que o preço da indústria, será porque existe renda absoluta e, se inferior, por ser negativa a soma da renda diferencial e absoluta. Histórico, porque nega a existência de uma produtividade inferior na agricultura comparada à da manufatura, ao presumir igualdade na composição orgânica do capital de ambos os setores.

---

434 MARX, Karl. *Teorias da mais-valia*: história crítica do pensamento econômico. vol. II. Rio de Janeiro: Civilização Brasileira, [1861-1863] 1980, pp. 546/547.

A saída de Ricardo não chega a ser uma solução para o problema com que se defronta. Como observa Mandel,[435] para Marx, além da renda diferencial, existe a renda absoluta

> (...) que provém do fato de que a composição orgânica do capital investido na agricultura é mais baixa do que aquela do capital investido na indústria [absorvendo, portanto, mais trabalho vivo], obtendo, pois, uma mais-valia que não participa da distribuição equitativa da taxa de lucro, porque a propriedade fundiária impede a livre entrada de capitais neste setor [e que é] apropriada pelos proprietários fundiários.

Contrariamente à Ricardo, Marx vai ampliar, assim, o conceito de renda da terra, contemplando dois tipos de renda diferencial e também a existência da renda absoluta e de monopólio.

No seu sistema, a *renda diferencial* pode originar-se: i) da diferença da fertilidade do solo e da localização das terras em relação ao mercado, resultando, assim, da concorrência entre os capitais para utilizarem as de melhor qualidade e mais próximas do mercado consumidor; ii) dos investimentos que são realizados pelo capital para melhorar a produtividade do solo ou sua localização em relação ao mercado, com a construção e pavimentação de estradas, por exemplo.

A *renda absoluta*, por sua vez, tem origem na relação de monopólio pela propriedade privada fundiária, pelo seu uso. Origina-se, portanto, do excedente do valor sobre o preço de produção, constituindo-se em parte da mais-valia apropriada pelos proprietários da terra.

---

435 MANDEL, Ernest. *A formação do pensamento econômico de Karl Marx*: de 1843 até a redação de O Capital. Rio de Janeiro: Zahar, 1968, p. 91, nota de rodapé.

Já a *renda de monopólio estrita* surge no caso de existirem interessados em pagar preços acima da realidade do mercado para utilizar/explorar terras que apresentem atributos específicos para a produção de algum produto especial, caso, por exemplo, de plantações de uvas especiais para a produção de vinhos.

3.4.3.6 As crises no pensamento clássico e marxista

No pensamento dos economistas clássicos não há lugar para crises econômicas que decorram do fenômeno da *superprodução de mercadorias*, porque, como o sistema econômico é presidido por leis naturais ele conta com mecanismos que lhe permitem retornar, automaticamente, ao estado de equilíbrio, de repouso, sendo apenas necessário para isso que a ação humana (ou do Estado) não interfira no seu funcionamento. Por isso, seus representantes (Smith, Ricardo, J. S. Mill) defendem, com firmeza, o regime do *laissez-faire*.

Se não há lugar para crises de superprodução, o mesmo não pode ser dito em relação ao fenômeno da *tendência decrescente da taxa de lucro*, que pode desestimular a acumulação e conduzir o sistema para uma situação "*estacionária*", onde não existiriam investimentos adicionais por falta de estímulos e incentivos para novas aplicações de capital. Cada um dos representantes desta escola teria, no entanto, buscado respostas diferentes para essa que pode ser considerada uma lei geral da acumulação capitalista, diferindo também sua visão sobre o que representa o "estado estacionário" para a sociedade.

Em Smith, a tendência decrescente da taxa de lucro aparece como consequência natural da acumulação crescente de capital e da feroz concorrência que se trava entre os distintos capitais, provocando essa queda. O que é correto quando se considera ser só na concorrência que se realizam as leis imanentes do capital, mas falso, como Marx coloca nos *Grundrisse*,[436] "(...) no sentido em que ele a entende, ou seja, como se a concorrência impusesse ao capital leis externas, introduzidas a partir de fora, que não seriam suas próprias leis". Mas, embora aponte, em algumas passagens de sua obra, que o "estado estacionário" não seja o estado desejável para a sociedade, ele enxerga esta caminhada em sua direção como indício de desenvolvimento e prosperidade. Para Ricardo, a concorrência pode nivelar os lucros nos diversos ramos de produção, mas não pode rebaixar a taxa de lucro. Essa queda ocorre porque, como resultado do aumento do capital, a maior demanda por trabalhadores termina elevando os salários, já que se terá de avançar em terras menos produtivas para a produção adicional de alimentos. Neste processo, a elevação dos salários que se traduz também em aumento da renda da terra, comprime os lucros, podendo-se chegar a uma situação em que não haverá mais qualquer motivação para investir, a qual corresponde ao "estado estacionário", condição que vê com pessimismo para a sociedade, como sendo o dia do juízo final. J. S. Mill, que segue as pegadas de Ricardo, apontando principalmente as dificuldades crescentes na produção de alimentos para essa queda, em virtude do aumento inevitável dos salários e da renda fundiária, não considera o estado estacionário com esse pessimismo e acredita mesmo, ingenuamente, que este possa ser uma espécie de "nirvana" da felicidade humana, no qual o trabalhador já estaria consciente dos prejuízos que teria em multiplicar a população, e o capitalista de que a vida apresenta maiores prazeres do que simplesmente "ganhar dinheiro" e "fazer fortuna". Uma ingenuidade.

É importante destacar, de qualquer maneira, que, nos clássicos, o comportamento do lucro se encontra determinado pela redistribuição da renda entre os lucros e a renda da terra, que são

---

436 MARX, Karl. *Grundrisse – manuscritos econômicos de 1857-1858*: esboços da crítica da economia política. São Paulo: Boitempo; Rio de Janeiro: Ed. UFRJ, 2011, p. 629.

afetados pelo movimento dos salários, que, regulados pela Lei Populacional de Malthus, tendem para um nível de subsistência. À medida que a acumulação avança e as dificuldades na produção de alimentos aumentam, os preços destes se elevam, tendo os salários de ser aumentados para garantir o nível de subsistência, elevando a renda da terra e reduzindo o lucro, conduzindo, assim, a economia, inexoravelmente para um estado estacionário. No longo prazo, o aumento da população, em resposta ao aumento dos salários, terminaria reduzindo-os e injetando novas forças aos lucros, mas haveria limites para a continuidade deste processo, tornando inevitável o estado estacionário. O ajustamento, neste caso, ocorre pelo lado da oferta dos trabalhadores (acréscimo/decréscimo da população) e não pela sua procura por parte dos capitalistas.

Marx concorda com as teses da tendência decrescente da taxa de lucro e de que os salários tendem para o nível de subsistência, mas não por causa da Lei Populacional de Malthus, e sim por mecanismos próprios de funcionamento do sistema econômico. Como, em sua análise, criticou e evitou o erro cometido por Ricardo de confundir lucro com mais-valia, redefinido as parcelas distributivas, eliminado o conceito clássico de renda e negado, com isso, diferenças na indústria e agricultura, o que era importante no pensamento clássico, não poderia atribuir aos custos crescentes dos alimentos (como ocorre com Ricardo e Mill), a explicação para a queda da taxa de lucro.

Em seu esquema, o nível de subsistência dos salários é regulado pela existência de um *Exército Industrial de Reserva* (trabalhadores desempregados), o que não significa que os salários não possam se modificar no curto prazo, mas o sistema (e não a população) disporia de mecanismos para corrigir este desvio. Ao aumento dos salários provocado pelo avanço da acumulação e pela maior procura por trabalhadores, reduzindo o exército industrial de reserva, com consequência baixista da taxa de lucro, se seguiria uma contração dos investimentos, passando-se, daí, a priorizar a aquisição de máquinas poupadoras de mão de obra, diminuindo a procura, e recompondo a reserva de trabalhadores, com consequente redução dos salários ao seu nível de subsistência. O ajustamento ocorreria, portanto, pelo lado da procura de trabalhadores e não pela sua oferta. Para explicar a tendência da queda da taxa de lucro, em seu sistema, Marx desenvolveria seu argumento utilizando três relações fundamentais já mencionadas: a taxa de mais-valia (m/v); a composição orgânica do capital (c/v); e a taxa de lucro (m/c+ v).

Para ele, a visão equivocada de Ricardo sobre a tendência à queda da taxa de lucro, no que é seguido por Mill, reside na identidade que faz entre taxa de lucro e taxa de mais-valia, sendo que essas podem se mover em direções diferentes, mas nem por isso acarretar essa queda, pois tudo dependerá da intensidade com que *m* (a mais-valia), *v* (o capital variável) e *c* (o capital constante) se modificam. Como vimos, de acordo com Marx, mesmo que a taxa de mais-valia (m/v) permaneça constante ou suba, a taxa de lucro (*m/c +v*) pode cair, bastando para isso que o aumento do capital constante em relação ao variável (*c/v*) aumente em maior proporção. Como também pode subir se o aumento de *m/v* for superior ao de *c/v*. Sua queda pode ocorrer, assim, não por se tornar o trabalho menos produtivo, mas, ironicamente, por ele se tornar mais produtivo e, assim, mais explorado. Decorre das contradições do sistema.

Ricardo não conseguiu perceber nada disso, porque, em seu sistema, a jornada de trabalho é fixa (invariável) e, por isso, não lhe é possível considerar que ela tanto pode ter sua magnitude absoluta ampliada (de 8 para 10 ou 12 horas de trabalho, por exemplo), ou aumentada em termos relativos, com a redução do tempo de trabalho necessário para a reprodução do trabalhador, devido à introdução da maquinaria e o aumento da produtividade do trabalho (neste caso, ao invés de 6 horas ele pode passar a despender apenas 4 para sua reprodução, e, se a jornada total for de 8, o trabalho excedente aumentará de 2 para 4 horas). Com isso, no sistema de Ricardo, a taxa de mais-valia (ou lucro como ele a chama) é sempre *relativa*, sendo o produto *dado*, e os salários só podem aumentar, absorvendo parte do lucro, o que sempre ocorre, quando aumentam os preços dos alimentos, em virtude do avanço da produção para terras menos férteis. Afora isso, a crise, no pensamento clássico, era impensável, outro equívoco para Marx.

Ricardo arranca e adota de Say, a quem admirava como economista, a tese de ser impossível a superprodução de mercadorias ou, pelo menos, superprodução geral de mercado, baseada na proposição de se trocarem produtos por produtos, o que levou ao axioma de ser a procura idêntica à oferta.[437] Essa é uma visão extremamente limitada do processo de produção capitalista que considera que seu objetivo seja o de criar valor de uso e não valor de troca e, em especial, aumento da mais-valia, como se constata na ingênua afirmação de Ricardo (cap. XXI): "(...) O homem só produz com o propósito de consumir ou vender, e só vende com o objetivo de comprar outra mercadoria que lhe seja de utilidade imediata ou contribua para produção futura". E também que revela uma total incompreensão do papel do dinheiro no processo de reprodução do capital, do movimento de compra e venda da mercadoria – ou seja, de sua metamorfose –, tomando-o como unidade indissolúvel no tempo e no espaço, que não cria nenhum transtorno para a realização do capital na esfera da circulação, garantindo a materialização, sancionada pelos preços, dos valores criados na esfera da produção.

Por adotar tal tese do "monótono" e "impostor" Say, como Marx o qualifica, Ricardo não vê limites para o capital, a não ser o aumento de salários provocado pela elevação dos preços dos alimentos, um limite, portanto, exógeno ao sistema: "(...) Daí se infere... que não há limites para a procura, nem para o emprego do capital, e só há uma razão suficiente para a queda do lucro – a alta

437 MARX, Karl. *Teorias da mais-valia*: história crítica do pensamento econômico. vol. II. Rio de Janeiro: Civilização Brasileira, [1861-1863] 1980, p. 929.

do salário, seja qual for a abundância do capital".[438] Com isso fica claro que, para ele, não poderia haver superprodução de mercadorias, nem superprodução de capital. Existe alguma diferença nisso, se se considera que o próprio capital consiste em mercadorias ou, se na forma de dinheiro, tem de nelas se converter? De qualquer maneira, nessa visão, o sistema seria, portanto, imune a crises.

Ricardo admite uma *superprodução (e uma crise) apenas parcial*, restrita a um ou poucos setores, mas descarta que essa se irradie e contamine todo o sistema, porque, com a queda do preço da mercadoria dela decorrente, o capital seria transferido para outra aplicação mais produtiva. Não é demais repisar que Ricardo está raciocinando com o "obtuso" Say, ao afirmar que "produtos são trocados por produtos" e que o "dinheiro é apenas o meio por que se efetua a troca", considerando uma unidade indissolúvel entre a compra e a venda, regredindo, assim, para estágios de relações pré-capitalistas, e esquecendo-se que mercadorias se trocam por mercadorias e de ser o dinheiro uma mercadoria especial, o padrão universal da riqueza, que pode provocar a quebra, a separação destes polos contrários da compra e da venda, deflagrando as crises.

A possibilidade da crise está presente na dissociação entre a compra e a venda realizadas com o dinheiro.[439] Se essas coincidirem e não ocorrer uma quebra, o processo se completa, o capital, como mercadoria, se converte em dinheiro, garantindo as condições para novamente se transmutar em mercadoria e para reproduzir-se, sem ter se defrontado com a crise. Na troca direta de produtos é isso

---

438 RICARDO, David. *Princípios da Economia Política e da Tributação*. São Paulo: Abril Cultural, 1982. (Os Economistas).

439 Marx está raciocinando nessa questão sobre a crise na sua forma mais abstrata, sem conteúdo, sem o impulso que plasma este conteúdo. Apenas que a separação entre a compra e a venda pode desencadeá-la, constituindo, assim, um elemento crítico para a mercadoria. Uma crise, portanto, em estado potencial, que pode, no entanto, tornar-se real se essa fratura ocorrer (REICHELT, Helmut. *Sobre a estrutura lógica do conceito de capital em Marx*. Campinas: Ed. Unicamp, 2013, p. 196).

que ocorre. Mas, no sistema burguês, o dinheiro aparece como mercadoria para intermediá-la (como meio de troca) e não há nenhuma garantia de que quem vendeu e possui a mercadoria na forma do dinheiro irá comprar em seguida, assim como pode até não efetuar a compra e deter o dinheiro como forma de riqueza. Se o dinheiro (mesmo parte dele) não retornar à circulação, reconvertendo-se em mercadorias, essas estarão "sobrando" no mercado sem compradores, e não conseguindo converter-se em dinheiro e repor o capital de seus proprietários, tornam real a crise, pois, em efeito dominó, dissemina seus efeitos para os demais setores, já que, de uma maneira geral, estes se encontram interligados nessa intrincada cadeia. A dificuldade, neste caso, de reconversão dos valores em preços gera prejuízos para os capitais, derrubando os lucros, e desencadeia uma série de não pagamentos das mercadorias que se defrontam com este quadro dando origem, como consequência, às crises monetárias.[440] [441]

Mas Marx iria, além disso, para demonstrar que a tendência à instabilidade era inerente ao sistema e de serem consideráveis as possibilidades de instauração de crises recorrentes. Para isso, dividiu a economia em dois departamentos: o departamento produtor de bens de produção (D1) e o departamento produtor de bens de consumo (D2). Como ele argumenta, nessa sua obra, existem contradições entre a produção e o consumo e, apesar destes constituírem fases integrantes do processo de reprodução do capital, não são idênticos, tornando o equilíbrio autossustentado do sistema uma tarefa

---

440 Como observa Dobb a respeito: "(...) Marx rejeitava decididamente aquilo a que se viria dar o nome de 'Lei de Say', sublinhando que o processo de circulação de [D-M-D'] não era uma corrente automaticamente contínua, podendo ser interrompida por uma poupança de D, que não era, portanto, reconvertida em M (isto é, um aumento temporário de poupança ou liquidez)". (DOBB, Maurice. *Teoria do valor e distribuição desde Adam Smith*. Portugal: Editorial Presença; Brasil: Livraria Martins Fontes, 1973, p. 199).

441 MARX, Karl. *Teorias da mais-valia*: história crítica do pensamento econômico. vol. II. Rio de Janeiro: Civilização Brasileira, [1861-1863] 1980, pp. 949/950.

difícil, porque parte da produção do D1 tem de ser comprada por ele próprio e o restante pelo D2, e parte da produção do D2 pelo D1 e o restante por ele próprio, sendo necessária uma coincidência temporal entre o que um quer vender e o outro quer comprar.

Para facilitar sua argumentação, considera duas situações: uma caracterizada por um modelo de reprodução simples, no qual não se gera poupança, não existem investimentos e o nível da produção é constante (corresponde ao "estado estacionário") dos clássicos. O que se necessita, neste caso, é apenas da reposição do capital desgastado no processo de ambos os departamentos (c1 + c2) produzidos pelo D1 e garantir o consumo dos bens produzidos pelo D2 pelos titulares das rendas – trabalhadores (*v1 e v2*) e proprietários dos meios de produção (*m1 e m2*). Mesmo neste modelo, o equilíbrio autossustentado pode ser rompido por uma má calibragem entre as rendas destinadas para o consumo e para os investimentos ou por uma retenção (entesouramento) de rendas, deflagrando uma crise de realização.

Essa possiblidade se apresenta bem mais pronunciada, contudo, num modelo de reprodução ampliada, onde há poupanças, investimento líquido, e a produção é crescente. Neste modelo, c1 passa para c1 + x; c2 para c2 + y; v1 para v1 + z; e assim por diante, significando que há acumulação líquida e crescente. Com isso, o equilíbrio entre a oferta e a demanda de bens (de capital e de consumo) se torna bem mais complexo, podendo ser rompido se, por uma razão qualquer, como, por exemplo, erros de avaliação do nível de produção em qualquer dos departamentos, levar a demanda a não sancionar a oferta. A crise pode ter início, portanto, em qualquer um dos departamentos, ao contrário do que insistiam os teóricos do subconsumo.[442]

É importante ressaltar que Marx ao fazer a divisão da economia capitalista em dois setores, nessa discussão sobre a possibilidade

442 Essa questão será tratada mais detalhadamente no Livro II de *O Capital* no próximo capítulo.

da crise, o primeiro produzindo bens de consumo e o segundo bens de capital, afasta-se das teorias subconsumistas ingênuas dos socialistas que o antecederam, que atribuíam exclusivamente à insuficiência do consumo, decorrente da queda dos salários, o início da crise. Ao perceberem dificuldades para a colocação de sua produção, dada a insuficiência da demanda, a expectativa de queda dos lucros levaria os capitalistas a reverem/redimensionarem seus planos de investimentos, reduzindo a procura por bens de capital.[443] Nessa nova perspectiva, *a crise poderia perfeitamente ter início, portanto, no setor de bens de produção*, com a diminuição da produção de bens de capital, conduzindo à dispensa de trabalhadores, à queda do valor global dos salários e ao declínio da renda nacional, o que, em efeito cascata contaminaria rapidamente o setor de bens de consumo, agravando a crise e conduzindo o sistema para o colapso.

Isso não significa ignorar o problema da realização pelo lado do consumo, como mais tarde Marx colocará em *O Capital*:

> As condições da exploração direta e as da realização da mais-valia não são idênticas. São logicamente diferentes no tempo e espaço. As primeiras têm como único limite a força produtiva da sociedade, as segundas são limitadas pelas relações proporcionais das várias linhas de produção e pela capacidade de consumo da sociedade.

Para acrescentar ainda que o "(...) o mercado tem, pois, de se expandir continuamente".[444]

---

443 HUNT, E. K.; SHERMAN, Howard J. *História do pensamento econômico*. Petrópolis: Vozes, 1978, pp. 100-102.

444 DOBB, Maurice. *Teoria do valor e distribuição desde Adam Smith*. Portugal: Presença; Brasil: Livraria Martins Fontes, 1973, p. 209 *apud* MARX, Karl. *O Capital Crítica da Economia Política*: o processo global de produção capitalista. Rio de Janeiro: Civilização Brasileira, [1894] 1974. (Livro III).

Todas essas questões apresentadas e problematizadas nas *Teorias* serão desenvolvidas com rigor e articulação lógico-histórica em sua obra seminal, *O Capital*, que é apresentada no próximo capítulo, compondo um todo harmonioso, em que os conceitos e categorias do modo de produção capitalista conhecem maior precisão e refinamento, aí incluída a questão do valor, concluindo o trabalho que Marx se propusera a fazer, na segunda metade da década de 1840, sobre a anatomia dessa sociedade.

CAPÍTULO IV

A OBRA SEMINAL: O *CAPITAL*

4.1 Introdução[445]

Durante o período em que Marx deu início à construção de sua obra econômica, com os trabalhos preparatórios para a elaboração de *O Capital*, a situação política na Europa começou a ingressar num processo de distensão, substituindo-se a "era da reação" vigente na década de 1850 por governos reformistas e retomadas dos debates públicos e políticos. A morte de Frederico Guilherme IV, Rei da Prússia, em 1861, também contribuiu para este novo clima no Estado alemão e para nele injetar ventos mais democráticos. Uma onda de lutas nacionalistas nascidas neste período, envolvendo disputas das grandes potências pela hegemonia, desencadeou não poucas guerras entre alguns países e movimentos de unificação nacional e colocou, em segundo plano, as lutas revolucionárias da década de 1840. No fundo, com o desenvolvimento das atividades comerciais e industriais, tratava-se de movimentos em geral que

445 Boa parte deste apanhado histórico utilizou-se do trabalho de Sperber (SPERBER, Jonathan. *Karl Marx*: uma vida do século XIX. Barueri: Amarilys, 2014).

contavam com o apoio da burguesia para desobstruir os entraves feudais que ainda restavam do *Antigo Regime* para o capital.

Dedicado ao seu tratado de economia, o qual passara a considerar essencial como instrumento da luta revolucionária, e novamente enfrentando seguidas e sérias dificuldades financeiras, perdas familiares e problemas de saúde, Marx, embora não perdesse a perspectiva da luta política, não teria atuação tão destacada como nas décadas anteriores. Mas, mesmo assim, não deixou de participar de vários eventos deste período e de se posicionar em relação aos temas que estavam na agenda da época e das guerras que se travavam entre os governos, procurando neles vislumbrar consequências positivas para a causa revolucionária.

O fato é que, continuando a depender das atividades jornalísticas para sobreviver, Marx continuava a se defrontar com dificuldades financeiras, apenas superadas com a ajuda de Engels, com algum ganho extraordinário ou, ocasionalmente, com a liberação por sua mãe de parte da herança a que tinha direito. Em 1861, nessa situação, recebeu novo adiantamento de 160 libras dessa herança e, surpreendentemente, a mãe, com quem vivia às turras por causa da mesma, rasgou as promissórias dos adiantamentos que já lhe fizera, aumentando, assim, sua fatia no bolo da herança a ser distribuída entre os seus herdeiros.

Embora essa antecipação tenha aliviado suas finanças, já em 1863 se encontrava novamente em tão grandes dificuldades que quase provocou uma ruptura definitiva com Engels ao pedir-lhe socorro, em resposta a uma carta em que este lhe comunicou o falecimento de sua companheira Mary Burns. Neste mesmo ano, com a morte da mãe, recebeu 580 libras que lhe coube na divisão da herança e, ao falecer em maio de 1864, Wilhelm Wolff, seu companheiro de luta política, a quem Marx dedicaria *O Capital*, deixou-lhe uma herança de 700 libras. Com esses ganhos extraordinários, pôde pagar suas dívidas e até mudar para uma residência mais luxuosa no norte de Londres. Pelo fato de não contar com uma renda regular, a situação financeira de Marx só seria resolvida, de fato, no final da década de 1860, quando Engels, tendo vendido sua parte na fábrica de Manchester, destinou-lhe uma renda anual de 350 libras. Não admira que essa precária situação financeira tenha influenciado negativamente tanto sua vida intelectual como a de militante político.[446]

Nas atividades jornalísticas e políticas, Marx se envolveu, na época, com Ferdinand Lassalle (1825-1864), um revolucionário de 1848 da cidade de Düsseldorf, na região da Renânia, que fora seu correligionário, e que chegou, inclusive, com a retomada de seus contatos, a conseguir-lhe, além de trabalho nos jornais *New Older News*, em Breslau, e no *The Press*, em Viena, também o editor para o seu livro *Contribuição para a Crítica da Economia Política*. Não tendo sido preso com os comunistas naquela época, o que despertava suspeitas sobre suas ligações com o governo prussiano, Lassalle lá permaneceu até 1855, quando se mudou para Berlim, transformando-se no principal contato que Marx, morando em Londres, poderia contar na Alemanha. O problema com Lassalle era o de este ser independente intelectual e politicamente, com opiniões próprias formadas a respeito das questões momentosas em debate, fazendo com que não poucas vezes suas opiniões colidissem, colocando dificuldades nessa cooperação política.[447]

Uma dessas divergências dizia respeito à guerra do norte da Itália, de 1859, então dominado pela Áustria, desde o Congresso de Viena de 1815, que manteve a Itália dividida em vários reinos, com fatias de seu território dominadas por governos estrangeiros. O Congresso de Viena teve início em 2 de maio de 1814, após a primeira derrota de Napoleão Bonaparte por russos, prussianos e austríacos, na Batalha de Leipzig, em outubro de 1813 e de sua

446 SPERBER, Jonathan. *Karl Marx*: uma vida do século XIX. Barueri: Amarilys, 2014, pp. 341-343.

447 SPERBER, Jonathan. *Karl Marx*: uma vida do século XIX. Barueri: Amarilys, 2014, pp. 332-334.

abdicação em abril de 1814 e exílio para a ilha de Elba. Mas, em março de 1815, Napoleão conseguiu escapar da ilha, retornar à França, e retomar o poder, com a fuga do Rei francês Luís XVIII do país. Apesar disso, os trabalhos do Congresso continuaram e a derrota definitiva de Napoleão só ocorreria em 18 de junho de 1815, na Batalha de Waterloo, nove dias depois de seu encerramento, em 9 de junho de 1815. Novamente derrotado, Napoleão foi exilado para a ilha de Santa Helena, onde veio a falecer em 1821.

O Congresso teve, como principal objetivo, restaurar as fronteiras dos países e os respectivos tronos das famílias reais que haviam sido derrotadas por Napoleão Bonaparte, na situação em que se encontravam antes da Revolução Francesa de 1789. Isso significava, na verdade, restaurar o *Antigo Regime*, governado por monarquias absolutistas, ao mesmo tempo em que se formava uma coalizão política entre os países vencedores – Rússia, Prússia, Áustria e Reino Unido – em uma *Santa Aliança* para defendê-los das revoltas e movimentos revolucionários que frutificavam após a Revolução Francesa e com os quais Napoleão era identificado.

À luz do princípio da legitimidade, as fronteiras foram restauradas, incluindo o domínio da França sobre as duas Sicílias, na Itália, pelos *Bourbon* da Espanha, desde 1738, evitando que o país derrotado, a França, sofresse perdas territoriais, sendo também restabelecidos os *Estados Pontífices*. Além disso, para se manter o equilíbrio geopolítico entre as nações, visando evitar o surgimento de novos Napoleões, alguns países de maior dimensão foram divididos em territórios, como a Alemanha, reduzida a 38 Estados independentes, sob a liderança da Áustria e da Prússia, formando a Confederação Alemã.

No entanto, apesar do princípio da legitimidade, a partilha que foi feita no Congresso beneficiou os países vencedores: a Rússia anexou parte da Polônia, a Finlândia e a Bessarábia; a Áustria, a região dos Balcãs e o norte da Itália; a Inglaterra, a Ilha de Malta, o Ceilão e a Colônia do Cabo; e a Prússia, parte da Saxônia, da

Westfália, da Polônia e as províncias do Reno, expandindo seu território em mais de 50%. A Itália, portanto, ficou com seu território distribuído entre austríacos, franceses, a igreja e apenas com o reino de Piemonte-Sardenha sob o domínio de italianos. Itália, Alemanha e Polônia, principalmente, viram, portanto, seus territórios fragmentados ante essa orientação do Congresso.

A guerra do norte da Itália, em 1859, tivera início em abril com a invasão das províncias austríacas pelos exércitos de Luís Bonaparte, que fechara um acordo com o reino de Piemonte-Sardenha, governado por uma dinastia italiana, autônomo e soberano, para sua libertação do domínio estrangeiro, com a França recebendo, em troca deste apoio, as regiões de Nice e Savoia.[448] Em junho, as tropas da Áustria, que dominava a região Norte, haviam sido derrotadas e a Itália pôde começar o seu processo de unificação, pondo-se fim a uma "era reacionária", mas deixou no ar uma questão para os radicais alemães: como interpretar essa guerra? Como uma ação progressista contra uma Áustria reacionária, tendo como aliados alguns Estados alemães, que contribuiria para a unidade nacional italiana, ou como o início de uma investida imperialista de Napoleão III em busca de conquistas territoriais como fizera seu tio?

Marx e Engels tinham posições claras sobre essa questão. Contrários a Napoleão, defendiam, com um discurso nacionalista, apoio à Áustria para rechaçar suas pretensões, o que representou, politicamente, oposição à unificação italiana e apoio ao domínio dos Habsburgo, contrastando com suas posições de 1848, quando defenderam a causa da unidade nacional italiana. Para Engels, o

448 O acordo firmado pelo reino piemontês com Luís Bonaparte era o de libertar, além da Lombardia, também Vêneto. Bonaparte, todavia, recuaria logo em seguida à conquista da Lombardia, assinando um tratado de paz com a Áustria, descumprindo o acordo e colocando em risco a incorporação do último ao território italiano. Em virtude disso, foram levantados questionamentos sobre a entrega, para a França de Nice e Savoia, mas estes terminaram sendo anexados por este país, em 1860, invadidos pelo imperador francês.

apoio à Áustria era provisório, já que acreditava que um futuro governo revolucionário libertaria o território nacional italiano. Marx enxergava, também, por trás das ações de Bonaparte, uma manobra da figura e a influência do Czar da Rússia, um regime que sempre combateu por seu autoritarismo, as quais, bem-sucedidas, representavam um perigo para a Alemanha. Uma posição polêmica que os alinhava ao grupo de conservadores e liberais moderados pró-Áustria, que eles abominavam.[449]

A opinião de Lassalle era completamente oposta. Para ele, a Áustria era o país de maior oposição aos movimentos revolucionários na Europa e, por isso, reprovava operações de resgate deste estado no norte da Itália em nome do nacionalismo alemão. E condenava os que se opunham à ação da França, comandada por Napoleão, e os que estimulavam uma guerra conjunta contra este país, prevendo que isso poderia resultar no esmagamento dos movimentos revolucionários na Europa, o que constituiria, segundo sua interpretação, o principal objetivo dos que estavam destilando e promovendo o ódio a Napoleão. Discordava, também, da posição de Marx sobre o czar russo estar por trás de suas ações.

Apesar do recuo de Luís Bonaparte nessa ação, pressionado pelos católicos franceses que nela viam uma ameaça à igreja que, assim como os austríacos, dominava várias regiões italianas, e, temeroso de a Prússia entrar no conflito, o que o levou a assinar um acordo de paz com a Áustria ainda em 1859, e, independente das opiniões divergentes da esquerda, o processo de unificação da Itália seguiu seu curso. Tendo conquistado o reino da Lombardia com a guerra, antes governado pela Áustria, os piemonteses anexaram, em 1860, os reinos papais de Parma, Módena e Toscana, subservientes aos austríacos, e também o das duas Sicílias, dominado pela dinastia Bourbon, e, em 1861, os *Estados Pontífices*, formando o

---

449 SPERBER, Jonathan. *Karl Marx*: uma vida do século XIX. Barueri: Amarilys, 2014, p. 323.

Reino da Itália, concluindo-se a primeira fase da unificação em 17 de março de 1861, com a cidade de Turim sendo escolhida como sua capital. Em 1866, com o apoio da Prússia, então aliada da Itália no conflito com a Áustria, seria anexado o reino de Veneza por ela dominado, e, em 1870, o de Roma, a capital do Estado da Igreja Católica, a qual, sem a proteção dos exércitos franceses, cujos soldados foram convocados para a guerra franco-prussiana, tornou-se presa fácil dos italianos. Concluía-se, aí, o processo de unificação italiano.[450]

A Áustria, por sua vez, que dominava a Europa Central desde o Congresso de Viena de 1815, que lhe destinou várias partes do território italiano, mas que vinha se enfraquecendo com o avanço da Prússia, continuou em trajetória de declínio após a guerra de 1859, enquanto o processo de unificação alemã começava a avançar. Com a eleição de Otto von Bismarck, em 1862, como Primeiro-Ministro da Prússia, que seria o principal condutor deste processo, a ela ainda aliou-se, em 1866, numa guerra contra a Dinamarca pela posse de dois ducados, os de Schleswig e Holstein, da qual saíram vencedores, mas as suas relações azedaram com relação à sua administração, desencadeando uma guerra entre os dois Estados alemães no mesmo ano – a chamada Guerra Austro-Húngara –, na qual a Prússia, com o apoio da Itália, rapidamente derrotaria a Áustria. Diante disso, em 1867, a Liga Alemã foi desfeita, a Áustria dela excluída e formada a Confederação da Alemanha do Norte, sob a liderança da Prússia (a *Pequena Alemanha*). A Áustria, enfraquecida, e excluída da Confederação, formaria, ainda neste mesmo ano de 1867, o Império Austro-Húngaro, que se manteria até 1918. Já a unificação alemã se completaria em 1871 (18/01/1871), em meio ao armistício da guerra franco-prussiana, com a extinção

---

450 O reconhecimento pela Igreja do Estado italiano só ocorreria em 1929 pelo Tratado de Latrão. O acordo foi firmado por Benito Mussolini e o Papa Pio IX, concedendo-se, à Igreja, o Estado do Vaticano, independente, e indenização por perdas territoriais.

da Confederação alemã e a formação do Império Alemão, com a Prússia controlando 22 Estados da Alemanha setentrional.

Marx havia se envolvido numa polêmica semelhante sobre a questão envolvendo a França e a Áustria na guerra de 1859 à que teria com Lassalle, com Karl Vogt, ex-líder de esquerda na Assembleia Nacional, durante a revolução de 1848. Antigo desafeto de Marx, Vogt endossava a guerra de Napoleão III e defendia a ação da Prússia na Alemanha do mesmo modo que Piemonte na Itália para a unificação do país. Marx, posicionado do lado contrário, o acusou de estar a serviço do imperador francês, enxergando na ação deste, uma manobra do czar russo, com pretensões imperialistas, aliado da Prússia em seu objetivo de formar o Estado alemão, enquanto a França receberia, como compensação, parte do território austríaco à margem esquerda do Reno. As suspeitas de Marx não eram infundadas. Segundo Engels,[451]

> (...) nos primeiros anos após 1859, era convicção por toda a parte propalada e mais do que qualquer parte em todo o Reno, que a margem esquerda do Reno caberia irremediavelmente à França. (...), Todavia, a perda da margem esquerda do Reno era o enfraquecimento não só da Prússia, mas também da Alemanha. E a Alemanha estava mais cindida do que nunca.

Vogt, em resposta, revidou, acusando-o de estar a serviço da Áustria e, pior, de ter traído a causa dos radicais alemães e os denunciado à polícia política, o que levou muitos desses radicais a se afastarem de Marx, que perdeu, por isso, também alguns companheiros participantes de sua causa. Atingido em seus princípios mais caros, Marx perdeu um bom tempo, em 1860, para responder a Vogt num panfleto intitulado *Herr Vogt*,[452]

---

451 ENGELS, Friedrich. *O papel da violência na história*. Lisboa: Avante, [1888] 1982.

452 MARX, Karl. *Herr Vogt*. vol. I. Lisboa: Iniciativas Editoriais, [1860] 1976.

ironicamente publicado com recursos conseguidos por Lassalle, no qual defendia as posições pró-Áustria, acusava Vogt de agente da aliança franco-russa e alertava os radicais alemães sobre os riscos que essa representava, pois, segundo seus argumentos, a formação do Estado-nação alemão, sob a liderança da Prússia, exigiria ceder territórios para a França e a Rússia. Mesmo sendo uma posição polêmica, o fato de Vogt ter recebido pagamentos da França foi confirmado depois da deposição de Luís Napoleão, em 1870, quando sua correspondência foi publicada.[453]

Os problemas no relacionamento com Lassalle, porém, iam além dessas divergências políticas e de sua posição independente. Dono de um comportamento esnobe, egocêntrico e exibicionista, ele era capaz de despertar antipatias generalizadas nos membros dos grupos de que participava, mais um motivo que o distanciava de Marx, apesar da parceria que mantiveram por algum tempo. Lassalle havia recebido uma boa renda financeira de uma mulher que conhecera nos anos de 1840 e que ficou conhecida nos círculos de esquerda como "a Condessa", a qual ajudara no julgamento de seu divórcio e se tornado sua amiga enquanto viveu, o que lhe permitia levar uma vida de ostentação e, até mesmo, fornecer, com sua ajuda, financiamento para alguns projetos políticos, inclusive de Marx, enquanto este, ao contrário, dadas suas condições financeiras, levava uma vida frugal, desprovida de luxo.

A convite de Lassalle, Marx foi a Berlim, em março de 1861, após a decretação de uma anistia pelo governo prussiano, para discutirem a fundação de um jornal radical, o que representaria uma oportunidade para ele retomar, na Alemanha, seu ativismo político e também para compensar a perda de receita que tivera com a suspensão pelo *New York Tribune* de seus correspondentes estrangeiros, devido à Guerra Civil americana. Iniciativa que não

---

453 SPERBER, Jonathan. *Karl Marx*: uma vida do século XIX. Barueri: Amarilys, 2014, pp. 324-331.

deu certo: Lassalle queria ter o comando do jornal, com o que Marx não concordou, frustrando seu objetivo de retornar ao país. Em visita a Marx, em Londres, em julho de 1862, Lassalle, pelo seu comportamento extravagante, conseguiu conquistar também a antipatia dos membros de sua família. Em meados de 1863, Lassalle fundou um partido trabalhista, a Associação Geral dos Trabalhadores Alemães, o qual, pelo arranjo, alianças realizadas e demandas, rumou para os braços das autoridades prussianas, apoiando as políticas de Bismarck para a formação do Estado alemão, opondo-se, assim, às ideias democráticas e republicanas, posição com a qual Marx não concordava, até mesmo por sua aversão ao autoritarismo prussiano. Lassalle continuou nessa campanha, atraindo seguidores e influenciando os trabalhadores alemães, mas seu falecimento, em 8 de agosto de 1864, como consequência de um tiro que levou quando, em suas atitudes extravagantes, desafiou para um duelo, por motivos passionais, o noivo de uma filha de um funcionário público do governo, por quem se apaixonara, parece ter contribuído para evitar uma ruptura formal entre os dois. De qualquer forma, a sombra de Lassalle continuou a perseguir Marx, por meio de seus seguidores e da posição da Associação dos Trabalhadores Alemães em relação à política bismarckiana.[454]

Em 1864, Marx participou da criação da Associação Internacional dos Trabalhadores (AIT), que ficou posteriormente conhecida como *Primeira Internacional*, cujo Conselho Geral estava sediado em Londres. A Associação não possuía, apesar de sua denominação, uma orientação "internacionalista", nem um viés "nacionalista". Era formada por sindicatos operários ingleses e contava com 25 mil membros filiados, nem todos com posições socialistas ou comunistas. Seu principal objetivo era o de despertar e promover a solidariedade entre os trabalhadores europeus e levantar e apoiar bandeiras voltadas para lutas trabalhistas e

---

454 SPERBER, Jonathan. *Karl Marx*: uma vida do século XIX. Barueri: Amarilys, 2014, pp. 335-337.

democráticas que se traduzissem em melhorias para o trabalhador e a sociedade. Marx foi membro do Conselho Geral e responsável pela correspondência da AIT para a Alemanha, e considerava importante o papel da Associação para desbravar caminhos que poderiam facilitar o processo revolucionário. Foi nela, inclusive, que Marx apresentou, em junho de 1865, o trabalho *Valor, Preço e Lucro*, também preparatório para a publicação de *O Capital*.

Nem todos, no entanto, pensavam dessa maneira. Devido às bandeiras por reformas democráticas, a Associação ganhou a oposição de vários revolucionários, geralmente integrantes de sociedades secretas, que acusaram seus membros de agentes de Napoleão III, e que terminaram abandonando-a, discordantes de sua orientação política, recolocando o mesmo dilema que antes Marx já enfrentara entre reformas e revolução. Por outros motivos, Marx também, como responsável pela correspondência com a Alemanha, enfrentou dificuldades para levar adiante essa tarefa, já que a Associação Geral dos Trabalhadores Alemães, fundada por Lassalle, se recusou a ela se afiliar, considerando suas posições antiprussianas. De fato, Marx considerava a Prússia, como visto anteriormente, subserviente do czar russo e este um aliado de Napoleão III, enquanto o partido trabalhista alemão, de Lassalle, via, em Bismarck, o caminho para a unidade nacional alemã. Sem conseguir resolver essas diferenças, Marx terminou rompendo com o partido alemão e restringido seus contatos e correspondência para a Alemanha a Wilhelm Liebknecht que, expulso de Berlim, mudou-se para Leipzig, no reino da Saxônia, e a Johann Philipp Becker, residente em Genebra e adepto das sociedades secretas, das quais Marx era crítico, que organizou uma divisão formada por suíços que falavam a língua alemã e a filiou à AIT.

Marx sempre considerou Bismarck reacionário e, para ele, seus movimentos para a unificação alemã eram suspeitos, acreditando que defendia, por trás de suas ações, os interesses da França e da Rússia. Mas Bismarck revelou-se brilhante na condução deste processo. Tendo proposto a extinção da Confederação Alemã, em

1866, e sua substituição por um Estado-nação unido, desencadeou a guerra com a Áustria, resistente a essa proposta, a qual rapidamente venceu, negociando com Luís Bonaparte a concessão de parte do Reno para não ter sua ação contestada, mas depois se recusado a entregar-lhe essa fatia do território alemão, aproveitando-se de que a França não estava preparada para uma guerra que se tornou, no entanto, previsível, em virtude do descumprimento do acordo que fora firmado, mesmo Napoleão, regateando, tendo reduzido consideravelmente as exigências do quinhão territorial que pleiteava.[455] Além disso, anexou, à Prússia, vários Estados alemães que haviam apoiado aquele país, formando a Confederação Alemã de Norte, com o parlamento sendo eleito por sufrágio universal. Com isso atraiu, para a sua causa, a adesão tanto de nacionalistas como de revolucionários de 1848 e até mesmo Marx foi sondado para apoiá-lo, o que não ocorreu. Marx preferiu, junto com Engels, incentivar a participação de representantes dos trabalhadores no parlamento para defenderem direitos democráticos e trabalhistas e fazerem críticas ao governo prussiano, mantendo-se, assim, na oposição ao partido dos trabalhadores de Lassalle, mas sem, publicamente, manifestar claramente essas diferenças, provavelmente para não estremecer ainda mais suas relações com a AIT.

Mas a habilidade de Bismarck foi ainda mais longe neste processo de unificação. Vislumbrando que uma eventual guerra da Prússia com a França poderia representar o estopim de que necessitava para despertar os sentimentos nacionalistas dos Estados alemães que ainda não haviam se integrado à Confederação e, com isso, concluir a formação do Estado-nação alemão, Bismarck ficou à espreita de uma oportunidade para levar seu plano adiante.

---

455 As pretensões francesas no Reno e as negociações realizadas por Bismarck e o General Govone com a França se encontram analisadas no brilhante trabalho de Engels, de março de 1888, intitulado "O papel da violência na história" (ENGELS, Friedrich. *O papel da violência na história*. Lisboa: Avante, [1888] 1982).

Essa oportunidade surgiu em 1868 quando, sem rei, as cortes espanholas ofereceram a coroa para um primo do rei da Prússia, Guilherme I, o que aumentaria o seu poderio na Europa. Temendo isso, Napoleão III pressionou o rei a recusar essa aliança, mas este, tendo concordado em atender ao pedido, viu-se instado a assumir formalmente aquele compromisso, causando irritação no imperador francês. Aproveitando-se dessa falta de entendimento, Bismarck, em discurso, insultou habilmente a França, cujo imperador, sentindo-se ferido em sua honra, declarou guerra a Prússia, em 19 de julho de 1870. Era tudo o que pretendia Bismarck para o seu projeto de unificação, com a atração dos Estados do Sul para a Confederação Alemã do Norte, insuflados por sentimentos nacionalistas, numa guerra contra a França. Mesmo Marx e Engels, até então adversários do governo prussiano, foram tomados pelo espírito do nacionalismo e passaram a apoiá-lo em sua luta contra Napoleão III. Menos de um ano depois, em 10 de maio de 1871, a guerra franco-prussiana chegava ao fim, com a derrota da França, a deposição de Luís Bonaparte, e a unificação alemã concluída. Marx e Engels começaram, então, a recuar de suas temporárias posições "nacionalistas", na medida em que Bismarck, vitorioso, passou a exigir a cessão dos territórios de Alsácia e Lorena, a política de conquista que antes condenaram. Nessa nova virada, voltaram seu apoio para a nova República Francesa, recriada como resultado da guerra.

O período de 1860-1870 foi marcado, na Europa, por paixões nacionalistas e por lutas de unificação territorial de alguns países, que se mesclaram e se sobrepuseram ao ardor e às causas da revolução socialista. Em alguns momentos colocados na mesma trincheira, nacionalistas e revolucionários oscilaram e se alternaram, ora em defesa de um destes objetivos, ora de outro, com as alianças sendo formadas de acordo com as oportunidades que se abriam para a unificação e com as perspectivas que se vislumbravam sobre as possibilidades de que essa, ao propiciar maior avanço das forças produtivas e democráticas, poderia colocar a luta revolucionária num campo mais fértil. Mesmo sem perder de vista o objetivo da revolução, tanto Marx como Engels, se viram também oscilando entre estes objetivos, ora apoiando a Áustria, ora a Prússia e, por fim, a República Francesa contra as pretensões prussianas. Foi neste período conturbado que Marx, tendo revisado e concluído a primeira parte de sua obra econômica, o Livro I de *O Capital*, fez o lançamento de sua primeira edição em 1867.

4.2 Salário, preço e lucro

Antes de se dedicar a lapidar sua obra prima de teoria econômica, *O Capital*, Marx elaboraria um pequeno ensaio, intitulado *Salário, Preço e Lucro*, em 1865, no qual exporia publicamente, pela primeira vez, as bases de sua teoria do valor e da mais-valia, e, de forma completa, a sua teoria dos salários. O trabalho foi apresentado em reuniões do Conselho Geral da Primeira Internacional, em junho de 1865, e teve, como propósito, criticar as concepções de um membro da Internacional, John Weston, que não via na luta econômica dos trabalhadores por aumento dos salários uma iniciativa que os beneficiasse, condenando, assim, as ações dos sindicatos voltadas para este objetivo. Ao mesmo tempo, com ele se desferia, também, duros golpes na visão dos seguidores e discípulos de Proudhon e de Ferdinand Lassalle que tinham, também, uma visão negativa sobre essa questão. Este ensaio só viria a ser publicado, em Londres, em 1898, pela filha de Marx, Eleanor.

Em trabalhos da década de 1840, entre os quais se incluem *A Miséria da Filosofia*, *Trabalho Assalariado e Capital* e *O Manifesto Comunista*, Marx havia se apoiado em uma teoria errônea dos salários, retirada, em geral, de Ricardo. Ricardo, como se sabe, tendo se apoiado em Malthus nessa questão, vinculou o processo demográfico ao movimento de alta e baixa dos salários: em condições da procura por trabalhadores superior à oferta, os salários tenderiam a se elevar, incentivando o aumento da procriação, o que levaria à sua redução até que retornasse ao seu nível de equilíbrio; inversamente, em caso de maior oferta de trabalhadores no mercado, em determinadas situações, os salários tenderiam a cair, desestimulando a procriação e provocando sua subida até o seu nível de equilíbrio, o qual corresponderia ao *mínimo necessário para sua sobrevivência fisiológica e sua reprodução.*

A teoria dos salários de Ricardo, de inspiração malthusiana, apresentava, como tivemos a oportunidade de registrar no estudo deste autor,[456] várias fraquezas: de um lado, pressupunha uma *estagnação a longo prazo das condições da procura pelo capital por trabalhadores*, abstraindo-se, portanto, do *tempo*, o que significava uma contradição com as próprias características do processo de acumulação capitalista; de outro, restringia a *oferta de mão de obra ao movimento demográfico*, ignorando a proletarização crescente dos produtores (artesãos, camponeses, pequenos comerciantes etc.), os quais, despojados dos meios de produção, iriam engrossar as fileiras dos operários. Com esses pressupostos, não estranha que a teoria dos salários de Ricardo-Malthus tenha dado origem a várias extravagâncias teóricas, como a conhecida "lei de bronze dos salários" formulada por Lassalle, segundo a qual estes permanecerão reduzidos à subsistência necessária para a existência e procriação de acordo com os hábitos de um povo.[457]

É bem verdade que tanto Marx como Engels não abraçaram, como Ricardo, as hipóteses simplificadoras de Malthus de associar

---

456 OLIVEIRA, Fabrício Augusto. *A Economia Política Clássica*: a construção da economia como ciência. São Paulo: Contracorrente, 2023.

457 Em defesa de Ricardo, é necessário reconhecer que ele não ignorava os efeitos da acumulação de capital sobre os salários, como fica claro quando discute a introdução da maquinaria no processo produtivo que, inicialmente, considerava favorável para as classes sociais de uma maneira geral, posição que depois reveria no capítulo XXXI, detectando seus efeitos baixistas sobre os salários devido ao desemprego que provocaria. Mas, impregnado por sua teoria das rendas e pela hipótese de encarecimento geral e permanente dos alimentos e, portanto, dos salários, devido à necessidade de se avançar em terras menos férteis, ele não consegue se libertar da teoria malthusiana (MANDEL, Ernest. *A formação do pensamento econômico de Karl Marx*: de 1843 até a redação de O Capital. Rio de Janeiro: Zahar, 1968, pp. 143-145 e nota de pé de página nº 1).

os movimentos dos salários às variações da oferta e procura de mão de obra determinados pelo componente demográfico, tendo sido, ao contrário, ácidos críticos de sua teoria. Para eles, a baixa ou a alta dos salários explicava-se pelas próprias características do processo de acumulação capitalista: a alta sempre que este se aprofunda, aumentando a procura por novos braços no mercado, acirrando a concorrência entre os capitais; a baixa, em reação à situação anterior, pela substituição de trabalhadores por máquinas, e, também, como decorrência da concorrência que se dá entre os próprios trabalhadores pelo emprego. Apesar disso, também não se pode negar que os escritos de Marx e Engels da década de 1840, incorporaram a conclusão dessa teoria de que os salários tendem a cair, em *termos absolutos*, "para o nível fisiológico e aí se manter".[458] Vejamos algumas dessas posições.

Engels, no *Esboço para uma crítica da Economia Política*, de 1844, depois de tripudiar a teoria de Malthus: "(...) ao trabalho cabe apenas um mínimo vital, os meios de subsistência em estado bruto, ao passo que a maior parte dos produtos se reparte entre o capital e a propriedade fundiária".[459] Marx, nos *Manuscritos Econômico-Filosóficos*, também de 1844:

> o nível mínimo do salário, e o único necessário, é o requerido para manter o operário durante o trabalho e para que ele possa alimentar uma família e garantir a reprodução dos trabalhadores. O salário habitual é, segundo Smith, o mínimo compatível com (...) uma existência animal.[460]

---

458 MANDEL, Ernest. *A formação do pensamento econômico de Karl Marx*: de 1843 até a redação de O Capital. Rio de Janeiro: Zahar, 1968, p. 145.

459 ENGELS, Friedrich. *Esboço de uma crítica da Economia Política*: temas de Ciências Humanas. São Paulo: Ciências Humanas, [1844] 1979, p. 20.

460 MARX, Karl. *Manuscritos*: economia y filosofia. Madrid: Alianza, [1844] 1974, pp. 51/52.

Em *Trabalho Assalariado e Capital*, de 1847: "o que [o trabalhador] produz para si próprio é o salário; [e este se reduz] para ele, a uma determinada quantidade de meios de subsistência, talvez a uma roupa de algodão, a umas moedas, a um quarto num porão".[461] Ou ainda:

> (...) os custos de existência e reprodução do operário (...) constitui o salário. O salário assim determinado chama-se *o mínimo do salário*. (...) o salário de toda a classe operária nivela-se, dentro de suas oscilações, a esse *mínimo*.[462]

E no *Manifesto Comunista*, de 1848: "O custo de produção de um operário se reduz quase completamente aos meios de subsistência que ele necessita para viver e para perpetuar a raça".[463]

Essa concepção sobre os salários será modificada por Marx nos *Grundrisse*, de 1857-1858. Nele, Marx inclui, além de um componente fisiológico na composição do salário, um elemento sociocultural, histórico, formado por necessidades (não naturais) que vão sendo criadas pela própria necessidade de expansão do capital. Ou seja, se de um lado o capital procura depreciar o valor do custo de reprodução da força de trabalho, por outro, contraditoriamente, o avanço da acumulação, junto com a diversificação da produção de bens e serviços, aumenta este custo, ao criar novas necessidades que se incorporarão à sua cesta de consumo para além do estritamente fisiológico, como as que dizem respeito à educação, ao lazer, a bens de consumo mais refinados. E, de

---

461 MARX, Karl. *Trabalho assalariado e capital* [1849] *& Salário, preço e lucro* [1865]. 2ª ed. São Paulo: Expressão Popular, 2010, p. 36.

462 MARX, Karl. *Trabalho assalariado e capital* [1849] *& Salário, preço e lucro* [1865]. 2ª ed. São Paulo: Expressão Popular, 2010, p. 44.

463 LASKI, Harold J. *O Manifesto comunista de Marx & Engels*. 2ª ed. Rio de Janeiro: Zahar, [1947] 1978, p. 100.

acordo com Mandel,[464] em *Teorias da Mais-valia*, Marx indica mais claramente que o salário, considerado em termos *absolutos*, não representa limite para a expansão do capital, nem para o aumento do número de trabalhadores assalariados, até mesmo por que estes são considerados importantes consumidores do sistema, devendo-se, assim, considerar o seu montante em termos *relativos*, ou seja, em relação à proporção que mantém com a mais-valia ou o lucro no montante do produto gerado e no do capital aplicado.

Em *Salário, Preço e Lucro*,[465] depois de contrapor sua teoria do valor e da mais-valia às concepções simplistas de Weston, Marx precisa como se dá a formação do salário, ou do valor da força de trabalho, enquanto mercadoria, diferenciando-a das demais mercadorias:

> (...) há certos traços peculiares que distinguem o *valor da força de trabalho*, ou *valor do trabalho*, dos valores de todas as demais mercadorias. O valor da força de trabalho é formado por dois elementos: um físico e outro histórico e social. Seu *limite último* é determinado pelo elemento *físico*, ou seja, para manter-se e reproduzir-se, a classe operária precisa obter os artigos de primeira necessidade indispensáveis à vida e à sua multiplicação. O *valor* desses meios de subsistência constitui, portanto, o *limite mínimo* do valor do trabalho (...). Além desse elemento simplesmente *físico*, na determinação do valor do trabalho, entra o *padrão de vida tradicional*, em cada país. Não se trata da vida física, mas também da satisfação de certas necessidades que emanam das condições sociais em que vivem e se criam os homens (...). Esse elemento histórico ou social, que entra no valor do

464 MANDEL, Ernest. *A formação do pensamento econômico de Karl Marx*: de 1843 até a redação de O Capital. Rio de Janeiro: Zahar, 1968, p. 150.

465 MARX, Karl. *Trabalho assalariado e capital* [1849] *& Salário, preço e lucro* [1865]. 2ª ed. São Paulo: Expressão Popular, 2010.

> salário, pode aumentar, diminuir e, até mesmo, desaparecer completamente, de tal modo que só subsista o *limite físico*.[466]

Ora, de acordo com seus argumentos, não se pode considerar, como o faz Weston, que o salário, ou o valor da força de trabalho, seja uma *grandeza fixa, constante*, mas que, pelo contrário, ele varia não somente entre diversos países, dados seus diferentes graus de desenvolvimento e suas diferenças socioculturais, mas também no mesmo país em diferentes épocas históricas.[467]

Para Marx, a posição de Weston se baseia em duas premissas errôneas: i) a de que o montante da produção é algo fixo, uma grandeza constante; ii) a de que o montante do *salário real* é um total fixo, também uma grandeza constante. Ora, se essas premissas fossem verdadeiras não haveria o que fazer e se o trabalhador forçasse uma alta dos salários e, com isso, provocasse um aumento na demanda por produtos que consome, sendo a produção constante, o capitalista estaria em condições de reagir para defender a sua quota de lucros com uma alta nos preços das mercadorias, neutralizando o aumento dos salários e retornando à situação anterior.

Visto dessa maneira, o raciocínio teórico de Weston poderia ser reduzido a um único dogma: "os preços das mercadorias são determinados ou regulados pelos salários". Mesmo que ele não desconsidere que no preço também entre o lucro e a renda da terra, que se somam ao salário, eles não passam, nessa visão, de percentagens que a àquele se adicionam e que acompanham sua variação, o que não se distancia muito da visão de Smith e Stuart Mill em seus piores momentos teóricos. Assim, se os salários

---

466 MARX, Karl. *Trabalho assalariado e capital* [1849] *& Salário, preço e lucro* [1865]. 2ª ed. São Paulo: Expressão Popular, 2010, pp. 134/135.

467 MARX, Karl. *Trabalho assalariado e capital* [1849] *& Salário, preço e lucro* [1865]. 2ª ed. São Paulo: Expressão Popular, 2010, p. 136.

sobem, os preços das mercadorias têm de subir, porque aqueles determinam estes, caindo-se num círculo vicioso.

O que Marx irá demonstrar neste trabalho é que nem a produção é uma grandeza fixa, nem o salário real é constante, e que os equívocos cometidos por Weston devem-se ao seu desconhecimento dos determinantes da formação do valor das mercadorias, incluindo entre essas a força de trabalho, e à confusão que faz ao tomar como idênticos os preços de mercado com o valor (ou "preço natural" de Smith), quando os primeiros podem se situar abaixo ou acima do último, em função da flutuação da oferta e da procura, mas sem afetar o valor.

A primeira premissa é falsa porque desconsidera, independentemente das mudanças no contingente populacional, as mudanças contínuas que ocorrem na acumulação de capital e nas forças produtivas do trabalho, uma característica da economia burguesa. A segunda, porque confunde preços de mercado com o valor, quando estes só são coincidentes em situação de equilíbrio.

Os valores das mercadorias são determinados, de acordo com Marx, pela

> (...) quantidade de trabalho necessário para sua produção, numa dada situação social e sob determinadas condições sociais médias de produção, com uma determinada intensidade social média e com uma destreza média do trabalho utilizada.[468]

O trabalho constitui, assim, a substância social comum a todas as mercadorias, e o tempo de trabalho social, medido em horas, em dias etc., a medida da quantidade de trabalho nelas incorporada, que as torna comparáveis. Para se chegar ao valor de troca de uma mercadoria é necessário acrescentar ao trabalho vivo empregado

---

468 MARX, Karl. *Trabalho assalariado e capital* [1849] *& Salário, preço e lucro* [1865]. 2ª ed. São Paulo: Expressão Popular, 2010, p. 104.

na sua produção, a quantidade de trabalho previamente aplicado nas matérias-primas e o trabalho incorporado nos meios de produção – ferramentas, maquinaria e edifícios que serviram para este trabalho. Esse valor nada tem a ver com os preços de mercado, que pode se situar abaixo ou acima dele, dependendo da conjuntura econômica, das flutuações da oferta e da procura, mas, pelo processo de concorrência, a tendência é de que o preço de mercado convirja para o "preço natural" ou para o valor do produto.

Embora Marx, no momento em que escreveu *Salário, Preço e Lucro*, já tivesse deixado claro a essência de sua teoria do valor e desvendado a origem do lucro, como nos *Grundrisse* e nas *Teorias da mais-valia*, vale a pena percorrer, ainda que sinteticamente, as críticas que desfere aos argumentos de Weston, à medida que, ao desenvolvê-las, esclarece melhor sua posição em relação ao salário, isto é, se ele considera sua tendência de queda no capitalismo no *sentido absoluto* ou no *sentido relativo*, uma vez que isso terá implicações para a interpretação de sua tese sobre a *pauperização crescente da classe trabalhadora* como uma das leis fundamentais do capitalismo.

4.2.1 Weston, preço, valor e salários

Para Marx, Weston confunde preço com valor, quando aquele nada mais é que a sua *expressão monet*ária, mero representante, portanto, dos valores das mercadorias. Mesmo os produtos pelos quais se expressam os preços – o ouro ou a prata, por exemplo – são mercadorias, cujo valor também é determinado pela quantidade de trabalho nelas incorporado, a única substância que as torna, medida pelo tempo de trabalho social despendido na produção, comparáveis e que permite estabelecer os seus valores de troca, ou seja, os seus preços.

Assim, o preço coincide com o valor (ou o preço "natural" de Smith) quando ocorre um equilíbrio em que as trocas se efetuam em função da quantidade de trabalho incorporado nas mercadorias, mediadas pelo dinheiro (ouro ou prata), situação em que são vendidas pelo seu valor, com o lucro nascendo dessa operação e não porque o capitalista aumentou o preço acima de seu valor.

Marx reconhece que em determinadas conjunturas o preço de mercado pode exceder o valor ou ficar abaixo dele, em função da oferta e procura pela mercadoria, mas que não é deste fato, como pretende Weston, que o capitalista vai extrair o seu lucro normal. Isso porque, pelo processo de concorrência entre os capitais, o sistema tenderá a retornar para a sua posição de equilíbrio "natural", desaparecendo os lucros extraordinários obtidos pelo desequilíbrio temporário entre a oferta e a demanda. Por isso, considera absurdo supor, como o faz Weston,

> (...) que o lucro – não em casos isolados, mas o lucro constante e normal das diversas indústrias – seja resultado da majoração dos preços das mercadorias, ou de suas vendas por preço consideravelmente superior ao seu valor.[469]

Teria faltado a Weston, para escapar dessa tese, que considera absurda, identificar a origem do lucro e como este é obtido vendendo-se as mercadorias exatamente pelo seu valor. Para isso, Marx lança-se a discutir os custos que o trabalho representa para o capital, para daí, desvendar o segredo da origem do lucro que está contido no próprio valor da mercadoria, que independe do seu preço de mercado.

A discussão que realiza sobre o *salário*, que representa o custo do trabalho para o capital, nasce, assim, dessa questão em que visa desmistificar a visão de Weston, mas ela é importante porque precisa melhor sua posição, nessa etapa mais madura de sua vida, em relação à tendência de queda do salário no capitalismo – se isso ocorre em termos *absolutos* ou *relativos* –, base da tese sobre a pauperização crescente da classe trabalhadora.

---

469 MARX, Karl. *Trabalho assalariado e capital* [1849] *& Salário, preço e lucro* [1865]. 2ª ed. São Paulo: Expressão Popular, 2010, p. 108.

Marx esclarece que, no caso do trabalho assalariado, não é bem o trabalho que o operário vende ao capitalista, como mercadoria, mas a sua *força de trabalho*, que aquele terá à sua disposição para usar dentro de certos limites, de acordo com as leis vigentes. O custo, ou o valor dessa força de trabalho para o capital, expresso na forma do salário que lhe é pago, é determinado, como ocorre com as demais mercadorias, pela quantidade de trabalho necessária para que ele possa adquirir os bens de que necessita para sobreviver, criar filhos e instruir-se. Esses custos variam, assim, de profissão para profissão, de um ramo industrial para outro, por serem diferentes as necessidades de cada uma, não existindo o menor sentido, como defendem alguns autores (leia-se Proudhon) de propor a *igualdade dos salários*, já que estes têm necessariamente de ter preços diferentes no mercado de trabalho. Em síntese, pode-se afirmar que "(...) o valor da força de trabalho é determinado pelo valor dos meios de subsistência necessários para produzir, desenvolver manter e perpetuar a força de trabalho".[470]

Consideremos, diante disso, que seis horas de trabalho sejam suficientes para o trabalhador produzir os bens de que necessita para garantir sua reprodução. Tratando-se de um *trabalhador independente*, ele poderia encerrar seu trabalho e usar o tempo restante para dedicar-se a atividades de seu interesse. No caso do *trabalhador assalariado*, isso, no entanto, não é possível, pois este tempo não lhe pertence, pois ele alienou sua força de trabalho, como mercadoria, para o capital, que pode utilizá-la ou pô-la para funcionar durante mais tempo do que necessita para sua reprodução, digamos as seis horas.

Caso o seu contrato de trabalho seja de doze horas, isso significa que o operário estará trabalhando gratuitamente para o capitalista por mais seis horas. Essas seis horas adicionais representam um

---

470 MARX, Karl. *Trabalho assalariado e capital* [1849] *& Salário, preço e lucro* [1865]. 2ª ed. São Paulo: Expressão Popular, 2010, p. 112.

sobreproduto, ou uma mais-valia, que é apropriada pelo capitalista, o dono da força de trabalho, e é neste fato que reside a origem do lucro. Neste caso, em que o capitalista paga seis horas pelo valor do trabalho e recebe doze em troca, a taxa de mais-valia é de 100% e essa depende da "(...) proporção em que a jornada de trabalho é prolongada para além do tempo durante o qual o operário, com o seu trabalho, reproduz o valor da força de trabalho ou repõe o salário".[471] Como, no entanto, o trabalhador recebeu de acordo com o valor da força de trabalho, fica parecendo que todo o trabalho é pago, quando uma parte não é paga, a parte que corresponde ao sobretrabalho, a mais-valia ou lucro, que é entregue voluntariamente pelo trabalhador. Por isso, para os que se guiam pelo mundo das aparências, *os valores aparecem determinados pelos salários*, e não percebem que o capitalista obtém lucro *não por vender a mercadoria por um preço que exceda o valor*, mas por vendê-la *exatamente* pelo seu *valor real*.

O valor de uma mercadoria é constituído por duas partes: a que representa o valor das matérias-primas, das máquinas, ferramentas etc., que se desgastam no processo produtivo, ou, numa palavra, o valor dos meios de produção consumidos, mas que não geram nenhum rendimento novo, limitando-se à reposição do capital; e a parte que gera valor novo, por meio do trabalho. É essa parte que proporciona os rendimentos para os agentes que estão envolvidos no processo de produção, ou seja, trabalhadores e capitalistas, na forma de salários e lucros, sendo que os lucros, ou a parte do trabalho não pago, a mais-valia, é que é distribuída na forma de rendimentos para os donos e proprietários do capital – capitalista empregador, proprietários de terra, usurários. Para Marx, essas formas de rendimento – lucro industrial/comercial, renda da terra, juro –, "(...) nada mais são do que nomes diferentes para as diferentes partes da mais-valia de uma mercadoria, ou do

471 MARX, Karl. *Trabalho assalariado e capital* [1849] *& Salário, preço e lucro* [1865]. 2ª ed. São Paulo: Expressão Popular, 2010, p. 115.

trabalho não pago, que nela se materializa, e todos provêm por igual desta fonte e só desta fonte".[472]

Ora, isso mostra como é falsa a tese de que a parte do valor que proporciona rendimentos seja constituída pelo valor dos salários, do lucro, da renda da terra, do juro etc. Essas são apenas formas em que se distribui o valor criado, mas este é constituído, *determinado pela quantidade de trabalho contido na mercadoria*. Ou seja, estes rendimentos provêm de uma única fonte geradora do valor criado: do trabalho. Quando se tem clareza sobre isso, caem por terra as falsas teses sobre o poder autônomo de criação de valor dessas três fontes, como *variáveis independentes*, e facilita a compreensão de que maneira o salário, que constitui o rendimento do trabalho, o qual efetivamente é criador do valor, pode afetar ou ser afetado nessa distribuição.

Comecemos considerando o lucro (ou a mais-valia) obtido pelo capitalista empregador (industrial ou comercial), independentemente de sua repartição com o proprietário da terra e com o capitalista financeiro. Se o lucro for de 100 unidades monetárias (u.m.) este é o montante do *lucro absoluto*. Se calcularmos este montante absoluto com o capital desembolsado, chamamos a essa grandeza relativa de *taxa de lucro*, que pode ser expressa de duas formas:

1. Supondo, como fez Ricardo, que todo capital adiantado no valor de 100 u.m. seja em salários. Se a mais-valia ou o trabalho não pago também foi de 100 u.m., a taxa de lucro seria de 100%, já que o valor desembolsado seria de 100 e o valor produzido de 200 u.m.

2. Se considerarmos não somente o capital adiantado em salário, mas o capital total, ou seja, incluindo o valor das matérias-primas, maquinários etc., que representam 400 u.m. no valor final do produto, a taxa de lucro seria apenas de 20% (100/500 u.m.).

---

472 MARX, Karl. *Trabalho assalariado e capital* [1849] *& Salário, preço e lucro* [1865]. 2ª ed. São Paulo: Expressão Popular, 2010, p. 119.

O primeiro método revela a proporção real entre o trabalho pago e o não pago, o *grau efetivo da exploração do trabalho*. O segundo, embora mais usual e, para certos fins, mais indicada, *dissimula* o grau dessa exploração.

Assim, se descontarmos do valor da mercadoria a parte destinada a repor o custo das matérias-primas e outros meios de produção (o capital constante), o valor restante reduz-se à quantidade de trabalho acrescentado pelo trabalhador que dela se ocupa por último, o qual é distribuído entre o salário e o lucro, abstraindo da distribuição da mais-valia em suas várias formas. Este valor a ser repartido entre os salários e os lucros não será alterado, na hipótese de a produtividade do trabalho ser constante, embora as proporções que cada um recebe possam se modificar. Neste caso, uma das partes só pode ganhar se a outra perder: um aumento geral dos salários determina uma diminuição da taxa geral de lucro, mas não afeta os valores, e vice-versa, por não ser essa divisão que regula os valores e os preços de mercado, mas a *quantidade de trabalho incorporada na mercadoria*. Nada adianta o capitalista simplesmente elevar os preços para defender a taxa de lucro, como sugere Weston, pois, para se preservar o salário real do trabalhador (o valor da força de trabalho), este aumentará em seguida, neutralizando essa iniciativa. Mas a verdade é que o capital dispõe de outros meios para defender seus ganhos.

Essa questão se modifica quando se abandona a hipótese da produtividade do trabalho constante, porque quanto maior for essa, exigindo menor quantidade de trabalho para produzir uma unidade de produto, menor será o valor da força de trabalho, e vice-versa, ou seja, quanto menor essa produtividade, demandando maior quantidade de trabalho, maior será o seu valor: trata-se da aparência paradoxal "(...) de que um trabalho bem pago pode produzir mercadorias baratas, e um trabalho mal pago, mercadorias caras".[473] Como diz Marx, isso

> (...) é apenas a expressão da lei geral de que o valor de uma mercadoria é determinado pela quantidade de trabalho nele aplicada e de que essa quantidade aplicada depende exclusivamente da força produtiva do trabalho empregada, variando, por conseguinte, ao variar a produtividade do trabalho.[474]

Baixar o valor da força de trabalho não significa baixar o salário real, mas apenas que a *posição relativa do trabalho pode estar piorando vis-à-vis a do capital.* Essa questão é relevante por ter gerado intepretações distintas a partir da afirmação de Marx no final deste trabalho de que "a tendência geral da produção capitalista não é elevar, mas reduzir o padrão médio dos salários".[475]

Reduzir o valor da força de trabalho é diferente de reduzir o poder de compra do salário. Se Marx estivesse se referindo ao segundo caso, não existiriam dúvidas de que se trataria de uma *queda no sentido absoluto do salário real e não no sentido relativo*. Não parece ser este o caso, à medida que ele enfatiza, de um lado, que o aumento da produtividade pode ser acompanhado da manutenção do salário real, mas, se isso ocorrer, o trabalhador perderia *posição relativa na distribuição do produto*, à medida que este aumentaria de valor. Por essa razão, ao contrário do que defendia Weston, seria mais do que justa sua luta para obter uma parte da produtividade acrescida de seu próprio trabalho, visando preservar

473 MARX, Karl. *Trabalho assalariado e capital* [1849] *& Salário, preço e lucro* [1865]. 2ª ed. São Paulo: Expressão Popular, 2010, p. 125.

474 MARX, Karl. *Trabalho assalariado e capital* [1849] *& Salário, preço e lucro* [1865]. 2ª ed. São Paulo: Expressão Popular, 2010, p. 125.

475 MARX, Karl. *Trabalho assalariado e capital* [1849] *& Salário, preço e lucro* [1865]. 2ª ed. São Paulo: Expressão Popular, 2010, p. 141.

sua *posição social relativa anterior*, sem, por isso, desencadear inócuos movimentos altistas de preços por parte dos capitalistas.

Esclarecendo melhor essa questão, a partir dos argumentos desenvolvidos por Marx. Suponhamos, em primeiro lugar, que ocorra uma diminuição da produtividade na produção dos artigos de consumo dos trabalhadores, exigindo maior quantidade de trabalho para produzi-los, o que aumentará o seu valor, o seu preço. Para preservar o seu poder de compra, ou o preço do valor trabalho, os salários terão de subir e os lucros caírem, *mantendo-se constante o excedente a ser dividido, caso contrário o padrão de vida do trabalhador piorará.* Se ocorrer o contrário, o valor do trabalho diminuiria, caindo os salários, mas o seu poder de compra seria preservado, e os lucros aumentariam. No primeiro caso, o *salário relativo* melhoraria *vis-à-vis* o lucro; no segundo, apesar de mantido o padrão de vida do trabalhador, pioraria a sua *posição relativa* comparada com a do capitalista. Uma alta dos salários reais, portanto, é perfeitamente possível, diante do aumento da produtividade para o trabalhador recuperar a sua *posição relativa* e absorver parte do valor acrescido, estando mais do que justificada sua luta por este objetivo.

Em *Salário, Preço e Lucro*, Marx discute ainda outras condições que podem afetar os salários reais que justificariam a luta econômica dos trabalhadores para defender sua posição. Como argumenta, mudanças no *valor do dinheiro* também afetam a situação dos salários reais, independente de variações do seu valor ou do preço dos artigos que os trabalhadores consomem. Uma desvalorização do ouro, por exemplo, ao elevar nominalmente o preço das mercadorias, incluindo a do trabalho, rebaixará o salário real na proporção em que ocorrer, e, para que o valor do trabalho seja recomposto, teria de ser aumentado na mesma proporção. Se o trabalhador abdicar de exigir o aumento do salário diante da depreciação do dinheiro, certo é que ele estará sendo vendido por um preço abaixo de seu valor e ajudando a cavar sua própria sepultura.

Mas existem outras formas que o capital emprega para sugar com mais força o trabalho e que exige que este também se defenda através da luta econômica. A primeira, pelo prolongamento da jornada de trabalho que, em alguns períodos, atingiu 12, 14, 18 horas, tornando o homem uma verdadeira besta humana, já que com essa possibilidade aumenta o sobretrabalho, a parte do trabalho não pago, o lucro. E é mais do que justificável, o trabalhador lutar para sua redução, porque "(...) o capital se não tiver freio, tudo fará, implacavelmente e sem contemplações, para conduzir toda a classe operária a esse nível de extrema degradação".[476] Mesmo que se paguem salários mais altos, neste caso, *o valor do trabalho pode diminuir (relativamente)*, se o aumento não acompanhar a maior quantidade de trabalho extorquido (não pago) e continuar a sugar, sem contemplação, a força de trabalho.

A segunda, como já apontado, pelo aumento da intensidade do trabalho, por meio da introdução e modernização da maquinaria que aumenta a produtividade e reduz o tempo de trabalho necessário para a produção, aumentando a *quota* do trabalho não pago. Neste caso, se o trabalhador não procurar lutar para compensar essa situação com a redução da jornada de trabalho e o aumento do salário, correspondente ao aumento da produtividade, ele estará depreciando seu trabalho e aceitando passivamente a degradação de sua classe. E essa luta deve se dar tanto na baixa do ciclo, quando é mais prejudicado em termos de remuneração, quanto na alta, pois, se depender da boa vontade do capitalista para isso, ele pode não receber nem mesmo o salário médio, ou seja, o valor do trabalho. Afinal, o trabalho é uma mercadoria e deve ser tratado pelas mesmas leis que regulam o seu preço.

De toda essa discussão, parece ficar claro que a posição de Marx é de que os salários podem, sim, aumentar, sem que o

---

476 MARX, Karl. *Trabalho assalariado e capital* [1849] *& Salário, preço e lucro* [1865]. 2ª ed. São Paulo: Expressão Popular, 2010, p. 130.

capitalista tenha de recorrer ao inútil recurso do aumento de preços para defender o lucro, lançando mão do prolongamento da jornada de trabalho que, no entanto, esbarra em limites físicos, e aumentando a produtividade do trabalho, por meio da introdução da maquinaria, mais do que compensando os aumentos salariais, caso ocorram. Assim, se em determinadas conjunturas, os salários reais aumentam em termos absolutos, pelo fato de os lucros aumentarem a uma maior velocidade, *sua participação relativa tende a cair*, indicando uma *tendência de crescente pauperização relativa da classe trabalhadora*. Não o caso, como alguns autores interpretam, de *pauperização absoluta*, como se podia deduzir dos trabalhos da década de 1840 de Marx. Como observa Mandel,[477] "para Marx, o essencial era pôr em evidência a pauperização relativa do proletariado, o fato de que, mesmo quando os seus salários aumentam, aumentam menos do que as riquezas do *Capital*". E que "Marx jamais expôs, *nas suas obras da maturidade*, qualquer 'lei' da pauperização absoluta dos trabalhadores, ainda que considerasse sua pauperização relativa como inevitável". Uma pauperização que diz respeito não somente à relação entre a renda global e o que cabe aos salários, mas também à insuficiência dos salários para lhes dar acesso às novas necessidades que são criadas pela produção capitalista.

4.2.2 Os limites da luta contra o *Capital* por salários

A pergunta que resta depois de tudo isso: até que ponto na luta entre o capital e o trabalho, este tem possibilidade de êxito?

Considerando, como apontado no início, que o valor do trabalho não é uma grandeza fixa, constante, mas variável, espacial e historicamente, até mesmo porque formado por dois componentes – um físico e um histórico e social –, mesmo que os

---

477 MANDEL, Ernest. *A formação do pensamento econômico de Karl Marx*: de 1843 até a redação de O Capital. Rio de Janeiro: Zahar, 1968, p. 154.

valores das demais mercadorias permaneçam fixos, podemos estabelecer *o mínimo para o salário* (o componente físico), mas não podemos fixar *o salário máximo*, que corresponde ao limite para deixar o lucro subsistir, caso contrário o *Capital* deixaria de ter motivo para ser aplicado na acumulação. Isso porque não existe nenhuma lei, no caso do *lucro*, que determine *o seu mínimo*, porque não se pode fixar o *salário máximo*. A única coisa que se pode dizer é que, dados os limites da jornada de trabalho, *o máximo do lucro* corresponde ao *mínimo físico dos salários* e que aquele só encontra limites *no mínimo físico do trabalho e no máximo físico da jornada de trabalho*. Por isso, o capital sempre buscará *reduzir o salário ao seu mínimo físico e prolongar a jornada ao seu máximo físico*, visando esticar o lucro ao máximo, enquanto o operário para se defender, deve lutar e exercer uma pressão em sentido contrário. A questão, como diz Marx, "(...) se reduz ao problema da relação de força dos combatentes".[478] Ou seja, entre o mínimo e o máximo do salário, a ação dos sindicatos seria fundamental para garantir um maior salário para os trabalhadores, não procedendo, portanto, a tese de Weston sobre sua inutilidade e mesmo nocividade para os mesmos.

Assim, as duas questões que interessam mais de perto ao capital no seu afã de obter lucro – a jornada de trabalho e os limites do valor do trabalho (salário) – não poderiam deixar de ser combatidas pelo trabalhador. No caso da primeira, ela só foi regulamentada por intervenção legislativa, graças à constante pressão exterior do operário, pois na luta puramente econômica, o capital é, desde sua existência, a parte mais forte.

Para Marx, o capital tende a reagir aos aumentos de salários que derrubam o *lucro máximo*, introduzindo, dados os limites da jornada de trabalho, máquinas poupadoras de mão de obra,

---

478 MANDEL, Ernest. *A formação do pensamento econômico de Karl Marx*: de 1843 até a redação de O Capital. Rio de Janeiro: Zahar, 1968, p. 136.

recompondo o exército industrial de reserva e reduzindo os salários, ao mesmo tempo em que desvaloriza o trabalho qualificado. Assim, se o avanço da acumulação tende a inclinar a balança a favor do operário por provocar uma procura crescente de seu trabalho, elevando os salários, isso termina ocorrendo apenas temporariamente, à medida que se opera uma *mudança progressiva na composição do capital*, com o capital fixo (que Marx chamará de constante) crescendo a um ritmo mais rápido que o do capital variável, impedindo a absorção da mão de obra no mesmo ritmo em que avança a acumulação, fazendo a balança inclinar a favor do *Capital*. Por isso, "(...) a tendência geral da produção capitalista não é elevar o nível médio do salário, mas, ao contrário, diminui-lo, baixando o valor do trabalho mais ou menos até o seu *limite mínimo*". Neste caso, se a classe trabalhadora não lutar contra essa tendência, acabará sendo "(...) transformada numa massa informe de homens famintos e arrasada, sem probabilidade de salvação".[479] Não pode, no entanto, se deixar enganar com pequenas vitórias conquistadas nessa luta, pois essas, apesar de importantes, não conduzirão à vitória definitiva. Essa só será de fato alcançada com a abolição do trabalho assalariado para a emancipação final da classe operária.

4.3 O *Capital*: a obra seminal

4.3.1 Introdução: questões do método

O *Capital* não é uma obra que foi construída em pouco tempo. Foi, na verdade, fruto de muitos estudos, pesquisas e reflexão realizados por Marx, que tiveram início ainda na década de 1840, quando começou a estudar economia ao se mudar para Paris, em 1843. Representa, assim, o coroamento de um processo de evolução de seu pensamento sobre a Economia Política, cujas

479 MANDEL, Ernest. *A formação do pensamento econômico de Karl Marx*: de 1843 até a redação de O Capital. Rio de Janeiro: Zahar, 1968, p. 140.

principais questões, do método aos conceitos e categorias econômicas empregadas na análise do sistema capitalista, foram sendo trabalhadas ao longo do tempo e submetidas a processos de rejeição/superação, a várias revisões, aprimoramento e adequação ao seu objeto de estudo. Neste sentido, deve ser visto como o estuário de ideias e pensamentos germinados ao longo de mais de duas décadas, divulgados em vários de seus trabalhos, o que dispensa um exame mais detalhado e minucioso dos elementos que compõem sua arquitetura, considerando que muitos deles foram apresentados, aqui, nas análises dos trabalhos que o precederam.

Além do mais, não são poucos os trabalhos que esmiúçam, com ricos detalhes, competência e didatismo, essa obra seminal de Marx, podendo o leitor que quer acompanhar, passo a passo, sua construção e situar seu pensamento nas análises que realiza sobre o modo de produção capitalista, obter maiores benefícios de sua leitura. Entre esses, cabe destacar o trabalho mais recente de David Harvey, *Para ler o Capital*, publicado, no Brasil, em dois volumes, pela Editora Boitempo, em 2013 e 2014, respectivamente.

Por isso, o que se pretende mais modestamente nessa parte final, restringe-se a apresentar um breve resumo das ideias contidas nos três livros de *O Capital* e a destacar alguns pontos que se consideram mais relevantes para a compreensão de sua leitura. Para isso, é importante sublinhar, de início, uma mudança crucial que Marx realizou no "método de exposição" de sua obra, conciliando-o com o "método de investigação" do sistema capitalista, pouco antes de publicar, em 1859, o livro *Para a Crítica da Economia Política*, à medida que fará toda a diferença, de um lado, para melhor compreensão das estruturas, dinâmica e contradições deste sistema, enquanto modo de produção historicamente determinado, e, de outro, por representar, em definitivo, a conclusão da crítica que se propôs a fazer da Economia Política clássica no final da década de 1840.

Quando iniciou os estudos de economia, Marx, assim como Engels, rejeitou a teoria do valor-trabalho dos clássicos, só passando a aceitá-la alguns anos depois, embora tenha deixado claro nos *Manuscritos econômico-filosóficos* que pretendia proceder à crítica da Economia Política, à luz do pensamento de Hegel. Nos vários estudos que desenvolveu a partir daí, nos quais foi superando as limitações da Economia Política clássica na compreensão do sistema capitalista, com a elaboração e construção de novos conceitos e categorias econômicas específicos deste modo de produção – conceito de força de trabalho e sua distinção do conceito de "trabalho" dos clássicos; da mais-valia absoluta e relativa; da taxa de mais-valia e da taxa de lucro; de modos de produção; das formas do capital constante e variável; das formas da mercadoria etc. –, Marx, à luz do pensamento dialético, conseguiu concluir, com a ampla discussão que realizou nos *Grundrisse*, de 1857-1858, sobre o capitalismo, do ponto de vista da investigação, a missão que havia se proposto.

O fato, no entanto, é que se conseguiu identificar, analisar e superar as questões essenciais da Economia Política nessa compreensão, o mesmo ainda não ocorrera com o seu "método de exposição" do conhecimento do ponto de vista dialético, como aponta Paula,[480] já que planejava, como fez nos *Grundrisse*, iniciar sua obra com o exame do valor, tal como o fizera Ricardo. Ora, isso significava seguir o mesmo caminho por ele trilhado, tomando o "valor" como ponto de partida da análise da natureza do sistema, o que estaria em desacordo com o seu método de análise. Tanto Smith quanto Ricardo haviam partido do valor como conceito abstrato, a-histórico para explicar o modo de seu funcionamento, e não como uma categoria específica do modo de produção capitalista, o que não se coadunava com o seu método.

Isso porque é na mercadoria que o valor se manifesta em suas várias formas, por meio da troca. Assim, se é o valor que define

480 PAULA, João Antônio de. *Crítica e emancipação humana*: ensaios marxistas. Belo Horizonte: Autêntica, 2014, pp. 69-71. (Coleção Economia Política e Sociedade).

a relação social própria da sociedade burguesa, é da mercadoria, depositária deste valor, que a investigação deve partir para se chegar às diversas formas que assume o valor e como dele nasce o capital, bem como para desvendar os mecanismos de funcionamento da sociedade capitalista, como forma desenvolvida da sociedade mercantil. Além disso, porque se o valor e a mercadoria são pressupostos do capital, precedendo-o historicamente, a produção mercantil só se torna dominante, geral, quando o próprio trabalhador é separado dos meios de produção, não lhe restando outra saída senão a de transformar sua capacidade (força) de trabalho em mercadoria, que é vendida, alienada para o capital para produzir mais-valia e assegurar sua valorização, o que é específico deste sistema. É na mercadoria, portanto, forma elementar que assumem os produtos do trabalho humano nas sociedades mercantis e que representa a riqueza das sociedades, em geral, que estão contidas todas as determinações essenciais, sendo ela "(...) como a semente que prefigura a planta, (...) o capital tomado em sua forma elementar de existência".[481]

Na *Introdução à Crítica da Economia Política*, ao discorrer sobre o seu método de análise, Marx[482] fornece a razão de se partir da análise das categorias mais simples para se apreender as relações nas quais o concreto ainda esteja pouco desenvolvido – como é o caso de uma sociedade mercantil simples –, de forma a situá-las e entendê-las no concreto mais desenvolvido – no caso, a sociedade capitalista moderna –, já que este conserva a mesma categoria como uma relação subordinada:

---

481 PAULA, João Antônio de. *Crítica e emancipação humana*: ensaios marxistas. Belo Horizonte: Autêntica, 2014, p. 85. (Coleção Economia Política e Sociedade).

482 MARX, Karl. *Para a crítica da economia política*; Salário, preço e lucro; O rendimento e suas fontes: a economia vulgar. São Paulo: Abril Cultural, [1859] 1982, p. 15.

> (...) a categoria mais simples pode exprimir relações dominantes de um todo menos desenvolvido, ou relações subordinadas de um todo mais desenvolvido, relações que já existiam antes que o todo tivesse se desenvolvido, no sentido que se expressa em uma categoria mais concreta. Nessa medida, o curso do pensamento abstrato que se eleva do mais simples ao complexo corresponde ao processo histórico efetivo.

É por isso que Paula[483] destaca que este deslocamento do ponto de partida para a análise do sistema capitalista do valor para a mercadoria, foi considerado uma verdadeira revolução, como representando

> (...) o *outubro* de Marx, numa metáfora que remete ao também decisivamente disruptivo representado pelo "outubro vermelho" da Revolução Russa. [Pois, essa escolha] significa afirmar que a superação do capitalismo e suas mazelas passam pela superação da "mercadoria" e das suas condições de produção e reprodução, isto é, pela superação do capital e todas as implicações de seu domínio sobre a vida econômica, política, social e cultural.

Não é, pois, o *valor em si*, nem o *valor de troca*, o objeto de investigação de Marx, mas a *mercadoria* de onde partirá, em sua análise, para desvelar e decifrar todo o portentoso edifício da sociedade capitalista, bem como as relações e conexões existentes entre os seus elementos constitutivos.

De qualquer forma, como sublinha Reichelt,[484] ao contrário do que ocorre em *Para a crítica da economia política*, de 1859,

---

483 PAULA, João Antônio de. *Crítica e emancipação humana*: ensaios marxistas. Belo Horizonte: Autêntica, 2014, p. 72. (Coleção Economia Política e Sociedade).

484 REICHELT, Helmut. *Sobre a estrutura lógica do conceito de capital em Marx*. Campinas: Ed. Unicamp, 2013, p. 11.

Marx, em *O Capital*, "(...) escondeu justamente o método pelo qual se define sua cientificidade", provavelmente visando, como ele se manifesta em carta a Engels, tornar sua leitura mais "popular", ou seja, mais fácil principalmente para a classe trabalhadora. Isso significa que para entendê-lo em sua complexidade é necessário, para os que se interessarem, voltar aos escritos preparatórios de *O Capital*, onde este método não se apresenta "escondido", ou seja, aos *Grundrisse* e ao *Para a crítica da economia política*.[485]

O Capital é composto por três livros. O livro I, cuja primeira edição foi publicada em 1867, conheceu várias revisões pelo próprio Marx e foi o único editado enquanto viveu. Os livros II e III, que completam a obra, foram organizados e publicados por Engels, após a sua morte em 1883: o livro II, em primeira edição de 1885; o livro III, em 1894, sabendo-se que em muitos aspectos, o Livro I foi escrito depois do II e do III.[486]

Em relação ao plano de trabalho apresentado nos *Grundrisse*, nos quais previa a elaboração de seis livros para compor sua obra econômica, alguns autores entendem que Marx abandonou essa ideia inicial e concentrou seus esforços apenas no Livro I neles contemplado, o que versa sobre o *Capital*, deixando-a incompleta.

Não é bem o que entende Rosdolsky,[487] que fez em seu livro *Gênese e estrutura de O Capital*, um levantamento, passo a passo, a partir dos *Grundrisse*, das modificações que Marx foi introduzindo na sua estrutura até a publicação de *O Capital*, à medida que ia elaborando seus manuscritos. Para ele, Marx "(...) nunca abandonou definitivamente os últimos três dos seis livros"

---

485 REICHELT, Helmut. *Sobre a estrutura lógica do conceito de capital em Marx*. Campinas: Ed. Unicamp, 2013, p. 11.

486 SPERBER, Jonathan. *Karl Marx*: uma vida do século XIX. Barueri: Amarilys, 2014.

487 ROSDOLSKY, Roman. *Gênese e estrutura de O Capital de Karl Marx*. Rio de Janeiro: EDUERJ: Contraponto, 2001, pp. 27-63.

– Estado, comércio exterior, mercado mundial e crises. Isso, porque "eles estavam destinados a um 'desdobramento' da obra", o que não ocorreu.

Quanto aos três primeiros livros, seu conteúdo terminou sendo incorporado em *O Capital*: o que seria o Livro II nos *Grundrisse*, cujo tema versaria sobre a propriedade da terra, terminou sendo incorporado ao Livro III. Realmente, é extensa a parte deste livro de *O Capital* que Marx dedica à discussão dessa questão; já o conteúdo planejado para o Livro III nos *Grundrisse* – Trabalho Assalariado – "(...) encontrou lugar na penúltima seção do Livro I *d'O Capital*".[488] Marx deve ter percebido que o tratamento em separado destes temas, como pensava ao elaborar os *Grundrisse*, tornaria repetitivo o trabalho e, no desenvolvimento dos manuscritos, que eles se encaixariam perfeitamente, sem estes problemas, na estrutura lógica de sua obra.[489]

Não se pode perder de vista, é bom repisar, o fato de que para se entender bem a exposição que Marx faz do capitalismo e a *démarche* que realiza em sua análise, que ele se apoia no método que Engels brilhantemente descreveu, em 1859, para divulgar o livro *Para a Crítica da Economia Política*, como vimos no capítulo

---

488 ROSDOLSKY, Roman. *Gênese e estrutura de O Capital de Karl Marx*. Rio de Janeiro: EDUERJ/Contraponto, 2001, p. 58.

489 Para quem se interessar em acompanhar *pari passu* as mudanças que foram sendo feitas na estrutura *d'O Capital* originalmente apresentada nos *Grundrisse*, a melhor referência é o trabalho de Rosdolsky (ROSDOLSKY, Roman. *Gênese e estrutura de O Capital de Karl Marx*. Rio de Janeiro: EDUERJ/Contraponto, 2001). Bem mais que isso, Rosdolky realiza, se essa imagem ficar clara, uma leitura de *O Capital*, a obra acabada, à luz dos *Grundrisse*, dos fundamentos da obra, e do método de análise marxista nele contido. Embora se reconheça que vários temas e questões se encontrem mais bem desenvolvidos e lapidados em *O Capital*, vários outros encontram, nos *Grundrisse*, um tratamento mais completo, apesar de sua "desorganização", podendo-se dizer que se complementam. Além disso, também neles se encontram incluídos, mesmo que de forma *en passant*, temas que deveriam ser tratados nos últimos três livros do plano de trabalho neles apresentado.

III. A *história* fornece os fatos para se apreender a evolução das categorias mais simples para as complexas, com essas aparecendo, uma vez identificadas e apreendidas, na sequência de seu desenvolvimento *lógico*. A cadeia de raciocínio deve iniciar-se com os mesmos fatos com que começa a história e ir, ao mesmo tempo, deixando de lado os fatos, que não são poucos, que perturbam a trajetória da investigação do objeto e sua sequência lógica, em seus encadeamentos, suas inter-relações e relações causais. Como diz Engels, desse modo

> (...) o curso ulterior [deste raciocínio lógico] nada mais será que o reflexo do curso histórico, em forma abstrata e teoricamente coerente, um reflexo corrigido, é fato, embora corrigido consoante leis fornecidas pelo curso real da história (...).

Por isso, a análise das categorias e relações da economia capitalista em sua forma desenvolvida – objeto de *O Capital* – não pode prescindir do conhecimento dessas categorias e relações nos modos precedentes de produção, ou seja, deste todo menos desenvolvido, nas quais já estão presentes e em processo de evolução até atingirem o seu pleno desenvolvimento na sociedade mais complexa – o capitalismo – em que nela se manifestam.

4.3.2 O Livro I: o processo de produção do capital

4.3.2.1 A mercadoria, as formas do valor e o dinheiro

A edição brasileira do Livro Primeiro de *O Capital*, com tradução de Reginaldo Sant'Anna, publicado em 1971 (2ª edição) pela Editora Civilização Brasileira, intitulado *O Processo de Produção do Capital*, contém dois volumes, sete partes e vinte e cinco capítulos, distribuídos em 934 páginas.

Na primeira parte – *Mercadoria e Dinheiro* – Marx analisa, em três longos capítulos, como a produção de mercadorias aparece como constituindo a riqueza das sociedades e as várias formas que assume o seu valor, bem como a unidade de sua medida numa sociedade mercantil simples, em que os produtores são independentes, proprietários dos meios de produção, sem a presença, portanto, do capital. É a visão do concreto pouco desenvolvido, da *totalidade simples*, de onde vai extrair as relações fundamentais para entender de onde o capital se origina e como ele nasce.

O fato de Marx partir em sua análise de uma sociedade de produtores independentes, uma sociedade mercantil simples, na qual não existe a propriedade privada dos meios de produção, onde o capital, portanto, ainda não fez a sua entrada, não deve ser vista como se tratando de uma sociedade *concreta*, cujo desenvolvimento leva à sociedade capitalista. O ponto de partida efetivo de Marx é a sociedade capitalista, mas é nas sociedades mercantis simples – o todo pouco desenvolvido –, na qual os produtores realizam trocas de produtos entre si, anteriores ao modo de produção capitalista, que já estão presentes as relações básicas entre eles estabelecidas como produtores de mercadorias e nas categorias mais simples que as balizam e regulam – no caso, o valor –, as quais deverão aparecer e exprimir, ainda que de forma modificada, as relações subordinadas quando este todo estiver mais desenvolvido, na forma da sociedade capitalista, em que, com o surgimento do capital, ocorrerá o divórcio entre aqueles produtores e os meios de produção.

As relações de produção constituem, assim, o ponto de partida *lógico* da análise que Marx efetua em *O Capital*, na qual entram as relações de propriedade, a produção voltada para a troca, a divisão do trabalho, enfim as relações que são estabelecidas entre os homens no trabalho social voltado para a produção de bens e para as trocas, e o *histórico*, a *sociedade abstrata* pré-capitalista, onde irá colher os elementos e categorias mais simples que exprimem e regulam as relações que são dominantes neste todo menos desenvolvido para entender como elas se apresentarão quanto este estiver mais desenvolvido, com as relações de produção modificadas.

Marx inicia o primeiro capítulo de *O Capital* constatando que nessas sociedades [de produtores independentes], em que a riqueza se transmutou da fé espiritual para a produção, aquela "(...) configura-se em uma 'imensa produção de mercadorias', e a mercadoria, isoladamente considerada é a forma elementar dessa riqueza".[490] Como tal, vai procurar demonstrar, nessa parte, como a mercadoria se apresenta travestida em várias formas de valor, bem como os elementos que a este dão substância e medem sua grandeza, sua magnitude.

Sendo útil para satisfazer as necessidades humanas, seja diretamente, "como meio de subsistência, objeto de consumo, ou indiretamente, como meio de produção", essa utilidade faz da mercadoria um "*valor de uso*",[491] que representa o veículo do "*valor de troca*".[492] Um valor de uso não se transforma, contudo, em mercadoria, se o produto é destinado para consumo próprio. Para ser mercadoria, é preciso que seja produzido para outros, dando origem a *valor de uso social*, ao valor de troca.

Diferentemente, no entanto, do valor de uso, que é determinado pelas *qualidades* diferentes das mercadorias – uma mesa, um sapato etc. –, o valor de troca não contém "nenhum átomo do valor de uso" e só pode expressar-se em termos de *quantidade* de uma substância comum nelas contida. E essa substância comum é o *trabalho humano*, mas não o *trabalho concreto* do marceneiro,

---

490 MARX, Karl. *O capital*: crítica da economia política – o processo capitalista de produção. vol. I. 2ª ed. Rio de Janeiro: Civilização Brasileira, [1867] 1971, p. 41 (Livro I).

491 MARX, Karl. *O capital*: crítica da economia política – o processo capitalista de produção. vol. I. 2ª ed. Rio de Janeiro: Civilização Brasileira, [1867] 1971, p. 42 (Livro I).

492 MARX, Karl. *O capital*: crítica da economia política – o processo capitalista de produção. vol. I. 2ª ed. Rio de Janeiro: Civilização Brasileira, [1867] 1971, p. 43 (Livro I).

do sapateiro etc., já que o caráter útil de seus produtos se desvanece na troca, mas o *trabalho humano abstrato*, independente da forma como foi ele despendido para produzir um ou outro tipo de bem.

É com ele que se homogeneízam os diversos trabalhos concretos despendidos na produção para se estabelecer os parâmetros das trocas das mercadorias, considerando-se, no entanto, como seu valor apenas "*o tempo de trabalho socialmente necessário, em média, para sua produção*", ou seja, o trabalho despendido de acordo com as condições normais do estado da tecnologia e da produtividade do trabalho no processo de produção. Assim, para Marx "o que determina a grandeza do valor (...) é a quantidade de trabalho socialmente necessária ou o tempo de trabalho socialmente necessário para a produção de um valor de uso".[493] Para servir como unidade de medida do valor, as diferenças entre os trabalhos úteis – qualificados e não qualificados, por exemplo – devem ser reduzidos a *trabalho simples médio*, valendo o primeiro um múltiplo do segundo.

Entendidas dessa maneira, as mercadorias assumem a forma-valor, que nada tem a ver com a sua materialidade, mas com a substância social que as encarna: o trabalho humano. Como afirma Marx, "seu valor é, portanto, uma realidade apenas social, só podendo manifestar-se, evidentemente, na relação social em que uma mercadoria se troca por outra".[494] O valor da mercadoria se encontra, pois, *escondido* no valor de troca, que é a expressão do valor mais simples de uma mercadoria, do qual se chega ao dinheiro. Em Marx, portanto, valor, valor de troca e valor de uso não se confundem como erroneamente ocorre em sua interpretação por alguns autores.

---

493 MARX, Karl. O *capital*: crítica da economia política – o processo capitalista de produção. vol. I. 2ª ed. Rio de Janeiro: Civilização Brasileira, [1867] 1971, p. 46 (Livro I).

494 MARX, Karl. O *capital*: crítica da economia política – o processo capitalista de produção. vol. I. 2ª ed. Rio de Janeiro: Civilização Brasileira, [1867] 1971, p. 55 (Livro I).

Marx diferencia, assim, a *forma relativa do valor* da *forma do equivalente da mercadoria*, mas ambas pertencendo uma à outra, sendo inseparáveis. O valor de uma só pode ser expresso relativamente em relação à outra. Uma delas tem de se expressar como equivalente para se estabelecer o *valor relativo* da outra, não podendo aquela se expressar na forma relativa por não ser ela que expressa esse valor, mas apenas fornece o valor para a expressão do valor relativo de uma mercadoria: 20 metros de linho = 1 casaco. Significa que o casaco é o equivalente (papel passivo na equação). O linho expressa seu valor relativo (papel ativo) no casaco. A equação pode ser invertida, mas aí, o papel dos agentes também se modifica. O valor, como tal, depositário da quantidade de trabalho humano socialmente necessário, encontra-se expresso na mercadoria que desempenha o papel de equivalente, sendo uma, no entanto, espelho da outra enquanto contendo trabalho cristalizado, mas em quantidades diferentes, as quais definem seu valor relativo, que pode se alterar em função de alguma alteração na produção dos respectivos trabalhos envolvidos em sua produção, devendo-se utilizar uma terceira mercadoria, cujo valor permanece constante para identificar onde essas variações ocorreram.

Mas, ao assumir a forma de equivalente, este passa a ser a expressão não do valor, mas de uma coisa (o casaco); sua forma de valor se manifesta em outra mercadoria (o linho), ocultando as relações sociais envolvidas. E, neste caso,

> é o valor de uso que se torna a forma de manifestação de seu contrário, isto é, do valor (...) o que levou não poucos economistas a ver, na expressão do valor, apenas uma relação quantitativa (...). Daí, o caráter enigmático da forma de equivalente, o qual só desperta a atenção da economia política (...) depois que essa forma surge, acabada, como dinheiro.[495]

495 MARX, Karl. *O capital*: crítica da economia política – o processo capitalista de produção. vol. I. 2ª ed. Rio de Janeiro: Civilização Brasileira, [1867] 1971, pp. 65/66 (Livro I).

O valor, que é, na verdade, um fenômeno social e não contém nenhum "átomo de matéria" e o valor de troca *aparecem*, como decorrência, como resultado de uma relação entre *coisas*, como uma propriedade *natural* dos produtos, numa *reificação* das relações de produção, e não como produto do trabalho humano abstrato contido nas mercadorias. Não é, portanto, *do valor de troca*, *mera manifestação do valor*, que Marx parte para desvendar os segredos envolvidos na troca de mercadorias, caminho percorrido pelos economistas clássicos, *naturalizando* a sociedade, mas do *valor em si*, do *valor absoluto* como expressão das relações de produção entre seus produtores, em que o produtor nela se posiciona enquanto produtor de uma mercadoria, cujo valor de troca vai lhe propiciar comprar valores de uso necessários para atender suas necessidades.

Para entender isso, é preciso deixar claro que o trabalho por si não confere valor ao produto se este é produzido para o consumo próprio. Isso só vai ocorrer somente se produzido para a venda, o que é específico de uma economia mercantil, quando, ao assumir a forma de mercadoria, o valor é comparado e igualado ao de outras mercadorias pela quantidade de trabalho abstrato, conferindo-lhe valor e validando-o socialmente. Assim, somente com o trabalho organizado numa determinada forma social (a economia mercantil), o valor surge como expressão do trabalho abstrato que está contido na mercadoria destinada à troca, e que, por isso, representa o elo que liga socialmente os produtores, desempenhando, assim, o papel de "intermediário" ou "portador" das relações de produção, do trabalho adquirido socialmente, na *forma de valor* que se manifesta por meio de "*coisas*" (das mercadorias). Daí, a reificação das relações de produção, o fetiche que transforma as relações entre pessoas em relações entre "*coisas*".

A forma simples do valor de uma mercadoria, como enfatiza Marx, "se contém em sua relação de valor ou de troca com outra mercadoria diferente (...), manifestando-se como valor de troca". Mas o valor de troca é apenas "manifestação de seu valor, significando que o seu duplo caráter não é valor de uso e valor de troca, mas valor de uso e 'valor'".[496] Assim, "a forma simples do valor de uma mercadoria é, por conseguinte, a forma elementar de manifestar-se a oposição nela existente, entre valor de uso e valor".[497]

Marx procura, de acordo com Rubin,[498] desfazer a confusão existente a respeito dessa questão entre valor e valor de troca. Assim, diferencia o *aspecto quantitativo do valor*, a sua *magnitude*, que regula a troca e a distribuição quantitativa do trabalho social na produção, de acordo com a divisão do trabalho, cuja investigação os economistas clássicos priorizaram em sua análise, para determinar o valor de troca, do *aspecto qualitativo*, enquanto *expressão das relações sociais de produção*, ou seja, enquanto *forma social*.

Embora o valor de uso seja sempre

> produto do trabalho em todos os estágios sociais, só em um período determinado do desenvolvimento histórico, em que se representa o trabalho despendido na produção de uma coisa útil com propriedade "objetiva" inerente a uma coisa, isto é, como seu valor, é que transforma o seu produto do trabalho em mercadoria. Em consequência, a forma simples do valor da mercadoria é também a forma-mercadoria elementar do produto do trabalho, coincidindo, portanto, o desenvolvimento da mercadoria com o desenvolvimento da forma-valor.[499]

---

496 MARX, Karl. *O capital*: crítica da economia política – o processo capitalista de produção. vol. I. 2ª ed. Rio de Janeiro: Civilização Brasileira, [1867] 1971, p. 68 (Livro I).

497 MARX, Karl. *O capital*: crítica da economia política – o processo capitalista de produção. vol. I. 2ª ed. Rio de Janeiro: Civilização Brasileira, [1867] 1971, pp. 68/69 (Livro I).

498 RUBIN, Isaak Illtich. *A teoria marxista do valor*. São Paulo: Brasiliense, 1980.

499 MARX, Karl. *O capital*: crítica da economia política – o processo capitalista de produção. vol. I. 2ª ed. Rio de Janeiro: Civilização Brasileira, [1867] 1971, p. 70 (Livro I).

Da *forma simples do valor*, em que se supõe a expressão do valor de uma mercadoria em outra qualquer, e de cada *equivalente particular*, quando as trocas são ocasionais e fortuitas, evolui-se, com o desenvolvimento das relações sociais e a generalização dos produtos do trabalho em mercadorias e das trocas, para a *fórmula geral do valor relativo*, em que, diante de uma multidão de mercadorias, uma delas termina assumindo o papel de *equivalente geral*.

A mercadoria que assume a forma de equivalente geral e que proporciona ao mundo das mercadorias a forma relativa generalizada e social do valor, pela qual, portanto, todas se se referenciam e se trocam, fica excluída da forma relativa geral do valor unitário, à medida que se converte em equivalente de si mesma, apenas se expressando na série infinita de todas as outras mercadorias. E essa mercadoria assim eleita, "com cuja forma natural se identifica socialmente a forma equivalente, torna-se *mercadoria-dinheiro*, funciona como dinheiro",[500] dela chegando-se ao *preço*, outra forma que assume o valor.

Os produtos do trabalho, na forma de mercadorias, fazem com que essas ocultem as relações sociais que estão envolvidas na produção e nas trocas que os produtores realizam entre si, para atenderem suas necessidades, à medida que aparecem apenas como trocas de coisas, e não de trabalho humano abstrato. O trabalho social se dissolve, assim, em trabalhos privados, que são partes componentes dos trabalhos sociais, com as mercadorias adquirindo vida própria e, ao serem trocadas por seus valores relativos, estes ocultarem a quantidade do valor produzido pelo tempo de trabalho despendido na sua produção. Com isso, se dissipa, na aparência, o caráter social do trabalho e o que representa relações sociais entre os homens se transforma em relações materiais realizadas por meio

---

500 MARX, Karl. O *capital*: crítica da economia política – o processo capitalista de produção. vol. I. 2ª ed. Rio de Janeiro: Civilização Brasileira, [1867] 1971, p. 78 (Livro I).

das trocas de meras coisas. É o que Marx chama de *fetichismo* das mercadorias.

Embora elogiada tanto por marxistas quanto por seus adversários, a *teoria do fetichismo* das mercadorias talvez seja uma das mais incompreendidas da obra de Marx, à medida que a tratam, como aponta Rubin,[501] como "(...) separada e independente, pouco relacionada internamente à [sua] teoria econômica". No entanto, para ele, essa "(...) teoria é, per se, a base de todo o sistema econômico de Marx, particularmente de sua teoria do valor", sem a qual não se pode compreender sua visão sobre essa questão e as ilusões que surgem na economia mercantil, especialmente na sua fase mais desenvolvida, ou seja, na economia capitalista, sobre as fontes de sua criação.[502]

De acordo com Rubin, a teoria do fetichismo consiste no fato de Marx ter enxergado

> relações humanas por trás das relações sociais entre as *coisas* [entendidas como produtos do trabalho, mercadorias], revelando a ilusão da consciência humana que se origina da economia mercantil e atribui às *coisas* características que têm sua origem nas relações sociais no processo de produção.

Em suma, "o que na realidade é uma relação entre pessoas aparece como uma relação entre coisas".[503]

---

501 RUBIN, Isaak Illtich. *A teoria marxista do valor*. São Paulo: Brasiliense, 1980, pp. 18/19.

502 Rubin realiza, em seu livro sobre a teoria do valor em Marx, uma análise com profundidade não somente do significado do fetichismo da mercadoria e do papel que este ocupa em sua obra, mas também dos vários conceitos de trabalho (concreto, abstrato, simples, qualificado, socialmente necessário, produtivo e improdutivo), bem como da relação entre valores e preços de produção. (RUBIN, Isaak Illtich. *A teoria marxista do valor*. São Paulo: Brasiliense, 1980).

503 RUBIN, Isaak Illtich. *A teoria marxista do valor*. São Paulo: Brasiliense, 1980, p. 19.

O próprio valor que é, na realidade, um fenômeno social e não contém nenhum átomo de matéria, assim como o valor de troca, que é apenas a sua manifestação, aparecem, como decorrência, como resultado de uma relação entre *coisas*, como uma propriedade natural dos produtos, numa *reificação* das relações de produção e não como produto do trabalho abstrato humano contido nas mercadorias.

Este representa, no entanto, o mundo das "aparências externas", a "superfície dos fenômenos", nos quais se ocultam as relações sociais que se estabelecem no processo de produção, a "essência das coisas", sabendo-se que as categorias econômicas "não são mais do que expressões teóricas, abstrações das relações sociais de produção", como afirma Marx, as quais são *coisificadas* na economia mercantil e que, por isso, é preciso ir ao seu âmago, desvendar seus nexos internos para se chegar à "essência das coisas".

Se assim é numa economia mercantil simples, em que não ocorreu o divórcio entre o trabalhador e os meios de produção, com o surgimento do capital essas ilusões ou mistificações sobre o valor e as suas várias formas de manifestação (mercadorias, dinheiro, capital) aumentam em escala considerável numa economia mercantil capitalista, quando o próprio trabalho (ou a força de trabalho) e o capital também se transformam em mercadorias (em *coisas*), colocando ainda mais dificuldades para se perceber a "essência das coisas" tal como são.

De qualquer forma, retomando a análise feita por Marx para o caso de uma sociedade mercantil simples, para o proprietário da mercadoria, que a leva para vender no mercado, ela não possui valor de uso direto. Para ele, seu único valor de uso é o de ser portadora de valor, de valor de troca, o que lhe permitirá, ao aliená-la, ter acesso ao consumo de outra mercadoria cujo valor de uso atenda suas necessidades. É, portanto, pelas *trocas* que as mercadorias realizam seus valores, antes de se realizarem como valores-de-uso e provar que o trabalho despendido em sua produção é útil aos outros. Do ponto de vista do seu proprietário, *a troca é*, para ele, um *processo puramente individual*, mas, para realizar sua mercadoria como valor, em qualquer outra mercadoria que precisa, com o mesmo valor, *a troca passa a ser um processo social.*

Isso porque não é possível, como salienta Marx, ser a troca, ao mesmo tempo, um processo individual e social para todos os proprietários das mercadorias. Se individual, na inexistência de um equivalente geral que é determinado pela ação humana, que lhe dá validade social, cada possuidor de mercadoria considera a sua como equivalente de todas as outras mercadorias e as demais equivalente particular da sua. Ora, como todos pensam dessa maneira, não se estabelece um equivalente geral e, como consequência, as mercadorias ficam carecendo de uma forma geral que lhes permita se equipararem como valores e se compararem como magnitudes de valor. Sem isso, elas se confrontam apenas como produtos ou valores-de-uso.

A verdade é que elas só podem estabelecer relações entre si como valores, comparando-se com qualquer outra que se patenteie no equivalente geral. Mas isso só é possível por meio da ação social para que se legitime a equiparação dos diferentes produtos do trabalho, tornando-se, o equivalente geral, *função especificamente social* da mercadoria eleita. É dessa ação, que ele vira dinheiro, o papel do equivalente geral, com os produtos do trabalho se convertendo em mercadoria no mesmo ritmo em que uma mercadoria se transforma em dinheiro. O dinheiro, por sua vez, é uma mercadoria como qualquer outra, cuja magnitude de valor é determinada pelo tempo de trabalho despendido para sua produção, mas, como equivalente geral, se transforma numa mercadoria especial, à medida que todas as outras mercadorias passam a expressar nele seu valor, e não porque ele representa, por si, o valor dessas mercadorias.

A mercadoria que é eleita como a *mercadoria-dinheiro*, o ouro, por exemplo, exerce a função de *medida universal dos valores*, na qual se manifesta a medida imanente do valor das mercadorias, o *tempo de trabalho.*[504] A expressão do valor de uma mercadoria em ouro (a mercadoria-dinheiro), que tem o seu próprio valor, é sua forma dinheiro ou *preço*, ambas formas de valor, idealizadas para medi-lo. Mas, enquanto o dinheiro idealizado serve para medir o valor, o preço depende, inteiramente, da substância real do dinheiro, ou do ouro, no caso, que é dada pela quantidade de trabalho nele contida, podendo, portanto, variar em função do valor da mercadoria-dinheiro. Como *medida de valor*, o dinheiro serve para converter os valores das diferentes mercadorias em preços, expressos em *nomes monetários* (libra, dólar etc.), em quantidades imaginárias, no nosso caso, de ouro, e as quantidades necessárias correspondentes ao valor.

O *preço* é, assim, a *expressão monetária do trabalho corporificado na mercadoria*, sendo sua forma de valor e indicador de seu preço relativo com o dinheiro. Como preço, afetado por determinadas circunstâncias, caso, por exemplo, da interação entre a oferta e demanda, ele pode divergir, quantitativamente, para mais ou para menos, da magnitude do valor, assim também como pode deixar de ser sua expressão, no caso de uma coisa em si ter preço, tais como honra, consciência etc., mas não ser mercadoria, não conter tempo de trabalho cristalizado.[505]

Dotadas de valor, medido pelo tempo de trabalho socialmente necessário e, com o dinheiro desempenhando a função de intermediário da circulação, o dono da mercadoria, para o qual essa não possui valor de uso, mas apenas valor de troca, leva-a ao

---

504 MARX, Karl. O *capital*: crítica da economia política – o processo capitalista de produção. vol. I. 2ª ed. Rio de Janeiro: Civilização Brasileira, [1867] 1971, pp. 105/106 (Livro I).

505 No Livro I, Marx adota a hipótese de que os preços correspondam aos valores porque lhe interessa mostrar a essência da criação de riqueza no capitalismo, embora já aponte que entre eles possam ocorrer desvios. Apenas no Livro III, quando analisa o capital em sua essência, introduzindo a concorrência entre os capitais, essa hipótese será flexibilizada, considerando os desvios que ocorrem dos preços em relação aos valores.

mercado para vendê-la e, com isso, obter o dinheiro que necessita para adquirir a mercadoria com valor de uso que necessita. Ocorre, neste processo, o que Marx denomina de *metamorfose das mercadorias*, à medida que suas formas se modificam no processo das operações de compra e venda entre possuidores das mercadorias e do dinheiro. Essas mudanças na sua forma, que ocorrem na circulação, no processo de trocas, são, por ele, simbolizadas, da seguinte maneira:

Mercadoria – Dinheiro – Mercadoria

M D M

A primeira metamorfose refere-se ao processo de venda, quando a mercadoria pula de seu corpo para o corpo do dinheiro (o ouro), realizando seu valor, abstraindo de desvios que possam ocorrer entre este e o seu preço. Neste caso, o possuidor da mercadoria, para o qual essa não possui valor de uso, mas apenas valor de troca, encontrou o possuidor do dinheiro para quem a sua mercadoria possui valor de uso. O primeiro agora passa à condição de dono do dinheiro-mercadoria (o ouro) e em condições de buscar, no mercado, na circulação, a mercadoria que satisfaça suas necessidades, como valor de uso.

A segunda metamorfose ocorre quando ele efetua a compra da mercadoria, trocando o dinheiro por um produto que considere útil. E novas metamorfoses ocorrem sucessivamente, a partir daí, no processo de circulação em função do número de operações que se realizam entre compradores e vendedores, com as trocas sendo mediadas pelo dinheiro e realizando-se por seus valores. A circulação, intermediada pelo dinheiro, rompe, dessa forma, com as limitações de tempo, de lugar e também individuais impostas pela troca de produtos. Não existe, contudo, nenhuma garantia de que essa cadeia de compras e vendas de mercadorias não sofrerá descontinuidade, porque ninguém é obrigado a comprar imediatamente por ter vendido, podendo verificar-se o entesouramento do dinheiro, ou, com o progresso da sociedade burguesa, a formação de um fundo de reserva de meios de pagamento[506] implicando este processo, a possibilidade de sobrevirem crises, embora essa mesma possibilidade tenha sido descartada por Say, com sua famigerada Lei dos Mercados, em que a demanda sempre se iguala à oferta.

Deste processo, surge a questão de definir a quantidade de dinheiro para permitir a circulação das mercadorias, as operações de compra e venda entre seus donos, já que é sob a sua pele que essas mudam de mãos. Para Marx, de acordo com o que já apresentara em *Para a crítica da Economia Política*, de 1859, a quantidade de dinheiro já está determinada pela soma dos preços (dos valores) das mercadorias na esfera da circulação, que nela entram e saem, deixando ali seu representante – o dinheiro.

Sua quantidade vai depender, assim, do valor de seu representante (ouro, prata etc.) medido em tempo de trabalho, "(..) variando na razão inversa de seu valor e na razão direta do preço das mercadorias". Além disso, ao constantemente mudarem de mãos nessa esfera, ela se move com uma velocidade que deve ser considerada para estabelecer a quantidade necessária para promover a circulação, podendo se expressar

> a lei, segundo a qual, a quantidade de meios de circulação é determinada pela soma dos preços da seguinte maneira: dada a soma dos valores das mercadorias [de seus preços] e dada a velocidade média das metamorfoses delas [a velocidade

506 MARX, Karl. O *capital*: crítica da economia política – o processo capitalista de produção. vol. I. 2ª ed. Rio de Janeiro: Civilização Brasileira, [1867] 1971, p. 157 (Livro I).

> do dinheiro], a quantidade de metal precioso na função de dinheiro em curso depende do valor desse metal.[507]

Não é, assim, que os preços são determinados pela quantidade de meios de circulação e essa pelas quantidades de metais existentes no país, como acreditam os quantitativistas, entre os quais o próprio Ricardo, mas pelos valores (preços) das mercadorias, inclusive do dinheiro.

A forma de moeda assumida pelo dinheiro decorre de sua função de meio de circulação, que passa a desempenhar, inicialmente, com a sua entrada na cena econômica. Mas, com o desenvolvimento da circulação, o metal que é o seu representante (o ouro, a prata) termina sendo substituído, no seu curso com o tempo, devido ao desgaste de seu material, que afeta seu valor, ou até mesmo por dificuldades técnicas de adequar seu fracionamento aos pagamentos a serem feitos, como moeda, por meros símbolos, que passam, por lei, a ser aceitos como *meios de pagamento*, passando a estar representado, inclusive, até mesmo por papel, *papel-moeda*, o dinheiro emitido pelo Estado, com curso compulsório, garantido por leis que limitam sua emissão à quantidade de ouro existente no país.

Mas "o papel-moeda só é símbolo do valor por representar quantidade de ouro, a qual é a quantidade de valor, como todas as quantidades das outras mercadorias",[508] somente sendo possível essa substituição pelo fato de exercer "(...) exclusivamente a função

---

507 MARX, Karl. *O capital*: crítica da economia política – o processo capitalista de produção. vol. I. 2ª ed. Rio de Janeiro: Civilização Brasileira, [1867] 1971, pp. 136/137 (Livro I).

508 MARX, Karl. *O capital*: crítica da economia política – o processo capitalista de produção. vol. I. 2ª ed. Rio de Janeiro: Civilização Brasileira, [1867] 1971, p. 142 (Livro I).

de moeda ou de meio de circulação".[509] E só pode funcionar como símbolo do ouro (e do dinheiro) nessa função de meio de circulação.

Dinheiro, como assinala, é "a mercadoria que serve para medir o valor e, diretamente ou através de representante de meio de circulação. Por conseguinte, ouro (ou prata) é dinheiro".[510] Por isso, *o dinheiro é o representante universal da riqueza material*, podendo-se ter, com ele, acesso a qualquer mercadoria, a qualquer prazer, mesmo os da carne, do espírito e do poder, sendo, por essa qualidade, capaz de despertar, em muitas pessoas, a avidez por vender sem comprar ou de vender mais do que comprar, visando reter consigo o valor de troca do dinheiro, a "crisálida áurea", por meio do entesouramento, nessas sociedades, como a chave que abre as portas do paraíso. Petrificado como tesouro para seu proprietário, exige que a quantidade de dinheiro para circulação exceda à necessária para desempenhar sua função estritamente como moeda, contribuindo, no entanto, para regular os fluxos do dinheiro circulante nos períodos de expansão ou de contração.

Com o desenvolvimento da circulação, e dada a defasagem temporal que passa a existir entre as operações de compra e venda, nem sempre coincidentes, as mercadorias passam a ser vendidas sem que o dinheiro apareça de imediato, enquanto outras entram ou estão circulando à procura de seu equivalente, podendo o dinheiro se antecipar a elas para garantir seu recebimento futuro. Entre os débitos e créditos que passam a coexistir nessa esfera, o dinheiro passa a exercer a função de *meio de pagamento*, torna-se *meio de pagamento*, função que dará origem numa sociedade mercantil mais desenvolvida ao "dinheiro do crédito". Nessa mudança de

---

509 MARX, Karl. O *capital*: crítica da economia política – o processo capitalista de produção. vol. I. 2ª ed. Rio de Janeiro: Civilização Brasileira, [1867] 1971, p. 143 (Livro I).

510 MARX, Karl. O *capital*: crítica da economia política – o processo capitalista de produção. vol. I. 2ª ed. Rio de Janeiro: Civilização Brasileira, [1867] 1971, p. 144 (Livro I).

forma do dinheiro, em que débitos e créditos passam a coexistir nessa esfera, modifica-se a lei que relaciona a quantidade de dinheiro necessária para a circulação, como Marx já colocara em *Para a Crítica...*:

> A soma global do dinheiro que circula em determinado período, dada a velocidade do curso dos meios de circulação e de pagamento, é igual à soma dos preços a realizar das mercadorias mais a soma dos pagamentos vencidos, menos os pagamentos que reciprocamente se compensam, menos finalmente as repetições do emprego da mesma moeda como meio de circulação ou meio de pagamento.[511]

Se, na esfera nacional, o dinheiro pode circular nas formas locais desenvolvidas no país "(...) de estalão de preços, moeda, moeda divisionária e símbolo de valor",[512] no comércio mundial tem de delas se despir e retornar à sua forma original de metais preciosos (ouro e prata) para expressar universalmente seu valor. Assim, se na

> esfera nacional da circulação só uma mercadoria pode servir de medida de valor, de dinheiro (...), no mercado mundial, há dupla medida de valor, o ouro e a prata, (...) o dinheiro mundial [que] exerce a função de meio universal de pagamento, de meio universal de compra e de encarnação social absoluta da riqueza universal (...). A função de meio de pagamento para liquidar débitos internacionais é a que predomina.[513]

---

511 MARX, Karl. *O capital*: crítica da economia política – o processo capitalista de produção. vol. I. 2ª ed. Rio de Janeiro: Civilização Brasileira, [1867] 1971, p. 153 (Livro I).

512 MARX, Karl. *O capital*: crítica da economia política – o processo capitalista de produção. vol. I. 2ª ed. Rio de Janeiro: Civilização Brasileira, [1867] 1971, p. 157 (Livro I).

513 MARX, Karl. *O capital*: crítica da economia política – o processo capitalista de produção. vol. I. 2ª ed. Rio de Janeiro: Civilização Brasileira, [1867] 1971, pp. 158/159 (Livro I).

Ou seja, nas operações externas, só o ouro e a prata exercem a função de mercadoria-dinheiro, ficando as demais formas locais de circulação dela excluídas. Daí, as teorias equivocadas sobre a balança comercial dos mercantilistas.

4.3.2.2 O dinheiro como capital e o trabalho como mercadoria

Na segunda parte – *A transformação do dinheiro em capital* –, Marx analisa como e de onde nasce o capital, substituindo-se o mundo idílico da sociedade de produtores independentes, proprietários dos meios de produção, pelo mundo em que esses produtores, perdendo essa condição, são aprisionados por este novo personagem, na forma de trabalhadores, que os escraviza e se apodera de suas vidas e de seu trabalho.

Na análise que realiza, considera que o *dinheiro*, produto final da circulação, é a primeira forma em que aparece o *capital*. Se na forma de circulação simples, M – D – M, a mercadoria sai na frente, sendo vendida para comprar, fechando-se este circuito com a compra efetuada, trocando-se, ao fim e ao cabo, apenas valores-de-uso, intermediados pelo dinheiro, quando o dinheiro vira capital essa forma se inverte para D – M – D, com o dinheiro aparecendo em primeiro lugar para comprar a mercadoria, revendê-la e retornar à forma-dinheiro na segunda metamorfose. Ou seja, no primeiro caso, troca-se, ao final, mercadoria por mercadoria; no segundo, dinheiro por dinheiro. A diferença que mais distingue, no entanto, os dois circuitos, é que, no primeiro, o dinheiro é mero intermediário; no segundo, este papel cabe à mercadoria.

O primeiro circuito tem, assim, como ponto de partida a mercadoria e por ponto final outra mercadoria, que sai da circulação: seu objetivo, portanto, é consumo, *valor de uso*. O segundo, tem como ponto de partida e de chegada o dinheiro: seu objetivo é o *valor de troca*. No primeiro, troca-se mercadoria por mercadoria, por valores equivalentes. No segundo, dinheiro por dinheiro, mas, aí, com uma diferença *quantitativa* fundamental, já que não faria nenhum sentido trocar quantidades iguais de dinheiro: o dinheiro que é lançado na primeira fase para a compra da mercadoria – D – M –, retorna com um acréscimo na segunda – M – D. Por isso, a forma correta deste circuito é D – M – D', onde D' = D + ΔD, indicando que se obteve um excedente sobre o valor primário original, que Marx denomina de *mais-valia* (valor excedente). É essa valorização do valor primitivo que transforma o dinheiro em capital.

Essa, a principal diferença entre os dois circuitos e do dinheiro apenas na função de dinheiro e do dinheiro como capital:

> A circulação simples da mercadoria – vender para comprar – serve de meio a um fim situado fora da circulação, a apropriação de valores de uso, a satisfação de necessidades. A circulação do dinheiro como capital, ao contrário, tem sua finalidade em si mesma, pois a expansão do valor só existe neste movimento sempre renovado. Por isso, o movimento do capital não tem limites.[514]

E ainda:

> Como representante consciente deste movimento, o possuidor do dinheiro torna-se capitalista. (...) a expansão do valor é sua finalidade subjetiva. [Enquanto assim proceder] funcionaria ele como capitalista, ou como capital personificado, dotado de vontade e de consciência. [Seu objetivo] não é o valor de uso (...), mas o interminável processo de obter lucro.[515]

---

514 MARX, Karl. *O capital*: crítica da economia política – o processo capitalista de produção. vol. I. 2ª ed. Rio de Janeiro: Civilização Brasileira, [1867] 1971, p. 171 (Livro I).

515 MARX, Karl. *O capital*: crítica da economia política – o processo capitalista de produção. vol. I. 2ª ed. Rio de Janeiro: Civilização Brasileira, [1867] 1971, p. 172 (Livro I).

O valor transmuta-se da forma dinheiro para a forma mercadoria e, ao valorizar-se, modifica sua própria magnitude, afastando-se de seu valor primitivo, expandindo-se a si mesmo, se transforma em capital. A fórmula D – M – D' é, nessa condição, a fórmula geral do capital, como ele aparece diretamente na circulação.[516]

A grande questão consiste em saber como isso ocorre, ou seja, como se obtém este acréscimo no valor, como se gera esse excedente, porque ele contradiz todas as leis investigadas até este momento sobre a natureza da mercadoria, do valor, do dinheiro e da própria circulação. Isso porque, como já ressaltado, na esfera da circulação sempre ocorre uma *troca de equivalentes*, trocando-se as mercadorias por seus valores, por seus preços, com os permutantes obtendo ganhos apenas em termos de valores de uso, mas não de valores de troca, de lucro. Mesmo que algum produtor queira vender seu produto por um preço 10% acima de seu valor, depois, na condição de comprador, também terá de pagar 10% a mais pela compra que efetuar, não se alterando seu *valor relativo*. A formação da mais-valia (do lucro) e a transformação do dinheiro em capital não pode, portanto, ser explicada nessa esfera, considerando que "(...) a circulação ou a troca de mercadoria não cria nenhum valor".[517] Este é o grande *segredo* a ser desvendado, porque se o valor excedente (a mais-valia) não pode originar-se na circulação, por nela ocorrerem trocas de equivalentes, mas nela realizar-se, como decifrar este enigma? Como Marx bem coloca: "Capital, portanto, nem pode originar-se na circulação, nem fora da circulação. Deve, ao mesmo tempo, ter e não ter nela sua origem".[518]

---

516 MARX, Karl. O *capital*: crítica da economia política – o processo capitalista de produção. vol. I. 2ª ed. Rio de Janeiro: Civilização Brasileira, [1867] 1971, p. 175 (Livro I).

517 MARX, Karl. O *capital*: crítica da economia política – o processo capitalista de produção. vol. I. 2ª ed. Rio de Janeiro: Civilização Brasileira, [1867] 1971, p. 183 (Livro I).

518 MARX, Karl. O *capital*: crítica da economia política – o processo capitalista de produção. vol. I. 2ª ed. Rio de Janeiro: Civilização Brasileira, [1867] 1971, p. 186 (Livro I).

A grande dificuldade para decifrar este enigma reside no fato de que, diferentemente do que ocorre numa sociedade de produtores independentes, o trabalho (a força de trabalho) se transforma em mercadoria que é negociada no mercado pelo seu valor, assim como o capital, na forma de dinheiro, é uma mercadoria, ou seja, ambos aparecem como *coisas* que entram no processo de produção, assumindo uma forma social particular, com os seus proprietários dela participando, mas não como membros da sociedade, mas como meros *representantes sociais* destes diferentes elementos da produção: o capitalista como capital personificado, o trabalhador como trabalhador assalariado. Como *coisas*, que assumem uma forma material e que formam laços para estabelecer uma relação de produção para produzir *coisas* (mercadorias) para serem vendidas, cria-se a ilusão de que é a coisa que a estabelece, e não as pessoas, *reificando* (*coisificando*), dando um caráter meramente material às relações de produção, com elas (as *coisas*) adquirindo uma propriedade *natural* e parecendo, por isso, capazes de se tornarem criadoras de valores, justificando o fato de cada um dos proprietários destes elementos de produção ter direito de se apropriar de parte do valor criado, na forma de *salário* para o trabalhador, *lucro* para o capital produtivo, *juro* para o capital financeiro, *renda* para o proprietário de terra, como essas coisas aparecem na esfera da circulação e os economistas as interpretam. Ora, se como foi visto na análise da sociedade mercantil simples – o todo menos desenvolvido – ser o trabalho a fonte de criação de valor, deve existir algum segredo que precisa ser desvelado para explicar o surgimento de um valor excedente que é apropriado pelo capital na forma de lucro.

A resposta a essa questão, ou a este *segredo* como preferia denominá-lo Marx, e que não encontrou explicação satisfatória nos economistas clássicos, é a de que esse valor excedente (a mais-valia) tem de ter origem numa mercadoria que, ofertada no mercado e adquirida por seu valor, pois afinal trata-se de uma troca de equivalentes, seja capaz de criar um valor superior ao que custa ao possuidor do dinheiro, de um lado, e ao que é necessário para que ela possa ser reproduzida. Isso porque, a mudança do valor (o excedente) não pode ocorrer no próprio dinheiro e nem no ato de revenda da mercadoria, podendo só ocorrer se existir uma mercadoria que, adquirida pelo seu valor de uso, seja capaz de gerar, ao ser consumida, um valor maior do que o seu custo, ou seja, que seja fonte de valor. E essa mercadoria especial que o possuidor do dinheiro, o capitalista, encontra no mercado, é a *capacidade de trabalho ou a força de trabalho*.[519]

A transformação da força de trabalho em mercadoria, que se adquire no mercado como valor de uso para o comprador, ou seja, para ser consumida, é que inaugura, de fato, o *modo de produção capitalista*, o momento em que o capital, para existir como tal, encontra o trabalhador livre no mercado vendendo sua força de trabalho para subsistir, já que despojado de outras condições para tanto. Assim, de acordo com Marx, embora o dinheiro possa desempenhar várias funções na circulação de mercadorias pouco desenvolvida, como já visto – equivalente de mercadoria, meio de circulação, meio de pagamento, tesouro, dinheiro mundial –, *sua transformação em capital*, as condições históricas de existência deste, só ocorre nessa condição, quando com ele se consegue comprar a capacidade de trabalho para ser usada (consumida) pelo dono do dinheiro para a geração de valor.

519 É interessante notar que, do ponto de vista do trabalhador, este intercâmbio é semelhante ao que ocorre numa economia mercantil simples, na qual se trocam produtos por produtos, com os valores de uso constituindo o ponto de partida e o de chegada. Isso porque ele aluga/vende para o capitalista a sua força de trabalho como valor de uso para que este a utilize, recebendo em troca um salário, que será convertido em produtos para sua sobrevivência, trocando-se, portanto, equivalentes. Já para o capitalista, embora compre o valor de uso da força de trabalho, seu objetivo é o de usá-la para produzir valores de troca superiores ao que por ela pagar, visando a multiplicação dos valores que despende na produção e, portanto, a valorização do capital empregado. (MARX, Karl. O *capital*: crítica da economia política – o processo capitalista de produção. vol. I. 2ª ed. Rio de Janeiro: Civilização Brasileira, [1867] 1971, p. 187 (Livro I)).

O dono do dinheiro (o capitalista) adquire essa mercadoria no mercado pelo seu valor (equivalente) que é determinado, por hipótese, como o de qualquer outra mercadoria, pelo tempo de trabalho necessário para a sua produção e reprodução. Isso significa que o preço que lhe é pago deve ser suficiente para que o trabalhador compre alimentos, sustente sua família para reproduzir-se (repor o estoque de trabalhadores), ter acesso a serviços de lazer e educação etc., enfim de condições historicamente determinadas que definem sua cesta de bens e serviços necessários para sua subsistência e reprodução.

A capacidade de trabalho, não o trabalho em si, como a denominam os economistas clássicos, "assim como a capacidade de digestão não significa digestão", ou a força de trabalho é, portanto, comprada pelo capital, pagando pelo seu valor, na esfera da circulação, como valor de uso para ser consumida como este bem entender durante o tempo contratual estabelecido. A mágica que se opera da multiplicação do valor por seu uso (consumo) não ocorre, no entanto, nessa esfera onde parece reinar "(...) um verdadeiro paraíso dos direitos humanos".[520] Para consumi-la de forma a obter ganho (a mais-valia, o excedente), o possuidor do dinheiro, o capitalista, a leva para fora da circulação, para os porões da produção, onde essa mágica será feita, seguido do proprietário da força de trabalho que o acompanha como uma ovelha pronta para ser tosquiada. Como isso se dá é o que Marx analisa na terceira e quarta partes.

4.3.2.3 A *mágica* da criação de um sobrevalor: a mais-valia absoluta e relativa

Contratado pelo capitalista, o trabalhador irá produzir coisas úteis, na forma de mercadorias, para atender as necessidades

520 MARX, Karl. *O capital*: crítica da economia política – o processo capitalista de produção. vol. I. 2ª ed. Rio de Janeiro: Civilização Brasileira, [1867] 1971, p. 196 (Livro I).

humanas, que serão vendidas no mercado. Os elementos componentes do processo de trabalho nessa produção são: o próprio trabalho, a matéria-prima que se aplica ao trabalho, o seu objeto; os meios de produção do trabalho, o seu instrumental. O trabalhador transforma, no processo de produção, as matérias-primas, com o auxílio dos meios de produção, todos adquiridos pelo capitalista no mercado, em produtos úteis que serão por ele vendidos enquanto detentores de valores de troca, rendendo-lhe uma mais-valia, que é o seu objetivo, o *motor primus* de sua atividade. O valor que se materializa nestes produtos é dado, assim, pelos meios de produção (matérias-primas e instrumentos, maquinário), produtos de trabalho pretérito, trabalho morto incorporado ao capital, cujo valor é conservado e transferido pelo trabalhador, e pelo *trabalho vivo* que este a ele agrega. Caso o capitalista só utilize o trabalhador até o limite de tempo que corresponde ao valor da força de trabalho, isso significa que nenhuma mais-valia será produzida e ele nada lucrará com essa produção de valores de uso, já que o seu valor de troca corresponderá à soma de valores que realizou com a compra de materiais e instrumentos de produção e com o valor pago à força de trabalho que a eles nada acrescentou. Na realidade, contudo, as coisas não são bem assim.

Para esclarecer melhor essa questão, Marx introduz, na análise, os conceitos de *capital constante*, que ele chama de *c*, e de *capital variável*, de *v*, em oposição aos de capital fixo e capital circulante dos economistas clássicos. O primeiro compreende as matérias-primas, materiais e acessórios e os meios de trabalho, cujo valor, por meio do trabalho, é transferido para o preço final do produto, mas sem mudar sua magnitude, com este apenas tendo conservado seu valor original para o capital. O segundo, a parte do capital convertida em força de trabalho, o capital variável, é a que, de fato, cria valor, além de conservar, transferindo para o produto, o valor do capital constante, ou o custo das matérias primas e o desgaste dos maquinários. Ora, se é o capital variável que cria valor novo, já que o capital constante nada agrega ao produto além de seu valor original, é naquele que se tem de buscar a origem da mais-valia, do lucro do empresário.[521]

Neste processo, a mais-valia, chamada de *m*, surge porque o trabalhador com a sua força de trabalho, além de produzir para pagar o valor que recebe do capitalista (*v*), que corresponde, por exemplo, a 6 horas de trabalho, a trabalhar mais um período, digamos também de 6 horas, sem nada dele receber, convertendo-se este em trabalho excedente, em mais-valia (*m*), em ganho, lucro para o capital. Neste caso, o valor do produto é dado por $c + v + m$, que representam o custo do capital constante, o da força de trabalho e o produto excedente que é gerado no processo de produção e apropriado pelo capital. Abstraindo do capital constante, por ser uma variável constante e não agregar valor adicional ao produto, tem-se que o *valor novo* que é criado reduz-se a $v + m$, sendo *v* o valor da força de trabalho e *m* a parte apropriada pelo capitalista. Neste caso, *m* representa a magnitude da *mais-valia absoluta* criada, e, sua relação com *v*, ou seja, m/v, a *mais-valia relativa* ou a *taxa de mais-valia*, ou ainda a *taxa de exploração do trabalho pelo capital*, que os clássicos confundiram com a taxa de lucro.

A taxa de mais-valia é determinada, assim, não por sua relação com o capital global, mas pela relação que existe entre a massa de mais-valia (o produto excedente, produto líquido) com o capital

521 Para evitar confusão, é importante esclarecer melhor a razão que levou Marx a essa classificação do capital. Os conceitos de capital constante e de capital variável surgem, em sua teoria, como resultado das diferentes funções que estes desempenham no processo de formação do valor e de valorização do capital, e não de seus aspectos físicos, materiais e nem de sua durabilidade, como geralmente entendem os economistas. Neste sentido, o capital constante, formado pelo capital fixo, as matérias-primas e matérias auxiliares da produção, é assim chamado porque não cria valor, mas apenas tem seu valor conservado, sendo este transferido, inalterado, para o valor do produto, ou para os preços, não contribuindo para a valorização do capital. Já o capital variável (a força de trabalho) representa o elemento da produção que, de fato, consegue, além de reproduzir seu próprio valor, agregar valor ao produto, que representa a mais-valia (o lucro do capital). Por isso, variável.

variável. O objetivo do capital é sempre o de produzir mais-valia (lucro) e, para isso, ele estará sempre que possível adotando meios para reduzir, como proporção nessa equação, o tempo de trabalho necessário para o trabalhador reproduzir o valor de sua força de trabalho (v) em relação ao tempo que ele se dedica a produzir mais-valia (m). O que consegue ou pela ampliação da jornada de trabalho, aumentando o tempo que ele trabalha de "graça" para o capital, e/ou pelo aumento da produtividade do trabalho, encurtando o tempo necessário para este repor as condições para sua produção e reprodução.

No longo capítulo VIII em que trata da jornada de trabalho, com inúmeros exemplos históricos de diversos países e do trabalho excedente em modos diferentes de produção, Marx procura demonstrar como no capitalismo, especialmente em seus primórdios em que as bases técnicas da produção ainda eram limitadas, avançando no século XIX, o capital, com o auxílio do Estado na formulação de leis que regulavam o tempo de trabalho, deu mais ênfase à exploração da mais-valia absoluta, nos seus limites, para garantir a geração de mais-valia.

Adotando a hipótese de ser *fixa (dada) a grandeza (quota) da jornada de trabalho que é destinada ao pagamento da força de trabalho (o salário)*, mantidas constantes as demais circunstâncias que afetam seu valor, procura demonstrar como a parte excedente do trabalho que produz a mais-valia, seria esticada além dos limites físicos do trabalhador e dos limites morais da sociedade, chegando a 10, 12 e até a mais horas tanto para adultos como para crianças, condenando-os à morte prematura. De seu relato, fica evidente, de forma límpida, cristalina, que o capital, personificado no capitalista, desconsidera qualquer limite humano e qualquer ato de solidariedade na sua voracidade por mais-valia, por lucro, transformando a fábrica, onde essa é gerada, num verdadeiro inferno para o trabalhador capaz de causar inveja aos mais sórdidos períodos da humanidade.

Quando, no entanto, é o limite da jornada de trabalho que é dado, na hipótese de se já ter atingido o limite físico do trabalhador, a possibilidade de ampliar a participação da mais-valia no valor gerado só é possível com a redução do tempo necessário para aquele garantir sua reprodução. Para isso, é necessário aumentar a produtividade do trabalho, transformando

> (...) as condições técnicas e sociais do processo de trabalho, que mudam o próprio modo de produção, a fim de aumentar a força produtiva do trabalho. Só assim pode cair o valor da força de trabalho e reduzir-se a parte do dia de trabalho necessária para reproduzir este valor,[522]

com a condição de que

> (...) o aumento da produtividade [atinja] ramos industriais cujos produtos determinam o valor da força de trabalho, pertencendo ao conjunto dos meios de subsistência costumeiros ou podendo substituir esses meios.[523]

Marx chama de

> (...) *mais-valia absoluta* a produzida pelo *prolongamento do dia de trabalho* e de *mais-valia relativa* a decorrente da *contração do tempo de trabalho necessário e* da correspondente alteração na relação quantitativa entre ambas as partes componentes da jornada de trabalho.[524]

---

522 MARX, Karl. *O capital*: crítica da economia política – o processo capitalista de produção. vol. I. 2ª ed. Rio de Janeiro: Civilização Brasileira, [1867] 1971, p. 362 (Livro I).

523 MARX, Karl. *O capital*: crítica da economia política – o processo capitalista de produção. vol. I. 2ª ed. Rio de Janeiro: Civilização Brasileira, [1867] 1971, p. 363 (Livro I).

524 MARX, Karl. *O capital*: crítica da economia política – o processo capitalista de produção. vol. I. 2ª ed. Rio de Janeiro: Civilização Brasileira, [1867] 1971, p. 363 (Livro I) – grifos nossos.

Como o aumento da produtividade e, portanto, da mais-valia relativa demanda avanços técnicos nas condições de produção e do processo de trabalho, a tendência do capital constante é de aumentar *vis-à-vis* o capital variável para garantir maior produção de mais-valia. Até onde se pode alcançar este resultado sem reduzir os preços das mercadorias, considerando que o seu valor varia na razão inversa desse aumento de produtividade, é o que Marx vai analisar nos capítulos XI, XII e XIII, onde investiga a evolução das bases técnicas do sistema e os seus métodos particulares de produzir mais-valia relativa.

4.3.2.4 A extração da mais-valia e as bases técnicas da produção capitalista

Nos seus primórdios, as bases técnicas da produção capitalista quase não se distinguem das dos artesanatos das corporações, a não ser pela reunião de um maior número de trabalhadores ocupados pelo mesmo capital, constituindo o ponto de partida da produção capitalista. Essa reunião de trabalhadores num mesmo espaço, comandados e sob a supervisão do capital gera ganhos de escala, com a economia dos meios de produção e a transformação da força de trabalho individual em força de trabalho coletiva, aumentando a produtividade do trabalhador em geral e possibilitando maior extração de mais-valia. Marx chama essa forma de trabalho de *cooperação* "(...) em que muitos trabalham juntos, de acordo com um plano, no mesmo processo de produção, diferentes, mas conexos", característica do modo de produção capitalista.[525] Já a *cooperação simples*, que se observa em diferentes modos de produção, quando "(...) os trabalhadores se completam mutuamente, fazendo a mesma tarefa ou tarefas da mesma natureza" constitui o germe de espécies mais desenvolvidas de cooperação e "(...) representa a forma predominante

---

525 MARX, Karl. *O capital*: crítica da economia política – o processo capitalista de produção. vol. I. 2ª ed. Rio de Janeiro: Civilização Brasileira, [1867] 1971, p. 374 (Livro I).

nos ramos de produção em que o capital opera em grande escala sem que a divisão do trabalho ou a maquinaria desempenhem papel importante".[526] Na fase em que predomina a *cooperação simples* no modo de produção capitalista, a grande dependência do capital da *habilidade do trabalhador* para assegurar a produção da mercadoria, limita sua capacidade de produzir mais-valia relativa, sendo mais importante a produção de mais-valia absoluta que, no entanto, esbarra nos limites físicos do trabalhador.

Se a cooperação simples representa o germe de espécies mais desenvolvidas da produção, a *produção manufatureira* e a *divisão do trabalho* que a pressupõem representa um passo adiante na trajetória do capital e um avanço na revolução das bases técnicas capaz de lhe permitir aumentar a extração de mais-valia.

Isso porque, com a manufatura ocorre um aprofundamento da divisão do trabalho, com os artigos produzidos deixando de ser produto de um trabalhador individual, mas de vários trabalhadores que, dedicando-se, cada um, a uma operação específica, contribui para sua produção ou que, para que essa se materialize, percorrem-se várias fases de produção conexas com cada trabalhador nela desempenhando um papel *parcial* para a geração do produto. Ou seja, nessa fase de desenvolvimento do capital, este se liberta da habilidade do artesão na produção integral de um determinado artigo e parcializa o trabalho, especializando-o na produção de partes componentes do produto, aprofundando a divisão do trabalho e aumentando a sua produtividade. Produtividade, no entanto, que aparece, aos olhos dos economistas burgueses, como produtividade do capital.

Assim, se a *cooperação simples* "(...) não modifica o modo de trabalhar dos indivíduos, [mesmo reunindo-os numa fábrica sob

---

526 MARX, Karl. *O capital*: crítica da economia política – o processo capitalista de produção. vol. I. 2ª ed. Rio de Janeiro: Civilização Brasileira, [1867] 1971, p. 385 (Livro I).

o comando do capital], a *manufatura* o revoluciona inteiramente e se apodera da força individual do trabalho em suas raízes",[527] deformando-o ao transformá-lo em trabalho parcial, especializado na produção apenas de um ou mais dos componentes do artigo produzido. A mercadoria deixa, assim, de ser o produto de um trabalhador e passa a ser o produto de vários trabalhadores parciais, individuais, que compõem a força de trabalho coletiva. O produto ou o artigo produzido se torna, nessa visão, estranho para o trabalhador que deixa de reconhecê-lo como produto de seu próprio trabalho, mas do capital.

Isso não significa que o capital tenha se libertado completamente da habilidade do trabalhador e, com isso, garantido, o que Marx chama de *subordinação real* do trabalho ao capital. Devido ao estreito fundamento técnico da manufatura, em que a habilidade, ainda que fragmentada e dispersa nas várias partes componentes do produto, do artigo produzido, continua operando como *princípio regulador da produção social*, essa *subordinação ainda é apenas formal*, limitando a caminhada do capital de impor tiranicamente seu domínio sobre o trabalho. Isso só irá de fato ocorrer com o surgimento da *grande indústria*, numa fase mais desenvolvida da produção capitalista, quando as fábricas da própria manufatura começarem a produzir as ferramentas que substituirão a habilidade manual dos trabalhadores pelas máquinas.

Na indústria moderna, etapa mais desenvolvida do sistema capitalista, a máquina-ferramenta, da qual parte a revolução industrial do século XVIII, promove uma revolução no instrumental de trabalho e passa, ela própria, a realizar as atividades e tarefas que antes dependiam da habilidade e também da força do trabalho, que é substituída por forças naturais. A força de trabalho perde, assim, o papel de principal protagonista deste processo,

---

527 MARX, Karl. O *capital*: crítica da economia política – o processo capitalista de produção. vol. I. 2ª ed. Rio de Janeiro: Civilização Brasileira, [1867] 1971, p. 412 (Livro I).

como ocorre na manufatura, e este se desloca para o sistema de máquinas, as quais passam a operar em cooperação, tornando o trabalhador apenas seu apêndice, ou por um "(...) sistema de máquinas, quando o objeto do trabalho percorre processos parciais conexos levados a cabo por um conjunto de máquinas-ferramenta de diferentes espécies (...)", mas complementares, reproduzindo, em outras bases técnicas, a divisão do trabalho que se verifica na manufatura, onde predomina o trabalho humano.[528]

Nessa etapa de desenvolvimento, o capital consegue finalmente garantir a *subordinação real* do trabalhador ao não mais depender dele para a execução das tarefas que mecanicamente passam a ser realizadas por máquinas. Ao tornar o trabalho mais "leve", propicia a incorporação de mulheres e crianças ao mercado de trabalho, ampliando a população trabalhadora excedente e exercendo pressões baixistas sobre o valor da força de trabalho, ao criar uma população supérflua. Da mesma forma, possibilita o prolongamento da jornada de trabalho por se tratarem de atividades menos exigentes em termos da força humana, melhorando as condições para a extração da *mais-valia absoluta*, embora esse prolongamento termine esbarrando nos limites físicos do trabalhador e nos limites morais da sociedade, despertando a reação de seus membros contra essa situação desumana. Mais importante, que este prolongamento da jornada de trabalho, é que este avanço tecnológico permite intensificar a exploração do trabalho com o aumento de sua produtividade, ampliando os horizontes de extração

---

528 Em Marx: "Na manufatura e no artesanato, o trabalhador se serve da ferramenta; na fábrica, serve à máquina. Naqueles, procede dele o movimento do instrumental do trabalho; neste, tem de acompanhar o movimento do instrumental. Na manufatura, os trabalhadores são membros de um mecanismo vivo. Na fábrica, eles se tornam complementos vivos de um mecanismo morto que existe independente deles". (MARX, Karl. O *capital*: crítica da economia política – o processo capitalista de produção. vol. I. 2ª ed. Rio de Janeiro: Civilização Brasileira, [1867] 1971, p. 483 (Livro I)).

da *mais-valia relativa*, reduzindo o tempo de trabalho necessário para este reproduzir-se. Como diz Marx a este respeito:[529]

> A produção de mais-valia relativa pressupõe (...) um modo de produção especificamente capitalista, que, com seus métodos, meios e condições, surge e se desenvolve, de início, na base da subordinação formal do trabalho ao capital. No curso desse desenvolvimento, essa subordinação formal é substituída pela sujeição real do trabalho ao capital.[530]

Para o capitalista, a grande questão que então se coloca é a de avaliar até que ponto a substituição do capital variável (do valor da força de trabalho) pelo capital constante (o valor das máquinas e ferramentas), cujo desgaste, embora nada acrescente em termos de valor novo, se incorpora ao valor do produto na medida dos custos que representa, garante que a mais-valia adicional gerada compense ou mais do que compense esses custos. Ou seja, por não produzir mais-valia e representar custos adicionais para o capital, a aplicação da máquina encontra limitação entre o seu valor e o barateamento que provoca na redução do preço da mercadoria e do valor da força de trabalho que substitui, já que somente essa é capaz de produzir mais-valia. Já o trabalhador, além de despojado de sua habilidade individual e divorciado da produção de uma mercadoria que lhe é crescentemente estranha, ainda assiste à sua família (mulher e filhos) integrar-se ao exército de operários, e ao fantasma do desemprego bater mais insistentemente em sua porta, acompanhada de pressões baixistas sobre o valor da força de trabalho e a um aumento na taxa de mais-valia, na taxa de

529 MARX, Karl. *O capital*: crítica da economia política – o processo capitalista de produção. vol. I. 2ª ed. Rio de Janeiro: Civilização Brasileira, [1867] 1971, p. 585 (Livro I).

530 Marx (MARX, Karl. *O Capital Crítica da Economia Política*: o processo global de produção capitalista vol. I. Rio de Janeiro: Civilização Brasileira, [1894] pp. 44-77. (Livro I)) dedica boa parte do Capítulo VI (inédito) do Livro I de *O Capital*, a analisar com maiores detalhes essa questão.

exploração do trabalho pelo capital. Nada disso, contudo, ocorre sem que se manifestem uma série de contradições que podem conduzir o sistema ao colapso. Vejamos a razão disso.

O objetivo do capital é sempre o de produzir o máximo de mais-valia possível seja pelo prolongamento da jornada de trabalho (mais-valia absoluta), seja pela intensificação do trabalho (aumento da produtividade), com a revolução que realiza nos processos técnicos de trabalho (mais-valia relativa). A primeira esbarra em limites físicos e morais. A segunda é a forma característica do modo de produção especificamente capitalista de ampliá-la sem esbarrar nesses limites, por meio do aumento da produtividade do trabalho, em sua fase de maior desenvolvimento, quando o capital consegue, ao libertar-se da dependência da habilidade do trabalhador, impor-lhe seu domínio real. Como diz Marx, "produzir mais-valia é a lei absoluta deste modo de produção".[531]

É do capital, portanto, que nasce a mais-valia e é ela que o alimenta para garantir sua expansão, visando multiplicá-la. A trajetória vitoriosa do capital começa na esfera da circulação ao converter uma soma de dinheiro em meios de produção e força de trabalho, transformá-los em mercadorias, na esfera da produção, com valor superior ao que foi aplicado na sua aquisição, e retornar à esfera da circulação para vendê-las e realizar o seu valor em dinheiro, convertendo-o novamente em capital que irá realizar as mesmas operações com o objetivo de expandir a mais-valia e o próprio capital e assim sucessivamente. "Esse movimento circular que se realiza sempre através das mesmas fases sucessivas", representa, para Marx, "a *circulação do capital*".

---

531 MARX, Karl. *O capital*: crítica da economia política – o processo capitalista de produção. vol. II. 2ª ed. Rio de Janeiro: Civilização Brasileira, [1867] 1971, p. 719 (Livro I).

4.3.2.5 O processo de acumulação e de reprodução do capital

As condições do processo de produção capitalista que percorre todas essas etapas são simultaneamente as de sua reprodução. Para ter condições de reproduzir-se continuamente, é necessário reconverter parte dos produtos anuais em meios de produção ou elementos da produção nova para repor a parte do capital constante que foi nela despendido, caso contrário o processo será interrompido. Se, como raciocinam os economistas burgueses, também o gasto com a força de trabalho (o capital variável), na forma de salário é adiantado pelo capital – o que nem sempre é verdade, sendo o trabalhador quem financia o capital por algum tempo –, seria necessário, também, repor as condições para sua contratação. Ou seja, os meios de produção consumidos produtivamente, incluindo os meios de subsistência dos trabalhadores, têm de ser repostos para que o processo se reinicie. Como forma capitalista de produção, certo é, no entanto, que será gerado, neste processo, um valor adicional, a mais-valia, o valor que se agrega à produção pela apropriação do trabalho excedente do trabalhador pelo capital. O destino que for dado a essa mais-valia é que definirá as condições em que se dará a reprodução do sistema.

Caso a mais-valia seja integralmente consumida pelo capitalista para o consumo, gastando-a no mesmo período em que a ganha, tem-se o caso de uma *reprodução simples*, em que a produção de hoje será a mesma de ontem e de amanhã, assim também como a mais-valia, sem que a produção se expanda. Mesmo assim, será necessário, para garanti-la, repor a parte do capital gasto na produção para que o valor original do capital não desapareça completamente no processo ao ser consumido. Não ocorre, assim, *acumulação de capital*. Essa *forma de reprodução* não representa, contudo, a forma que condiz com a natureza do capital, à medida que a mais-valia deixa de nele transformar-se para garantir sua contínua valorização e se torna mera fonte de prazer e deleite para o capitalista. Isso porque, *se a mais-valia tem origem no capital, este, estranhamente, nasce da mais-valia*, situação que ficará claro no exame do esquema de *reprodução ampliada*, característico do modo de produção capitalista.

No esquema de reprodução ampliada, Marx abandona a hipótese da alegre e prazerosa dissipação da mais-valia pelo capitalista e supõe, como no caso da reprodução simples, que o capital primitivo com o qual se inicia todo este processo esteja *dado*, *disponível*, pois ainda não considera o momento propício para discutir sua origem. Neste caso, portanto, da mais-valia que se obtém com o capital primitivo, com o qual foram adquiridos no mercado os meios de produção e a força de trabalho, reunindo-os na fábrica para a produção de mercadorias que serão vendidas por um valor superior ao que lhe custou, com lucro (mais-valia), portanto, uma parte é consumida pelo capitalista na forma de *renda* e outra é capitalizada, transformada em *capital* para gerar mais-valia adicional.

Se o capital primitivo gerou, por exemplo, 1.000 unidades monetárias de mais-valia com um capital global de 10.0000 unidades de capital, no caso do capitalista gastar 500 unidades (50%) do produto excedente, restando 500 para essa capitalização, o capital aumentará para 10.500 unidades e, supondo dadas as demais condições do processo de produção, no final do próximo período a mais-valia total gerada será de 1.050, multiplicando-se no tempo sucessivamente. Ou seja, produziu-se, ao final, *capital com capital* ao dar-se origem à mais-valia que, capitalizada, se transformou em *capital*. É o que Marx chama de *acumulação de capital*, de sua *reprodução em escala ampliada*. Assim, se o capital primitivo ainda não teve desvendado o segredo de sua origem, de seu surgimento, para dar início a este processo, a mais-valia que produz com a sua aplicação, e ela somente, é que explica a expansão posterior do capital e a contínua renovação de sua trajetória.

Essa acumulação em *escala ampliada* representa a sina do capitalista, enquanto personificação do capital: a acumulação sem fim, a acumulação pela acumulação. É como Marx desenha seu perfil no capítulo XXII:

> O capitalista só possui um valor perante a história e o direito ilusório à existência, enquanto funciona personificando o capital (...). O que o impele não são os valores de uso de sua fruição e sim o valor de troca e sua ampliação. Fanático da expansão do valor, compele impiedosamente a humanidade a produzir por produzir, a desenvolver as forças produtivas sociais e a criar as condições materiais da produção (...). O capitalista é apenas uma das rodas motoras desse mecanismo [social]. Além disso, o desenvolvimento da produção capitalista torna necessária a elevação contínua do capital empregado (...) e a concorrência impõe a cada capitalista as leis imanentes do modo capitalista de produção como leis coercitivas externas. Compele-o a expandir continuamente seu capital para conservá-lo e só pode expandi-lo por meio da acumulação progressiva.[532]

As características da expansão do capital em escala ampliada na busca incessante de produzir mais-valia conduz o sistema, inexoravelmente, e ao contrário do que postulavam os economistas clássicos, como Smith e Ricardo, que identificavam a acumulação com o consumo da mais-valia com trabalhadores produtivos, por não distinguirem entre o capital constante e o variável, a produzir uma população excedente, supérflua, para compor um exército de trabalhadores excedentes necessário para acomodar as necessidades do capital às flutuações econômicas e não frustrar sua tendência de expansão.

Para mostrar como isso ocorre, Marx retoma a distinção anteriormente feita entre capital constante e capital variável. Considera

---

532 MARX, Karl. O *capital*: crítica da economia política – o processo capitalista de produção. vol. II. 2ª ed. Rio de Janeiro: Civilização Brasileira, [1867] 1971, p. 688 (Livro I).

sua composição de dois pontos de vista: a *composição do valor*, dada pela proporção em que ele se distribui entre o valor dos meios de produção (c) e o valor da força de trabalho (v); a *composição técnica*, dada pela relação entre a massa dos meios de produção e a quantidade de trabalho necessária para estes serem empregados (K/T). Considerando a inter-relação que existe entre ambas, já que o valor é determinado pela composição técnica, refletindo suas modificações, chama a composição do valor de *composição orgânica do capital*.

No curso do processo de acumulação, caso a composição do capital não se altere (a economia opera com rendimentos constantes de escala), qualquer aumento do capital demandará proporções semelhantes de meios de produção e da força de trabalho para expandir a produção. Neste caso, procederiam as teses dos economistas clássicos sobre o movimento dos salários em face do curso da acumulação. Em algum momento, no entanto, as necessidades da acumulação, e este vai depender da velocidade com que a mais-valia é produzida e transformada em capital, podem ultrapassar o crescimento da força de trabalho ou do número dos trabalhadores, provocando uma subida dos salários (ou de *v*), reduzindo a parte do trabalho excedente (*m*) e, portanto, o *leit motive* do capital. Para defender-se dessa perda, o capital tenderá a reagir, procurando aumentar a produtividade do trabalho com a introdução/expansão da maquinaria e de novos processos produtivos, expandindo, portanto, o capital constante e ampliando a sua participação no capital global, ao mesmo tempo em que, com isso, libera trabalhadores para recompor o que ele chama de *exército industrial de reserva*.

A tendência, portanto, é de *aumento da composição técnica do capital* a favor da massa de meios de produção comparada com a massa da força de trabalho (mais unidades de capital, menos de força de trabalho), refletindo-se na *composição do valor*, tendência que tende a se aprofundar com o avanço dos processos de concentração e centralização do capital, fenômenos de um estágio mais desenvolvido do sistema, garantindo para o capital a existência de um permanente *exército industrial de reserva* que não obste o curso da acumulação, seja por pressões exercidas sobre os salários, seja por insuficiência de trabalhadores para sua expansão. O capital, conta, assim, com condições inerentes ao seu próprio modo de funcionamento para ajustar/adaptar o número de trabalhadores às suas necessidades, o que nada tem a ver com os equívocos cometidos pela economia clássica, baseada na obtusa tese malthusiana de ser a variável população, determinada pelo custo dos meios de subsistência, a responsável por realizar esses ajustes. Uma lei imanente do sistema que Marx chama, no capítulo XXIII, de *lei geral absoluta da acumulação capitalista*.[533] Uma lei que condena a classe trabalhadora a manter-se num quadro em que predominam permanentes pressões baixistas sobre os salários, como resultado da capacidade do sistema de recompor, sempre que necessário, a legião de desempregados, por meio do avanço tecnológico.[534]

Este movimento de concentração (aumento de escala) e de centralização do capital (fusão de diferentes capitais, reduzindo o número de seus proprietários), seja como reação ao aumento de salários, aumentando-se a sua composição orgânica, seja para melhorar os negócios e a lucratividade, representa um fenômeno do capitalismo mais desenvolvido, tendendo a acirrar as disputas e conflitos no seio do próprio capital, expulsando do mercado as pequenas e médias empresas sem condições de enfrentar a concorrência

---

533 MARX, Karl. O *capital*: crítica da economia política – o processo capitalista de produção. vol. II. 2ª ed. Rio de Janeiro: Civilização Brasileira, [1867] 1971, p. 747 (Livro I).

534 Ricardo durante algum tempo também acreditou que a introdução da maquinaria seria benéfica para todas as classes sociais, incluindo a classe trabalhadora, já que além de ter o emprego se beneficiaria da queda dos preços das mercadorias decorrente do aumento da produtividade do trabalho. Na revisão teórica que fez dessa questão, no capítulo em que trata da maquinaria, chegou a uma conclusão completamente oposta, considerando-a fonte de desemprego e altamente prejudicial para os trabalhadores (RICARDO, David. *Princípios da Economia Política e da Tributação* (os Economistas). São Paulo: Abril Cultural, 1982, capítulo XXXI).

das que se agigantaram, embora aquelas sejam essenciais para o seu funcionamento, razão por que não desaparecem completamente. Figura, assim, no pensamento de Marx, como um fenômeno do desenvolvimento do capitalismo e, como tal, também como uma *lei de movimento* do capital na busca incessante pela acumulação e pela obtenção do maior lucro possível.

4.3.2.6 As origens do capital primitivo: o inferno domina a terra

Se a mais-valia nasce do capital e é, ao mesmo tempo, a que dá vida a este, de acordo com a análise de Marx, caímos numa situação de circularidade, no enigma de ter de explicar se foi o ovo ou a galinha quem nasceu primeiro. Para escapar dessa circularidade torna-se necessário admitir que tenha ocorrido uma *acumulação primitiva*, prévia ao modo de produção capitalista, que não decorre dele, mas que constitui seu ponto de partida.

A história da *acumulação primitiva* pode ser contada de dois modos. O primeiro, sob a forma de lenda que dividiu os homens em dois grupos: os laboriosos, inteligentes e parcimoniosos, que empreendiam e poupavam parte de seus ganhos, pensando no amanhã; os indolentes, vadios e gastadores, que não tinham a menor preocupação com o que poderia lhes acontecer. Segundo essa lenda, o grupo dos vadios e imprevidentes terminou sem ter condições de sobreviver e não lhes restou outra alternativa senão a de alugar/vender sua força de trabalho para o primeiro grupo, que, como na história da formiga e da cigarra, havia poupado e economizado. Essa, a lenda que alimenta teorias formuladas pelos economistas para explicar a origem do capital, com sofisticados argumentos sobre o homem racional, previdente, econômico: a *capacidade da abstinência* (de Sênior), da época de Marx, do *sacrifício do consumo presente* ou, posteriormente, *a espera* (de Marshall), o *tempo* (de Böhm-Bawerk), e por aí afora.

A história verdadeira da acumulação primitiva não tem, no entanto, nada do romantismo e heroísmo de homens probos, conscientes e previdentes que a lenda lhes atribui. É antes a história da pilhagem, do roubo e usurpação das terras da igreja e do Estado e também das terras comuns que pertenciam aos camponeses por uma classe de senhores espertos e poderosos, retirando-lhes as condições de sobrevivência e obrigando-os e vender sua própria pele e seus braços para quem pagasse por seus alimentos. Como diz Marx a respeito deste processo no capítulo XXIV:

> O roubo dos bens da igreja, a alienação fraudulenta dos domínios do Estado, a ladroeira das terras comuns e a transformação da propriedade feudal e do clã em propriedade privada moderna, levada a cabo com terrorismo implacável, figuram entre os métodos idílicos da acumulação primitiva. Conquistaram o campo para a agricultura capitalista, incorporaram a terra ao capital e proporcionaram à indústria das cidades a oferta necessária de proletários sem direito.[535]

Expropriados e expulsos do campo, parte dessa massa errante de camponeses, destituída de condições de sobrevivência, migrou para as cidades onde floresciam as atividades industriais e comerciais. Lá, no entanto, esperavam-nos as leis promulgadas pelo Estado, em associação com a classe de ricos e poderosos, que não só os obrigavam ao trabalho – as leis férreas sobre a vadiagem –, punindo seus infratores até mesmo com a pena de morte, como estabeleciam limites para sua remuneração (as leis sobre os salários) que mal davam para o seu sustento, sempre sob o argumento de não desestimulá-los para o trabalho, além de outras leis que proibiam a formação de qualquer associação entre eles para questionar essa situação. Era a acumulação primitiva sendo formada a fórceps com o sangue e a pele dos desvalidos e expropriados de suas terras.

---

535 MARX, Karl. O *capital*: crítica da economia política – o processo capitalista de produção. vol. II. 2ª ed. Rio de Janeiro: Civilização Brasileira, [1867] 1971, p. 850 (Livro I).

No campo, à medida que a ordem feudal se desestruturava e o *landlord* (o proprietário feudal) se arruinava, arrendando suas terras, o arrendatário trilhava gradativamente os caminhos da riqueza, beneficiado pela revolução agrícola, a usurpação das terras comuns e pela disponibilidade dos camponeses expropriados para trabalharem em suas terras, transformando-se em capitalistas arrendatários. Antes produtores dos bens e artigos necessários para sua sobrevivência e reprodução, os camponeses, agora proletarizados, se tornam compradores dos que são produzidos pela manufatura nascente, constituindo o imprescindível *mercado interno* para a indústria e para a emergência e solidez do modo de produção capitalista em sua fase embrionária.

Nas cidades, os estímulos vindos dos campos com a dissolução das vassalagens feudais e a expropriação e expulsão das populações rurais, alimentam as manufaturas nascentes com força de trabalho barata e demanda por produtos, processo que, gradativamente vai minando as corporações dos mestres e aprendizes, substituindo-os pela figura do capitalista inicialmente apoiado no capital usurário e mercantil presente nas mais diversas formações socioeconômicas. Contribuem para impulsionar essa acumulação primitiva,

> as descobertas do ouro e da prata na América, o extermínio e escravização das populações indígenas, forçadas a trabalhar no interior das minas, o início de conquista e pilhagem das Índias Orientais e a transformação da África num vasto campo de caçada lucrativa, [marcando] os albores da era da produção capitalista.[536]

Nada disso ocorreu sem o uso da força colocada pelo Estado a serviço do capital para impulsionar a acumulação primitiva: às

536 MARX, Karl. *O capital*: crítica da economia política – o processo capitalista de produção. vol. II. 2ª ed. Rio de Janeiro: Civilização Brasileira, [1867] 1971, p. 868 (Livro I).

leis reguladoras da propriedade, da produção, da vadiagem, das profissões, dos salários, somaram-se os ganhos oriundos do sistema colonial, da dívida pública, do sistema tributário e do protecionismo, para dar vida ao novo sistema que nascia das entranhas da velha ordem feudal. A este respeito, pode-se dizer que o Estado teria sido o parteiro do modo de produção capitalista.[537]

A verdadeira história da acumulação primitiva é, por tudo isso, a história do sangue capitalizado extraído das colônias, dos escravos, dos camponeses expulsos dos campos, em ações coordenadas e capitaneadas pelo Estado que, por meio da dívida pública e do sistema tributário, enriqueceu os seus credores, os comerciantes e os agiotas, abrindo caminho para o capital produtivo, primeiramente com o surgimento da manufatura e, posteriormente, com o da grande indústria. Como coloca Marx:

> O sistema colonial, a dívida pública, os impostos pesados, o protecionismo, as guerras comerciais, esses rebentos do período manufatureiro desenvolvem-se extraordinariamente no período infantil da indústria moderna.[538]

O que se segue após o período da acumulação primitiva, que representa o ponto de partida do modo de produção capitalista e na qual se separa o indivíduo dos seus meios de produção, garantindo braços para o capital cumprir a sua missão que é a de produzir mais-valia, com a exploração do trabalho, é resultado deste processo inicial necessário para o sistema caminhar para o seu apogeu, o qual, no entanto, pelas inúmeras contradições que carrega terminará conduzindo-o para o colapso. Neste momento,

---

537 MARX, Karl. O *capital*: crítica da economia política – o processo capitalista de produção. vol. II. 2ª ed. Rio de Janeiro: Civilização Brasileira, [1867] 1971, p. 869 (Livro I).

538 MARX, Karl. O *capital*: crítica da economia política – o processo capitalista de produção. vol. II. 2ª ed. Rio de Janeiro: Civilização Brasileira, [1867] 1971, p. 875 (Livro I).

para Marx, "soará a hora final da propriedade particular capitalista: os expropriadores serão expropriados".[539]

Não é possível entender essa frase de Marx, nem a sua convicção de que soaria a hora final para o capital se não destacarmos sua visão, apoiada no método dialético que emprega, sobre o embate que se trava entre forças contrárias, ou polos opostos, o qual termina culminando em mudanças qualitativas na realidade em que esse ocorre.

De acordo com a análise realizada até o momento, especialmente nos capítulos sobre a *Lei Geral da Acumulação Capitalista* e das *Tendências históricas da Acumulação Primitiva*, Marx extrai do movimento do capital uma das tendências da sociedade capitalista, em virtude da busca cega, incessante e irracional pelo lucro: o crescente empobrecimento da classe trabalhadora como consequência dos baixos salários pagos pelo capital e a exclusão de parcelas consideráveis da população dos frutos gerados pelo sistema, que são deixadas à própria sorte em condições de extrema pobreza.

Na literatura econômica, travou-se um grande debate, a partir de suas análises sobre essa questão, nas quais se aponta, especialmente na *Lei Geral*, a tendência do sistema capitalista de adotar, à medida que a acumulação avança, inovações tecnológicas poupadoras de mão de obra, dando formação e alimentando continuamente, um exército industrial de reserva, visando manter uma pressão baixista sobre os salários; e, no da *Acumulação primitiva*, onde descreve, com riqueza de detalhes, a situação de miséria, opressão escravidão, degradação e exploração imposta pelo capital a amplas parcelas da população não proprietárias dos meios de produção.

---

539 MARX, Karl. *O capital*: crítica da economia política – o processo capitalista de produção. vol. II. 2ª ed. Rio de Janeiro: Civilização Brasileira, [1867] 1971, p. 881 (Livro I).

O debate em torno dessa questão cingiu-se a procurar entender se Marx estava se referindo, com essa análise, a uma situação de *miséria absoluta* da classe trabalhadora, condição em que os salários tenderiam a cair abaixo do nível de subsistência, ou de *miséria relativa*, que pressuporia até um aumento de salários, mas em nível inferior ao dos lucros, reduzindo, como consequência, sua participação no produto nacional e aumentando as desigualdades socioeconômicas.[540]

Um debate que parece ter nascido da única preocupação em se saber qual a posição de Marx sobre o movimento dos salários que, segundo se argumenta, não é tão precisa em seus textos. Um debate, assim, que nos parece, encontra-se desfocado do pensamento de Marx ao abordar essa questão, por ser bem outro seu objetivo: o de demonstrar uma *lei de movimento* do sistema que o conduziria, inexoravelmente, ao seu desmoronamento no tempo. Explica-se a razão.

Dada a tendência do sistema e o seu afã por lucro, estava claro, para Marx, que, mesmo que os salários subissem no curso da acumulação, isso só ocorreria de forma lenta e gradual e de que, tendencialmente, estes perderiam, dados os mecanismos inerentes de defesa do sistema, a corrida para os lucros, aumentando a distância existente entre os proprietários e os não proprietários dos meios de produção, ou seja, as desigualdades entre essas classes sociais.

Essa é a posição claramente assumida por Marx no livro *Salário, preço e lucro*, de 1865, em seu debate com Weston, de que se tratava, no caso, de perda de *posição relativa dos salários no produto*, porque, por mais que esses crescessem – e isso mais do que justificaria a luta dos trabalhadores por aumentos de salários – a tendência era de que cresceriam menos do que os ganhos (os

540 Para um detalhamento deste debate, ver Meek (MEEK, Ronald L. *Economia & Ideologia*: o desenvolvimento do pensamento econômico. Rio de Janeiro: Zahar, 1971, cap. 7, pp. 148-167).

lucros) do capital, ao contrário do que sugeriam seus trabalhos da década de 1840, que permitiam a leitura de que ele estava se referindo a uma condição de *miséria absoluta*.[541]

Chama-se a atenção que, no entanto, Marx restringe sua análise, nessa questão, apenas à classe trabalhadora, ou seja, à população inserida formalmente no mercado de trabalho, subordinada ao capital e que, neste caso, está tratando, de fato, do que se chamou de *miséria relativa*. Existe, no entanto, uma parte da população excluída do sistema, mesmo por não ter ou dispor de condições de empregar-se, o que nada tem a ver com o movimento dos salários, mas que também é fruto do modo de funcionamento do sistema, a qual vive em condições efetivas de *miséria absoluta*.

Esta parcela não desprezível da população, que não conseguia sequer se inserir no mercado de trabalho, considerada, portanto, *inútil* para o sistema, tem de resignar-se, assim, a viver na penúria, na extrema pobreza, mendigando para sobreviver, sendo, assim, totalmente excluída de seus frutos. O modo de produção capitalista, dada sua natureza, seria, portanto, capaz de produzir as duas situações: tanto a da *pobreza relativa*, com a perda da participação do trabalhador no produto nacional, como a da *pobreza absoluta*, pelo número de excluídos do sistema.[542]

---

541 Segundo Rosdolsky, embora se possam identificar em obras de Marx da década de 1840, a exemplo do *Manifesto Comunista*, posições que espelham seu vínculo com o nível de pobreza absoluta do trabalhador, causada pelo avanço do capitalismo e por sua tendência de comprimir o salário, essas desaparecem em sua obra econômica. Tanto isso é verdade, que em "(...) O *Capital* criticou energicamente a concepção do mínimo existencial fisiológico' (e a 'lei de bronze' dos salários, de Lassalle"). Para ele, "sem ela, é impossível imaginar uma teoria do empobrecimento absoluto e inevitável da classe trabalhadora" (ROSDOLSKY, Roman. *Gênese e estrutura de O Capital de Karl Marx*. Rio de Janeiro: EDUERJ: Contraponto, 2001, pp. 251/252).

542 Para Rosdolsky, quando Marx se refere, no capítulo da acumulação primitiva de "O Capital", à "acumulação da miséria" da classe trabalhadora, ele está se referindo, na verdade, ao lumpemproletariado, ao resíduo mais baixo da superpopulação relativa, "aos lazarentos da classe trabalhadora" [ou seja, aos

Essa *lei de movimento* do capitalismo era fundamental na análise e decorria do método utilizado por Marx, quando considera, no final do capítulo sobre a *Acumulação Primitiva*, que "os expropriadores serão expropriados", pois, é da situação acima retratada, que nasceria e cresceria, no tempo, a revolta dessa massa explorada e massacrada pelo capital, conduzindo ao seu colapso e à emergência de uma nova ordem social. Trata-se, assim, da luta de contrários, da pura dialética marxista, que identificou o sistema capitalista como produtor de desigualdades e de pobreza e que, por essa razão, teria suas bases permanentemente questionadas, mesmo que essa situação fosse amenizada no tempo. Caso contrário, o capital não mais seria o capital.

4.3.3 O Livro II: o processo de circulação do capital

O Livro II, que trata da circulação do capital, se encontra organizado em três partes, vinte e um capítulos e 575 páginas. Sua primeira edição data de 1885 e foi organizada por Engels com base nos manuscritos de Marx da década de 1860. Nele, Marx se debruça no exame detalhado do circuito que percorre o capital no seu processo de valorização e das distintas etapas de sua reprodução, além de realizar uma análise crítica da visão dos economistas clássicos sobre este processo.

4.3.3.1 As metamorfoses e o ciclo do capital

Na primeira parte, composta de seis capítulos, Marx faz uma radiografia das metamorfoses do capital e de seus ciclos. A fórmula simplificada D – M – D' que havia apresentado no Livro I para retratar o processo de produção do capital, é substituída pela fórmula mais completa, a ela agregando-se os estágios

excluídos do sistema] e não a toda a classe, a qual, no entanto, está inserida no exército industrial de reserva. (ROSDOLSKY, Roman. *Gênese e estrutura de O Capital de Karl Marx*. Rio de Janeiro: EDUERJ: Contraponto, 2001, p. 253).

intermediários do mesmo, visando identificar o momento em que o capital, mudando de forma, consegue a produção da mais-valia e como ela se materializa. Essa fórmula mais completa é dada por:

D – M (Ft + Mp)... P... M' – D'... D

Na primeira fase, D – M, o capital aparece na circulação na *forma de dinheiro* para adquirir as mercadorias (força de trabalho e meios de produção) necessárias para dar início ao processo de produção e de extração de mais-valia. Neste momento, nenhuma mais-valia ainda foi produzida, e ele, o capital, se transforma, neste ato, em *capital-mercadoria*, como *valor-capital*. O processo de circulação então se interrompe, dando início ao processo de produção (P), visando aumentar o valor inicial despendido como *capital-dinheiro* na compra daquelas mercadorias. É nessa fase que se encontra oculta, imperceptível aos olhos de quem não enxerga além do processo de circulação, como ocorre a produção de mais-valia. O capital se transforma, nessa fase, em *capital produtivo*. Nela, as mercadorias adquiridas no mercado são transformadas e dissolvem-se na produção de outras mercadorias (produtos), que aparecem com o valor acrescido, M', já que incorporam a mais-valia. Para materializar este valor, o capital tem de retornar à esfera da circulação para vendê-las e transformá-la novamente em *capital-dinheiro*, mas ampliado, retornando à sua forma original (D'). Todo o processo se reinicia, mas não com D', mas apenas com D para refazer todo o circuito que lhe proporcionaria, em escala crescentemente ampliada, nova produção e extração de mais-valia. Como diz Marx a este respeito:

> O capital aparece (...) com um valor que percorre uma série de modificações conexas, reciprocamente determinadas, uma série de metamorfoses que constituem também fases ou estágios de um processo global. Em cada uma dessas fases,

> o valor-capital se encontra sob diferente figura, cada uma correspondendo a uma função diversa específica. No curso deste movimento, o valor adiantado [capital-dinheiro] se conserva [capital-mercadoria] e ainda cresce, aumenta sua magnitude [capital produtivo]. Por fim, no último estágio, volta à mesma forma em que apareceu no início do processo global [capital-dinheiro]. Esse processo é, portanto, cíclico.[543]

Vale ressaltar que o valor-capital aparece duas vezes no processo de circulação: no ato da compra da força de trabalho e dos meios de produção na forma de capital-dinheiro; no ato da venda das mercadorias produzidas para realizar seu valor, na forma de capital-mercadoria com valor acrescido. Já no estágio da produção da mais-valia, quando a circulação é interrompida, aparece como capital produtivo, uma das formas que assume o capital industrial, "industrial aqui no sentido de abranger todo ramo de produção explorado, segundo o modo capitalista".[544] Não se trata de formas autônomas de capital, "mas apenas de formas específicas de funcionamento do capital, que as assume sucessivamente"[545] para que o processo não seja interrompido, para que ele não se congele como tesouro (fase D – M), não deixe de contratar novos trabalhadores e meios de produção para produzir (fase P) ou não consiga vender as mercadorias (M' – D'), obstruindo o fluxo de circulação. Uma forma emerge da outra, dando vida à outra e todas essas fases e formas que ele assume se encontram ligadas e entrelaçadas. Mas, em todo este processo, pode-se dizer, que de todas as esferas do

---

543 MARX, Karl. *O capital*: crítica da economia política: o processo de circulação do capital. vol. 3. Rio de Janeiro: Civilização Brasileira, [1883] 1970, p. 53. (Livro II).

544 MARX, Karl. *O capital*: crítica da economia política: o processo de circulação do capital. vol. 3. Rio de Janeiro: Civilização Brasileira, [1883] 1970, p. 53. (Livro II).

545 MARX, Karl. *O capital*: crítica da economia política: o processo de circulação do capital. vol. 3. Rio de Janeiro: Civilização Brasileira, [1883] 1970, pp. 53/54. (Livro II).

capital existentes (comercial, financeiro etc.), ser o *capital produtivo* dominante, o único com poder de produzir essa mais-valia, com os demais a ele se subordinando.

Por iniciar e terminar na esfera da circulação (D-M, M'-D') e ocultar o que ocorre na esfera da produção (P), quando a força de trabalho e os meios de produção são consumidos produtivamente pelo capital, este processo cíclico termina obscurecendo a compreensão de sua natureza e reduzindo-o à forma simples da circulação (D – M – D') em que o dinheiro aparece como ponto de partida e de chegada, levando a interpretações equivocadas e ilusórias sobre a origem da mais-valia, do lucro, como se este ocorresse nessa esfera.

Em substância, Marx estende a mesma análise para o processo de *reprodução simples* e de *reprodução ampliada do capital*, destacando as distintas formas em que se transfigura a mais-valia nestes conceitos, sob a hipótese de que os valores não se alteram neste processo, mudando apenas a sua forma de existência. No primeiro, em que a mais-valia produzida não se transforma em capital, mas apenas é consumida pelo capitalista, ela figura apenas como *renda* e não é acrescida ao capital produtivo, não participando, portanto, da *circulação do capital*, mas fazendo parte da *circulação geral do processo de produção capitalista*. No segundo, em que a mais-valia é aplicada (total ou parcialmente) em capital produtivo, a parte que é aplicada produtivamente se transforma em *capital*, enquanto a parte que é consumida, em *renda*, caindo na *circulação geral*.

Essa distribuição da mais-valia tem implicações para os ciclos e a dinâmica da economia capitalista, sendo essencial para identificar as questões que nele aparecem para a reprodução do sistema. Seja este processo iniciado na fase da circulação com o dinheiro-mercadoria (D) e nela se encerrando com o dinheiro acrescido de mais-valia (D'), ou apenas sendo reposto, caso a mais-valia produzida seja consumida pelo capitalista (D), ou na fase de produção (P), com o capital-mercadoria (M'), a ela retornando, o importante a ressaltar que uma fase desencadeia a outra e assim sucessivamente, completando o ciclo de reprodução do capital industrial que tem, como unidade, as fases da circulação e da produção. Ou seja, como diz Marx, "o processo total se apresenta como unidade do processo de produção e de circulação; o processo de produção serve de meio para o processo de circulação e vice-versa".[546] Trata-se, assim, de processos indissociáveis.

Marx deixa claro, no entanto, que nenhuma mais-valia é gerada no processo de circulação, mas apenas no processo de produção, embora o tempo de circulação interfira no tempo de produção em função de sua duração. Mas, essa mais-valia gerada na produção distribui-se entre os agentes da produção e da circulação, ainda que Marx não leve em conta, nessa parte, sua distribuição entre os agentes do capital em suas várias formas – produtivo, comercial, financeiro etc. –, considerando apenas ser o capitalista que a produz que dela se aproprie, e nem considere ainda o papel do crédito neste circuito, mesmo a ele fazendo menção em algumas passagens do texto.

Na conclusão desta parte, Marx faz uma longa discussão sobre os custos da circulação além dos que dizem respeito à comercialização da mercadoria produzida, como os que se referem, por exemplo, à formação de estoques, à contabilidade da empresa e ao transporte da mercadoria, com o objetivo de identificar os que agregam ou não valor ao produto. Este exame é realizado à luz da *lei geral* dessa questão que enuncia da seguinte maneira:

> todos os custos de circulação que decorrem apenas da mudança de forma [e de lugar] da mercadoria não acrescenta a esta valor. São apenas custos para realizar o valor, para

---

546 MARX, Karl. O *capital*: crítica da economia política: o processo de circulação do capital. vol. 3. Rio de Janeiro: Civilização Brasileira, [1883] 1970, p. 102. (Livro II).

> fazê-lo passar de uma forma para outra. O capital despendido nesses custos (inclusive o trabalho que ele comanda) pertence aos custos improdutivos necessários da produção capitalista. Seu reembolso tem de provir do produto excedente e constitui, para a classe capitalista em seu conjunto, um desconto na mais-valia ou no produto excedente (...).[547]

4.3.3.2 A rotação do capital e o capital fixo

Na segunda parte, Marx se dedica à análise do tempo de circulação completo do capital que é igual à soma de seu tempo de circulação e de produção. Nas suas palavras: "é o período em que o capital se move, a partir do momento em que é adiantado sob determinada forma até o momento em que volta à mesma forma".[548] Este é o *tempo de rotação do capital*, o tempo que dura o período cíclico do valor-capital, passando por suas várias fases e metamorfoses, até poder passar para o período seguinte ou "o tempo que dura a renovação, a repetição do processo de criar mais-valia e de produzir o mesmo valor-capital".[549]

Nessa análise considera o capital como um todo e, dentro dele, os elementos que o compõem por serem distintos os seus períodos de rotação. Considerando, portanto, que, na análise marxista, o capital é integrado por componentes do *capital constante* e do *capital variável*, é preciso apreender suas características para extrair conclusões sobre o seu período de rotação.

---

547 MARX, Karl. *O capital*: crítica da economia política: o processo de circulação do capital. vol. 3. Rio de Janeiro: Civilização Brasileira, [1883] 1970, p. 152. (Livro II).

548 MARX, Karl. *O capital*: crítica da economia política: o processo de circulação do capital. vol. 3. Rio de Janeiro: Civilização Brasileira, [1883] 1970, p. 159. (Livro II).

549 MARX, Karl. *O capital*: crítica da economia política: o processo de circulação do capital. vol. 3. Rio de Janeiro: Civilização Brasileira, [1883] 1970, p. 162. (Livro II).

O *capital constante* é composto pelo *capital fixo* (meios de trabalho) e pelo *capital circulante constante* (matérias-primas e matérias auxiliares que entram no processo de produção da mercadoria, como objetos de trabalho), mas ambos apresentam rotações diferentes, da mesma forma que transmitem com diferente velocidade e intensidade seu valor para os produtos. *Todos estes elementos entram na circulação*, mas enquanto o do *capital fixo só circula em parte*, ao transferir gradualmente, de acordo com o seu tempo de vida útil, seu valor para o produto até o seu completo envelhecimento e descarte, quando será reposto integralmente, *o capital circulante circula em sua totalidade*, devendo ser reposto a cada encerramento do ciclo. Nenhum dos dois é fonte de criação de valor, tendo apenas seu valor conservado e transferido com velocidades e intensidade diferentes para o produto, com seu valor de uso se dissolvendo na mercadoria produzida: o capital fixo (edifícios, maquinaria, ferramentas etc.) na proporção do valor nela fixada, que corresponde à sua parte que circula; o circulante em sua totalidade, ambos perdendo suas características de valor de uso para dar vida a um valor de troca.

O *capital variável* (ou *capital circulante variável*), por sua vez, ou o valor-capital que é destinado à força de trabalho, é o que de fato cria a mais-valia e, tal como o capital circulante, seu valor entra por inteiro no valor do produto, porque, uma vez concluída a produção, aquela tem de ser novamente contratada com o capital-dinheiro enriquecido da mais-valia que originou de sua venda. Tal como os meios de produção, em que existe o capital circulante, já que o capital fixo apresenta as especificidades apontadas, também a força de trabalho é retirada da circulação na medida necessária à fabricação e venda do produto acabado, voltando eles a se converterem em meios de produção.

Assim como ocorre com a parte do capital fixo, cujo valor se transfere para o produto, o capital circulante (as matérias-primas e auxiliares) e o capital variável (o valor da força de trabalho), também a mais-valia, que é acrescentada ao produto pela força de trabalho, é posta em circulação pelo produto acabado, terminando todos sendo convertidos em capital-dinheiro pela sua venda, reiniciando-se todo o processo cíclico.

A dificuldade de medir o tempo de rotação do capital reside no fato dessa diferença que existe entre seus elementos constitutivos: enquanto o capital fixo, que é retirado da circulação de uma vez, ao ser comprado, a ela só retorna aos poucos, progressivamente, à medida que vai sendo usado e se desgastando, tanto o capital circulante como o capital variável realizam várias rotações em relação a ele. A solução dessa dificuldade exige, assim, para se conhecer a rotação do capital global, reduzir essas diferenças, considerando os variados elementos do capital fixo, principalmente em termos de seu tempo de duração, a uma *forma homogênea de rotação*, de modo que eles difiram apenas quantitativamente pelo tempo que duram.

Marx descarta essa possibilidade tomando-se como ponto de partida a forma do processo P... P', a que é realizada pelo capital produtivo, considerando que determinados elementos de P têm de ser substituídos em espécie enquanto outros não, ou seja, por serem fisicamente heterogêneos. Encontra na forma D... D', na forma dinheiro, portanto, essa *homogeneidade da rotação*. Isso porque a parte do capital fixo que gira no ano e cujo valor é transferido para o produto, uma vez convertido em dinheiro, permite considerar que, com esse valor, se tenha encerrado a rotação do capital e também porque "o valor-capital que roda durante o ano pode ser maior que o valor do capital global do capital adiantado, em virtude das rotações repetidas, no mesmo período, do capital circulante".[550]

As limitações dos conceitos de capital fixo e circulante em Adam Smith para a compreensão do modo capitalista de produção

550 MARX, Karl. O *capital*: crítica da economia política: o processo de circulação do capital. vol. 3. Rio de Janeiro: Civilização Brasileira, [1883] 1970, pp. 192/193. (Livro II).

e de sua reprodução merecem uma análise aprofundada de Marx.[551] Para ele, o fato de Smith não ter apreendido as diversas formas que o capital assume durante o ciclo de produção e reprodução levou-o a confundir o *capital em circulação*, em suas diversas formas, com o *capital circulante* e não perceber que este só se opõe ao capital fixo na fase da produção, razão de sua confusão na classificação destes tipos de capital tomada na aparência da esfera da circulação. Sua visão (de Smith) prende-se, assim, mais às *formas* que assumem esses componentes do capital do que às *funções* que desempenham no processo de produção e de reprodução. Não admira, assim, que ele tenha reduzido o valor despendido com a força de trabalho ao valor despendido com os meios de subsistência do trabalhador, classificando-os como *capital circulante* e, com isso, limitado sua compreensão sobre a fonte de criação do valor, ao não conseguir fazer a distinção entre capital constante e capital variável, no que foi seguido por todos os economistas que o sucederam nessa análise, incluindo David Ricardo.

O tempo de rotação, mantidos constantes os preços dos meios de trabalho e da mercadoria que é produzida, é influenciado também pelo tempo de produção, a fase em que o capital-dinheiro ao ser transformado em meios de produção e de força de trabalho (capital constante e variável) assume a forma de *capital produtivo* na fórmula apresentada, e pelo *tempo de circulação*, quando sob a forma de *capital-mercadoria* é destinado para a venda no mercado, visando materializar o valor que contém e reconverter-se novamente em *capital-dinheiro* para reiniciar o processo cíclico.

A produção de uma ferrovia, por exemplo, demanda um tempo de produção maior do que o de uma locomotiva; o tempo de produção desta, por sua vez, é maior do que o de uma ferramenta de trabalho, a qual pode ter um tempo maior do que a produção de

---

551 MARX, Karl. *O capital*: crítica da economia política: o processo de circulação do capital. vol. 3. Rio de Janeiro: Civilização Brasileira, [1883] 1970, pp. 198-225. (Livro II).

um sapato. Tempos de produção diferentes, quando o capital está aprisionado na esfera produtiva, pressupõem magnitudes diferentes de capital e, portanto, adiantamento diferente que o capitalista deve realizar, assumindo-os na ausência de um sistema de crédito. No caso da circulação, a não ser que a produção seja feita por encomenda, tornando o tempo praticamente inexistente, este varia também para que cada produto consiga ser vendido e reconvertido em capital-dinheiro para completar o ciclo do capital. A natureza do produto, a distância dos mercados, o tempo de transporte, entre outras causas, influenciam o tempo de circulação e, consequentemente, a magnitude do capital aplicado até o encerramento do ciclo.

Mas não é só. Quando se leva em conta o tempo de circulação, supondo constantes os preços dos meios de trabalho, caso o capitalista não disponha de capital-dinheiro adicional para dar início a um novo ciclo, adquirindo os meios de produção e a força de trabalho, por ainda não ter conseguido transformar o capital-mercadoria (M') do primeiro ciclo em capital-dinheiro, o processo de produção pode sofrer descontinuidade, sendo interrompido. Assim, para assegurar que isso não ocorra e que haverá um fluxo contínuo de produção, será necessário que, na ausência do crédito, o capitalista conte com capital adicional para fazer o adiantamento da etapa seguinte (total ou parcial), enquanto o seu produto, na forma de capital-mercadoria ainda se encontra total ou parcialmente na esfera da circulação à espera de um comprador.

Supondo, por outro lado, constante a magnitude do período de rotação e a escala de produção e que variam os preços das matérias-primas e auxiliares e também o valor da força de trabalho, assim como os da mercadoria produzida, as magnitudes do capital que precisam ser repostas, e que retornam ao capitalista, se modificam. Se os preços dos elementos circulantes do capital (objetos do trabalho e força do trabalho) caem, abstraindo dos preços do capital fixo, diminui o valor-capital que terá de ser adiantado para o início do processo, sobrando capital-dinheiro que pode ser destinado ao mercado financeiro para se valorizar ou ao aumento da escala de produção. O inverso ocorre caso os preços aumentem, exigindo maior montante de valor-capital e pressão sobre o mercado financeiro, caso o capitalista não disponha desses recursos. Caso caia o preço da mercadoria que foi produzida, haverá perda de capital para o capitalista e, para manter a produção na mesma escala, será necessário despender capital-dinheiro adicional. Caso suba, haverá ganho adicional na circulação, dela retirando-se uma porção de capital que não foi adiantada, com liberação de capital-dinheiro, que poderá ser usado para aumentar a escala de produção ou fazer frente à elevação dos preços em geral dos meios de trabalho. *Disso decorre que tanto o tempo de circulação como a variação de preços afetam, dessa maneira, a magnitude do capital exigido como adiantamento para a reprodução do ciclo.*

Do ponto de vista da produção de mais-valia, o tempo de rotação e de reprodução do capital e, mais especificamente do capital variável, aparece como determinante. Capitais variáveis de igual magnitude, com a mesma taxa de exploração e a mesma massa de mais-valia, por tempo de produção, podem, ao fim, obterem taxas de mais-valia desiguais se diferentes os seus tempos de rotação do capital. Se, por exemplo, o capital A de 5.000 unidades monetárias, sendo 1.000 de capital variável, com uma taxa de exploração de 100%, gira (roda) apenas uma vez no ano, ele obterá uma massa de mais-valia de 1.000, que corresponderá à taxa de mais-valia de 100%. O capital B, da mesma magnitude (5.000) e com o valor do mesmo capital variável de 1.000 unidades monetárias e a mesma taxa de exploração de 100%, se girar três vezes no ano, produzirá 1.000 em cada período e 3.000 no ano. A taxa de mais-valia, neste caso, será de 3.000/1.000 = 300%, pois essa é medida em relação ao capital original adiantado, que apenas foi recomposto após cada um dos ciclos, sem a necessidade de um novo capital. Por isso, segundo Marx:

> Capitais variáveis de igual magnitude (...) empregados com igual taxa de mais-valia e igual duração da jornada de

> trabalho [só obtêm resultados semelhantes] se massas de trabalho de igual magnitude (força de trabalho do mesmo preço relativo multiplicada pelo mesmo número) *são postas em movimento pelo mesmo prazo* (*grifos nossos*).[552]

Mas, o fato, é que "os capitais variáveis adiantados são absolutamente desiguais",[553] por causa da rotação diferente do capital variável, criador da mais-valia. Assim, quanto maior o giro deste capital, ou seja, quanto menor o período de produção, tanto maior, relativamente, a massa de mais-valia que ele é capaz de produzir. Neste caso, não existindo problemas na circulação (no tempo da circulação), tanto menor o tempo para o término de sua reprodução e renovação.

Caso a circulação não se complete, e se trate de produção continua, capital adicional é requerido sob a forma de capital-dinheiro, mas, neste caso, com este capital retiram-se mercadorias da circulação (meios de trabalho e força de trabalho) sob essa forma, sem nela nada ter colocado, já que a venda da produção inicial não se consumou, o que tende a ocasionar desequilíbrios entre a oferta e a demanda de produtos e a elevação de seus preços, podendo desencadear crises, ao mesmo tempo em que pressiona o sistema financeiro pelo aumento da demanda por crédito, caso essa ocorra por parte do capitalista para a obtenção de capital-dinheiro novo necessário para o reinício de um novo ciclo.

4.3.3.3 A reprodução global (social) do capital

Na terceira parte Marx abandona a hipótese de reprodução dos capitais individuais que assumiu nas análises precedentes e

552 MARX, Karl. *O capital*: crítica da economia política: o processo de circulação do capital. vol. 3. Rio de Janeiro: Civilização Brasileira, [1883] 1970, p. 317. (Livro II).

553 MARX, Karl. *O capital*: crítica da economia política: o processo de circulação do capital. vol. 3. Rio de Janeiro: Civilização Brasileira, [1883] 1970, p. 317. (Livro II).

procura investigar como se dá, e quais as condições necessárias para tanto, a reprodução do capital global ou social como ele denomina a reunião dos capitais individuais da sociedade com os quais se gera o produto nacional. Do ponto de vista do capital individual, isolado, examinou-se apenas como se dava a reprodução de seu capital, a produção do valor e o valor de seus produtos, sem precisar levar em conta a forma específica do produto-mercadoria, se destinado para o consumo (de trabalhadores e classe capitalista) ou para o investimento (capital constante). Para a análise da totalidade do capital e de sua reprodução global, que contempla a produção do capital individual em bens de consumo e de investimento, é preciso ir além, pois o movimento de reprodução do capital social considera, além da reposição do valor, a reprodução da substância material das mercadorias que, no movimento que o capital realiza, abrange tanto o capital constante (o consumo produtivo) como o consumo individual.

Marx introduz, para essa análise, a divisão dos departamentos (ou ramos) de produção: o que produz meios de produção (vamos chamá-lo de D1) e o que produz meios de consumo (D2). Em cada um desses ramos, o capital se divide em dois componentes: 1) o capital variável que, em valor, é igual ao valor da força de trabalho nele empregada e que, materialmente, consiste na própria força de trabalho em ação; 2) o capital constante, isto é, o valor de todos os meios de produção empregados na produção do ano. Estes se dividem, por sua vez, materialmente, em capital fixo (máquinas, equipamentos etc.) e em capital constante circulante (matérias-primas, auxiliares, produtos semiacabados etc.).

O D2 (departamento de produção para o consumo) pode ainda ser dividido em dois subsetores: o que produz meios de consumo de subsistência (bens necessários), que são demandados pela classe trabalhadora com o salário que recebe e, em parte, pela classe capitalista, e o que produz bens de luxo, cujo consumo se restringe à classe capitalista. Desdobrando este setor produtor de bens de consumo de acordo com o tipo de bem produzido, teríamos: D2 que produz bens necessários e D3 que produz bens de luxo.

O valor do produto anual em cada um destes departamentos (D1, D2 e D3) é dado pela soma de c + v + m, ou seja, pela parte do capital constante, cujo valor é para ele transferido, mais a soma do capital variável (dos salários pagos à força de trabalho) e da mais-valia apropriada pelo capitalista. Visto dessa maneira, o esquema de reprodução do capital social (global) pode ser sintetizado da seguinte maneira:

Departamento	Capital Constante	Capital Variável	Mais-valia	Produto Anual
D1	c1	v1	m1	C
D2	c2	v2	m2	V
D3	c3	v3	m3	M
Produto anual	**C**	**V**	**M**	**P**

Marx realiza uma longa discussão mostrando a interação e trocas que se efetuam entre estes setores para criação de suas condições de reprodução, com o D1 demandando produtos de D2 e D3, por meio da renda nele gerada (salários e mais-valia destinada ao consumo capitalista) e de si próprio como capital (capital constante para repor o capital consumido produtivamente) e como o D2 e D3, além de contarem com a demanda por seus produtos dos próprios trabalhadores e capitalistas neles alocados ou que neles operam (na forma, portanto, de renda) demandam também produtos do capital constante de D1, na forma de capital. Para que o sistema se reproduza globalmente, tanto os valores gerados dos distintos setores produtivos como os seus produtos têm de ser reproduzidos, mesmo no caso de se tratar de *reprodução simples*, em que não há expansão do capital constante fixo: os valores da força de trabalho, do capital constante circulante e da mais-valia; os meios de subsistência, os artigos de luxo para a classe capitalista; e os meios de produção. O sistema estará em equilíbrio nas condições de *reprodução simples*, garantindo sua reprodução, se

$$c2 + c3 = v1 + m1$$

Ou seja, uma condição em que parte do produto destinado à reposição do capital constante pelo D2 e D3, na forma de capital, corresponde à demanda do D1 para estes setores por bens de consumo dos trabalhadores, na forma de salários (valor da força de trabalho) e do consumo capitalista, da mais-valia, na forma de renda. Sendo satisfeita essa condição, a escala de produção permanece inalterada de um ano para outro.

No caso de reprodução ampliada, em que ocorre acumulação de capital, essa condição é mais complicada. Mesmo supondo, como faz Marx, que todo capital variável (os salários) seja integralmente consumido pelos trabalhadores, parte da mais-valia passa a ser destinada à compra de meios adicionais de produção e de força de trabalho, ou seja, ela não é mais integralmente consumida pelo capitalista, que destina parte de seus ganhos (lucros) exatamente para aumentá-los nas etapas seguintes do processo de produção. Por isso, é preciso, neste caso, distribuir a mais-valia entre o consumo capitalista (*mc*), a parte dela que é destinada para a compra adicional de meios de produção (*mak*) e para a compra adicional de força de trabalho (*mv*). O esquema anterior visto para a reprodução simples passa, neste caso, a ser:

Departamento	Capital Constante	Capital Variável	Mais-valia	Produto Anual
D1	c1	v1	mc1 mak1 mv1	C
D2	c2	v2	mc2 mak2 mv2	V
D3	c3	v3	mc3 mak3 mv3	M
Produto anual	**C**	**V**	**M**	**P**

E a condição de equilíbrio, dada por:

c2 + c3 + (mak2 + mak3) = v1 + (mc1 + mak1 + mv1)

Como se vê, tal como na reprodução simples, uma parte do produto não entra na troca realizada entre os departamentos: o c1 absorve parte do que produz para reproduzir-se, assim como o D2 e o D3 têm parte de sua produção comprada por trabalhadores e capitalistas do próprio departamento. A condição de equilíbrio é dada, portanto, pelas trocas que se realizam entre o D1 e o D2 e D3 entre os bens de consumo que são demandados pelos capitalistas e trabalhadores do D1 e o capital constante do D1 dele comprado pelo D2 e D3.

Os esquemas de reprodução de Marx deram origem a várias interpretações entre autores marxistas e não marxistas russos, alemães e austríacos, como Rosa Luxemburgo, Hilferding, Kautsky, Tugan-Baranovski, Bulgakov, Lênin, entre outros, no início do século XX, sobre as possibilidades e limites do capitalismo de depender ou não de contar com mercados externos para garantir a realização do valor e prosseguir na sua caminhada triunfante, como aponta Rosdolsky.[554]

554 ROSDOLSKY, Roman. *Gênese e estrutura de O Capital de Karl Marx*. Rio de Janeiro: EDUERJ: Contraponto, 2001, pp. 371-419.

Na análise deste autor, uma leitura viesada do Livro II, quando Marx ainda está tratando do *capital em geral*, sem compatibilizá-lo com o Livro III, quando analisa o *capital em sua realidade*, estaria na origem do desencontro de teses defendidas, neste período, sobre as crises do capitalismo. Essas teses, que foram da "*teoria da derrocada*" (Rosa Luxemburgo), à "*harmonia do desenvolvimento capitalista*" (Tugan-Baranovski, Hilferding, Otto Bauer, Bolgakov e, em parte, até mesmo Lênin), a última se referindo, na realidade, à reintrodução da Lei de Say nos esquemas marxistas, na qual o capital não encontra limites para se expandir, teriam sido guiadas, em boa medida, por interesses políticos de cada um destes autores, à luz do estágio do desenvolvimento do capitalismo em seus países: a Rússia, onde o capitalismo ainda dava os primeiros passos na sua constituição, após a emancipação dos servos, em 1861, precisava contar com o desenvolvimento das forças produtivas para candidatar-se à superação deste modo de produção pelas suas contradições apontadas por Marx em sua obra; já a Alemanha, onde este já se encontrava em estágio bem superior de desenvolvimento, suas contradições já se encontravam avançadas, indicando que seu colapso se aproximava.[555]

O fato, que está presente nos esquemas apresentados por Marx, cuja análise será completada no Livro III, quando tratar das crises na realidade concreta do capital, é o de que no caso de a mais-valia não se distribuir corretamente entre estes departamentos será inevitável à economia se defrontar com uma crise de *desproporção estrutural*. Como os capitalistas tomam decisões de produção sem conhecerem o que os outros fazem ou irão fazer, quando se pensa em termos de *reprodução ampliada*, a possibilidade de ocorrer essa desproporção, à medida que se acumula capital, se

---

555 Uma ampla discussão dessas teses defendidas por estes autores é realizada no trabalho citado de Rosdolsky (ROSDOLSKY, Roman. *Gênese e estrutura de O Capital de Karl Marx*. Rio de Janeiro: EDUERJ: Contraponto, 2001, pp. 371-419).

torna bastante real, abrindo o caminho para a crise, possibilidade desconsiderada pela economia clássica.[556]

4.3.4 O Livro III: o processo global de produção capitalista

O Livro III é composto por três volumes, sete partes, 52 capítulos e 1.079 páginas, incluindo adendos, tabelas e índices. Teve sua primeira edição publicada em 1894, tendo sido Engels também responsável por sua organização, com base nos manuscritos deixados por Marx.

Nele, Marx, depois de ter analisado a trajetória que o capital percorre na esfera da circulação, retorna à esfera da produção para apreender sua dinâmica e tendências. Realiza essa análise com base nos elementos e conceitos apresentados no Livro I, como os de valor, valor de uso e valor de troca, as diversas formas que o dinheiro assume (como meio de troca e capital), a natureza e as diferenças entre o capital constante e o capital variável e entre o trabalho e a força de trabalho e entre a taxa de valor excedente (mais-valia) e a taxa de lucro. E também com os que foram desenvolvidos no Livro II, como os das diversas metamorfoses que conhece o capital, bem como a influência dos seus períodos distintos de rotação sobre a sua magnitude e sobre os lucros e também das condições colocadas para sua reprodução.

---

556 Este esquema de reprodução é apresentado, aqui, de forma bastante simplificada, mas de maneira suficiente para nosso propósito de demonstrar como, em Marx, a possibilidade da crise está presente no processo de reprodução do capital. Para o leitor que se interessar, existem muitos trabalhos que dissecam, detalhada e didaticamente, esses esquemas, como, por exemplo, Sweezy (SWEEZY, Paul M. *Teoria do desenvolvimento capitalista*: princípios de economia política marxista. 2ª ed. Rio de Janeiro: Zahar Editores, [1942] 1967, capítulos 5 e 10), ou que vão além explorando suas implicações para a reprodução do capital, como o de Kalecki (KALECKI, Michal. *Teoría de la dinámica económica*. 1ª ed. México: Fondo de Cultura Económica, [1956] 1980).

Somente depois de estabelecidas essas diferenças e as tendências do capital, ele se torna capaz de desenvolver uma análise aprofundada do sistema e de sua dinâmica, identificar suas principais potencialidades e contradições e profetizar sobre o seu futuro.

Marx, à época de elaboração de *O Capital*, já não atribuía tanta importância às crises para a derrocada do capitalismo, como em 1857, quando iniciou apressadamente a redação dos *Grundrisse* com o objetivo de obter elementos que considerava necessários para municiar a ação da classe trabalhadora no "dilúvio" que então se anunciava com a chegada de um novo cataclisma econômico.[557] Passara, com o avanço de seus estudos, a considerar que o próprio capital continha, em suas entranhas, os germes de sua derrocada, e que, por isso, estava condenado a se autodestruir. É essa ideia que, basicamente, desenvolve no Livro III, intitulado *O Processo Global de Produção Capitalista*.

4.3.4.1 Mais-valia e lucro e taxa de mais-valia e taxa de lucro

Na primeira parte deste Livro, Marx dá início à construção dos principais pilares que sustentam e fomentam a economia capitalista para demonstrar suas fraquezas e vulnerabilidade. Sua atenção se volta, dessa maneira, para definir melhor o que entende como a sua peça central, o seu *core*, a *taxa de lucro*.

Marx já distinguira não somente em vários trabalhos anteriores como também nos Livros I e II de O *Capital*, mesmo que não tenha elucidado as suas implicações para a compreensão da dinâmica do sistema, as diferenças entre a mais-valia e o lucro e a taxa de mais-valia e a taxa de lucro, que tanta confusão causara nos trabalhos dos economistas clássicos, incluindo Ricardo.

---

557 SPERBER, Jonathan. *Karl Marx*: uma vida do século XIX. Barueri: Amarilys, 2014, p. 410.

Como a mais-valia, embora produzida na esfera da produção, só se realiza na circulação com a venda da mercadoria, ela termina ficando oculta aos olhos do capitalista que apenas enxerga o seu ganho como um lucro gerado pelo montante do capital aplicado, sem diferenciá-lo entre capital constante e variável, e também aos dos economistas que a veem como um fenômeno da circulação. Ela toma, assim, na circulação, a forma transfigurada de lucro. Seu objetivo é, diante disso, o de desvendar este segredo e desfazer o véu que recobre essa variável central do sistema e apreender os fatores que afetam e determinam seu comportamento, necessário para identificar suas contradições e tendências.

Para tanto, inicia essa parte do trabalho analisando o que representa o *preço de custo da mercadoria produzida*, que estabelece o limite inferior de seu preço de venda, visando obter os elementos necessários para, sabendo do lucro obtido na produção, calcular a taxa de lucro. O custo da mercadoria é dado pelos dispêndios realizados com o capital constante adiantado e aplicado na produção (*c*), sendo a parte fixa deste capital (máquinas e equipamentos) a que se desgasta no processo (depreciação), enquanto a circulante (matérias-primas e auxiliares), as matérias que serão transformadas em novos produtos, e também pelos gastos com o capital variável (*v*), com a força de trabalho contratada para realizar a produção. Temos, portanto, com isso, que o *preço de custo* para o capitalista é dado por:

$$Pc = c + v$$

Como o capital constante (fixo e circulante) não é criador de valor, mas tem este apenas transferido para o preço final do produto pela ação dos trabalhadores, o valor que se agrega ao preço final do produto corresponderá a um percentual do capital variável, que produz a mais-valia (ou o lucro) obtida pelo capitalista. Assim, o preço final, ou o valor do produto é dado por:

$$Pf = c + v + m$$

C + *v* correspondem, dessa maneira, efetivamente aos custos que representam o capital adiantado e *m* ao ganho (mais-valia ou lucro) por ele obtido no processo. A partir dessa relação, torna-se possível derivar tanto a *taxa de mais-valia* (taxa de exploração do trabalho pelo capital) como a taxa de lucro que, com aquela, não se confunde. Temos, assim, que a taxa de mais-valia é dada pela relação entre a massa de mais-valia (*m*) e o valor despendido com a força de trabalho (*v*), que constitui, efetivamente, a única fonte de criação de valor, ou por *m/v*, enquanto para a taxa de lucro é preciso considerar não apenas *v*, mas todo o capital aplicado. Essa é calculada, portanto, por meio da seguinte relação entre essas variáveis:

$$r = m/(c + v)$$

Dividindo todos os termos da equação por v, obtemos o seguinte resultado, que expressa melhor as inter-relações existentes entre essas variáveis:

$$r = \frac{m/v}{(c/v) + 1}$$

Como se percebe, a taxa de lucro depende da taxa de mais--valia (*m/v*) e da composição orgânica do capital (*c/v*), ou seja, da relação entre o capital constante e o capital variável. Se *c* = 60 e *v* = 20 unidades monetárias (u.m), com uma taxa de exploração de 100%, isso significa que *m* = 20, o produto final = 100 (60 +

20 + 20) e *r* = 20% (20:100). Na segunda fórmula, temos *m*/*v* = 1 (100:100), *c*/*v* = 4 (80:20) e *r* = 20% (1:4 + 1, o que resulta em 1/5).

Derivam-se dessa relação os elementos que influenciam e determinam essa taxa: o grau de exploração da força de trabalho (*m*/*v*), determinado pela jornada de trabalho e/ou pelo aumento na intensidade de sua exploração, o valor do custo da força de trabalho (*v*), o custo do capital constante fixo e circulante (c), bem como a composição de todo o capital global aplicado (*c*/*v*).

Existe, no entanto, outra fórmula de cálculo da taxa de lucro. Enquanto na fórmula apresentada o excedente é medido sobre o preço de custo para obtê-la, na segunda considera-se esse excedente em relação ao valor do todo o capital adiantado, entrando por inteiro tanto o valor do capital fixo quanto o do circulante, e não apenas o desgaste conhecido pelo primeiro.[558] Neste caso, o cálculo da taxa de lucro muda para *m*/*C*, representando C a soma do capital adiantado em capital fixo constante, circulante constante e capital variável.

A partir daí, Marx, apoiado em várias hipóteses, procura identificar como a taxa de lucro, a mola propulsora do sistema, a seiva que alimenta a acumulação de capital e dirige sua vida e trajetória, pode ser afetada.

A influência da taxa de mais-valia sobre a taxa de lucro é por demais evidente para que se retome essa discussão de forma detalhada. Capitais de igual magnitude e com a mesma taxa de mais-valia, mas com composições diferentes, obterão taxas de lucro desiguais, sendo maior a do capital com participação mais elevada do capital variável no seu total, por ser este o único capital criador do valor. Se o capital A = 100 unidades monetárias (u.m.),

---

558 MARX, Karl. O *capital*: crítica da economia política: o processo global de produção capitalista. vol. IV. Rio de Janeiro: Civilização Brasileira, [1894] 1974, p. 51. (Livro III).

distribuídas entre o capital constante (80 u.m.) e o capital variável (20 u.m.) e com uma taxa de 100% de mais-valia, que corresponde à massa de mais-valia de 20 u.m., o preço final do produto será 120 u.m. e a taxa de lucro de 20%. Se o capital B = 100 u.m., distribuídas entre 60 de capital constante e 40 de capital variável, com a mesma taxa de exploração de 100%, a mais-valia gerada será de 40 u.m., o produto final de 140 e a taxa de lucro de 40%.

De outro lado, capitais de igual magnitude, com a mesma composição, mas com taxas de mais-valia diferentes, resultam também em taxas de lucro desiguais. Se A tem um capital de 100 u.m., com 80 de capital constante e 20 de capital variável, com uma taxa de exploração de 100%, o valor do produto será de 120 u.m. e a taxa de lucro de 20%. Já para o capital B, com os mesmos 100 u.m., com igual composição de capital constante e circulante, mas com uma taxa de mais-valia de 50%, o valor do produto final será de 110 u.m. e a taxa de lucro de 10%.

Somente no caso em que forem iguais percentualmente as composições destes capitais (constante e variável) e também iguais as taxas de mais-valia, ou ainda quando estes forem diferentes, mas serem iguais os produtos das taxas de mais-valia pelas partes variáveis (*m* e *v*) calculadas percentualmente, a taxa de lucro será a mesma para eles.

Dado o valor do produto, capital variável e mais-valia movem-se, assim, em direções contrárias. Reduções em *v*, não se alterando as demais condições, seja pelo prolongamento da jornada de trabalho ou de sua intensificação (aumento da produtividade) aumentam *m* e *m/v* e, consequentemente, a taxa de lucro (*r*). Aumentos em *v*, devido à elevação do valor da força de trabalho causado, por exemplo, pelo encarecimento dos meios de subsistência, ou por aumentos salariais provocados por pressão de demanda por trabalhadores no mercado, levam à redução de *m*, derrubando *m/v* e a taxa de lucro. Não se restringem, no entanto, apenas às variações e diferenças entre *m* e *v* e na composição do capital a causa da diversidade das taxas de lucros. Outros fatores também as influenciam.

Uma diz respeito à rotação do capital. Supondo condições semelhantes para dois capitais em termos de magnitude da jornada de trabalho, taxa de mais-valia e composição do capital, tempos diferentes de rotação provocam também desigualdades na taxa de lucro. Não é preciso empregar elementos e argumentos exaustivamente apresentados por Marx no Livro II para deixar clara essa questão: se o capital variável, criador de valor, de A gira (roda) mais rápido que o de B em relação ao capital constante, que apenas tem seu valor transferido, ele produzirá quantitativamente mais mais-valia e obterá, consequentemente, em relação ao capital total aplicado, maior taxa de lucro. Como diz Marx: "(...) as taxas de lucro de dois capitais – com iguais composições percentuais, taxa de mais-valia e jornada de trabalho – estão na razão inversa dos respectivos tempos de rotação".[559]

Sabendo-se que o tempo de rotação é dado pela soma do tempo de produção mais o tempo de circulação, que compõem o ciclo de reprodução do capital, essa desigualdade, mantidas inalteradas as demais condições, pode ser atenuada ou alterada com a diminuição de um ou destes dois segmentos de seu ciclo: o tempo de produção, por meio do aumento da produtividade do trabalho, com elevação da taxa de lucro; o tempo de circulação, principalmente pelo progresso dos meios de transporte e de comunicações.

O mesmo se pode dizer em relação ao custo do capital constante circulante, as matérias-primas e auxiliares e os produtos intermediários, dadas a quantidade e a taxa de mais-valia, abstraindo do custo do capital fixo: variações nos preços das matérias-primas, por exemplo, mesmo quando não se alterem os salários e, por conseguinte,

559 MARX, Karl. *O capital*: crítica da economia política: o processo global de produção capitalista. vol. IV. Rio de Janeiro: Civilização Brasileira, [1894] 1974, p. 80. (Livro III).

a taxa e a quantidade de mais-valia, têm repercussões sobre a taxa de lucro, à medida que aumentam, no caso de elevação, o valor total do capital aplicado (aumento de *c*), ou diminuem, reduzindo o seu valor e melhorando *r*. Para Marx, "(...) não se alterando as demais circunstâncias, a taxa de lucro varia em sentido contrário à modificação do preço das matérias-primas".[560] Essa influência pode ser mitigada também com o aumento da produtividade do trabalho, com a descoberta de novas fontes de matérias-primas que reduza seu valor, e, neste caso, o comércio mundial desempenha papel essencial, e/ou com avanços tecnológicos que propiciem a substituição de materiais no processo produtivo.

Quando se considera, por outro lado, o custo do capital fixo fica claro que este também afeta a taxa de lucro ao alterar o tamanho e a composição do capital. Avanços tecnológicos no processo de produção, por exemplo, aumentam a produtividade do trabalho e a extração de mais-valia relativa, e, consequentemente, a taxa de lucro. Mas, de outro lado, levam ao aumento do capital constante *vis-à-vis* o capital variável e podem ter efeito contrário, só resultando em sua melhoria caso o resultado líquido desses movimentos contrários seja positivo para o capital.

O simples aumento dos preços do capital fixo atua também negativamente sobre a taxa de lucro por ampliar o valor do capital adiantado exigido e, com isso, diminuir a taxa de lucro, mantidas inalteradas as demais condições. Por isso, ao capital sempre interessa economizar meios de produção, o que pode conseguir com a concentração e cooperação dos trabalhadores em maior escala de produção, com o barateamento dos preços do capital fixo propiciado pelo surgimento de novas técnicas de produção e de novos equipamentos, restringindo o valor do capital ao mínimo possível para a obtenção de maior taxa de lucro.

---

560 MARX, Karl. O *capital*: crítica da economia política: o processo global de produção capitalista. vol. IV. Rio de Janeiro: Civilização Brasileira, [1894] 1974, p. 119. (Livro III).

De sua análise, nessa primeira parte do Livro III, resulta que a taxa de lucro pode ser afetada de várias maneiras, mesmo que se considere igual a taxa de mais-valia para todos os capitais. Diante das discrepâncias existentes entre os vários capitais no que diz respeito à sua rotação, composição etc., como se torna possível estabelecer uma *taxa geral de lucro* da economia para todos eles, visando sua harmonização?

4.3.4.2 O lucro médio: equalizando as taxas de lucro, por meio dos preços de produção

É perfeitamente lógico admitir que, em um mesmo ramo de produção, os capitais que nele operam, de igual magnitude, com as mercadorias sendo vendidas pelos seus valores, tenham a mesma composição percentual do capital constante e variável, igual rotação, assim como a mesma taxa de mais-valia e do lucro, até mesmo porque avanços tecnológicos obtidos por um ou outro logo são acompanhados pelos demais. Ou que capitais de magnitudes diferentes, mas operando com igualdade em relação às demais condições obtenham maior massa de mais-valia (ou de lucro) proporcionalmente ao que foi aplicado, mas que a taxa de lucro seja a mesma.

A questão é que os ramos de produção não são os mesmos e neles diferem tanto a composição do capital como os seus períodos de rotação impactando de forma desigual a taxa de lucro, mesmo supondo igual a taxa de mais-valia, mantendo-se a hipótese de que as mercadorias são vendidas pelo seu valor, caso em que estariam sendo trocadas, portanto, como equivalentes. Como o *preço de custo* é igual para capitais de igual magnitude, o retorno para o capitalista difere neste caso, à medida que este analisa a taxa de lucro que obtém pelo montante do capital aplicado, sem diferenciá-lo entre capital constante e variável. Tudo parece se passar, assim, como se a lei do valor não prevalecesse, trocando-se não equivalentes, e não se poderia entender a lógica do sistema capitalista que, movido pela busca do lucro, leva determinados capitais a se resignarem com uma menor remuneração em relação a outros.[561]

Independente, portanto, da composição do valor e de sua rotação, o que conta para o capitalista individual é o seu *preço de custo* ($c + v$) e, supondo que estes sejam iguais, não pode haver diversidade nas taxas de lucro, pois isso, como diz Marx, poria "(...) abaixo todo o sistema da produção capitalista".[562] Ainda segundo ele, "(...) essa igualdade de custos constitui a base da concorrência entre os capitais investidos e, a partir daí, se forma o lucro médio",[563] que nivela, para os diversos capitais, as taxas de lucro da economia.

A formação dessa taxa média de lucro (a *taxa geral*) é resultado da concorrência que se trava entre os distintos capitais. Em busca de maior lucratividade, os capitais se movimentam (migram) de setores menos rentáveis para os mais rentáveis tanto intra como inter-ramos, produzindo, com estes movimentos, uma uniformização da taxa de lucro e a formação de uma taxa geral que os remunere de acordo com o montante aplicado na produção, independentemente de sua composição orgânica (capital constante ou variável), por meio dos *preços de produção*, que corresponde

---

561 Trata-se do mesmo problema com que se deparou Ricardo quanto introduziu a maquinaria em sua teoria do valor e identificou a ocorrência de desvios dos preços em relação ao mesmo. Como não havia feito a distinção entre capital constante e variável não conseguiu uma explicação para este fato, resignando-se a constatar que a lei do valor não se verificava em sua plenitude neste caso, alterando-se os preços relativos das mercadorias, que eram, de fato, sua preocupação para determinar o que aconteceria com os lucros nessa situação. Por isso, seus esforços para encontrar uma medida invariável de valor que lhe permitiria saber em que mercadorias teria ocorrido essa variação ou estes desvios.

562 MARX, Karl. *O capital*: crítica da economia política: o processo global de produção capitalista. vol. IV. Rio de Janeiro: Civilização Brasileira, [1894] 1974, p. 173. (Livro III).

563 MARX, Karl. *O capital*: crítica da economia política: o processo global de produção capitalista. vol. IV. Rio de Janeiro: Civilização Brasileira, [1894] 1974, p. 174. (Livro III).

ao *preço natural* em Smith, ao *preço de produção* em Ricardo e ao *preço necessário* nos fisiocratas. Dessa concorrência, forma-se a taxa média de lucro em cada ramo de produção e a taxa média entre os distintos ramos de produção, por meio desses *preços*, e a taxa geral de lucro (a taxa média), remunerando cada capital de acordo com a sua participação no produto social, mas aí, os *valores* individuais que cada um produz já não coincidem com estes preços, deles se desviando, embora tomados globalmente estes sejam iguais. Explica-se melhor essa questão.

Quando se considera os valores produzidos pelos distintos capitais, viu-se que, em virtude das diferenças existentes entre sua composição e rotação, os que empregam proporcionalmente mais capital variável e que contam com períodos de rotação mais curtos produzem quantitativamente mais mais-valia que os capitais que empregam relativamente mais capital constante e que têm períodos de rotação mais longos, mesmo supondo que a taxa de mais-valia seja a mesma.

Em condições de concorrência, para que a condição de uma taxa uniforme de lucro seja obtida por todos os capitais, é necessário que a mais-valia produzida seja entre eles redistribuída, transferindo-se, *por meio dos preços de produção*, o excedente dos ramos superavitários para os deficitários nessa questão para que se produza essa equalização da taxa. Ou seja, daqueles que produzem quantitativamente mais mais-valia por empregarem mais capital variável para os que produzem menos por utilizarem mais capital constante, porque o que conta é o *capital total* aplicado no produto social, com este obtendo sua participação no mesmo de acordo com o montante que participa.

Embora não revele todas as dificuldades para se fazer a transformação dos valores em preços de produção, o exemplo dado por Marx é elucidativo da necessidade de isso ocorrer para que, estabelecida a taxa geral de lucro para a economia, ocorra a transferência da mais-valia produzida entre os ramos/setores, por meio dos preços para que este equilíbrio seja atingido. Pelo seu exemplo,[564] a Tabela 1, considera cinco ramos industriais diferentes em que os capitais investidos, de igual magnitude, têm composições orgânicas diferentes, mas produzindo com a mesma taxa de mais-valia de 100%.

Tabela 1

Itens de desempenho e de resultados de diferentes capitais

Capital	Composição do capital (em valor)		Taxa mais-valia (%)	Mais-valia (m)	Valor do produto	Taxa de lucro (%)*
	Constante	Variável				
I	80	20	100	20	120	20
II	70	30	100	30	130	30
III	60	40	100	40	140	40
IV	85	15	100	15	115	15
V	95	5	100	5	105	5
Total	**390**	**110**	-	**110**	**610**	-
Média	**78**	**22**	**100**	**22**	**122**	**22**

Fonte: MARX [1894], 1976, p. 176. Modificada pelo autor.

(*) A taxa de lucro é calculada de acordo com a seguinte fórmula: m/c + v; ou seja, massa de mais-valia (m) em relação ao capital total empregado (c + v).

564 MARX, Karl. O *capital*: crítica da economia política: o processo global de produção capitalista. vol. IV. Rio de Janeiro: Civilização Brasileira, [1894] 1974, p. 176. (Livro III).

Como se percebe de sua análise, tal situação gera uma diversidade de taxas de lucro inconcebível numa economia guiada pela concorrência. Considerando, por outro lado, que o capitalista orienta a formação do preço de venda de seu produto pelo seu preço de custo, que é dado pelo desgaste da maquinaria (depreciação) somado ao custo do capital constante circulante e pelo pagamento feito à força de trabalho, a Tabela 2 contempla essa situação, na qual ainda permanecem diversas as taxas de lucro destes setores, mas sem a hipótese menos realista da tabela anterior de que todo o valor do capital constante tenha sido transferido para os preços. Leva em conta, assim, o preço de custo do produto, no qual se apropria, em relação ao capital fixo, apenas o desgaste da maquinaria. Ou seja, diferentemente da situação anteriormente retratada na Tabela 1, deixa-se de considerar, no cálculo do valor do produto, o capital constante como um todo que foi aplicado, mas apenas a parte do capital fixo que se desgasta no processo de produção (apropriada como depreciação), a qual, efetivamente, corresponde ao valor do capital que o trabalhador transfere, por meio do trabalho, para o produto. Isso, há de se reconhecer, não resolve o problema da equalização do lucro para todos os setores, mas torna mais realista e consistente a exposição que é feita sobre essa questão.

Para que a taxa de lucro se equalize para todos os setores, a mais-valia produzida terá de ser repartida entre eles, por meio dos preços, desviando-se, portanto, estes dos valores das mercadorias, como mostra a Tabela 3, para que o produto não seja vendido abaixo (caso dos setores que contam com participação maior do capital constante no total do capital) ou acima do valor (os setores que empregam proporcionalmente mais capital variável).

Sendo a taxa geral de lucro (lucro médio) de 22%, para que todos os capitais sejam igualmente por ele remunerados, os preços de seus produtos terão de ser modificados em relação ao valor individualmente produzido, deixando, assim, a massa de mais-valia gerada por cada um de corresponder ao seu lucro, o que, no entanto, não contraria, mas, pelo contrário, valida a lei geral do valor, à medida que estarão sendo trocados equivalentes. A mais-valia global (o lucro) não conhece nenhuma modificação em sua quantidade, mas apenas é redistribuída pelos ramos/setores da atividade econômica, confirmando a lei de que tais trocas se realizam pelo valor nelas contido. Como diz Marx a respeito:

> [Em condições de concorrência] o preço do produto da mercadoria é, portanto, igual ao preço de custo mais o lucro que percentualmente se lhe acrescenta [em relação ao capital global] correspondente à taxa de lucro, ou igual ao preço do custo mais o lucro médio (...) calculando-se essa parte de acordo com as condições da rotação dessa mercadoria.[565]

No exemplo da Tabela 3, os produtos I, IV e V, que contam com maior participação relativa do capital constante no capital total aplicado, são vendidos acima do seu valor, enquanto os dos capitais II e III, em que a participação relativa do capital variável é maior, abaixo de seu valor, uniformizando a taxa de lucro.

565 MARX, Karl. *O capital*: crítica da economia política: o processo global de produção capitalista. vol. IV. Rio de Janeiro: Civilização Brasileira, [1894] 1974, pp. 179/180. (Livro III).

Tabela 2

Itens de desempenho e de resultados de diferentes capitais

Capital	Composição capital (valor)		Preço de custo (valor)		Mais-valia (m)	Valor produto	Taxa lucro (%)*
	Constante	Variável	Constante	Variável			
I	80	20	50	20	20	90	20
II	70	30	51	30	30	111	30
III	60	40	51	40	40	131	40
IV	85	15	40	15	15	70	15
V	95	5	10	5	5	20	5
Total	**390**	**110**	**202**	**110**	**110**	**422**	
Média	**78**	**22**	-	**22**	**22**	-	**22**

Fonte: MARX [1894], 1976, p. 178. Modificada pelo autor.

(*) A taxa de lucro é calculada de acordo com a seguinte fórmula: m/c + v; ou seja, massa de mais-valia (m) em relação ao capital total empregado (c + v).

Tabela 3

Itens de desempenho e de resultados de diferentes capitais

Capital	Composição capital total (em valor)		Mais-valia bruta (100%)	Preço de custo (valor)*	Valor mercadoria origem	Mais- valia repartida	Preço produção	Taxa de lucro (%)**
	Constante	Variável						
II	80	20	20	70	90	22	92	22
II	70	30	30	81	111	22	103	22
III	60	40	40	91	131	22	113	22
IV	85	15	15	55	70	22	77	22
V	95	5	5	15	20	22	37	22
Total	**390**	**110**	**110**	**312**	**422**	**110**	**422**	-
Média	**78**	**22**	**22**			**22**		**22**

Fonte: MARX [1894], 1976, p. 178. Modificada pelo autor.

(*) PC = capital constante líquido (depreciação do fixo + meios do trabalho) + capital variável.

(**) A taxa de lucro é calculada de acordo com a seguinte fórmula: m/ c + v, após a redistribuição de m ser realizada entre os diversos setores, por meio dos preços de produção.

Mas, neste caso, o *preço de custo*, que baliza o lucro obtido pelo capital, quando se considera isoladamente o ramo ou a indústria que produz, sofre uma modificação na sua determinação por que ele passa a incorporar mais ou menos valores dados pela redistribuição da mais-valia entre os diversos capitais, estando acima ou abaixo do valor global formado pelo valor dos correspondentes meios de produção consumidos: se ele é sempre menor que o valor da mercadoria, ele é também, nessa nova situação, sempre inferior ao preço de produção, quando se considera todo o capital da sociedade. Ou seja, o preço de custo passa a incorporar a parte do preço de produção que se desvia do valor, diferindo, portanto, do valor dos meios de produção consumidos para fabricar a mercadoria. Devido a isso, se com o preço de custo já se obscurecia a noção do valor que o capitalista poderia ter deste processo, com os preços de produção essa noção desaparece completamente, com todo o seu ganho parecendo ser gerado apenas na órbita da circulação, aparecendo-lhe como algo extrínseco à própria mercadoria.[566]

Marx ainda considera que nos ramos de produção, cuja composição coincide com a composição do capital social médio, os preços de produção coincidem mais ou menos com o valor das mercadorias expresso na forma de dinheiro, coincidindo o lucro com a mais-valia. Mas, nos ramos que apresentam uma composição superior à média da economia, os preços de produção aumentam em relação ao valor, no processo de redistribuição da mais-valia, e, ocorre o inverso, nos que operam com composição inferior. E que isso se deve à

> concorrência [que] reparte o capital da sociedade entre os diferentes ramos de produção, de maneira tal que os preços de produção em cada ramo se constituem segundo o modelo

566 MARX, Karl. *O capital*: crítica da economia política: o processo global de produção capitalista. vol. IV. Rio de Janeiro: Civilização Brasileira, [1894] 1974, p. 191. (Livro III).

> dos preços de produção nos ramos de composição média [e somente nestes casos] ser válida a fórmula (...) preço de custo + o produto da taxa média de lucro pelo preço de custo.[567]

Ou, como resume toda essa questão logo em seguida:[568]

> A taxa de lucro é, assim, a mesma em todos os ramos, sendo, portanto, nivelada por aquela dos ramos médios, em que domina a composição média. Em consequência, a soma dos lucros de todos os ramos de produção deve ser igual à soma das mais-valias, e, a soma dos preços de produção da totalidade do capital social, igual à soma dos valores.

Nessas condições, a alta de salários afeta de forma diferente os preços de produção. No caso dos setores com composição média, mantendo-se inalteradas as demais condições, sem que se varie a quantidade de trabalho mobilizado, a taxa de mais-valia cairá, levando com ela a taxa média de lucro, que se reduzirá, mas nem o valor, nem o preço de produção sofrerão alterações. Nos ramos de produção com composição superior à média, o preço de produção aumentaria para se produzir a nova taxa média de lucro, embora não na mesma proporção do lucro. Naqueles com composição inferior, o preço cairá para obter a mesma taxa, embora também não na proporção do lucro. Ou seja, não há compensação dos preços no caso de alta dos salários para manter o nível do lucro médio

567 Na sua obsessão por identificar em que mercadorias ocorriam variações nos preços relativos, Ricardo dedicou-se até o final de sua vida a encontrar uma medida invariável de valor (o valor absoluto) que permitisse medi-la e que considerava possível ser dada por um ramo/setor que operasse com uma composição média da economia. (MARX, Karl. O *capital*: crítica da economia política: o processo global de produção capitalista. vol. IV. Rio de Janeiro: Civilização Brasileira, [1894] 1974, p. 196. (Livro III)).

568 MARX, Karl. O *capital*: crítica da economia política: o processo global de produção capitalista. vol. IV. Rio de Janeiro: Civilização Brasileira, [1894] 1974, pp. 196/197. (Livro III).

anterior: a taxa de mais-valia aumentará, assim como a taxa de lucro média, com os preços de produção não se alterando para os setores com composição média, diminuindo para os com composição inferior e aumentando para os com composição superior.[569]

A solução dada por Marx para a transformação dos valores em preços de produção não foi, no entanto, considerada satisfatória. Em primeiro lugar, de acordo com os críticos de sua teoria, por ter suposto, no exemplo apresentado, que nenhuma mercadoria entra na produção das demais, o que lhe teria permitido validar a sua tese de que "os valores totais são iguais aos preços totais de produção". A desconsideração dessa hipótese, ou seja, de que há uma interdependência mútua entre os distintos ramos de produção, que alguns demandam produtos dos outros para a produção, revelaria que, ao não se transformar os valores dos insumos, incluindo a força de trabalho, em preços de produção, seria impossível efetuar uma transformação simultânea que torne os lucros totais iguais à mais-valia total.

De fato, a transformação dos valores em preços de produção que Marx realiza ao ser aplicado somente aos produtos (*outputs*) e não aos *inputs*, deixa o sistema indeterminado e não permite se chegar à conclusão de que "os preços totais de produção são iguais aos valores totais", à medida que a taxa média de lucro será afetada quando a conversão completa for realizada. A grande questão é a seguinte: como calcular o preço dos produtos (*outputs*) se não se dispõe dos preços dos *inputs*? Essa a contradição de Marx apontada por Böhm-Bawerk, considerando que a teoria da taxa média de lucro e dos preços de produção do Livro III não podia ser conciliada com a teoria do valor exposta no Livro I. De acordo com Dobb, considerando que

569 MARX, Karl. O *capital*: crítica da economia política: o processo global de produção capitalista. vol. IV. Rio de Janeiro: Civilização Brasileira, [1894] 1974, pp. 225-230. (Livro III).

> (...) tanto os *inputs*, incluindo a força de trabalho, como os *outputs* devem ser expressos em termos de preços, e uma vez que a taxa de lucro será provavelmente afetada por essa conversão, ambos os fatores devem ser tratados simultaneamente e segundo a sua interdependência, isto é, resolvendo um sistema de equações simultâneas.[570]

Em segundo, por violar o equilíbrio do processo de reprodução em que todas as condições da produção devem ser recompostas para que o ciclo prossiga. Sweezy[571] fornece um exemplo numérico para esclarecer melhor este ponto. Considerando os três departamentos produtores de bens de produção (D1), bens de consumo de subsistência (D2) e bens de luxo (D3), com este último contando com uma composição orgânica média da economia – caso em que os preços se igualam aos valores – e todos obtendo uma taxa média de lucro de 33,33%, teríamos, como resultado deste processo de transformação dos valores em preços de produção, os números dispostos na Tabela 4.

Observa-se que a quantidade de capital constante utilizada na produção em termos de valor é de 400 unidades monetárias (u.m), mas o seu preço de produção é de 433,32 u.m., enquanto o montante de salários despendido (o capital variável) nos três setores é de 200 u.m., mas o preço recebido pelo D2, produtor dos bens de subsistência, é inferior, sendo apenas de 166,66 u.m., o que é logicamente impossível, à medida que não permite repor as condições de reprodução anteriores, provocando desequilíbrios neste esquema. Isso só seria possível, segundo Sweezy,[572] "(...) se fizéssemos a suposição de que os trabalhadores acumulam capital na proporção de 33,33% de suas rendas (...), mas não há nenhuma razão para que isso ocorra (...)".

---

570 DOBB, Maurice. *Teoria do valor e distribuição desde Adam Smith*. Portugal: Presença; Brasil: Martins Fontes, 1973, pp. 201-203.

571 SWEEZY, Paul M. *Teoria do desenvolvimento capitalista*: princípios de economia política marxista. 2ª ed. Rio de Janeiro: Zahar, 1967, pp. 137-159.

572 SWEEZY, Paul M. *Teoria do desenvolvimento capitalista*: princípios de economia política marxista. 2ª ed. Rio de Janeiro: Zahar, 1967, pp. 137-159.

Tabela 4

Itens de desempenho e de resultados de diferentes capitais

Setor	Capital constante	Capital variável	Mais-valia	Valor	Preço de produção*
D1	250	75	75	400	433,32
D2	50	75	75	200	166,66
D3	100	50	50	200	200,00
Total	**400**	**200**	**200**	**800**	**800,00**

Fonte: Sweezy (SWEEZY, Paul M. Teoria do desenvolvimento capitalista: princípios de economia política marxista. 2ª ed. Rio de Janeiro: Zahar, 1967, p. 145), com algumas pequenas modificações pelo autor.

(*) O preço de produção é obtido, multiplicando-se o capital total (c + v) pelo lucro médio, que, neste exemplo, é de 33,33%.

O erro de Marx, ao realizar essa transformação, ainda segundo Sweezy,[573] teria sido o de manter os insumos que entram na produção em termos de valor no seu esquema, como procedera no Livro I, enquanto a produção foi expressa em preço, quando os primeiros deveriam também ser expressos em termos de preços para evitar estes resultados contraditórios. Tal constatação pode levar à conclusão que o cálculo do valor seria dispensável, pois o cálculo do preço estaria mais de acordo, do ponto de vista formal, com o mundo real. Mas aí é que reside o problema: se se abstrai do valor e se considera apenas o preço, as relações sociais capitalistas ficam obscurecidas, assim como "a origem e a natureza do lucro como dedução do produto do trabalho social", com o capital

573 SWEEZY, Paul M. *Teoria do desenvolvimento capitalista*: princípios de economia política marxista. 2ª ed. Rio de Janeiro: Zahar, 1967, pp. 145/146.

parecendo dotado de poder próprio, independente de criação de valor, produtivo, enfim, quando o objetivo de Marx era exatamente o de desmistificar essa questão. De qualquer forma, a solução para este problema será posteriormente buscada por outros autores, dentre os quais, os melhores exemplos, são, segundo Meek,[574] os de Bortkiewicz e Winternitz.[575] Ainda segundo ele,

> a solução de Winternitz, mais simples, constitui uma réplica eficaz àqueles que afirmaram não ser formalmente possível transformar valores em preços quando envolvidos elementos de insumo e produto.[576]

A solução para essa questão, que se considera definitiva, foi, posteriormente, dada por Sraffa no seu livro *Produção de mercadorias por meio de mercadorias*, e saudada, inclusive, como aponta Belluzzo,[577] por muitos "(...) neomarxistas como a chave que permitiria a Marx abrir as portas da respeitabilidade acadêmica", já que, com ela, se resolveria formalmente o problema dos desvios dos preços em relação aos valores, independentemente da taxa de lucro, podendo-se, então, determinar o equilíbrio do sistema.

De fato, ainda de acordo com Belluzzo,[578] com a mercadoria-padrão de Sraffa seria possível

---

574 MEEK, Ronald L. *Economia & Ideologia*: o desenvolvimento do pensamento econômico. Rio de Janeiro: Zahar, 1971, pp. 197-200.

575 Para um exame detalhado do método de Bortkiewicz, consultar Sweezy (SWEEZY, Paul M. *Teoria do desenvolvimento capitalista*: princípios de economia política marxista. 2ª ed. Rio de Janeiro: Zahar, 1967. pp. 137-159). Para a de Winternitz, Meek (MEEK, Ronald L. *Economia & Ideologia*: o desenvolvimento do pensamento econômico. Rio de Janeiro: Zahar, 1971, pp. 197-200).

576 MEEK, Ronald L. *Economia & Ideologia*: o desenvolvimento do pensamento econômico. Rio de Janeiro: Zahar, 1971, pp. 197-200.

577 BELLUZZO, Luiz Gonzaga de Mello. *Valor e capitalismo*: um ensaio sobre a economia política. São Paulo: Brasiliense, 1980, p. 15.

578 BELLUZZO, Luiz Gonzaga de Mello. *Valor e capitalismo*: um ensaio sobre a economia política. São Paulo: Brasiliense, 1980, pp. 109-117.

> estabelecer uma correspondência entre o produto líquido medido em termos [dessa mercadoria], e tempo de trabalho socialmente necessário para produzi-lo, determinado pela indústria de composição média,

o que representaria a solução para o problema ricardiano da medida invariável: "uma vez dados os salários, ao nível de subsistência, e os coeficientes da matriz tecnológica, a taxa de lucro ficaria determinada pelo sistema".[579] Mas, como chamou a atenção Samuelson, concebido dessa maneira, a mais-valia deixa de ser necessária para determinar a taxa de lucro e a solução se reduz à identificação dos coeficientes técnicos de produção despidos de qualquer dimensão social, o que nada tem a ver com a teoria do valor-trabalho de Marx, a menos que, como Belluzzo salienta,[580] se queira "(...) aceitar a qualificação do senhor Samuelson de que Marx era um ricardiano menor".

Um grande equívoco. Isso porque, ao contrário do excedente ricardiano, que considera a jornada de trabalho como uma grandeza fixa, "a mais-valia é uma relação *aberta*, no sentido em que exprime a força do capital em sugar trabalho vivo, e que assim é *ilegítimo* fixar quaisquer das magnitudes que a compõem".[581] Por isso, para ele, vários autores neomarxistas

> (...) na ânsia de "fechar" o modelo de Marx e torná-lo determinado [o que não era seu propósito], vale dizer, encontrar uma solução de equilíbrio, utilizando a relação salários/lucros como a taxa de exploração [para isso] ignoraram este fato e (...) atiraram pela janela o papel crucial

---

579 BELLUZZO, Luiz Gonzaga de Mello. *Valor e capitalismo*: um ensaio sobre a economia política. São Paulo: Brasiliense, 1980, p. 110.

580 BELLUZZO, Luiz Gonzaga de Mello. *Valor e capitalismo*: um ensaio sobre a economia política. São Paulo: Brasiliense, 1980, p. 110.

581 BELLUZZO, Luiz Gonzaga de Mello. *Valor e capitalismo*: um ensaio sobre a economia política. São Paulo: Brasiliense, 1980, pp. 111/112.

> da mais-valia enquanto forma (expressão) capitalista da lei do valor e, portanto, lei fundamental de movimento desse modo histórico de produção.[582]

Com isso, ao privilegiarem o valor de troca (valor relativo), que era a preocupação central de Ricardo, confinaram a exploração à órbita da circulação, na qual são os preços que aparecem, mascarando as relações capital/trabalho e perdendo-se o sentido da teoria do valor como uma teoria da valorização e do movimento do capital. Nada mais longe de Marx. Para ele, bem como para Baumol citado por Belluzzo, Marx tinha clareza desses desvios porque, para se produzir a mesma taxa de lucro, os preços de produção teriam inevitavelmente de alterar-se em função da composição do capital individual aplicado, mas que isso não era de grande importância para ele, que considerava que o movimento crucial da transformação não era bem dos valores aos preços, mas da mais-valia para o lucro, os juros e a renda da terra. O que os coeficientes técnicos sraffianos não oferecem.

Por isso, se a solução de Sraffa resolve o problema ricardiano da medida invariável de valor, num modelo de equilíbrio, propiciando a igualação das taxas de lucro, ela se encontra totalmente divorciada da *démarche* marxista, onde é a *mais-valia*, a partir da qual se constrói o conceito de lucro, com o qual se abre a possibilidade para a formação de uma taxa média, que estabelece a disputa entre capitais desiguais, em termos de composição, migrando de um para outro setor, em regime de concorrência, para garantir *tendencialmente* sua igualação, o que não constitui nenhuma garantia de que este seja atingido. Ao prescindir do valor para essa determinação, a solução de Sraffa, praticamente jogou para escanteio, como sem importância, a teoria que Marx construiu para

---

582 BELLUZZO, Luiz Gonzaga de Mello. *Valor e capitalismo*: um ensaio sobre a economia política. São Paulo: Brasiliense, 1980, p. 112.

apreender os movimentos e a dinâmica do capital como resultado de sua incessante e implacável luta para valorizar-se.

O fato é que Marx não parece ter atribuído tanta relevância a essa questão, tendo reiterado várias vezes em sua obra a convicção de que o desvio significativo entre os preços de produção e os valores não alteram absolutamente o fato de que os preços são determinados pelos valores. Tratava-se, assim, para ele, de uma mera questão de encontrar uma unidade de cálculo e uma fórmula mais adequada para se fazer a conversão correta. Era visto dessa maneira, mais importante o fato de se apreender com a teoria do valor, como lei fundamental do movimento deste modo de produção, como se dava a valorização do capital, e como a mais-valia, enquanto expressão da lei do valor chega, e de que forma, por meio da exploração do trabalho, às classes sociais que dela se apropriam, na forma de lucros, juros e renda da terra, sendo o problema da transformação apenas uma questão formal deste processo. Esta, a questão crucial, para Marx, do *problema da transformação.*

De qualquer maneira, não parece proceder, assim, a crítica que é feita a essa construção por Sperber[583] que aponta uma inconsistência de Marx nessa questão, considerando que ele ao argumentar que os setores mais mecanizados (dotados de maior capital constante em relação ao capital variável) gerariam menor taxa de lucro do que os menos mecanizados (maior participação do capital variável), levaria o capital a se deslocar para os primeiros dada a sua natureza. Ora, ao supor que essa redistribuição da mais-valia acontece por meio dos preços de produção, Marx deixou de lado, na prática, a tese de que a taxa de mais-valia seja a mesma para todos os setores e que ela se torna mais elevada para os setores mais mecanizados e, mais baixa, para os menos mecanizados, após essa redistribuição. O conflito dessa questão

---

583 SPERBER, Jonathan. *Karl Marx*: uma vida do século XIX. Barueri: Amarilys, 2014, pp. 406-446.

parece residir na hipótese central que sustenta, em seguida na sua investigação, sobre a tendência de a taxa de lucro cair devido ao aumento da composição do capital.[584]

4.3.4.3 A tendência de queda da taxa de lucro com o aumento da composição orgânica do capital

Na terceira parte, Marx analisa, com base nos elementos apresentados e desenvolvidos em seu sistema, a tendência inexorável de queda da taxa de lucro. Considera-a uma tendência, pois identifica uma série de fatores que, atuando em sentido contrário, impedem que ela se manifeste de forma absoluta, embaraçando-a, retardando-a e parcialmente paralisando-a. "Assim, apenas como

584 A hipótese da taxa de mais-valia constante que realmente Marx adotou logo no início do capítulo que trata da lei tendencial de queda da taxa de lucro no Livro III, mas a abandonou logo em seguida, alimentou as críticas de vários economistas sobre as inconsistências da mesma que derivou de sua construção teórica, sem que estes tenham percebido tal fato. O mesmo se pode dizer, mesmo para os que enxergaram que Marx assumiu, apenas por procedimento metodológico, a hipótese de constância da taxa de mais-valia, e que a ele era mais do que claro que esta aumentaria com o progresso técnico, como se confirma em inúmeras passagens de sua obra, notadamente em *O Capital*, ainda assim insistiram que essa lei não poderia ser derivada, à medida que esse aumento da taxa de mais-valia poderia mais do que compensar o aumento da composição orgânica do capital. Para Rosdolsky (ROSDOLSKY, Roman. *Gênese e estrutura de O Capital de Karl Marx*. Rio de Janeiro: EDUERJ: Contraponto, 2001. pp. 333-342), tais críticas também não procedem e se devem, igualmente, a uma leitura mal feita ou incompleta da obra de Marx, pois ele tinha consciência de que aumentos da composição orgânica aumentam a produtividade do trabalho e, consequentemente, a taxa de mais-valia, podendo sim, traduzir-se em aumento da taxa de lucro. Mas que tal situação terminaria por esbarrar em "limites intransponíveis", à medida que a diminuição do capital variável, com a substituição de trabalhadores por máquinas, terminaria solapando as bases criadoras de valor e de valorização do capital. E, com isso, a taxa de lucro tenderia inevitavelmente a cair.

tendência atua a lei, e o efeito dela só se torna palpável em circunstâncias determinadas e no decurso de períodos longos”.[585]

A tendência de queda da taxa de lucro não constituía nenhuma novidade no pensamento econômico, pois contemplada nas obras de Smith, de Ricardo e de Mill, à qual se seguia a possibilidade de a economia adentrar o “estado estacionário”. A novidade em Marx, é que tal tendência aparece como consequência não da concorrência entre os capitalistas que leva ao aumento de salários, deprimindo-a (Smith), porque isso significava atribuir a uma força externa (a concorrência) impor leis ao capital que não decorrem de seus movimentos e dinâmicas próprias; nem da natureza que, devido às diferentes fertilidades da terra, provoca o aumento do valor da força de trabalho, ao elevar os preços dos alimentos, como em Ricardo e Mill, mas da própria natureza e dinâmica da acumulação capitalista que, na busca de maior valorização, destrói, como resultado, as próprias bases dessa valorização. Vista dessa maneira, não haveria como impedir a autodestruição do capitalismo, com a economia sendo conduzida para uma nova forma de organização, a menos que o capital mudasse sua natureza, mas, aí, já não seria capital.

Vejamos como Marx deriva essa lei a partir dos esquemas anteriormente apresentados. A taxa de lucro geral, como visto, é dada por m/C, desdobrando C, o capital total, em $c + v$, ou seja, entre o capital constante (fixo e circulante) e o capital variável, a fonte de toda a mais-valia e, portanto, do lucro. Temos, assim, que r (a taxa de lucro) é $= m/(c + v)$, sendo $c + v$, o capital total aplicado. Dividindo ambos os termos por v, temos a equação anteriormente apresentada, onde

585 MARX, Karl. *O capital*: crítica da economia política: o processo global de produção capitalista. vol. IV. Rio de Janeiro: Civilização Brasileira, [1894] 1974, p. 274. (Livro III).

$$r = \frac{m/v}{c/v + 1}$$

Sendo o objetivo do capital, e essa é a sua natureza, aumentar *r*, ele terá de procurar aumentar *m* em relação a *v* para aumentar *m/v*, a taxa de mais-valia. Para isso, pode elevar a jornada de trabalho e aumentar a extração de mais-valia absoluta, mas acaba esbarrando em limites físicos do trabalhador, e/ou aumentar a produtividade do trabalho, diminuindo *v* e aumentando a extração de mais-valia relativa. Isso, no entanto, exige aumento de *c*, modificando *c/v*, a composição orgânica do capital e, portanto, influenciando *r*. Os efeitos sobre essa vão depender, nessas mudanças, como se comportam *m, m/v e c/v.*[586]

Se Δm é obtido com o prolongamento da jornada de trabalho, com o mesmo capital variável imobilizado ou se $\Delta m > \Delta v$, devido ao crescimento menos que proporcional dos salários, *m/v* tenderá a aumentar e também *r*. Se o aumento do grau de exploração do

586 Desconsidera-se, aqui, porque mais do que superadas, as críticas que foram feitas a Marx por ter considerado no início do capítulo *A lei da tendência à queda da taxa de lucro* a taxa de mais-valia constante e, portanto, supostamente ignorado que essa poderia aumentar em decorrência do aumento da composição orgânica do capital, dado o aumento da produtividade do trabalho. Marx sempre teve clareza de que a taxa de mais-valia poderia se elevar com o aumento da composição do capital, podendo, assim, compensar este aumento, mas que isso ocorreria "dentro de certos limites intransponíveis", ou seja, de que haveria limites para a elevação da taxa de mais-valia compensar o aumento da composição orgânica, dada a redução do contingente de trabalhadores e, portanto, das bases geradoras da mais-valia, fazendo com que a longo prazo a taxa de juros caísse inexoravelmente (MEEK, Ronald L. *Economia & Ideologia*: o desenvolvimento do pensamento econômico. Rio de Janeiro: Zahar, 1971, pp. 168-186). Para uma avaliação crítica e aprofundada dessas posições, que nasceram de uma leitura apressada e incompleta da obra de Marx, consultar o livro de Rosdolsky (ROSDOLSKY, Roman. *Gênese e estrutura de O Capital de Karl Marx*. Rio de Janeiro: EDUERJ: Contraponto, 2001, pp. 333-342).

trabalho ocorrer em função do aumento da produtividade, digamos, com a ampliação de novos equipamentos e maquinarias, tudo vai depender do que ocorre com *m, v e c*. Isso porque, se o aumento da produtividade gerar ganhos em *m* e, reduzindo *v*, aumentar *m/v*, é preciso saber o que ocorre com *c* e *c/v*. Porque, como diz Marx, a mesma causa, a produtividade do trabalho, que aumenta *m/v* pode conduzir à queda da taxa de lucro pelo aumento da composição orgânica do capital (*c/v*). Ironicamente, para ele,

> a taxa de lucro cai não por tornar-se o trabalho menos produtivo, mas por tornar-se mais produtivo. Ambas, a elevação da taxa de mais-valia e a queda da taxa de lucro são apenas formas particulares em que se expressa, em termos capitalistas, a produtividade crescente do trabalho.[587]

Como isso pode ocorrer?

Caso a taxa de mais-valia (*m/v*) cresça mais do que *c/v*, a taxa de lucro aumentará, mas dificilmente essa situação perdurará, pois, ao ir diminuindo o capital variável, única fonte geradora de valor, estar-se-á crescentemente reduzindo a capacidade de criação de *m* e, portanto, do crescimento de *m/v*. Como a tendência do sistema é de crescimento contínuo do capital constante (*c*) e de diminuição do capital variável (*v*), aumentando a composição do capital, a queda da taxa de lucro (de *r*) torna-se inexorável e o sistema condenado à autodestruição pelas suas próprias contradições.

Essa lei da acumulação não pode ser vista de forma absoluta, mas apenas como tendência, porque há forças que a contrabalançam, adiando-a, mas sem interromper ou retirá-la dessa trajetória. Entre essas forças, Marx destaca: i) o já mencionado aumento do grau de exploração da força de trabalho, por meio do prolongamento da

---

587 MARX, Karl. *O capital*: crítica da economia política: o processo global de produção capitalista. vol. IV. Rio de Janeiro: Civilização Brasileira, [1894] 1974, p. 275. (Livro III).

jornada de trabalho e/ou de sua intensificação com o aumento da produtividade; ii) a queda dos salários; iii) a queda dos preços dos elementos do capital constante (fixo e circulante); iv) o aumento da superpopulação relativa dos trabalhadores como consequência do aumento da produtividade (aumento do exército industrial de reserva), que derruba os salários e, portanto, contribui para aumentar *m/v*; v) o comércio exterior, que contribui para baratear o capital circulante constante (matérias-primas) e também os meios de subsistência do trabalhador, aumentando *m/v* e, consequentemente a taxa de lucro, além de propiciar maior taxa de lucro para os capitais ali aplicados, dado o maior emprego de capital variável; e vi) o aumento do capital por participação acionária, que não entra na contabilidade do cálculo da taxa geral de lucro, mas apenas se apropria de parte da mais-valia gerada, na forma de dividendos.[588]

É, por isso, que o sistema pode ser visto como uma *contradição em processo*. A mesma lei que, visando a valorização do capital, impulsiona o desenvolvimento das forças produtivas, freia este processo ao produzir efeitos contrários a este objetivo com a queda da taxa de lucro, conduzindo o sistema a crises periódicas. Como diz Belluzzo[589] sobre essa questão:

> (...) o capital é a própria contradição em processo, na medida em que a mesma lei que o compele a uma valorização

---

588 Entre as forças compensadoras da queda da taxa de lucro, duas foram motivo de críticas a Marx por tê-las incluído nessa condição: a que diz respeito à intensificação do grau de exploração da força de trabalho em decorrência do aumento da produtividade causado pela introdução de máquinas no processo produtivo; e a queda do preço dos elementos do capital constante. Para estes críticos, o aumento da produtividade ocorre exatamente em função do aumento da composição orgânica e, por isso, Marx não poderia tê-las incluído no *rol* das forças com influência contrária, por serem elas consequência, parte integrante do próprio aumento da composição do capital.

589 BELLUZZO, Luiz Gonzaga de Mello. *Valor e capitalismo*: um ensaio sobre a economia política. São Paulo: Brasiliense, 1980, p. 100.

progressiva acaba determinando um estreitamento da base sobre a qual se apoia esse processo de valorização.[590]

A questão da queda tendencial da taxa de lucro na economia sempre despertou polêmicas e, no caso de Marx, isso não foi diferente. Apesar das forças compensadoras dessa tendência, ele parecia estar convicto de que o aumento da composição orgânica do capital, apesar de gerar aumentos na taxa de mais-valia, continuaria prosseguindo e reduzindo a participação do capital variável no montante do capital aplicado. Mas o fato é que, como lembra Sperber,[591] apesar de central na sua análise sobre o futuro do capitalismo e de sua autodestruição, Marx não contava com evidências que comprovassem a tendência de queda da taxa de lucro, apostando que o que se verificara nos primórdios do sistema capitalista, na época de Smith e Ricardo, continuaria ocorrendo no futuro. Dada a complexidade das variáveis consideradas em seu modelo e as hipóteses adotadas em relação a elas, somente no caso em que essas se confirmassem no mundo real poder-se-ia ter condições de prever o que poderia acontecer com a taxa de lucro. Caso contrário, nada se poderá dizer sobre as suas tendências.

A crise, no entanto, no pensamento de Marx, não tem origem apenas na tendência à queda da taxa de lucro provocada pelo aumento da composição orgânica do capital em reação ao aumento dos salários ou à busca de maior produtividade do trabalhador, visando o aumento da mais-valia, do lucro, o *motor primus* do capital. Deve-se salientar que Marx deduziu essa tendência supondo que as condições da lei do valor fossem plenamente satisfeitas, significando que as mercadorias seriam vendidas pelos seus valores de

---

590 Para uma análise mais aprofundada deste processo, consultar o trabalho já mencionado de Mazzucchelli (MAZZUCCHELLI, Frederico. *A contradição em processo*: o capitalismo e suas crises. São Paulo: Brasiliense, 1985).

591 SPERBER, Jonathan. *Karl Marx*: uma vida do século XIX. Barueri: Amarilys, 2014, p. 428.

equilíbrio. A tendência à queda da taxa de lucro pode, no entanto, ocorrer, de acordo com Marx, por uma situação diferente, em que não se consegue vender as mercadorias por seus valores, tratando-se, portanto, de outro tipo de crise, de uma *crise de realização.*

É preciso ter claro que, embora a expansão da produção e a criação de mais-valia sejam características imanentes deste modo de produção, por meio do aumento da produtividade, a realização do valor produzido ocorre na órbita da circulação para que o capital conclua o seu processo de valorização. Essa possibilidade, contudo, costuma encontrar barreiras, seja na desproporção existente entre os distintos ramos de produção, seja nas bases estreitas do consumo resultantes de seu próprio modo de funcionamento, que é o de avançar excluindo uma massa crescente de trabalhadores, com a redução do capital variável, deste processo. Sobrevêm, daí, crises de realização, ou de superacumulação, em que as perdas do capital e o declínio da taxa de lucro, o levam a reagir, reduzindo o ritmo da acumulação até que as condições voltem a ficar novamente mais favoráveis, ou procurando ampliar, contraditoriamente, o próprio capital, no caso o capital constante, para compensar essas perdas e recompor a taxa de lucro.

A expansão contínua do capital constante, com participação crescente deste na composição orgânica, tende, no entanto, a agravar, no tempo, este processo, ao promover maior concentração e centralização do capital e aumentar a superpopulação relativa dos trabalhadores, causando, como consequência, uma superacumulação de capital, à medida que, se de um lado, isso possibilita aumentar ainda mais a produtividade, por outro conduz inexoravelmente à queda da taxa de lucro pelo efeito combinado de aumento da composição, desproporções intersetoriais e estreitamento das bases de consumo, conduzindo a crises e depressões necessárias para regenerar o sistema, com a queda dos salários, aumento da taxa de mais-valia, mas que apenas adiam, sem resolver, suas contradições, porque todo este processo contraditório será reiniciado uma vez que as mesmas sejam superadas. Crises, assim, como coloca Marx, que "(...) não são mais do que soluções momentâneas e violentas das contradições existentes, erupções bruscas que restauram transitoriamente o equilíbrio desfeito".[592] E que, por isso, retornam cada vez de forma mais virulenta.

Por tudo isso, como diz Marx, não sendo

> (...) o objetivo do capital (...) satisfazer as necessidades [sociais com a produção], mas produzir lucro, [o abarrotamento de mercadorias no mercado que decorre dessa finalidade e que não encontra compradores para sancionar a realização do valor], implica uma crise de superprodução de mercadorias, ao ultrapassar os limites que lhe é imanente.[593]

A reação e expansão do capital, diante disso, implica na crise de superprodução do capital, que, por sua vez, nada mais reflete, também, uma crise de superprodução de mercadorias. Por isso, "(...) a barreira da produção capitalista é o próprio capital".[594]

Para ele, a visão dos economistas que não admitem a crise de superprodução de mercadorias, restringindo essa possibilidade à originária da superacumulação de capital, carece de qualquer lógica:

> dizer que não há superprodução geral e sim desproporção entre os diversos ramos de produção, equivale a afirmar que, na produção capitalista, a proporcionalidade entre os diferentes ramos de produção se revela o processo constante

592 MARX, Karl. *O capital*: crítica da economia política: o processo global de produção capitalista. vol. IV. Rio de Janeiro: Civilização Brasileira, [1894] 1974, p. 286. (Livro III).

593 MARX, Karl. *O capital*: crítica da economia política: o processo global de produção capitalista. vol. IV. Rio de Janeiro: Civilização Brasileira, [1894] 1974, p. 294. (Livro III).

594 MARX, Karl. *O capital*: crítica da economia política: o processo global de produção capitalista. vol. IV. Rio de Janeiro: Civilização Brasileira, [1894] 1974, p. 287. (Livro III).

> oriundo da desproporcionalidade, impondo-se aos agentes de produção a conexão interna de toda a produção como lei cega e não como lei apreendida racional e coletivamente, por isso dominada e mediante a qual teriam eles submetido o processo de produção a seu controle comum.[595]

Um desconhecimento da lógica de funcionamento do capital.

São essas contradições, insolúveis, que apenas podem adiar a irrupção do sistema, de que o modo capitalista de produção encontra no desenvolvimento das forças produtivas uma barreira, que nada tem a ver com a riqueza em si, que colide com a base que poderia desfrutá-la, que o leva a apontá-lo como um modo de produção histórico, passageiro, com seu tempo delimitado:

> E essa barreira peculiar evidencia que o modo capitalista de produção, com suas limitações, possui caráter simplesmente histórico, transitório, que não é o modo absoluto de produção da riqueza, entrando antes em conflito com o desenvolvimento ulterior dela, ao atingir certo estágio de evolução.[596]

Em Marx, portanto, diferentemente dos clássicos para quem a queda da taxa de lucro conduziria a um quadro de "estado estacionário", inexistindo crises de realização, as crises surgem das próprias contradições do sistema e são imanentes ao seu desenvolvimento, constituindo uma das fases do ciclo econômico. Sendo imanente, integra o conjunto de suas leis de movimento, mas, atuando como regeneradoras do sistema para que o ciclo seja retomado e se ingresse numa nova fase de valorização do capital, as crises

---

595 MARX, Karl. *O capital*: crítica da economia política: o processo global de produção capitalista. vol. IV. Rio de Janeiro: Civilização Brasileira, [1894] 1974, p. 295. (Livro III).

596 MARX, Karl. *O capital*: crítica da economia política: o processo global de produção capitalista. vol. IV. Rio de Janeiro: Civilização Brasileira, [1894] 1974, p. 278. (Livro III).

atuam para desvalorizar parte do capital e tendem crescentemente a se tornar mais severas, apenas procrastinando o *colapso final* do sistema, este sim, inevitável. Um processo que, para ele, seria inevitável de acontecer diante do acirramento do conflito entre as relações de produção, que incluem as da propriedade dos meios de produção, e o desenvolvimento das forças produtivas, abrindo-se o caminho para a revolução e a superação do modo de produção capitalista. O socialismo aparece, em sua análise, apenas como o resultado de processos históricos objetivos, ou seja, como consequência das próprias contradições do capitalismo e dos conflitos que enseja. Como outras teses, a *teoria do colapso* de Marx, como consequência de crises crescentemente mais severas, desencadeou controvérsias e opiniões as mais diversas, favoráveis e desfavoráveis, entre marxistas e não marxistas, mas permaneceu fincada como fruto lógico de sua análise realizada, com base na teoria do valor, sobre as tendências do sistema capitalista.

4.3.4.4 Os parceiros do capital produtivo na apropriação da mais-valia: o capital comercial e o financeiro

Até a essa altura de *O Capital*, Marx restringiu sua análise ao capital produtivo, pois seu propósito foi o de desvendar o segredo da produção de mais-valia, a essência que alimenta os voos e impulsos do capital, e também por ser no processo de produção que a mercadoria nasce enriquecida, para ter seu valor realizado na esfera da circulação.

Na quarta parte desde Livro III, Marx introduz, na cena, os parceiros do capital que atuam em outras esferas, essenciais para que ele cumpra sua sina e consiga concluir, da melhor maneira possível e mais lucrativa, o processo de reprodução global, visando identificar de onde eles extraem o seu ganho, o lucro, bem como o papel que desempenham neste processo. Com este objetivo, analisa a natureza do *capital mercantil*, desdobrado em suas duas formas: o *capital comercial* e o *capital financeiro*, os quais se autonomizam, neste processo, em relação ao capital produtivo.

Sobre o conceito de *capital financeiro* é necessário, aqui, fazer algumas advertências. Embora este apareça na edição de *O Capital*, da Civilização Brasileira, a verdade é que Marx não chegou a empregá-lo, erro que também se encontra, de acordo com Nakatani & Carcanholo[597] e também Sabadini,[598] apoiados nos trabalhos de Harvey (1990), Klagsbrunn (1992) e Germer (1995), na tradução francesa da *Editions Sociales*, Paris, de 1976. *Capital financeiro* foi um conceito desenvolvido por Rudolf Hilferding em seu livro de 1910, *O capital financeiro* (1985) e diz respeito à especificidade daquele período do capitalismo em que o capital bancário se entrelaçava com o industrial, com o avanço do processo de concentração e centralização do capital e a criação de sociedades anônimas e a venda de suas ações no mercado: com este movimento começava-se a dar a fusão das distintas formas do capital – industrial, comercial, bancário – sob a direção comum das altas finanças.

Marx, por sua vez, está interessado em investigar as várias formas que assume o capital no longo trajeto que faz para garantir a sua reprodução. Por isso, quando relaxa a hipótese de que o capital produtivo realiza todas as tarefas e atividades para que seu ciclo se complete, introduz, em seu esquema analítico, as outras formas que ele assume na esfera da circulação para auxiliá-lo neste percurso da criação e realização da mais-valia, como *capital mercantil no comércio das mercadorias e do dinheiro*. O último, o

597 CARCANHOLO, Reinaldo A.; NAKATANI, Paulo. "O capital especulativo parasitário: uma precisão teórica sobre o capital financeiro característico da globalização". *In*: GOMES, Helder (Coord.). *Especulação e lucros fictícios*: formas parasitárias da acumulação contemporânea. 1ª ed. São Paulo: Outras Expressões, 2015, p. 82.

598 SABADINI, Maurício. "Sobre o conceito de capital financeiro". *Temporales*, Brasília, ano 15, nº 30, jul./dez. 2015, p. 51.

dinheiro, enquanto meio de circulação restringe-se, inicialmente, a realizar apenas movimentos técnicos no processo de circulação do capital, atuando como veículo para este mudar de forma, embora acarretando trabalho e custos para sua administração. Com o desenvolvimento do sistema de crédito, termina se transformando em capital que rende juros (*capital portador de juros*) e assumindo mesmo, neste processo, a forma de *capital fictício*, um capital, diferente do *capital a juros* que em nada contribui para a criação de riqueza, mas que se apropria de parte da mesma.[599]

Para Marx, "o capital mercantil – e o comércio – é mais antigo que o modo capitalista de produção", sendo "na realidade, do ponto de vista histórico, o modo independente de existência do capital".[600] Confinado na esfera da circulação (movimento D – M – D'), de onde extrai seu lucro, sua função consiste exclusivamente em propiciar a troca de mercadorias, por meio da compra e venda, mas sem submeter a produção ao seu domínio. Como tal, atua na dissolução das formas de produção anteriores, dominando, mas sem revolucionar a indústria, ao mesmo tempo em que cria, com essa ação, as condições para a emergência do modo de produção capitalista, no qual passará a ser dominado pelo capital produtivo, dele se tornando um agente responsável pela circulação do capital, pela compra e venda de mercadorias, completando o ciclo de reprodução do capital.

---

599 Para uma análise mais aprofundada dessa questão, consultar Carcanholo & Nakatani (CARCANHOLO, Reinaldo A.; NAKATANI, Paulo. "O capital especulativo parasitário: uma precisão teórica sobre o capital financeiro característico da globalização". *In*: GOMES, Helder (Coord.). *Especulação e lucros fictícios*: formas parasitárias da acumulação contemporânea. 1ª ed. São Paulo: Outras Expressões, 2015; SABADINI, Maurício. "Sobre o conceito de capital financeiro". *Temporales*, Brasília, ano 15, nº 30, jul./dez. 2015).

600 MARX, Karl. O *capital*: crítica da economia política: o processo global de produção capitalista. vol. V. Rio de Janeiro: Civilização Brasileira, [1894] 1974, p. 374. (Livro III).

Como visto anteriormente, o ciclo de reprodução do capital industrial é composto pelo ciclo de produção, quando a mais-valia é produzida, e o de circulação, quando o valor é realizado com a venda das mercadorias. Caso fosse o próprio capital produtivo, produtor de mais-valia, que se dedicasse à comercialização dos produtos, seria ele próprio, que se apropriaria de sua totalidade, mas isso implicaria, por outro lado, além de custos adicionais com impactos negativos sobre a taxa geral de lucro e, na ausência do crédito, maiores riscos para o reinício do ciclo, já que se teria de esperar pela conclusão das vendas das mercadorias. A dissociação que ocorre no capital, desdobrando-os e, ao mesmo tempo, autonomizando-os, assim, entre o que se dedica à produção, o produtivo, e o que cuida da comercialização, o comercial, para dar maior fluidez a este processo, torna-os parceiros na apropriação da riqueza gerada (da mais-valia) e imprime maior velocidade ao processo de acumulação. Explica-se a razão.

Como o ciclo de reprodução do capital industrial só se completa com a venda do produto, quando o capital-mercadoria, M', se transforma em dinheiro acrescido, D', a duração da fase de circulação reponta como essencial neste processo, bem como a *especialização dos capitais* na sua promoção, ou melhor, a *divisão do trabalho entre os capitais* para dar maior velocidade e aumentar a intensidade na extração de mais-valia, se torna decisiva. Por isso, parte do capital se desloca para cumprir essa função e, por ser o responsável pela comercialização das mercadorias, recebe a denominação de *capital comercial*, que, assim como o capital produtivo, irá ter direito a uma remuneração, ambos com autonomia perante o outro. Diante deste fato, a pergunta que Marx procura responder é a seguinte: como e de onde vem este lucro, sabendo que a mais-valia só é gerada na esfera da produção?

No sistema de Marx, como na circulação não se produz mais-valia, o montante dessa riqueza gerada na esfera da produção deve ser dividida/repartida entre esses capitais na proporção da magnitude que cada um aplica em sua atividade, significando que se antes da entrada em cena do capital comercial, a taxa de lucro geral estabelecida para o capital produtivo era plena, ela agora será reduzida ao se transferir parte da mais-valia para aquele capital.

Um cálculo simples sobre essa questão dispensa argumentos complexos para explicá-la. Se um capital produtivo de 100 unidades monetárias (u.m), composto por 80 de capital constante e 20 de variável, opera com uma taxa de exploração de 100%, sua taxa de lucro será de 20% (20/100), supondo que essa seja a taxa média de lucro da economia. Com o ingresso do capital comercial neste circuito, se, para vender o produto no mercado, este tiver de aportar um capital adicional de 20 (constante e variável, não importa, já que não gera mais-valia), o capital total no ciclo de reprodução aumentará para 120 u.m., mas como a mais-valia permanecerá no mesmo nível absoluto, ou seja, em 20 u.m., a taxa média de lucro para ambos os capitais será reduzida para 16,6% (20/120). Qualquer diferença entre essas taxas existente entre estes capitais será corrigida pelos movimentos do processo de concorrência entre os mesmos: caso o capital produtivo obtenha uma taxa mais elevada que a do capital comercial, fluxos de capitais deste setor para ele migrarão, equalizando a taxa de lucro; caso ocorra o contrário, serão os capitais produtivos que serão transferidos para a circulação, com os mesmos resultados. Como o capital comercial não é criador de mais-valia, ele só concorre, dessa maneira, para a formação da taxa geral de lucro.

Assim como ocorre com o capital produtivo, seu tempo de rotação influencia a parte percentual do lucro que recebe, em função da magnitude de seu capital, variando aquele na razão inversa do número de rotações ou da velocidade de rotações de cada ramo de produção, o que também afeta o ciclo de reprodução global do capital (fases de produção e circulação) e, consequentemente, a taxa geral de lucro. Quanto mais rápido girar, menor o período de reprodução global, maior a capacidade de extração de mais-valia e maior a taxa de lucro, sendo o inverso também verdadeiro. Essas diferenças, no entanto, se compensam para as diferentes rotações dos capitais pelo processo de concorrência, como já discutido anteriormente, ao se considerar o seu tempo médio. De qualquer maneira, o tempo de rotação do capital comercial é condicionado tanto pelo tempo de produção da mercadoria como pela sua natureza: bens de maior valor agregado (bens de consumo duráveis, por exemplo), costumam apresentar tempos de rotação mais longos do que os de mais baixo valor agregado (bens de consumo não duráveis, de primeira necessidade), assim como o tempo de reprodução dos meios de produção destes se diferenciam.

Embora cumprindo um papel distinto em relação ao capital comercial, o *capital-dinheiro de empréstimo* também não é produtor de mais-valia, mas se apropria de uma parte da riqueza produzida e do valor excedente extorquido do trabalhador.

Segundo seu argumento, o dinheiro, em si, enquanto meio de circulação, não realiza mais do que movimentos técnicos no processo de circulação do capital – industrial e comercial –, atuando, portanto, apenas como veículo para este mudar de forma. Como tal, não cria valor, embora implique trabalho e custos decorrentes de sua administração em relação a pagamentos a serem efetuados, recebimentos, guarda do tesouro, contabilidade etc., com o que ele se dota de funções separadas dos movimentos próprios do capital, as quais o leva a adquirir *autonomia*, transformando-o em *capital portador de juros*.

Não se pode, no entanto, falar que sejam adversários, inimigos de morte. Pelo contrário. São, antes, parceiros na tosquia dos trabalhadores. Como colocam Carcanholo & Nakatani:

> Uma unidade de capital (sob o controle de um único empresário ou de uma única empresa ou corporação) não cumpre exclusivamente a função autonomizada de capital produtivo, ou somente a de capital comercial, ou ainda a de capital a juros. É provável que cumpra diferentes funções e não necessariamente de um único capital industrial. Assim, em geral, a operação de um capital individual só pode ser

> entendida como realizando parcial ou totalmente diversas funções e funcionando como entrelaçamento da circulação de mais de um capital industrial. Dessa maneira, estaremos muito mais próximos da complexidade do real.[601]

Neste sentido, por ter de existir constantemente como tesouro, como capital-dinheiro potencial (reserva de meios de compra, de meios de pagamento, capital ocioso à espera de aplicação etc.), o desenvolvimento dessas funções termina transformando-o também em *mercadoria* que pode ser negociada e vendida para a obtenção de lucro. Afinal, enquanto *mercadoria* que se encontra ociosa sem aplicação, seu proprietário pode obter algum ganho, emprestando-o a quem se interesse em tomá-lo para investir produtivamente, recebendo, em contrapartida, uma remuneração pelo seu uso, na forma de *juro*. É este *comércio do dinheiro*, transformado em *capital de empréstimo*, que se apropria de parte do lucro do capital produtivo, de forma autônoma, que Marx, pelas suas implicações e perturbações que pode ocasionar para a reprodução do capital, vai se dedicar a analisar na extensa parte V do Livro III.

4.3.4.5 O capital produtor de juros e o capital fictício

Assim como ocorre com o capital comercial, o capital portador de juros (*capital-dinheiro*), na forma do capital usurário existe nos modos anteriores de produção, de forma predatória, mas, no modo de produção capitalista, este o subordina ao domínio do capital produtivo, tornando-o funcional para a acumulação, tal como acontece com o comercial, e ao processo de reprodução do

601 CARCANHOLO, Reinaldo A.; NAKATANI, Paulo. "O capital especulativo parasitário: uma precisão teórica sobre o capital financeiro característico da globalização". *In*: GOMES, Helder (Coord.). *Especulação e lucros fictícios*: formas parasitárias da acumulação contemporânea. 1ª ed. São Paulo: Outras Expressões, 2015, pp. 42/43.

capital, passando a depender deste para frutificar-se, enquanto capital de empréstimo, enquanto capital-dinheiro. Sua funcionalidade para ampliar os horizontes da acumulação é evidente, assim como ocorre com o capital comercial, à medida que fornece capitais que poderiam manter-se congelados para serem colocados em movimento por quem não dispõe de capital-dinheiro para tanto.

Da cessão destes recursos para terceiros, deriva um rendimento para seu proprietário (o dono do dinheiro) na forma de juro, que se coloca, no entanto, no exterior do processo de reprodução, como uma ave que recolhe o produto da natureza sem ter de se submeter a qualquer trabalho. Como tal, o capital nada mais é que produtor de juro para seu dono, sem nada acrescentar à riqueza criada, mas com direito de apropriar-se da mais-valia produzida.

Como tal, no capital produtor de juro, como diz Marx, "a produção capitalista atinge a forma mais reificada, mais fetichista",[602] porque o capital "aparece como fonte misteriosa, autogeradora de juro, aumentando a si mesmo, pois o resultado aparece diretamente sem a intervenção dos processos de produção e circulação".[603] Com isso, desparecem todas as marcas da origem do lucro, da mais-valia, e o juro aparece como "fruto genuíno do capital, o elemento original, como valor que se valoriza a si mesmo, como dinheiro que gera dinheiro"[604] e o capital produtivo como mero coadjuvante do processo, o lucro como mero acessório aditivo que se acumula no processo de reprodução e o capitalista apenas como um funcionário especializado da produção. Todo o processo de

---

602 MARX, Karl. O *capital*: crítica da economia política: o processo global de produção capitalista. vol. V. Rio de Janeiro: Civilização Brasileira, [1894] 1974, p. 450 (Livro III).

603 MARX, Karl. O *capital*: crítica da economia política: o processo global de produção capitalista. vol. V. Rio de Janeiro: Civilização Brasileira, [1894] 1974, p. 451 (Livro III).

604 MARX, Karl. O *capital*: crítica da economia política: o processo global de produção capitalista. vol. V. Rio de Janeiro: Civilização Brasileira, [1894] 1974, p. 451 (Livro III).

exploração do trabalho pelo capital fica, dessa maneira, mascarado neste quadro, com o *capital a juros* jogando uma cortina de fumaça no que ocorre no movimento real do processo de reprodução.

Enquanto capital de empréstimo para a produção, portador de juro, não é bem isso, no entanto, que ocorre no processo de reprodução. Lembrando as fases de metamorfoses do capital anteriormente apresentadas, tínhamos:

D – M (Mp + Ft) ... p ... M' – D'

Neste cenário, em que ocorre o processo de reprodução do capital industrial, o capital se apresenta desde o início como capital-dinheiro na circulação para adquirir meios de produção, transformá-los com a produção, produzir mais-valia (lucro) e realizar o valor novamente na circulação, para dela sair com o valor aumentado (D'), o capital a juros ainda não fez sua entrada na cena deste circuito. Com sua entrada, e por ser ele exterior a este processo, já que não participa diretamente da produção de mais-valia, este circuito muda, em Marx, para:

D [D – M (Mp + Ft) ... p ... M' – D'] D'

O capital portador de juros aparece na antessala do processo de reprodução (D), oferecendo dinheiro ao capitalista como mercadoria, a um determinado preço (juro) para que ele o utilize como capital, ou seja, cedendo, alienando o seu valor de uso como capital para produzir mais-valia. Se o capitalista precisar e tomar este empréstimo, só então tem início o processo de reprodução, com o dinheiro emprestado, ou alugado como mercadoria, como capital, transformando-se em capital-dinheiro para adquirir os meios de produção, gerar mais-valia (lucro), fase que, para o capital produtivo irá se encerrar em D' com a realização do valor. No entanto, do lucro obtido, ele terá de destinar uma parte para o capitalista que lhe fez o empréstimo (estamos, aqui, fazendo abstração do valor do principal), sob a forma de juro, o que se dá fora do processo de reprodução real. Para o dono do dinheiro, essa fase se completa em D' fora do circuito de reprodução, com D' = D + ΔD, ou seja, com o dinheiro inicial que emprestou acrescido do juro que recebeu: dinheiro gera dinheiro, como já dizia Adam Smith. Nada fez além de emprestar dinheiro, mas levou uma parte da riqueza produzida.

É possível imaginar o seguinte diálogo entre os dois capitalistas, o produtivo e o financeiro:

– Capitalista dono do dinheiro, aparecendo na antessala do processo de reprodução: disponho de 100 unidades monetárias para aplicar produtivamente, mas não quero ter este trabalho. Interessa-lhe fazer isso por mim e dividirmos o lucro obtido?

– Capitalista produtivo: Sim, me interessa. Como estou com falta de dinheiro e necessito aumentar meu ganho, me disponho a substituí-lo e pagar-lhe uma parte do que conseguir lucrar como prêmio (juro), desde que compense meu trabalho.

Dá-se, então, o acordo entre estes capitais, com o capital produtivo comprometendo-se a transferir, para o capital na forma de dinheiro, parcela do lucro que obtiver na produção. Por isso, enquanto capital de empréstimo (dinheiro), portador de juro, *o limite do juro*, que apenas exprime a valorização do capital-dinheiro, é o lucro, o produto do capital produtivo. E a determinação do nível do juro, para o qual não existe nenhuma *taxa natural*, por não se constituir como valor, tendo como limite, portanto, a taxa de lucro, resulta da interação da oferta e demanda por estes fundos que o capital produtivo pode lançar mão para produzir: quanto menor o juro, mais o lucro sairá beneficiado; quanto maior, mais dele se apropriará o capital que comercia dinheiro.

Trata-se, assim, de uma oposição, agora não entre o capital e o trabalhador, mas entre o capital produtivo e o capital a juros, entre o lucro e o juro. Mas todas essas relações ficam encobertas, neste caso, porque quem apareceu com o dinheiro na circulação para alugá-lo (vendê-lo) como mercadoria por um determinado prazo foi o capitalista proprietário do dinheiro, visando dali sair com um valor acrescido de juro, enquanto o capitalista produtivo que efetivamente comandou o processo de exploração do trabalho, de geração e apropriação de mais-valia, fica oculto nos porões da produção como se fosse apenas mais um trabalhador, um soldado a serviço daquele capital. Ou seja, apenas como mais um trabalhador especializado, merecedor de um salário mais gordo do que o dos trabalhadores comuns, o qual, na verdade, é o lucro.

Por mobilizar, para a acumulação, fundos que poderiam ficar congelados sob a forma de tesouro, o capital portador de juros é, assim, altamente funcional para o sistema: enquanto destinado para a acumulação real, com a qual se vai garantir a expansão real da riqueza e da mais-valia, capaz de sustentar o lucro do industrial, do comerciante e o juro do capital-dinheiro, o crédito torna mais elástico o processo de reprodução, do qual nasce e se potencializa, tornando-o mais fluido. Com seu destino circunscrito ao processo de reprodução, nasce da função do dinheiro como meio de pagamento, propiciando que as defasagens das operações de compra e venda de mercadorias não interrompam este processo e que todos os créditos concedidos e os débitos contraídos sejam anulados no final, mesmo que se reinicie todo o processo. Se o produtor A, que ainda não vendeu sua mercadoria, toma emprestado de B, que lhe vende capital-mercadoria a crédito para que possa dar prosseguimento ao ciclo de produção, e este de C que conta com dinheiro-reserva temporariamente congelado até reiniciar este ciclo, e assim sucessivamente, todo este emaranhado de débitos e créditos pode ser desfeito com o pagamento de A a B, quando este concluir suas vendas e apropriar-se do dinheiro, de B a C, e assim sucessivamente.

Neste caso, em que os pagamentos se efetuam por meio do dinheiro, trata-se, assim, de *crédito comercial*, este terá cumprido o seu papel de dar fluidez à acumulação real, contribuindo para a expansão da atividade econômica e da riqueza. Mesmo com o dinheiro metálico sendo substituído por seus símbolos (notas e letras bancárias, por exemplo) nada disso se altera, desde que mantida a proporcionalidade exigida entre os mesmos correspondentes ao valor e se o objetivo dos empréstimos for a acumulação real, com a taxa de juros oscilando de acordo com a oferta e procura por capital-dinheiro, ou seja, para a reprodução do capital: nas fases de prosperidade, com o otimismo dos negócios, tende a aumentar a demanda por capital-dinheiro, elevando a taxa de juros diante do aumento da taxa de lucro; nas fases de contração, em que as mercadorias se amontoam nos mercados, sem venda, diminui a procura por capital-dinheiro, arrefecendo a acumulação e derrubando ambas as taxas.

No modo capitalista de produção, entretanto, o sistema não opera com essa racionalidade, nem com essa perfeição. O capital produtor de juros constitui a base do sistema de crédito que, ao se desenvolver com o avanço da acumulação, dá origem ao sistema bancário, em que o dinheiro monetário aparece representado por notas e letras bancárias, com elevado poder de multiplicação do meio circulante e do capital-dinheiro. Mas, como diz Marx, "nem todo acréscimo de capital-dinheiro que se pode emprestar representa acumulação de capital ou ampliação do processo de reprodução".[605] Aí é que está o *busílis*. Se isso não acontece, é dinheiro, mas que não se transforma em capital real, tornando-se um *capital fictício*, ou *vadio*, como Marx o denomina, que produz uma renda para quem o possui – e que, por isso, o enxerga como capital –, mas nada agrega à riqueza da sociedade, apenas dela desfrutando. Pois,

---

605 MARX, Karl. O *capital*: crítica da economia política: o processo global de produção capitalista. vol. V. Rio de Janeiro: Civilização Brasileira, [1894] 1974, p. 557 (Livro III).

> com o desenvolvimento do sistema de crédito, a produção capitalista sem cessar empenha-se em suprimir a barreira metálica (do dinheiro), esse limite sincronicamente material e fantástico, à riqueza e ao movimento dele. Mas acaba sempre quebrando a cabeça contra este obstáculo.[606]

E, o tamanho deste *capital fictício*, não é pequeno. Explica-se a razão.

Do desenvolvimento do capitalismo, o dinheiro, enquanto exercendo a função de meio de pagamento, abre o caminho para a constituição do sistema de crédito, indispensável para o funcionamento da economia, à medida que rompe a barreira metálica que prende seus movimentos expansivos. Com isso, o dinheiro do crédito passa a cumprir muitas de suas funções (do dinheiro), como, por exemplo, as de meio de circulação e de meio de pagamento. Por meio de formas dele derivadas inicialmente, como as de signos de valor, de papel-moeda de curso forçado, títulos de crédito comercial, que capitalistas e comerciantes trocam entre si, avança-se na criação de notas emitidas pelos bancos, de notas dos bancos centrais e de outros instrumentos de crédito, com esse dinheiro (de crédito) terminando, em parte, e progressivamente passando de mãos em mãos, renovando-se e girando sem estar assentado em uma base real, mesmo que rendendo juro. Com isso, esse dinheiro de crédito, que dá origem ao sistema de crédito em geral, não substitui, pelo menos em parte, o dinheiro-capital, entendido como financiando o processo de produção e reprodução, sendo destinado para pagar dívidas, financiar consumo improdutivo, especular etc., o que não faz a menor diferença para o banqueiro que empresta estes recursos: é apenas *capital fictício*, à medida que não cria nem valor, nem riqueza, mas, obtendo um rendimento, na forma de juro, adquire o direto de se apropriar de parte dela. Leiamos Marx sobre isso:

---

606 MARX, Karl. *O capital*: crítica da economia política: o processo global de produção capitalista. vol. V. Rio de Janeiro: Civilização Brasileira, [1894] 1974, p. 658 (Livro III).

> com o desenvolvimento do capital produtor de juros e do sistema de crédito, todo capital parece duplicar-se e às vezes triplicar-se em virtude das diferentes formas em que o mesmo capital se apresenta em diferentes mãos. A maior parte deste "capital-dinheiro" é puramente fictícia.[607]

O fato é que, embora subordinado ao capital produtivo, o capital a juros, pelo poder multiplicador do sistema de crédito e pela especulação a ele inerente, termina ultrapassando os limites do processo de reprodução e gerando um capital fictício, que nada tem a ver com ele, mas que suga a riqueza produzida sem nada a ela acrescentar. Segundo ele,

> a mesma peça de dinheiro, podendo efetuar diferentes compras de acordo com a velocidade de circulação, pode também possibilitar diferentes empréstimos, pois as compras fazem-na mudar de mãos, e o empréstimo é apenas transferência de uma mão para outra sem mediação da compra.[608]

E, assim, se transforma em fantasmagoria.

Mas essa massa de "capital-dinheiro" fictício, que entra sem cessar no sistema não provém apenas dos créditos transacionados diretamente pelos bancos com seus clientes e de sua multiplicação, mas também dos títulos governamentais sobre os quais se paga um rendimento sobre um valor já despendido, de ações de companhias que artificialmente se valorizam no mercado, mesmo sem expandir seu capital, e que dão direito a um rendimento futuro (dividendos),

---

607 MARX, Karl. O *capital*: crítica da economia política: o processo global de produção capitalista. vol. V. Rio de Janeiro: Civilização Brasileira, [1894] 1974, p. 541 (Livro III).

608 MARX, Karl. O *capital*: crítica da economia política: o processo global de produção capitalista. vol. V. Rio de Janeiro: Civilização Brasileira, [1894] 1974, p. 542 (Livro III).

os quais são negociados também pelos bancos e bolsas de valores, compondo seu capital. Ainda Marx, sobre este capital:

> a maior parte do capital bancário, portanto, é puramente fictícia e consiste em créditos (letras), títulos governamentais (que representam capital despendido) e ações (que dão direito a rendimento futuro). Não devemos esquecer que é puramente fictício o valor monetário do capital que estes títulos guardados nos cofres dos banqueiros representam – mesmo quando conferem direito a rendimentos seguros, como as apólices da dívida pública, ou constituem títulos de propriedade sobre capital real, como as ações (...).[609]

Carcanholo & Sabadini,[610] em trabalho desenvolvido sobre essa forma que o capital assume, a qual Carcanholo & Nakatani[611] (2015) já haviam renomeado de *capital especulativo parasitário*, elencam, com base na leitura de Marx, vários tipos em que ele se apresenta: as ações das empresas por ser um ativo que, podendo ser classificado como instrumento de crédito, é contabilizado como valor independente de seu patrimônio, já que pode ser negociado no mercado sem nenhuma substância real; os títulos da dívida pública, quando emitidos para financiar investimentos reais, mas que depois permanecem circulando [e continuando a render] como débito do governo, e quando emitidos para cobertura de gastos

---

609 MARX, Karl. O *capital*: crítica da economia política: o processo global de produção capitalista. vol. V. Rio de Janeiro: Civilização Brasileira, [1894] 1974, p. 540 (Livro III).

610 CARCANHOLO, Reinaldo A.; SABADINI, Maurício. "Capital fictício e lucros fictícios". *In*: GOMES, Helder (Coord.). *Especulação e lucros fictícios*: formas parasitárias da acumulação contemporânea. 1ª ed. São Paulo: Outras Expressões, 2015, pp. 129/130.

611 CARCANHOLO, Reinaldo A.; NAKATANI, Paulo. "O capital especulativo parasitário: uma precisão teórica sobre o capital financeiro característico da globalização". *In*: GOMES, Helder (Coord.). *Especulação e lucros fictícios*: formas parasitárias da acumulação contemporânea. 1ª ed. São Paulo: Outras Expressões, 2015.

improdutivos, por nada aportarem à riqueza real; a transformação de títulos negociáveis do capital ilusório, fictício. Segundo eles,

> esse capital fictício (...) tem em comum o fato de que, ao mesmo tempo em que é fictício, é real. É real do ponto de vista individual e isolado, no dia a dia do mercado, quer dizer do ponto de vista da aparência; é a dialética fictício/real (...).[612]

Como diz Marx, a respeito: com essa montanha crescente de capital fictício gerando rendimentos, ganhos, tende a "(...) desaparecer o último vestígio de conexão com o processo efetivo de valorização e reforça-se a ideia de ser o capital [financeiro] que se valoriza a si mesmo".[613] O que pode ser visto como a *desmaterialização do capital-dinheiro*, com o poder de criação do lucro, da mais-valia e da riqueza sendo explicado por entidades abstratas, inexistentes, ilusórias.

Para Marx, portanto, esse capital é apenas representante nominal de capitais inexistentes, uma riqueza financeira imaginária, mas que dá direito sobre o valor, sobre a riqueza, mas de uma riqueza real que não cresce na mesma proporção, tornando o sistema passível de crises recorrentes para que este desequilíbrio seja corrigido ou pelo menos atenuado. Nas suas palavras,

> na realidade todos esses papeis constituem apenas direitos acumulados, títulos jurídicos sobre produção futura, e o valor-dinheiro ou o valor-capital não representa capital

612 CARCANHOLO, Reinaldo A.; SABADINI, Maurício. "Capital fictício e lucros fictícios". *In*: GOMES, Helder (Coord.). *Especulação e lucros fictícios*: formas parasitárias da acumulação contemporânea. 1ª ed. São Paulo: Outras Expressões, 2015, pp. 131/132.

613 MARX, Karl. O *capital*: crítica da economia política: o processo global de produção capitalista. vol. V. Rio de Janeiro: Civilização Brasileira, [1894] 1974, p. 537. (Livro III).

> algum, como é o caso das apólices da dívida pública, ou é regulado de maneira independente do capital efetivo que esses papeis configuram.[614]

Ou seja, *dão apenas direito à riqueza* real, mas não contribuem, em nada, *para criá-la, expandi-la.*

Por isso, a tensão permanente que se estabelece entre as duas formas de riqueza: com a riqueza financeira crescendo em maior velocidade que a riqueza real, mantém o sistema ameaçado por crises periódicas, à medida que a primeira, ao procurar converter-se na segunda, nem sempre encontra resposta para este salto ser bem-sucedido, com este movimento traduzindo-se em pressão sobre os ativos reais, inflação e instabilidade do sistema até que o capital fictício, ou pelo menos parte dele, seja desvalorizado, destruído, para que o equilíbrio se restabeleça. Como diz Marx, "na crise, pretende-se que todas as letras, todos os títulos e mercadorias sejam convertidos em capital bancário, e todo esse dinheiro bancário, por sua vez, em ouro".[615] O capital fictício perde, assim, seu encanto, e o ouro, como o dinheiro universal, a "relíquia bárbara", se transforma em seu refúgio para proteger uma riqueza fictícia, dando origem ou agravando a crise. Por isso, sua conclusão de que

> (...) os bancos e o crédito ao mesmo tempo [que] se tornam o mais poderoso meio de impelir a produção capitalista além

---

614 MARX, Karl. *O capital*: crítica da economia política: o processo global de produção capitalista, vol. V. Rio de Janeiro: Civilização Brasileira, [1894] 1974, p. 539. (Livro III).

615 MARX, Karl. *O capital*: crítica da economia política: o processo global de produção capitalista, vol. V. Rio de Janeiro: Civilização Brasileira, [1894] 1974, p. 659. (Livro III).

> de seus próprios limites, [representam] um dos veículos mais eficazes das crises e da especulação.[616] [617]

Embora não se possa dizer que ao tratar do capital a juros e do sistema de crédito, Marx tenha apresentado argumentos muito articulados sobre a circulação dos diferentes tipos de capital-dinheiro, notadamente do capital financeiro, e de suas implicações para o processo de reprodução e das crises, o que pode ser explicado pelo fato de não ter feito a revisão dos Livros II e III, que foram organizados por Engels após a sua morte, não há dúvidas de que ele fornece, com essa intepretação, mais do que com a sua *Lei de Tendência de Queda da Taxa de Lucro*, elementos fundamentais para se entender as crises financeiras recorrentes do capitalismo em todas as épocas de sua existência, especialmente da época contemporânea, em que a criação de riqueza financeira alcançou níveis inimagináveis com o processo de globalização. Essa teria origem, de acordo com sua perspectiva teórica, no crescente desequilíbrio que surge entre a riqueza financeira e a riqueza real e, cuja solução exige que a primeira, dada sua tendência de maior crescimento, seja periodicamente desvalorizada para que o equilíbrio se restabeleça. Mas, a cada crise que ocorre, a próxima apresenta potencial muito mais desestabilizador, por aumentar seu grau de intensidade e ir diminuindo sua rotação, à medida que essa contradição tende a se apresentar mais revigorada, tornando crescentemente problemático superar os desequilíbrios que nascem deste processo.

---

616 Uma análise aprofundada dos ciclos de acumulação financeira no capitalismo e dos deslocamentos de hegemonia que provoca, bem como suas consequências para a continuidade do sistema, se encontra em Arrighi (ARRIGHI, Giovanni. *O longo século XX*: dinheiro, poder e as origens do nosso tempo. Rio de Janeiro: Contraponto São Paulo: Ed. Unesp, 1996).

617 MARX, Karl. O *capital*: crítica da economia política: o processo global de produção capitalista. vol. V. Rio de Janeiro: Civilização Brasileira, [1894] 1974, p. 696. (Livro III).

4.3.4.6 A renda fundiária: parceiros adicionais na apropriação da mais-valia

Assim como ocorrera com os clássicos, Marx considera, em sua análise sobre a economia capitalista, a existência de três classes sociais: a dos trabalhadores assalariados, a dos capitalistas, sendo essas as classes fundamentais do processo de produção, e a dos proprietários de terra, as quais dão origem às pretensas fontes de riqueza anualmente produzida e que aparecem a elas associadas, na forma de salário, lucro e renda fundiária, a fórmula trinitária "em que se encerram os mistérios do processo social de produção".[618]

No entanto, somente no final do Livro III, Marx introduz a classe dos proprietários de terra em sua análise como consequência do método por ele empregado. De acordo com o seu método de análise, embora a relação terra-trabalho tenha antecedido, nos modos anteriores de produção, a relação capital-trabalho, no capitalismo é a última que predomina, é dominante, devendo, portanto, ser tomada como ponto de partida para sua análise, de forma a apreender seus elementos mais fundamentais, para, só depois, chegar-se à análise da relação terra-trabalho tornada secundária nessa nova realidade.

Tendo demonstrado como o valor constitui a mola propulsora do sistema capitalista, identificado sua fonte de criação na força de trabalho e como ele se distribui entre o capital, que a emprega, e o trabalho a ele subordinado, avançou, em seguida, para mostrar como a mais-valia apropriada pelo capital produtivo é distribuída entre as suas outras formas – o comercial e o usurário – que o auxiliam, como parceiros, nessa empreitada de exploração do trabalho. Faltava, assim, para completar este quadro, introduzir o agente que, apesar de se situar fora do processo de produção – o

---

618 MARX, Karl. *O capital*: crítica da economia política: o processo global de produção capitalista. vol. VI. Rio de Janeiro: Civilização Brasileira, [1894] 1974, p. 935. (Livro III).

proprietário de terra –, também se apropria de parte da riqueza gerada apenas em decorrência dessa condição.

Ao contrário de Ricardo, que só considerou a existência da renda da terra derivada das diferentes fertilidades do solo – a *renda diferencial* –, supondo que essa seria zero na última porção da terra utilizada, Marx considera também a existência da *renda absoluta* cobrada pela cessão de seu uso, uma renda de monopólio garantida pela propriedade jurídica. Para ele, Ricardo abstraiu-se da existência da renda absoluta para não prejudicar a sua teoria do valor, já que a terra por si não produz valor, mas, para isso, teve de supor ser a terra de propriedade coletiva, podendo ser usada na porção menos fértil sem qualquer ônus, sendo que a mesma só existiria em virtude das diferenças de fertilidade.

Para Marx, a renda diferencial gera um lucro suplementar para quem a cultiva, que não decorre do próprio capital, mas da força natural de terras com fertilidades diferentes, o que, devido ao processo de concorrência na formação da taxa geral de lucro (o lucro médio) entre os vários capitais, se converte em renda para o proprietário de terra. Mas essa independe da existência ou não da renda absoluta. Ou seja, uma não exclui a outra, hipótese adotada por Ricardo. E isso não tem absolutamente nada a ver com o valor: a criação deste continua sendo atributo exclusivo da força de trabalho, mas, como Marx já havia exposto em *Teorias da Mais-valia*, a agricultura, ao operar com uma composição de capital abaixo da média, gerando lucros suplementares, destina, no processo de formação dos preços de produção, em que a taxa de lucro se iguala para todos os setores, este ganho adicional para o pagamento da renda da terra, propiciando ao seu proprietário se apropriar de parte da mais-valia produzida, garantindo-se a mesma taxa média de lucro para os capitais aplicados, tanto na indústria como na agricultura. Está claro para Marx, que "não é o lucro agrícola que determina o lucro industrial, e sim o contrário".[619]

A renda fundiária nada mais é, portanto, que a mais-valia suplementar (o lucro suplementar) produzida acima do lucro médio dos capitais aplicados da qual se apropria o proprietário de terra, seja por alugá-la ao arrendatário, seja por gerar diferenciais de produtividade devido às suas diferenças de fertilidade, equalizando as taxas de lucro para todos os capitais. Caso a taxa de lucro médio da agricultura seja menor que a da indústria, por exemplo, por se ter de pagar renda ao proprietário da terra, capitais migrarão de um para outro setor, pelo processo de concorrência, até que essa se equalize para todos os capitais aplicados na economia. A redistribuição da mais-valia que se verifica, neste caso, refletida nos preços de produção dos produtos, é essencial para entender como se torna possível transferir para este novo parceiro da mais-valia, mesmo que situado fora do processo de produção, parcela dela. Como diz Marx a este respeito:[620]

> (...) no modo capitalista de produção, a renda fundiária é sempre sobra acima do lucro, acima do valor da mercadoria, a qual, por sua vez, consiste em mais-valia (trabalho excedente). Por isso, erra-se quando então se procura explicar a renda fundiária aí componente particular e específico da mais-valia, recorrendo simplesmente às condições gerais da mais-valia e do lucro.

---

619 MARX, Karl. O *capital*: crítica da economia política: o processo global de produção capitalista. vol. VI. Rio de Janeiro: Civilização Brasileira, [1894] 1974, p. 750. (Livro III).

620 MARX, Karl. O *capital*: crítica da economia política: o processo global de produção capitalista. vol. VI. Rio de Janeiro: Civilização Brasileira, [1894] 1974, p. 728. (Livro III).

4.4 Algumas considerações sobre a análise de Marx no capitalismo contemporâneo

Apesar das previsões sombrias feitas por Marx sobre o futuro do capitalismo, passaram-se mais de 150 anos desde a publicação do Livro I de *O Capital* sem que o sistema desmoronasse. Ao contrário, em que pese ter se defrontado com não poucas crises, sendo a mais grave a da grande depressão da década de 1930, e de se ter assistido ao mundo dividir-se em dois grandes blocos, socialista e capitalista, o progresso econômico continuou a ocorrer, o padrão de vida da população, em geral, a melhorar, e mesmo a experiência socialista que durou cerca de setenta anos fracassar com a queda do muro de Berlim, em 1989. Teria, assim, falhado Marx na análise que realizou sobre a natureza do capitalismo como um modo de produção historicamente determinado e transitório, bem como as previsões que fez de que, pelas suas contradições, seus dias estavam contados?

Para um autor como Meek,[621] apenas um exemplo entre vários, analisando o capitalismo até a década de 1960, é

> (...) incontestável que a maioria das "leis de desenvolvimento" do capitalismo [do esquema marxista] não se revelou concretamente na realidade econômica, pelo menos no último quarto do século ou, de qualquer modo, nos países capitalistas avançados: (...) a taxa de lucro no sentido marxista não caiu; (...) somente algumas previsões incluídas na doutrina da "miséria crescente" – e, provavelmente, não as mais importantes, concretizaram-se; as crises econômicas do tipo clássico, muito longe de agravarem-se, como de fato parecia ocorrer na década de 1930, desapareceram virtualmente.

---

621 MEEK, Ronald L. *Economia & Ideologia*: o desenvolvimento do pensamento econômico. Rio de Janeiro: Zahar, 1971, pp. 142/143.

Para ele,

> Marx nada mais fez do que extrapolar [na sua análise] tendências no futuro, na suposição de que os fatos econômicos continuariam a ser mais ou menos os mesmos e a manter suas posições relativas na escala de importância.

Não teria considerado que as tendências por ele apontadas poderiam ser modificadas com o surgimento de novos fatores, para concluir que "sem medo de errar, o que realmente sobra da Economia Política marxista é um conjunto de métodos gerais e instrumentos de análise, utilizados no estudo de fatos da época". Nada mais.

Não há dúvidas de que a análise de Marx se refere ao capitalismo do século XIX, e nem poderia ser diferente, pois foi essa a época em que viveu. Um capitalismo que, ainda avançando em seu processo de consolidação dava mostras claras de sua natureza com todas essas tendências se manifestando. Marx não chegou, no entanto, a essas tendências, em sua análise, apenas pela simples observação de sua trajetória, mas a partir de um método inovador e um arcabouço teórico que incluiu como pilares centrais a teoria do valor e a natureza do capital, identificando-a como a de ter incessantemente de buscar sua valorização, entendendo essa missão como sua verdadeira essência, por meio da exploração da força de trabalho, de onde derivou as suas leis de movimento, tornando válida essa análise para o capitalismo em todas as épocas, embora em cada uma com suas especificidades históricas.

O fato de algumas dessas leis não terem se verificado devido ao surgimento de novos fatores que as contrabalançaram não altera em nada sua análise sobre a essência do sistema capitalista. Apenas revelam que certos condicionantes históricos o obrigaram a aceitar algumas mudanças em sua forma de atuação para escapar do colapso. Mas que elas permanecem potencialmente como ameaça à sua continuidade, especialmente nos momentos em que o capital retorna, em sua irracionalidade, aos seus instintos mais primitivos detectados em sua análise.

Marx viveu em um período em que ao Estado era terminantemente proibido de intervir na vida econômica – uma espécie de *Estado mínimo* – e em que o sistema de crédito se encontrava numa fase incipiente de desenvolvimento. Não lhe foi possível prever, por essa razão, que o primeiro, em virtude de crises mais severas que eclodiram na economia, especialmente na década de 1930, seria convocado, pelo próprio capital, para desempenhar papel preponderante no processo de acumulação, visando dar sustentação à continuidade do sistema, tornando-se, assim, seu auxiliar imprescindível e insubstituível nessa caminhada. E, também, de que o mesmo Estado, em virtude do crescente caos social e político decorrente dessas crises, que também poderia conduzir o sistema ao colapso, transformaram-no em um instrumento amortecedor dessas tensões, com ele passando a atender algumas necessidades básicas da população, por meio da oferta de políticas públicas e dando, com isso, origem ao Estado de Bem-Estar (*Welfare State*), cuja ação contribuiria para reduzir as desigualdades sociais e a pobreza absoluta.[622]

Não foi, assim, porque o sistema capitalista alterou sua natureza que as tendências apontadas por Marx não tenham se verificado, mas pelas necessidades históricas do capital de que, para continuar existindo, não restava outra alternativa senão a de abrir mão de parte de seus ganhos e delegar a uma força externa – ao Estado – condições e autonomia (relativa) para desempenhar este papel e, pelo menos, atenuar as consequências de sua insanidade na busca do lucro.

No que diz respeito às crises econômicas, Marx dedicou-se mais à análise do capital produtivo, dominante à época, e, embora

---

622 Para uma análise mais aprofundada das transformações quantitativa e qualitativa conhecidas pelo Estado, especialmente a partir da crise de 1930, consultar Oliveira (OLIVEIRA, Fabrício Augusto. *Economia e política das finanças públicas no Brasil*: um guia de leitura. São Paulo: Hucitec, 2012).

tenha tratado e fornecido inúmeras pistas sobre o papel que o capital monetário, o capital-dinheiro poderia desempenhar no seu surgimento, este ainda não adquirira nem a dimensão que viria a ter nas etapas posteriores do capitalismo, nem se revelara como viria a estabelecer laços mais fortes com aquele, e aparecer como alternativa para dar continuidade ao processo de valorização do capital sempre e quando as crises econômicas ocorressem. Neste sentido, o forte entrelaçamento que entre eles se estabeleceu, à medida que o sistema financeiro se desenvolveu, diversificando seus produtos, criaram-se espaços para o capital produtivo nele se refugiar quando a acumulação real encontrasse obstáculos para prosseguir, compensando a queda da taxa de lucro no mundo real.

O fato é que o capital, e isso não se pode esquecer, não tem nenhuma preferência pela forma que pretende assumir para garantir sua valorização, aproveitando as possibilidades que para ele estão disponíveis em cada momento histórico, seja na forma de capital produtivo, capital-dinheiro, comercial etc. Por isso, sempre que esbarra em obstáculos no campo produtivo, sua tendência é a de deslocar-se para outros campos com o objetivo de assegurar o cumprimento de sua missão de autovalorização.

Marx demonstrou no Livro III, em que analisa o capital-dinheiro, a enorme capacidade deste de se multiplicar, sustentado, entre outras possibilidades, pelo crescimento vertiginoso da dívida pública, sem que boa parte de seus ganhos tenha qualquer correspondência com a geração ou ampliação de riqueza real, aparecendo, portanto, meramente como *capital fictício* ou, como o denominam Carcanholo & Nakatani,[623] como *capital especulativo parasitário*, um capital vagabundo que, sem dar a menor contribuição para a

623 CARCANHOLO, Reinaldo A.; NAKATANI, Paulo. "O capital especulativo parasitário: uma precisão teórica sobre o capital financeiro característico da globalização". *In*: GOMES, Helder (Coord.). *Especulação e lucros fictícios*: formas parasitárias da acumulação contemporânea. 1ª ed. São Paulo: Outras Expressões, 2015.

geração e ampliação da riqueza real, se apropria de parte da mais--valia gerada apenas por se encontrar na posição de detentor do capital-dinheiro. Mas também demonstrou que, à medida que, pelo seu poder de multiplicação, este capital cresce à frente do capital produtivo, aumentando o hiato entre a riqueza real e a financeira, mais as crises se tornam recorrentes e, progressivamente, mais severas no tempo, exigindo contínuas desvalorizações da mesma para a restauração do sistema.[624]

Crises financeiras no capitalismo não constituem nenhuma novidade, mas tornaram-se mais rotineiras na etapa atual de seu desenvolvimento, em que a esfera financeira se tornou dominante, impondo sua lógica especulativa e predatória sobre as demais, enquanto a queda das fronteiras nacionais, com o avanço do processo de globalização, que retirou as amarras que prendiam seus movimentos de expansão, pavimentou os caminhos para a acelerada expansão dessa forma de riqueza. A crise do *subprime* de 2007-2009, deflagrada nos Estados Unidos, bem como os impactos por ela causados no resto do mundo capitalista, cujos efeitos ainda não haviam sido superados até o ano de 2016, apenas revela que as crises, apesar de não se manifestarem mais corriqueiramente por meio da queda da taxa de lucro do capital produtivo, se tornaram mais rotineiras, mudando de forma, com um potencial ainda mais explosivo e destrutivo.

Tudo isso apenas confirma que a análise de Marx continua bem atual sobre a natureza do sistema capitalista e de sua tendência às crises, obscurecida ou obliterada pelos ganhos financeiros. De um lado, apesar do progresso econômico ocorrido desde a sua época, acompanhado da melhoria do padrão de vida de parte dos trabalhadores, em geral, tanto as desigualdades relativas como a

624 No livro *O Longo século XX*, publicado no Brasil em 1996, Giovanni Arrighi faz uma análise das crises financeiras conhecidas pelo capitalismo ao longo de sua existência, procurando demonstrar como elas vão se tornando cada vez mais frequentes e crescentemente mais letais pela sua intensidade, como que anunciando os "sinais de outono" do sistema.

pobreza absoluta continuaram crescendo no tempo, como o confirmam as estatísticas existentes sobre o tema, tendência apenas interrompida nos períodos entre e no pós-guerra do século XX, quando parte do capital foi desvalorizado/queimado, mas depois retomada com maior vigor a partir dos anos 1970.[625] De outro, as crises financeiras têm aumentado sua intensidade e reduzido sua periodicidade, diante da montanha da riqueza financeira produzido pelo capital fictício, que gira no vazio à procura da riqueza real.

A natureza do capital, guiado pela incessante e irracional busca de sua valorização, continua mantendo-o, assim, como produtor de desigualdades, de pobreza absoluta e de crises recorrentes, características e tendências identificadas na análise de Marx, mesmo que essas se apresentem de forma modificada na etapa atual de desenvolvimento. Isso, apesar de vários autores, como Meek, sustentarem o contrário.

---

625 Consultar a respeito, o trabalho de Piketty (PIKETTY, Thomas. *O Capital no século XXI*. Rio de Janeiro: Intrínseca, 2014).

CAPÍTULO V

O FINAL DA JORNADA EM LONDRES (1867-1883)

5.1 Introdução

Em 1867, com a publicação da primeira edição do Livro I de *O Capital*, pode-se dizer que Marx havia concluído a sua obra econômica, aos 49 anos de idade, considerando que os Livros II e III haviam sido desenvolvidos nos manuscritos da década de 1860, carecendo apenas de maior organização e melhor desenvolvimento de algumas questões. Nos quinze anos de vida que lhe restavam, pois viria a falecer em 1883, Marx não conseguiu, no entanto, levar adiante a tarefa de revisar os Livros II e III, o que seria feito por Engels após a sua morte e publicados nos anos de 1885 e 1894, respectivamente.

Marx ainda fez várias revisões do Livro I, aprimorando-o para novas edições ou para publicação em outras línguas. Mas, não foi além disso. Nestes últimos quinze anos, embora já desfrutasse de uma melhor situação financeira com a renda anual que Engels lhe propiciara no final da década de 1860, sua saúde debilitava-se progressivamente, embora, em momento algum, tenha se afastado dos acontecimentos políticos, deles participando, e nem deixou de lado os sonhos de realização de uma revolução proletária, ainda que reconhecesse, em alguns momentos, que ela poderia não ocorrer durante a sua vida.

5.2 A Comuna de Paris[626]

Um desses acontecimentos políticos diz respeito à Comuna de Paris proclamada oficialmente em 28 de março de 1871. A Comuna representou, na verdade, um desdobramento da guerra franco-prussiana que ainda não havia chegado ao fim com a deposição definitiva de Napoleão III e a rendição final da França, o que só viria formalmente a ocorrer em 10 de maio de 1871, com a assinatura do tratado de paz a poucos dias da carnificina que seria perpetrada pelo exército de Versalhes encorpado pelos prisioneiros bonapartistas de Bismarck contra a população rebelada e sitiada em Paris.

O fato é que, depois de deflagrada a guerra franco-prussiana, em julho de 1870, pouco tempo depois a França viu-se derrotada na Batalha de Sedan, em 31 de agosto de 1870, com Napoleão III rendendo-se no dia 2 de setembro e tornando-se prisioneiro das forças alemãs. Formou-se, então, no país, um Governo Provisório de defesa nacional, que dissolveu a Assembleia Nacional, proclamou a deposição de Napoleão e estabeleceu a Terceira República Francesa, no dia 4 de setembro. Para sua consolidação previa-se, no entanto, a realização de eleições gerais que ainda deveriam ser convocadas.

Bismarck, no entanto, recusou-se a assinar um tratado de paz com o novo governo e, em 19 de setembro, sitiou Paris, exigindo da França, além de uma pesada indenização, a devolução das províncias

---

626 Apanhado histórico feito, embora não somente, principalmente com base nos trabalhos de MARX, Karl. "A guerra civil na França". *In*: MARX, Karl; ENGELS, Friedrich. *Textos*. vol. 1. São Paulo: Edições Sociais, [1875] 1975. Marx ([1875], 1975) e Sperber (SPERBER, Jonathan. *Karl Marx*: uma vida do século XIX. Barueri: Amarilys, 2014).

de Alsácia e Lorena para o Império Alemão, que considerava estratégicas para proteger-se de ataques franceses em seu território, o que levou o governo provisório a refugiar-se no interior, nas cidades de Bordeaux e de Tours, enfraquecendo sua capacidade de defesa do país contra as pretensões alemãs.

O novo governo provisório, que fugira de Paris para o interior, tornou-se, assim, incapaz de acabar com o cerco de Paris, e sua resistência aos prussianos terminou quando, no dia 27 de outubro do mesmo ano de 1870, o exército francês também se rendeu às suas forças. Com isso, deu-se início à negociação da capitulação pelo governo provisório com Bismarck, na qual se incluía a rendição de Paris com a deposição das armas da população, que era contrária ao acordo. No dia 28 de janeiro de 1871, com a cidade de Paris vencida pela fome, a Guarda Nacional concordou com o armistício proposto pelo governo, que Bismarck aceitou, com a condição de que fossem realizadas as eleições para a nova Assembleia Nacional Francesa, à qual seria atribuída autoridade para assinar o acordo de paz. Mas a Guarda Nacional – ou o "povo armado" – conservou suas armas e seus canhões, que eram de sua propriedade e não do Estado como reivindicava e insistia Thiers, seu Presidente.

Realizadas às pressas, e, por isso, sem suficiente legitimidade, na qual foram eleitos 500 parlamentares monarquistas e apenas 200 republicanos, a Assembleia reuniu-se em Bordeaux, em 13 de fevereiro, nomeando Louis Adolphe Thiers como Presidente da República, o qual assinou o acordo em 26 de fevereiro, conhecido como *Tratado de Versalhes*, ratificando-o no dia 1° de março, com o governo de "defesa nacional" transformando-se no que Marx chamaria de governo de "traição nacional". Deixada praticamente à própria sorte e passando a ser combatida pelos "traidores" da pátria para satisfazer Bismarck, a população de Paris revoltou-se, quando Thiers mandou desarmá-la durante a madrugada do dia 18 de março de 1871 e, juntando-se à Guarda Nacional, formada por operários, desempregados e por representantes da pequena burguesia, que surgira espontaneamente com as necessidades colocadas pela guerra, rechaçou o ataque desfechado pelo governo, declarando a independência política de Paris frente à Assembleia de Versalhes, elegendo no dia 26 e proclamando, no dia 28, a Comuna de Paris, como um governo revolucionário, o qual, no entanto, teria vida curta, sendo derrotado no dia 28 de maio do mesmo ano. Expulso de Paris, o governo eleito entrincheirou-se em Versalhes, de onde, com o apoio das forças reacionárias europeias e com as de Bismarck passaria a combater, sem trégua, o novo governo ali instalado.

A Comuna de Paris surgiu, assim, em oposição ao governo nacional conservador que fora eleito, e reunia setores de diferentes tendências políticas que iam de radicais jacobinos a socialdemocratas, socialistas, bem como um número considerável de patriotas e partidários da República,[627] que não concordavam com os termos do acordo de paz que havia sido firmado com Bismarck, o qual previa, além da devolução dos territórios da Alsácia-Lorena para os alemães, uma pesada indenização de guerra. Não poderia, assim, ser considerado um movimento efetivamente revolucionário voltado para a implantação de uma sociedade socialista, como o idealizava Marx. Combatido pelo governo nacional e cercado por tropas alemãs, e sem contar com apoios externos, o movimento terminaria aniquilado em poucos mais de dois meses.

De Londres, Marx acompanhava o movimento com prudência. Desde a proclamação da Terceira República, em setembro de 1870, havia sugerido aos membros franceses da AIT (a *Internacional*) cautela nas ações políticas e que aguardassem os termos do tratado de paz, considerando também "(...) 'absurda' a ideia defendida pelos membros da sociedade secreta que lhe faziam oposição, de se proclamar um governo revolucionário ou 'Comuna' de Paris".[628]

---

627 SPERBER, Jonathan. *Karl Marx*: uma vida do século XIX. Barueri: Amarilys, 2014, p. 370.

628 SPERBER, Jonathan. *Karl Marx*: uma vida do século XIX. Barueri: Amarilys, 2014, p. 369.

De fato, o Manifesto do Conselho Geral da Associação Internacional dos Trabalhadores (AIT) sobre a guerra franco-prussiana, redigido por Marx e aprovado em 9 de setembro de 1870, tecia ácidas críticas à Bismarck que a transformara, à medida que se via vitorioso, de uma guerra apenas "defensiva", no início, contra as pretensões de Bonaparte III, em uma guerra de "conquista", considerando que, naquelas circunstâncias, "qualquer tentativa de derrubar o novo governo [provisório], na crise atual, quando o inimigo [os alemães] bate às portas de Paris, seria uma loucura desesperada" e que os operários franceses "não deveriam deixar-se levar pelas recordações nacionais de 1792", mas que, ao contrário, deviam aproveitar "serena e resolutamente as oportunidades que lhe oferece a liberdade republicana para trabalhar na organização de sua própria classe", para o bem da "França (...) e da emancipação do trabalho".[629] Tratava-se, assim, de uma posição manifestamente clara na defesa do novo governo republicano que se instalara a partir de 4 de setembro de 1870, exortando os trabalhadores de Paris a se empenharem nessa tarefa e a suspender, pelo menos durante este período de luta, ações políticas revolucionárias.

Marx acreditava que se o governo provisório da nova República conseguisse resistir aos alemães, o que não ocorreu, seriam fortes as pressões internacionais para que a paz fosse restabelecida mais rapidamente. Mas o acordo espúrio feito por seus membros com Bismarck, sujeitando-se à realização de uma eleição sem legitimidade de uma nova Assembleia Nacional para assinar o acordo de paz e a dobrar Paris, cuja população lutara pelo país e proclamara a Comuna logo após a ratificação do acordo, terminou mudando sua posição, com ele passando a defender sua causa com argumentos que arrolaria no Manifesto do Conselho Geral da Associação

629 MARX, Karl. "Segundo Manifesto do Conselho Geral da Associação Internacional dos trabalhadores sobre a guerra civil na França". *In*: MARX, Karl; ENGELS, Friedrich. *Karl Marx e Friedrich Engels*: textos. vol. 1. São Paulo: Edições Sociais, [1871] 1975, p. 178.

Internacional dos Trabalhadores (AIT) sobre a guerra civil na França, de maio de 1871. Várias das críticas que passou a fazer a partir destes acontecimentos ao governo republicano sediado em Versalhes, bem como na defesa da Comuna que, com veemência assumiu, terminariam sendo incluídas neste documento.

O Manifesto, cujo texto é conhecido como *A guerra civil na França*, de maio de 1871[630] é um texto de conteúdo essencialmente político, que Marx inicia descarregando críticas ácidas e mordazes aos principais membros do governo francês reacionário sediado em Versalhes, especialmente a Thiers, o Presidente – "anão monstruoso (...), cuja história é a história das desgraças da França (...) só consequente em sua cobiça e em seu ódio contra os que a produzem"; a Jules Favre, Ministro dos Negócios Exteriores – "vivia em concubinato com a mulher de um bêbado residente em Argel" –; ao General Trochu, responsável pela defesa de Paris, que "ajudou a montar a farsa e a elaborar o plano da capitulação", entre vários outros.

O povo armado de Paris representava o principal empecilho para os planos de Thiers de entregar a França aos prussianos. Por isso, na segunda parte deste texto, Marx descreve os acontecimentos do dia 18 de março, quando os seus capachos foram enviados para recolher, de surpresa, o arsenal de armas da Guarda Nacional, acreditando, inclusive, que essa apoiaria a Assembleia Nacional. Ao contrário disso, foram surpreendidos com a oposição dos membros que a compunham, vendo-se obrigados, diante de sua reação, a fugir e instalar-se em Versalhes, que se tornou sede e *bunker* do governo deposto. Descreve, ainda, o clima de terror que se abateu sobre o período de existência da Comuna e a perseguição implacável, sanguinolenta e desleal que seus cidadãos sofreram das forças do governo até a sua derrota, anotando que o grande erro

---

630 MARX, Karl. "Segundo Manifesto do Conselho Geral da Associação Internacional dos trabalhadores sobre a guerra civil na França [30/05/1871]". *In*: MARX, Karl; ENGELS, Friedrich. *Textos*. vol. 1. São Paulo: Edições Sociais, [1871] 1975, pp. 164-218.

dos dirigentes do movimento (o Comitê Central) foi o de "(...) não marchar imediatamente sobre Versalhes, então completamente indefesa, acabando dessa maneira com as manobras conspirativas de Thiers e seus 'rurais',[631] dando-lhe condições de organizarem a contrarrevolução". Ou seja, sem destruir completamente o poder do Estado nacional que representava os interesses dos setores dominantes que foram derrotados, medida essencial para consolidar a tomada do poder pela revolução, a Comuna deu, ela própria, munição para seus inimigos combatê-la.

No terceiro e quarto capítulos, Marx faz uma análise das medidas que foram adotadas pela Comuna e desenha, apoiando-se nessa experiência política da Comuna, de onde extrai novas lições para o movimento comunista, um futuro grandioso para a luta de libertação do trabalho em relação ao capital: a extinção do exército permanente e sua substituição pela Guarda Nacional, ou pelo povo em armas; o desmonte da burocracia do Estado, um instrumento a serviço das classes dominantes, adequando suas estruturas às necessidades do povo; a limitação dos salários dos servidores públicos, equiparando-os aos dos operários; a implantação de um sistema descentralizado e democrático de poder em oposição à administração centralizada e autoritária que havia caracterizado a França, com a nova sociedade sendo administrada por comunas eleitas localmente que trabalhariam de forma cooperativa; a separação da igreja do Estado; a abolição do trabalho noturno para os padeiros; a redução da jornada de trabalho em geral; a gratuidade do ensino, entre outras medidas, considerando ter sido a Comuna

> (...) essencialmente um governo da classe operária, fruto da classe produtora contra a classe apropriadora, a forma

---

631 MARX, Karl. "Segundo Manifesto do Conselho Geral da Associação Internacional dos trabalhadores sobre a guerra civil na França [30/05/1871]". *In*: MARX, Karl; ENGELS, Friedrich. *Textos*. vol. 1. São Paulo: Edições Sociais, [1871] 1975, p. 192.

> política afinal descoberta para levar a cabo a emancipação econômica do trabalho.[632]

Dentro dos limites de uma cidade sitiada, sua pretensão era a de "(...) abolir a propriedade de classe que converte o trabalho de muitos na riqueza de poucos. A Comuna aspirava à expropriação dos expropriadores".[633] Em outras palavras, ao comunismo. Mesmo que massacrada, a "Paris dos operários, com a sua Comuna, será eternamente exaltada como o porta-bandeira glorioso de uma nova sociedade. Seus mártires têm seu santuário no grande coração da classe operária".[634]

Reconhecidamente, essa representa uma nova visão de Marx da luta revolucionária no caminho para o comunismo, já que desviava-se de seu projeto original, que contemplava o comando pelos comunistas do aparelho do Estado, pela natureza das medidas que foram adotadas por seus membros para acomodar bandeiras de diferentes matizes, incluindo a formação de associações de trabalhadores, descentralização e democracia direta, a separação entre a igreja e o Estado e até mesmo demandas da classe média, que não integravam até então o cardápio marxista de luta. O fato, no entanto, é que, por abrigar forças políticas de diferentes tendências, incluindo os partidários e seguidores de Blanqui e Proudhon,

---

632 MARX, Karl. "Segundo Manifesto do Conselho Geral da Associação Internacional dos trabalhadores sobre a guerra civil na França [30/05/1871]". *In*: MARX, Karl; ENGELS, Friedrich. *Textos*. vol. 1. São Paulo: Edições Sociais, [1871] 1975, p. 199.

633 MARX, Karl. "Segundo Manifesto do Conselho Geral da Associação Internacional dos trabalhadores sobre a guerra civil na França [30/05/1871]". *In*: MARX, Karl; ENGELS, Friedrich. *Textos*. vol. 1. São Paulo: Edições Sociais, [1871] 1975, p. 200.

634 MARX, Karl. "Segundo Manifesto do Conselho Geral da Associação Internacional dos trabalhadores sobre a guerra civil na França [30/05/1871]". *In*: MARX, Karl; ENGELS, Friedrich. *Textos*. vol. 1. São Paulo: Edições Sociais, [1871] 1975, p. 216.

a Comuna não podia ser vista como sendo, de fato, uma obra socialista, como fruto único da luta do proletariado.

Na *Introdução* que fez sobre este trabalho de Marx, de 18 de março de 1891, Engels reconheceria que os membros da Comuna

> (...) dividiam-se entre blanquistas, que haviam predominado também no Comitê Central da Guarda Nacional, e uma minoria composta por membros da Associação Internacional dos Trabalhadores, entre os quais prevaleciam adeptos da escola socialista de Proudhon.[635]

Ambas correntes eram adversárias das posições de Marx sobre a revolução e, devido à sua influência na Comuna, Engels atribui os erros que foram cometidos na montagem de seu programa, no campo econômico, à escola de Proudhon, entre os quais, tal como aponta Marx, o fato de não ter expropriado o Banco da França e usado seus recursos para o financiamento da revolução, e, no campo político, à de Blanqui, notando, no entanto, que essas haviam evoluído em relação às suas posições anteriores.

Os proudhonianos, socialistas anarquistas, que odiavam qualquer associação de trabalhadores teriam passado, de acordo com sua análise, a aceitar sua formação e também sua unificação numa organização como meio para se chegar ao comunismo. Os blanquistas, por sua vez, formados na "escola da conspiração" e que acreditavam no poder de um grupo reduzido de revolucionários de apoderar-se da direção do Estado, endossou "(...) a criação de uma federação livre de todas as comunas da França com Paris, uma organização nacional que, pela primeira vez, devia ser criada pela própria nação".[636]

---

635 ENGELS, Friedrich. "Introdução [à Guerra civil na França]". *In*: MARX, Karl; ENGELS, Friedrich. *Textos*. vol. 2. São Paulo: Edições Sociais, 1976, p. 164.

636 ENGELS, Friedrich. "Introdução [à Guerra civil na França]". *In*: MARX, Karl; ENGELS, Friedrich. *Textos*. vol. 2. São Paulo: Edições Sociais, 1976, p. 165.

Engels, em linha com as diretrizes que Marx traça em *A guerra civil*, destaca a importância da Comuna na desmontagem da velha máquina do Estado e sua substituição por outra condizente com a nova realidade da vida social, verdadeiramente democrática, justificando as duas principais medidas adotadas pela mesma: o preenchimento de todos os "cargos administrativos, judiciais e do magistério através de eleições, mediante o sufrágio universal, concedendo aos eleitores o direito de revogar a qualquer momento o mandato concedido"[637] a limitação do salário pago ao funcionalismo público ao que recebiam os demais trabalhadores.[638] Essa amputação dos aspectos mais nocivos, como ele aponta, do Estado, era necessária para que "(...) uma futura geração, formada em circunstâncias sociais novas e livres, possa se desfazer de todo desse velho traste do Estado".[639] O fato é que, com *A guerra civil*, o caminho que conduziria ao comunismo, ganharia novos contornos em relação às suas posições anteriores.

5.3 A *Primeira Internacional*[640]

Outro acontecimento político importante dessa década, com o qual Marx se envolveu e que consumiu um bom período de sua vida, foi o que diz respeito à Associação Internacional dos Trabalhadores, a AIT (*Internacional*), que, criada em 1864, acabaria sendo formalmente extinta em 1876.

---

637 ENGELS, Friedrich. "Introdução [à Guerra civil na França]". *In*: MARX, Karl; ENGELS, Friedrich. *Textos*. vol. 2. São Paulo: Edições Sociais, 1976.

638 ENGELS, Friedrich. "Introdução [à Guerra civil na França]". *In*: MARX, Karl; ENGELS, Friedrich. *Textos*. vol. 2. São Paulo: Edições Sociais, 1976.

639 Engels, Friedrich. "Introdução [à Guerra civil na França]". *In*: MARX, Karl; ENGELS, Friedrich. *Textos*. vol. 2. São Paulo: Edições Sociais, 1976.

640 Para mais detalhes sobre a *Primeira Internacional* ver também o capítulo IV deste livro.

Desde a sua criação, a AIT, pela sua composição política, abrigando diversas tendências políticas e ideológicas – anarquistas bakuninistas e proudhonianos, comunistas marxistas, além de sindicalistas, reformistas, blanquistas, lassalleanos, republicanos e democratas –, revelou-se um fórum de grandes divergências sobre os rumos e posições que deveriam ser seguidos e assumidos pela associação sobre o movimento trabalhista, a marcha para o comunismo e o apoio ou a condenação de determinados acontecimentos políticos ocorridos no mundo. Com sede em Londres, onde se instalara o seu Conselho Geral, a AIT era uma federação aberta de sociedades de trabalhadores, que abrigava sindicatos ingleses, de tendências menos radicais e que representavam o principal apoio com que Marx contava, e afiliadas de outros países da Europa e também dos Estados Unidos, que deveriam se reportar ao seu Conselho, reunindo membros, portanto, que se orientavam por várias tendências políticas – liberais, anarquistas, socialistas, comunistas –, dificultando consensos sobre as posições a serem tomadas.

Como seu secretário-geral e responsável pela correspondência com a Alemanha, Marx viu-se, desde o início de sua criação, em grandes dificuldades para desempenhar este papel, por algumas razões. A primeira, por esbarrar nos seguidores de Ferdinand Lassalle, que, adeptos das posições de seu "mestre", por meio do qual Marx retomara suas atividades políticas na Alemanha no início da década de 1860, defendiam a política de Bismarck, vendo nele o caminho para a unificação alemã, contrárias, portanto, à sua posição. Divergências que, iniciadas com a guerra do norte da Itália, em 1859, se estenderam ao longo da década de 1860 e que influenciaram a decisão da Associação Geral dos Trabalhadores da Alemanha de não se filiar à AIT, exigindo que Marx buscasse alternativas mais limitadas para manter o vínculo da associação com os trabalhadores deste país.

A segunda, embora não a ela restrita, refere-se às divergências de Marx com Mikhail Bakunin, líder anarquista e adepto das sociedades secretas, no final da década de 1860. Bakunin, tal como Lassalle, fora seu amigo quando refugiados em Paris e com ele participara da revolução de 1848. Tendo retornado à Europa, em 1864, retomara o contato com Marx, e conseguido que as sociedades de trabalhadores de outros países – Espanha, Itália, Suíça, Rússia – se afiliassem à AIT, a partir de 1869. Como Marx se opunha a essas sociedades, o choque entre os dois grupos terminou sendo inevitável.

O Congresso da AIT de 1870, onde se esperava que estes embates ocorreriam, não chegou, no entanto, a ser realizado devido à guerra franco-prussiana, na qual Marx e Engels se posicionaram como uma espécie de "nacionalistas alemães", embora com reservas, contra as pretensões de Napoleão III, e também porque outras questões ganharam maior importância, como analisavam, para o movimento revolucionário em face de seus resultados. Tão logo terminada a guerra, tendo Bismarck saído vitorioso, transformando-a em uma guerra de "conquistas", ambos renunciaram a esse "nacionalismo" e voltaram a apoiar a França na resistência às forças alemãs e, mais ainda, com a proclamação da Comuna de Paris, em março de 1871, que Marx viria a apoiar, abrindo, assim, um conflito também com vários sindicatos ingleses, dentro da AIT, que apoiavam o governo da nova República Francesa. Com a Comuna, o Congresso da AIT de 1871 terminaria também não sendo realizado, com Marx propondo, em seu lugar, a realização de uma *Conferência* de seus líderes, que se realizou em setembro deste mesmo ano.[641]

Algumas decisões tomadas nessa Conferência, da qual os principais participantes eram membros do Conselho Geral da AIT, foram altamente desfavoráveis e representavam uma forte censura aos grupos partidários de Bakunin: a recomendação para a classe trabalhadora atuar como classe, organizando-se na

641 SPERBER, Jonathan. *Karl Marx*: uma vida do século XIX. Barueri: Amarilys, 2014, pp. 484/485.

forma de um *partido político*, diferente dos que eram formados pelas classes dominantes (como bom anarquista e adepto das sociedades secretas, Bakunin se opunha a qualquer espécie de partido político); a condenação das sociedades secretas e a determinação de que o Conselho Geral deveria expulsar qualquer membro integrante da Aliança Internacional da Democracia Social, agremiação política pró-Bakunin.[642]

Marx, na verdade, temia que a *Internacional* caísse nas mãos de Bakunin, razão que parece tê-lo levado a se empenhar na aprovação dessas medidas. Mas o fato de tais decisões, além de controversas, terem sido tomadas por um grupo restrito praticamente ao Conselho Geral, ou seja, de forma antidemocrática, despertou forte oposição de diversas associações afiliadas à AIT, que passaram a exigir a realização de um Congresso para revisá-las. Após análise criteriosa e cuidadosa, Marx terminou escolhendo a cidade de Haia (Holanda) para sua realização, na qual esperava reunir apoio suficiente para confirmar as medidas aprovadas e manter o controle sobre a AIT, com a data do Congresso, cujo controle passou a ser renhidamente disputado por ele e Bakunin, sendo marcada para setembro de 1872.[643] Marx conseguiu fazer alianças que lhe garantiram maioria no Congresso para confirmar e ver novamente aprovadas as questões críticas da *Conferência* do ano anterior, incluindo a expulsão de Bakunin dos quadros da AIT. Estranhamente, mesmo tendo conseguido contar com o apoio da maioria de seus membros, Engels propôs, nos dias finais de seu encerramento, a transferência da sede do Conselho Geral da Associação para Nova York, o que representaria, na prática, a sua morte.[644]

---

642 SPERBER, Jonathan. *Karl Marx*: uma vida do século XIX. Barueri: Amarilys, 2014, pp. 485/486.

643 SPERBER, Jonathan. *Karl Marx*: uma vida do século XIX. Barueri: Amarilys, 2014, p. 489.

644 SPERBER, Jonathan. *Karl Marx*: uma vida do século XIX. Barueri: Amarilys, 2014, p. 492.

Por mais que essa proposta tenha despertado perplexidade entre os membros que o apoiavam, já que significava a extinção da *Internacional*, no momento em que Marx confirmava deter pleno controle sobre a associação, essa transferência terminou também sendo aprovada, ainda que por margem estreita de votos.[645] O objetivo dessa proposta, até mesmo por Marx prever que a repressão aos movimentos trabalhistas aumentaria após a Comuna de Paris, como ocorrera nas revoluções de 1848/1849, era o de retirá-la da influência dos grupos políticos europeus e de impedir que a mesma passasse a ser controlada por defensores da política de sociedades secretas, como os de Bakunin, comprometendo a causa revolucionária, cuja releitura fora feita, por Marx, com a experiência da Comuna. Mesmo que isso levasse à sua extinção.

De fato, o esvaziamento da *Internacional* ocorreu de forma rápida, assim também como a nova associação organizada pelo grupo de Bakunin após a sua expulsão teve vida curta, e, já em 1873, nem mesmo um Congresso marcado para Genebra foi realizado, diante do número reduzido dos membros que manifestaram que dele participariam. Em 1876, a *Internacional* foi formalmente declarada extinta.[646]

5.4 O Programa de Gotha

Um terceiro acontecimento político dessa década, que daria origem a um novo trabalho de Marx, refere-se à proposta de fusão, em 1875, dos dois partidos políticos trabalhistas da Alemanha, a Associação Geral dos Trabalhadores Alemães, dos seguidores de Ferdinand Lassalle, e o Partido Social Democrata Socialista, dos apoiadores de Marx, Augusto Bebel e Wilhelm Liebknecht. A

645 SPERBER, Jonathan. *Karl Marx*: uma vida do século XIX. Barueri: Amarilys, 2014, p. 493.

646 SPERBER, Jonathan. *Karl Marx*: uma vida do século XIX. Barueri: Amarilys, 2014, pp. 493-496.

existência de dois partidos socialistas na Alemanha, com posições divergentes em torno de determinadas questões que poderiam ser conciliadas, deixara de ter sentido após a conclusão do processo de unificação, considerando que essas divergências residiam principalmente na visão que tinham deste processo. Com a unificação, ambos partidos passaram a ser perseguidos pelo governo de Bismarck, levando-os à conclusão de que seria mais conveniente unir suas forças, elaborando um programa comum para ser aprovado em um Congresso, marcado para ser realizado na cidade de Gotha, no final do mês de maio de 1875.

Embora Marx e Engels continuassem mantendo relacionamento estreito com o partido trabalhista alemão, o de Bebel e Liebknecht, já que o partido dos seguidores de Lassalle eram hostis e adversários de suas posições, nenhum deles foi sequer comunicado dessa decisão, e, ao analisarem o programa comum apresentado para aprovação, concluíram conter, este, predominantemente ideias lassaleanas, que viam, por um lado, como desfavoráveis para a causa revolucionária e, por outro, como conciliadoras com o governo prussiano para não aumentar a perseguição que Bismarck lhes fazia.

Marx elaboraria, em virtude disso, o documento em que criticava o programa, intitulado *Notas marginais sobre o programa do partido dos trabalhadores alemães*,[647] ou *Crítica do programa de Gotha*, como ficou mais conhecido, em que faz uma violenta crítica dos elementos lassalleanos nele contidos, sem deixar de desferir também fortes golpes nas ideias de seus próprios seguidores, Bebel e Liebknecht.[648] E, como colocaria Engels, em

---

647 ENGELS, Friedrich. "Prólogo [à Crítica do programa de Gotha]". *In*: MARX, Karl; ENGELS, Friedrich. *Textos*. vol. 2. São Paulo: Edições Sociais, 1975.

648 Por se tratar de um documento interno do Partido da Socialdemocracia Alemã, este trabalho só veio a ser publicado, por Engels, em 1891, e, mesmo, assim, contrariando a vontade de suas lideranças (ENGELS, Friedrich. "Prólogo [à Crítica do programa de Gotha]". *In*: MARX, Karl; ENGELS, Friedrich. *Textos*. vol. 2. São Paulo: Edições Sociais, [1891] 1975, pp. 223/224).

carta a Augusto Bebel,[649] o envio dessa crítica para os membros do partido foi seguido de uma advertência de que

> (...) no caso [do programa] ser aprovado, Marx e eu jamais poderíamos militar no novo partido edificado sobre esta base e teríamos que meditar muito seriamente acerca da atitude que teríamos de adotar diante dele, inclusive publicamente.

O Congresso terminou sendo realizado e o programa aprovado, sem que a ameaça de Marx e Engels fosse cumprida, talvez por se acreditar que isso traria mais prejuízos do que benefícios para o movimento trabalhista alemão ou porque ele tenha sido considerado socialista e revolucionário pelos próprios trabalhadores, embora equivocado e "retrógrado".

A crítica de Marx ao programa centrou-se em várias questões que iam da concepção lassalleana sobre o trabalho como fonte de toda riqueza e toda cultura à visão de se tratarem as demais classes sociais uma "massa reacionária", passando pela estratégia de luta dos trabalhadores para a construção de uma sociedade comunista. Das questões que Marx discute neste documento, algumas merecem maior atenção.

A primeira se refere à concepção do Estado, e essa é uma crítica também endereçada a Bebel e Liebknecht, de contar com um Estado "livre", ou seja, independente, "com seus próprios fundamentos espirituais, morais e liberais", e não com a "sociedade como base do Estado existente".[650] Para Marx, ao propor tal condição para o Estado, a proposta não vai "além da velha e surrada

649 ENGELS, Friedrich. "Prólogo [à Crítica do programa de Gotha]". *In*: MARX, Karl; ENGELS, Friedrich. *Textos*. vol. 2. São Paulo: Edições Sociais, 1975, p. 248.

650 ENGELS, Friedrich. "Prólogo [à Crítica do programa de Gotha]". *In*: MARX, Karl; ENGELS, Friedrich. *Textos*. vol. 2. São Paulo: Edições Sociais, 1975, pp. 238/239.

ladainha democrática: sufrágio universal, legislação direta, direito popular, milícia do povo etc., [sendo] um simples eco do Partido Popular burguês".[651] Abre mão, com isso, de pensar e discutir a transformação que deveria sofrer o Estado na sociedade comunista, apegando-se às suas formas de atuação na economia burguesa, onde ele não é mais que defensor dos interesses das classes dominantes.

Na mesma linha sobre essa concepção do Estado, segue-se, no programa, a proposta de "criação das cooperativas de produção com a *ajuda* do Estado e sob controle democrático do povo trabalhador, por meio das quais surgirá a organização socialista de todo trabalho". Nessa visão, é com a *ajuda* do Estado, e não como resultado do processo revolucionário de transformação da sociedade, que a organização socialista do trabalho se tornaria possível, o que, para Marx, é uma proposta "digna de Lassalle", ainda mais por colocar este Estado sob o controle democrático do povo trabalhador, o que significa que este "nem detém o poder, nem se acha maduro para governar".[652]

Muitas outras reivindicações contidas no documento não passariam, na verdade, para ele, de demandas liberais para um Estado burguês, indicando que se renuncia à luta do proletariado para a transformação da sociedade e às discussões sobre o seu papel numa sociedade comunista, tais como: educação popular geral e igual; liberdade da ciência; liberdade da consciência; jornada normal de trabalho; restrição do trabalho infantil e da mulher; inspeção pelo Estado da indústria nas fábricas, nas oficinas e a domicílio etc.

651 ENGELS, Friedrich. "Prólogo [à Crítica do programa de Gotha]". *In*: MARX, Karl; ENGELS, Friedrich. *Textos*. vol. 2. São Paulo: Edições Sociais, 1975, p. 239.

652 ENGELS, Friedrich. "Prólogo [à Crítica do programa de Gotha]". *In*: MARX, Karl; ENGELS, Friedrich. *Textos*. vol. 2. São Paulo: Edições Sociais, 1975, pp. 237/238.

Como resultado da crítica que Marx faz ao programa sobre sua omissão das ações revolucionárias que conduziriam o trabalhador à sociedade comunista, é neste documento que ele delineia alguns importantes aspectos do que viria a ser uma sociedade comunista, considerando que este regime representaria uma etapa superior da sociedade, a qual seria precedida de uma fase de transição (socialismo), em que ainda vigeriam normas de distribuição da riqueza produzida determinadas pela contribuição do trabalho de cada um ao produto nacional (a cada um, segundo seu trabalho), garantindo-se, assim, desigualdades entre os seus membros, tal como na sociedade burguesa. Para ele, “esses defeitos (...) são inevitáveis na primeira fase da sociedade comunista, tal como brota da sociedade capitalista depois de um longo e doloroso parto”.[653] E só

> Na fase superior da sociedade comunista, quando houver desaparecido a subordinação escravizadora dos indivíduos à divisão do trabalho e, com ela, o contraste entre o trabalho intelectual e o trabalho manual; quando o trabalho não for somente um meio de vida, mas a necessidade vital; quando, com o desenvolvimento dos indivíduos em todos os seus aspectos, crescerem também as forças produtivas e jorrarem em caudais os mananciais da riqueza coletiva, só então será possível ultrapassar-se totalmente o estreito horizonte do direito burguês e a sociedade poderá inscrever em suas bandeiras: *De cada um, segundo sua capacidade; a cada um, segundo suas necessidades* (*itálicos acrescentados*).[654]

653 MARX, Karl. “Crítica do programa de Gotha”. *In*: MARX, Karl; ENGELS, Friedrich. *Textos*. vol. 1. São Paulo: Edições Sociais, 1975, p. 232.

654 MARX, Karl. “Crítica do programa de Gotha”. *In*: MARX, Karl; ENGELS, Friedrich. *Textos*. vol. 1. São Paulo: Edições Sociais, 1975, pp. 232/233.

5.5 O final da jornada

Apesar de enfrentar periódicos problemas de saúde – hipertensão, insônia, vertigens etc., culminando até numa possível tuberculose –, para os quais teve de se sujeitar a frequentar casas de repouso com estadias às vezes prolongadas, Marx, mesmo sem ter conseguido avançar no trabalho de revisão de sua obra econômica, à exceção do Livro I de *O Capital*, continuaria até o final de sua vida acompanhando e dando consultoria para os movimentos revolucionários que germinavam em várias partes do mundo, incluindo a Rússia, onde suas ideias começaram a ganhar força no meio de intelectuais e representantes dos trabalhadores, o que não deixou de ser uma agradável surpresa para ele. O sonho de uma vitória da revolução proletária como precondição para a constituição de uma sociedade comunista e para a emancipação do trabalhador e da humanidade em momento algum deixou de acalentá-lo, embora a visse sendo cada vez mais difícil de ocorrer durante a sua vida.

No início da década de 1880, Marx já estava consumido pela doença e, nessas condições, ainda assistiu ao falecimento de sua mulher, Jenny von Westphalen, companheira de toda a sua vida, no dia 2 de dezembro de 1881, e, em janeiro de 1883, de sua filha primogênita, Jenny, tomada por um câncer de bexiga com menos de quarenta anos. Em suas andanças, à época, por clínicas de repouso, retornou a Londres, onde passou, com dificuldades e muito sofrimento, o último período de sua vida, vindo a falecer no dia 14 de março de 1883.

Em seu enterro, no cemitério de Highgate, no dia 17 de março, Engels[655] sintetizaria, no discurso de homenagem que lhe prestou, toda a grandiosidade de seu pensamento, do método de análise do materialismo histórico e de sua contribuição para a compreensão da história humana:

---

655 ENGELS, Friedrich. "Discurso diante da sepultura de Marx" [17/03/1883]. *In*: MARX, Karl; ENGELS, Friedrich. *Textos*. vol. 2. São Paulo: Edições Sociais, 1976, p. 213.

> Assim como Darwin descobriu a lei do desenvolvimento da natureza orgânica, Marx descobriu a lei do desenvolvimento da história humana: o fato tão simples, mas que até ele se mantinha oculto por ervaçal ideológico, de que o homem precisa, em primeiro lugar, comer, beber, ter um teto e vestir-se antes de poder fazer política, ciência, arte, religião, etc.; que, portanto, a produção dos meios de subsistência imediatos, materiais e, por conseguinte, a correspondente fase econômica de desenvolvimento de um povo ou de uma época é a base a partir da qual se desenvolveram as instituições políticas, as concepções jurídicas, as ideias artísticas e inclusive as ideias religiosas dos homens e de acordo com a qual devem, portanto, explicar-se; e não ao contrário, como se vinha fazendo até então.

Não poderia ter sido mais preciso. A jornada de Marx chegara ao fim, mas a de suas ideias para iluminar o caminho dos que lutam por um mundo melhor, mais justo e mais fraterno, estava apenas começando. Este o seu principal legado.

Se vivo, o economista mais brilhante do século XX e defensor ardoroso do sistema capitalista, John Maynard Keynes, provavelmente se surpreenderia com a influência que a obra de Marx continuou – e continua – exercendo sobre o pensamento e as mentes humanas. Por não atribuir nenhuma importância à mesma, Keynes consideraria, em 1926, que os historiadores do futuro teriam dificuldades para explicar "(...) como uma doutrina tão ilógica e insípida pode ter exercido uma influência tão poderosa e permanente na mente dos homens e, através deles, nos eventos da história".[656] Passados quase cem anos de sua profecia, o pensamento de Marx continua tanto ou mais vivo que o de Keynes, continuando a iluminar o caminho da busca pela emancipação do homem.

---

656 KEYNES, John Maynard. "O fim do laissez-faire". *In*: SZMRECSÁNYI, Tamás (Coord.). *John Maynard Keynes*. São Paulo: Ática, [1926] 1978.

REFERÊNCIAS BIBLIOGRÁFICAS

ALMEIDA, Aires. "Filosofia e ciências da natureza: alguns elementos históricos". *Ateus.net*. Disponível em: ateus.net>artigos>filosofia>pdf. Acessado em: 17.09.2024.

ANDERSON, James. *An enquiry into nature of the corn laws*. [S. l.]: Editora Mrs. Mundell, 1777.

ARRIGHI, Giovanni. *O longo século XX*: dinheiro, poder e as origens do nosso tempo. Rio de Janeiro: Contraponto; São Paulo: Editora da Unesp, 1996.

BARBER, William J. *História do pensamento econômico*. Rio de Janeiro: Zahar, 1971.

BAUER, Bruno. "A capacidade dos atuais judeus e cristão de se tornarem livres". Trad. Douglas Rafael Dias Martins. *Kinesis: Revista de Estudos de Pós-Graduados em Filosofia*, São Paulo, vol. 11, nº 30, dez. [1842] 2019.

BELLUZZO, Luiz Gonzaga de Mello. *Valor e capitalismo*: um ensaio sobre a economia política. São Paulo: Brasiliense, 1980.

BENSAID, Daniel. "Apresentação". *In*: MARX, Karl. *Sobre a questão judaica*. São Paulo: Boitempo, [1843] 2010.

______. "Posfácio – 'na e pela história': reflexões acerca de *Sobre a Questão Judaica*". *In*: MARX, Karl. *Sobre a questão judaica*. São Paulo: Boitempo, [1843] 2010.

CARCANHOLO, Reinaldo A.; NAKATANI, Paulo. "O capital especulativo parasitário: uma precisão teórica sobre o capital financeiro característico da globalização". *In*: GOMES, Helder (Coord.). *Especulação e lucros fictícios*: formas parasitárias da acumulação contemporânea. 1ª ed. São Paulo: Outras Expressões, 2015.

CARCANHOLO, Reinaldo A.; SABADINI, Maurício. "Capital fictício e lucros fictícios". *In*: GOMES, Helder (Coord.). *Especulação e lucros fictícios*: formas parasitárias da acumulação contemporânea. 1ª ed. São Paulo: Outras Expressões, 2015.

CHESNAIS, François. "O capital portador de juros: Acumulação, internacionalização, efeitos econômicos e políticos". *In*: _____ (Coord.). *A Finança mundializada*: raízes sociais e políticas, configuração, consequências. São Paulo: Boitempo, 2005.

DENIS, Henri. *História do pensamento econômico*. Lisboa: Livros Horizonte, 1974.

DESCARTES, René. *Princípios da Filosofia*. São Paulo: Rideel, 2005.

DOBB, Maurice. *Teoria do valor e distribuição desde Adam Smith*. Portugal: Presença; Brasil: Martins Fontes, 1973.

DUAYER, Mário. "Apresentação". *In*: MARX, Karl. *Grundrisse – manuscritos econômicos de 1857-1858*: esboços da crítica da economia política. São Paulo: Boitempo; Rio de Janeiro: Ed. UFRJ, 2011.

ENDERLE, Rubens. "Apresentação". *In*: MARX, Karl. *Crítica da Filosofia do Direito de Hegel*. 3ª ed. São Paulo: Boitempo, [1843] 2013.

_____. "Sobre a tradução". *In*: MARX, Karl; ENGELS, Friedrich. *A ideologia Alemã*. São Paulo: Boitempo, 2007.

ENGELS, Friedrich. "Carta de Engels a Augusto Bebel" [18-28/03/1875]. *In*: MARX, Karl; ENGELS, Friedrich. *Textos*. vol. 1. São Paulo: Edições Sociais, 1975.

_____. "Discurso diante da sepultura de Marx" [17/03/1883]. *In*: MARX, Karl; ENGELS, Friedrich. *Textos*. vol. 2. São Paulo: Edições Sociais, 1976.

_____. "Introdução [à edição de 1891 de *Trabalho Assalariado e capital*]". *In*: MARX, Karl. *Trabalho assalariado e capital* [1849] & *Salário, preço e lucro* [1865]. 2ª ed. São Paulo: Expressão Popular, [1849] 2010.

_____. "Introdução [à edição de 1891]". *In*: MARX, Karl. *Trabalho assalariado e capital* [1849] & *Salário, preço e lucro* [1865]. 2ª ed. São Paulo: Expressão Popular, 2010.

______. "Introdução [à Guerra civil na França]". *In*: MARX, Karl; ENGELS, Friedrich. *Textos*. vol. 2. São Paulo: Edições Sociais, 1976.

______. "Prefácio [de *As lutas de classes na França de 1848 a 1850*]". *In*: MARX, Karl. *As lutas de classes na França de 1848 a 1850*. 1ª ed. São Paulo: Boitempo, [1895] 2012. (Coleção Marx-Engels).

______. "Prefácio [de *O 18 Brumário de Louis Bonaparte*]" [1885]. *In*: MARX, Karl. *O 18 Brumário de Louis Bonaparte*. Coimbra: Nosso Tempo, [1852] 1971.

______. "Prólogo [à Crítica do programa de Gotha]". *In*: MARX, Karl; ENGELS, Friedrich. *Textos*. vol. 2. São Paulo: Edições Sociais, 1975.

______. *Esboço de uma crítica da Economia Política*: temas de Ciências Humanas. São Paulo: Ciências Humanas, [1844] 1979.

______. *O papel da violência na história*. Lisboa: Avante, [1888] 1982.

FEUERBACH, Ludwig. *A essência do cristianismo*. Petrópolis: Vozes, [1841] 2007.

______. *Para a crítica da filosofia de Hegel*. São Paulo: LiberArs, [1839] 2012.

GERMER, Claus M. *Dinheiro, capital e dinheiro de crédito*: o dinheiro segundo Marx. Campinas: Unicamp, 1995. (Tese de Doutorado).

GOMES, Helder (Coord.). *Especulação e lucros fictícios*: formas parasitárias da acumulação contemporânea. 1ª ed. São Paulo: Outras Expressões, 2015.

GORENDER, Jacob. "Introdução". *In*: MARX, Karl. *Para a crítica da economia política*; Salário, preço e lucro; O rendimento e suas fontes: a economia vulgar. São Paulo: Abril Cultural, 1982.

HARVEY, David. *Los límites del capitalismo y la teoría marxista*. México: Fondo de Cultura Económica, 1990.

______. *O enigma do capital e as crises do capitalismo*. São Paulo: Boitempo, 2011.

______. *Para Ler O Capital*. vol. 1. São Paulo: Boitempo, 2013.

______. *Para Ler O Capital*. vol. II. São Paulo: Boitempo, 2014.

HEGEL, Georg W. Friedrich. *Princípios da Filosofia do Direito*. Trad. Orlando Vitorino. São Paulo: Martins Fontes, [1820] 1997.

HILFERDING, Rudolf. *O capital financeiro*. São Paulo: Nova Cultural, [1910] 1985.

HUME, David. *Investigação sobre o entendimento humano*. São Paulo: Abril Cultural, 1973 (Os Pensadores).

______. *Tratado da natureza humana*. São Paulo: Imprensa Oficial/ Editora Unesp, 2001.

HUNT, E. K.; SHERMAN, Howard J. *História do pensamento econômico*. Petrópolis: Vozes, 1978.

KALECKI, Michal. *Teoría de la dinámica económica*. 1ª ed. México: Fondo de Cultura Económica, 1956.

KANT, Immanuel. *Crítica da razão pura*. São Paulo: Abril Cultural, [1781] 1980 (Os Pensadores).

KEYNES, John Maynard. "O fim do laissez-faire". *In*: SZMRECSÁNYI, Tamás (Coord.). *John Maynard Keynes*. São Paulo: Ática, [1926] 1978.

KLAUGSBRUNN, Victor H. *Considerações sobre a categoria dinheiro de crédito*. Ano 13, nº 2. Porto Alegre: FEE, 1992.

LASKI, Harold J. "Introdução (ao *Manifesto Comunista*)". *In*: ______. *O Manifesto comunista de Marx & Engels*. 2ª ed. Rio de Janeiro: Zahar, [1947] 1978.

______. *O Manifesto comunista de Marx & Engels*. 2ª ed. Rio de Janeiro: Zahar, [1947] 1978.

LÖWY, Michael. "Prefácio [de Luta de Classes na Alemanha]". *In*: MARX, Karl; ENGELS, Friedrich. *Luta de classes na Alemanha*. 1ª ed. São Paulo: Boitempo, 2010. (Coleção Marx-Engels).

MANDEL, Ernest. *A formação do pensamento econômico de Karl Marx*: de 1843 até a redação de O Capital. Rio de Janeiro: Zahar, 1968.

MARX, Karl. "A guerra civil na França". *In*: MARX, Karl; ENGELS, Friedrich. *Textos*. vol. 1. São Paulo: Edições Sociais, 1975.

______. "Carta a J. B. Schweitzer [24 de enero de 1865]". *In*: ______. *Miseria de la Filosofía*: respuesta a la filosofía de la miseria del señor Proudhon. Argentina: Siglo XXI Editores, 1971.

______. "Carta a P. V. Annenkov [28 de diciembre de 1846]". *In*: ______. *Miseria de la Filosofía*: respuesta a la filosofía de la miseria del señor Proudhon. Argentina: Siglo XXI Editores, 1971.

______. "Carta a Proudhon [5 de mayo de 1846]". *In*: ______. *Miseria de la Filosofía*: respuesta a la filosofía de la miseria del señor Proudhon. Argentina: Siglo XXI Editores, 1971.

_____. "Crítica do programa de Gotha". *In*: MARX, Karl; ENGELS, Friedrich. *Textos*. vol. 1. São Paulo: Edições Sociais, 1975.

_____. "Segundo Manifesto do Conselho Geral da Associação Internacional dos trabalhadores sobre a guerra civil na França [30/05/1871]". *In*: MARX, Karl; ENGELS, Friedrich. *Textos*. vol. 1. São Paulo: Edições Sociais, [1871] 1975.

_____. *As lutas de classes na França de 1848 a 1850*. 1ª ed. São Paulo: Boitempo, [1850] 2012. (Coleção Marx-Engels).

_____. *Comunidad, nacionalismos y capital*: textos inéditos. Contribuciones de Álvaro Garcia Linera *et al.* 1ª e 2ª ed. La Paz: Vicepresidencia del Estado Plurinacional de Bolívia. 3ª ed. Ampliada. Buenos Aires: Amauta Insurgente, 2018.

_____. *Crítica da Filosofia do Direito de Hegel*. 3ª ed. São Paulo: Boitempo, [1843] 2013.

_____. *Crítica da Filosofia do Direito de Hegel*. São Paulo: Boitempo, [1843] 2010.

_____. *Diferença da filosofia da natureza em Demócrito e a de Epicuro*. 1ª ed. São Paulo: Boitempo, [1841] 2018. (Coleção Marx & Engels).

_____. *El Capital, Libro I, Capítulo VI* (inédito). 3ª ed. Argentina: Siglo XXI Editores S.A., 1974.

_____. *Grundrisse – manuscritos econômicos de 1857-1858*: esboços da crítica da economia política. São Paulo: Boitempo; Rio de Janeiro: Ed. UFRJ, 2011.

_____. *Herr Vogt*. vol. 1. Lisboa: Iniciativas Editoriais, [1860] 1976.

_____. *Manuscritos*: economia y filosofia. Madrid: Alianza, [1844] 1974.

_____. *Miseria de la Filosofía*: respuesta a la filosofía de la miseria del señor Proudhon. Argentina: Siglo XXI, 1971.

_____. *O 18 Brumário de Louis Bonaparte*. Coimbra: Nosso Tempo, [1852] 1971.

_____. *O capital*: crítica da economia política – o processo capitalista de produção. 2ª ed. Rio de Janeiro: Civilização Brasileira, [1867] 1971 (Livro I).

_____. *O capital*: crítica da economia política – o processo de circulação do capital. Rio de Janeiro: Civilização Brasileira, [1883] 1970 (Livro II).

______. *O capital*: crítica da economia política – o processo global de produção capitalista. Rio de Janeiro: Civilização Brasileira, [1894] 1974 (Livro III).

______. *Para a crítica da economia política*; Salário, preço e lucro; O rendimento e suas fontes: a economia vulgar. São Paulo: Abril Cultural, [1859] 1982.

______. *Salário, preço e lucro*. São Paulo: Expressão Popular, [1865] 2010.

______. *Sobre a questão judaica*. São Paulo: Boitempo, [1843] 2010.

______. *Teorias da mais-valia*: história crítica do pensamento econômico. Rio de Janeiro: Civilização Brasileira, [1861-1863] 1980. (3 volumes).

______. *Trabalho assalariado e capital* [1849] & *Salário, preço e lucro* [1865]. 2ª ed. São Paulo: Expressão Popular, 2010.

MARX, Karl; ENGELS, Friedrich. "Mensagem do Comitê Central à Liga (dos Comunistas)". *In*: ______. *Luta de Classes na Alemanha*. 1ª ed. São Paulo: Boitempo, [1850] 2010. (Coleção Marx-Engels).

______. "O Manifesto Comunista". *In*: LASKI, Harold J. *O Manifesto comunista de Marx & Engels*. 2ª ed. Rio de Janeiro: Zahar, [1947] 1978.

______. "Prefácio à Edição Alemã de 1872 (do Manifesto Comunista)". *In*: LASKI, Harold J. *O Manifesto comunista de Marx & Engels*. 2ª ed. Rio de Janeiro: Zahar, [1847] 1978.

______. "Reivindicações do Partido Comunista na Alemanha" [1848]. *In*: ______. *Luta de Classes na Alemanha*. 1ª ed. São Paulo: Boitempo, [1848] 2010. (Coleção Marx-Engels).

______. *A ideologia Alemã*. São Paulo: Boitempo, [1846] 2007.

______. *A sagrada família ou a crítica da Crítica crítica*. São Paulo: Boitempo, [1845] 2011.

______. *Luta de Classes na Alemanha*. 1ª ed. São Paulo: Boitempo, 2010. (Coleção Marx-Engels).

MAZZUCCHELLI, Frederico. *A contradição em processo*: o capitalismo e suas crises. São Paulo: Brasiliense, 1985.

MEEK, Ronald L. *Economia & Ideologia*: o desenvolvimento do pensamento econômico. Rio de Janeiro: Zahar, 1971.

MIGLIOLI, Jorge (Coord.). *Kalecki*. São Paulo: Ática, 1980. (Coleção grandes cientistas sociais).

OLIVEIRA, Fabrício Augusto. *A economia política clássica*: a construção da economia como ciência. São Paulo: Contracorrente, 2023.

______. *Economia e política das finanças públicas no Brasil*: um guia de leitura. São Paulo: Hucitec, 2012.

PAULA, João Antônio de. *Crítica e emancipação humana*: ensaios marxistas. Belo Horizonte: Autêntica, 2014. (Coleção Economia Política e Sociedade).

PIKETTY, Thomas. *O Capital no século XXI*. Rio de Janeiro: Intrínseca, 2014.

PROUDHON, Pierre-Joseph. "Carta a Karl Marx (17 de mayo de 1846)". *In*: MARX, Karl. *Miseria de la Filosofía*: repuesta a la filosofía de la miseria del señor Proudhon. Argentina: Siglo XXI, 1971.

______. *O que é a propriedade?* 2ª ed. Lisboa: Editorial Estampa, [1840] 1975.

______. *Sistema das contradições econômicas ou filosofia da miséria*. São Paulo: Ícone, [1846] 2003.

REICHELT, Helmut. *Sobre a estrutura lógica do conceito de capital em Marx*. Campinas: Editora da Unicamp, 2013.

RICARDO, David. *Princípios da Economia Política e da Tributação* (os Economistas). São Paulo: Abril Cultural, 1982.

ROSDOLSKY, Roman. *Gênese e estrutura de O Capital de Karl Marx*. Rio de Janeiro: EDUERJ: Contraponto, 2001.

RUBIN, Isaak Illtich. *A teoria marxista do valor*. São Paulo: Brasiliense, 1980.

SABADINI, Maurício. "Sobre o conceito de capital financeiro". *Temporales*, Brasília, ano 15, nº 30, jul./dez. 2015.

SADER, Emir. "Apresentação". *In*: MARX, Karl; ENGELS, Friedrich. *A ideologia Alemã*. São Paulo: Boitempo, 2007.

SANT'ANNA, Reginaldo. "Nota do tradutor". *In*: MARX, Karl. *Teorias da mais-valia:* história crítica do pensamento econômico. Rio de Janeiro: Civilização Brasileira, [1861-1863] 1980. (3 volumes).

SCHUMPETER, Joseph A. [1949]. "A significação do Manifesto Comunista na sociologia e na economia". *In*: LASKI, Harold J. *O Manifesto comunista de Marx & Engels*. 2ª ed. Rio de Janeiro: Zahar, [1947] 1978.

______. *Capitalismo, socialismo e democracia*. Rio de Janeiro: Zahar, 1984.

SMITH, Adam. *A Riqueza das Nações*: investigação sobre sua natureza e suas causas. São Paulo: Abril Cultural, 1983. (Os Economistas).

SPERBER, Jonathan. *Karl Marx*: uma vida do século XIX. Barueri: Amarilys, 2014.

STIRNER, Max. *O único e a sua propriedade*. 1ª ed. São Paulo: Martins Fontes, [1844] 2009.

SUE, Eugène. *Os mistérios de Paris*. São Paulo: Eli, 1955.

SWEEZY, Paul M. *Teoria do desenvolvimento capitalista*: princípios de economia política marxista. 2ª ed. Rio de Janeiro: Zahar, 1967.

TEIXEIRA, Adriano Lopes Almeida. "Mais-valia ou mais valor?" *Revista Economia Ensaios*, Uberlândia, vol. 34, nº 2, 2020. Disponível em: https://SEER.ufu.br/index.php/revistaeconomiaensaios/article/45288. Acessado em: 24.09.2024.

WRIGHT, Erik Olin; LEVINE, Andrew; SOBER, Elliot. *Reconstruindo o marxismo*: ensaios sobre a explicação e teoria da história. Petrópolis: Vozes, 1993.

Obras de Fabrício Augusto de Oliveira como autor, coautor, organizador e coorganizador

A economia política clássica: a construção da economia como ciência. São Paulo: Contracorrente, 2023. (Finalista do Prêmio Jabuti de 2024, categoria Economia).

Uma pequena história da tributação e do federalismo fiscal no Brasil. São Paulo: Contracorrente, 2020.

Governos Lula, Dilma e Temer: do espetáculo do crescimento ao inferno da recessão e da estagnação (2003-2018). Rio de Janeiro: Letra Capital, 2019. (2º Lugar Prêmio Brasil de Economia de 2020, do Conselho Federal de Economia-COFECON).

Política econômica, estagnação e crise mundial: Brasil, 1980-2010. Rio de Janeiro: Azougue, 2012.

A crise da União Europeia: why pigs can't fly. Belo Horizonte: CORECON-MG/ASSEMG, 2012.

Dívida pública do Estado de Minas Gerais: a renegociação necessária. Belo Horizonte: Paulinelli, 2012.

As muitas Minas: ensaios sobre a economia mineira. Belo Horizonte: Conselho Regional de Economia, 2010.

Subprime: os 100 dias que abalaram o capital financeiro mundial e os efeitos da crise sobre o Brasil. Belo Horizonte: CORECON/MG, 2009.

Economia e política das finanças públicas no Brasil: um guia de leitura. São Paulo: Hucitec, 2009. (1° Lugar Prêmio Brasil de Economia de 2011, do Conselho Federal de Economia-COFECON).

O *dilema fiscal*: reformar ou remendar? Rio de Janeiro: Editora FGV-CNI, 2007.

Disciplina fiscal e qualidade do gasto público: fundamentos da reforma orçamentária. Rio de Janeiro: Editora FGV, 2005.

Federalismo e integração econômica regional: desafios do Mercosul. Rio de Janeiro: Fundação Konrad Adenauer, 2004.

Descentralização e Federalismo Fiscal no Brasil: desafios da reforma tributária. Rio de Janeiro: Fundação Konrad Adenauer, 2003.

O *orçamento público e a transição de poder*. Rio de Janeiro: Editora FGV, 2003.

Contribuintes e cidadãos: compreendendo o Orçamento Federal. Rio de Janeiro: Editora FGV, 2002.

Crise, Reforma e Desordem do Sistema Tributário Nacional. Campinas: Editora da Unicamp, 1995.

Autoritarismo e Crise Fiscal no Brasil (1964-1984). São Paulo: Hucitec, 1995. (Indicado pela Câmara Brasileira de Livros para o Prêmio Jabuti de 1996).

Recessão e Inflação: o (des) ajuste neoliberal. São Paulo: Hucitec, 1992.

A economia brasileira em preto e branco. São Paulo: Hucitec, 1991.

A Reforma Tributária de 1966 e a Acumulação de Capital no Brasil. 2ª ed. revista e atualizada. Belo Horizonte: Oficina de Livros, 1991.

A Política Econômica no Limiar da Hiperinflação. São Paulo: Hucitec, 1990.

Os descaminhos da estabilização no Brasil. Belo Horizonte: diário do Comércio/Cedeplar, 1989.

NOTAS

NOTAS

A Editora Contracorrente se preocupa com todos os detalhes de suas obras! Aos curiosos, informamos que este livro foi impresso no mês de abril de 2025, em papel Pólen Natural 80 g/m².